CB134309

REVISTA DE DIREITO MERCANTIL industrial, econômico e financeiro

130

Publicação do
Instituto Brasileiro de Direito Comercial Comparado
e Biblioteca Tullio Ascarelli
do Departamento de Direito Comercial
da Faculdade de Direito da Universidade de São Paulo

Ano XLII (Nova Série)
abril-junho/2003

MALHEIROS EDITORES

REVISTA DE DIREITO MERCANTIL

industrial, econômico e financeiro

Nova Série — Ano XLII — n. 130 — abril-junho de 2003

FUNDADORES

1ª FASE: WALDEMAR FERREIRA

FASE ATUAL: PROF. PHILOMENO J. DA COSTA (†)
PROF. FÁBIO KONDER COMPARATO

SUPERVISOR GERAL: PROF. WALDIRIO BULGARELLI

COMITÊ DE REDAÇÃO: MAURO RODRIGUES PENTEADO,
HAROLDO MALHEIROS DUCLERC VERÇOSA,
RACHEL SZTAJN, ANTONIO MARTIN, MARCOS PAULO DE ALMEIDA SALLES

REVISTA DE DIREITO MERCANTIL
publicação trimestral de
MALHEIROS EDITORES LTDA.
Rua Paes de Araújo, 29, conjunto 171
CEP 04531-940
São Paulo, SP - Brasil
Tel. (011) 3078-7205
Fax: (011) 3168-5495

Diretor Responsável: Álvaro Malheiros
Diretora: Suzana Fleury Malheiros

Assinaturas e comercialização:
CATAVENTO DISTRIBUIDORA DE LIVROS S.A.
Rua Conselheiro Ramalho, 928
CEP 01325-000
São Paulo, SP - Brasil
Tel. (011) 289-0811
Fax: (011) 251-3756

Supervisão Gráfica: Vânia Lúcia Amato
Composição: *Scripta*

SUMÁRIO

DOUTRINA

A INTERPRETAÇÃO DOS NEGÓCIOS EMPRESARIAIS NO NOVO CÓDIGO CIVIL BRASILEIRO
— Paula A. Forgioni 7

O NOVO CÓDIGO CIVIL E A EVOLUÇÃO DO REGIME JURÍDICO DOS CONTRATOS
— Arnoldo Wald 39

ATUALIDADES

SOCIETÀ COMMERCIALI E STRUMENTI DI AUTOREGOLAZIONE: IL CASO DEL CODICE DI AUTODISCIPLINA DELLE SOCIETÀ QUOTATE
— Diego Corrado 56

BREVE ESTUDO COMPARATIVO ESQUEMÁTICO DAS SOCIEDADES LIMITADAS NO DIREITO ANTERIOR E NO NOVO CÓDIGO CIVIL
— Haroldo Malheiros Duclerc Verçosa e Zanon de Paula Barros 69

ALGUMAS MUDANÇAS NA LEI ACIONÁRIA
— João Luiz Coelho da Rocha 94

ADMINISTRADOR DE FATO NAS SOCIEDADES POR AÇÕES
— Luiz Alfredo Paulin 102

DEBÊNTURES SUBORDINADAS COM GARANTIA REAL E FALÊNCIA
— Guilherme Rizzieri de Godoy Ferreira 119

A TEORIA DA EMPRESA NO NOVO CÓDIGO CIVIL — O FIM DA DISTINÇÃO ENTRE SOCIEDADES CIVIS E COMERCIAIS
— Thiago Spercel 125

AS DELIBERAÇÕES SOCIAIS NAS SOCIEDADES POR QUOTAS DE RESPONSABILIDADE LIMITADA NO NOVO CÓDIGO CIVIL BRASILEIRO
— Sergio Pereira Cavalheiro e Claudia Baccarelli D'Elia 135

NOT@ PROMISSÓRI@
— Daniel César Boaventura 142

CLÁUSULA COMPROMISSÓRIA NOS CONTRATOS DE "JOINT VENTURE"
— Marco Aurélio Gumieri Valério 151

OPONIBILIDADE DOS DIREITOS DE PATENTE A TERCEIROS — NATUREZA JURÍDICA DA CARTA-PATENTE
— Renato Lôbo Guimarães 158

ESPAÇO DISCENTE

A ALIENAÇÃO DE CONTROLE DE COMPANHIA ABERTA E A RECENTE REFORMA DA LEGISLAÇÃO SOCIETÁRIA — EFETIVO AVANÇO?
— Andrea Fernandes Andrezo 160

REFLEXÕES SOBRE A GOVERNANÇA CORPORATIVA NO BRASIL
— Aline de Menezes Santos 180

A SOCIEDADE LIMITADA NO NOVO CÓDIGO CIVIL
— José Virgílio Vita Neto 207

O CONTRATO PRELIMINAR
— Juliana Krueger Pela 230

JURISPRUDÊNCIA COMENTADA

CHEQUE ADMINISTRATIVO — POSSIBILIDADE DA INSTITUIÇÃO FINANCEIRA ACOLHER OPOSIÇÃO FEITA PELO ENDOSSANTE
— Paulo Guilherme de Mendonça Lopes e Charles Isidoro Gruenberg 237

PARECERES

ARRENDAMENTO MERCANTIL. O PRINCÍPIO DA LIBERDADE DAS CONVENÇÕES. ELEMENTOS ESTRUTURAIS E FUNCIONAIS DO "LEASING". CLÁUSULA DE CORREÇÃO CAMBIAL COMO "MOEDA DE CONTA". REPASSE DE MOEDA ESTRANGEIRA. PRESCRIÇÃO DAS AÇÕES POR ENRIQUECIMENTO SEM CAUSA
— Haroldo Malheiros Duclerc Verçosa 247

COLABORAM NESTE NÚMERO

ALINE DE MENEZES SANTOS

Pós-graduanda da Faculdade de Direito da Universidade de São Paulo — USP

ANDREA FERNANDES ANDREZO

Mestranda da Faculdade de Direito da Universidade de São Paulo — USP

ARNOLDO WALD

Professor Catedrático de Direito Civil da Faculdade de Direito da Universidade do Estado do Rio de Janeiro — UERJ. Doutor *Honoris Causa* da Faculdade de Direito de Paris (II). Presidente da Academia Internacional de Direito e Economia. Membro da Corte Internacional de Arbitragem da Câmara Internacional de Comércio (CCI). Advogado

CHARLES ISIDORO GRUENBERG

Advogado

CLAUDIA BACCARELLI D'ELIA

Graduanda da Faculdade de Direito das Faculdades Metropolitanas Unidas — FMU/SP

DANIEL CÉSAR BOAVENTURA

Pós-Graduado em Direito da Economia e da Empresa pela Fundação Getúlio Vargas — FGV. Mestrando em Direito Empresarial pela Universidade Federal de Minas Gerais — UFMG. Advogado do Banco de Desenvolvimento de Minas Gerais S/A — BDMG

DIEGO CORRADO

Università Commerciale Luigi Bocconi, Milão. Advogado e Doutor Comercialista em Milão

GUILHERME RIZZIERI DE GODOY FERREIRA

Advogado

HAROLDO MALHEIROS DUCLERC VERÇOSA

Mestre e Doutor em Direito Comercial pela Universidade de São Paulo — USP. Professor de Direito Comercial das Faculdades de Direito da USP e da FAAP. Membro do Centro de Mediação e Arbitragem da Câmara do Comércio Brasil-Canadá. Consultor

JOÃO LUIZ COELHO DA ROCHA

Professor de Direito Comercial da Pontifícia Universidade Católica do Rio de Janeiro — PUC/RJ. Advogado

JOSÉ VIRGÍLIO VITA NETO

Doutorando da Faculdade de Direito da Universidade de São Paulo — USP

JULIANA KRUEGER PELA

Pós-Graduanda da Faculdade de Direito da Universidade de São Paulo — USP

LUIZ ALFREDO PAULIN

Doutor pela Faculdade de Direito da Universidade de São Paulo — USP. Ex-Procurador-Geral-Adjunto da Fazenda Nacional

MARCO AURÉLIO GUMIERI VALÉRIO

Mestrando em Direito na UNESP. Docente-Estagiário de Direito Comercial I do Curso de Graduação em Direito da UNESP. Advogado

PAULA A. FORGIONI

Livre-Docente em Direito Comercial e Doutora em Direito Econômico pela

Faculdade de Direito da Universidade de São Paulo — USP. Professora Associada de Direito Comercial da Faculdade de Direito da USP. Professora de Direito da Fundação Getúlio Vargas de São Paulo (Escola de Administração de Empresas de São Paulo e Escola de Direito de São Paulo — EAESP/EDESP)

PAULO GUILHERME DE MENDONÇA LOPES

Professor da Pontifícia Universidade Católica de São Paulo — PUC/SP

RENATO LÔBO GUIMARÃES

Pós-Graduado em "Ordem Jurídica e Ministério Público" pela Escola Superior do Ministério Público do Distrito Federal e Territórios

SERGIO PEREIRA CAVALHEIRO

Pós-Graduado em Direito Processual Tributário pela Pontifícia Universidade Católica de São Paulo — PUC/SP. Advogado em São Paulo

THIAGO SPERCEL

Formado pela Faculdade de Direito da Universidade de São Paulo — USP. Advogado

ZANON DE PAULA BARROS

Advogado

Doutrina

A INTERPRETAÇÃO DOS NEGÓCIOS EMPRESARIAIS NO NOVO CÓDIGO CIVIL BRASILEIRO

PAULA A. FORGIONI

I. Introdução. II. Alguns vértices do sistema de direito comercial: II.1 A tutela do crédito; II.2 A velha e sempre nova questão da segurança e da previsibilidade; II.3 A importância do erro (jogada equivocada) para o sistema de direito comercial porque viabiliza o diferencial competitivo; II.4 A autonomia privada e o "pacta sunt servanda" no sistema de direito comercial. III. Os particularismos do sistema de direito comercial: III.1 Uma perspectiva histórica; III.2 Os traços definidores do direito comercial. IV. As peculiaridades do direito comercial e da interpretação dos contratos comerciais: IV.1 As regras e os princípios de interpretação dos negócios comerciais anteriores ao Novo Código Civil; IV.2 As regras de interpretação dos negócios comerciais no Novo Código Civil. V. Cotejamento dos princípios cardeais da interpretação dos negócios comerciais antes e após o Novo Código Civil: V.1 Boa-fé e usos e costumes; V.2 Intenção das partes e "vontade objetiva"; V.3 Interpretação a favor do devedor; V.4 Função social do contrato; V.5 Lesão/tendência de proteção à parte mais fraca; V.6 Supressão de regras de interpretação. VI. Conclusão.

"O Commercio para medrar e desenvolver-se necessita, além do seu mechanismo especial, o transporte e intelligente distribuição das mercadorias, de segurança, estabilidade e confiança" (José da Silva Lisboa, o Visconde de Cairu).[1]

I. Introdução

O mote da maioria dos discursos sobre a unificação do direito das obrigações, seguindo a síntese de Ripert,[2] gravita em torno da "commercialisation du droit", ou seja, da verificação de que alguns dos princípios nascidos e desenvolvidos no seio de um direito especial contaminaram todo o ordenamento, escoando para além de estéreis fronteiras pretensamente dogmáticas.

Segundo a lição de Ascarelli, um direito especial nasce em virtude da peculiaridade de seus princípios jurídicos e não da especialidade da matéria tratada.[3-4-5] Em

1. José da Silva Lisboa, o Visconde de Cairu, *Princípios de Direito Mercantil*, 6ª ed., Rio de Janeiro, Typographia Acadêmica, 1874, p. XXVI.

2. *Aspects Juridiques du Capitalisme Moderne*, Paris, LGDJ, 1946, pp. 330 ss.

3. "La funzione del diritto speciale e le trasformazioni del diritto commerciale", in *Rivista di Diritto Commerciale e del Diritto Generale delle Obbligazioni* 32/5, 1934.

4. "È dunque innanzi tutto sulla specialità dei suoi principi che si si può fondare l'esistenza di un diritto speciale: principi speciali, frutto a loro volta

relação ao direito comercial, isso se faz sentir, por exemplo, na adoção de um sistema contratual "mais completo e mais elástico, assente, de um lado, na liberdade de formas e, de outro lado, no princípio geral da possibilidade das partes se obrigarem", abandonando-se o forte cunho formalístico clássico. Igualmente, o modo de contratação entre ausentes, criado pelo direito comercial, migra para o direito comum. Em suma: os mercadores buscam "uma disciplina jurídica mais adequada às exigências do comércio, embora às vezes contrastante com o direito comum. Os resultados obtidos passam sucessivamente para êste direito (...)".[6-7-8] Assim, o processo histórico de generalização dos princípios de direito comercial colocou-os como embasadores de um direito unificado das obrigações.[9-10]

No entanto, hoje, esse direito comercial não é mais aquele do século XIX ou início do século XX, mas um sistema que incorpora correções de rota, que, por vezes, mostrou-se excessivamente liberal (e, portanto, jurídica e socialmente inadequada). Resumidamente, diríamos que foram articulados três principais feixes de normas nesse novo arranjo: (i) de repressão ao abuso do poder econômico e de tutela da concorrência;[11] (ii) de direito ambiental; e (iii) de direito do consumidor.

Nessa linha, o Novo Código Civil brasileiro corporificou vários princípios de correção de dogmas liberais, positivando em textos normativos tendências já esboçadas pela doutrina e pela jurisprudência comerciais. Por exemplo, a boa-fé objetiva como fundamento do sistema, sedimentada há séculos pela tradição mercantil.[12]

Mas essa "nova" ordem de preocupações impacta de forma diversa as relações jurídicas estabelecidas entre empresários ou sociedades empresárias e aquelas nas quais são envolvidas pessoas não ligadas diretamente à produção de bens ou serviços. Justamente porque o direito empresarial possui uma lógica peculiar, os textos normativos requerem uma interpretação/aplicação diversa, adequada à realidade que disciplinam.

di una speciale mentalità storica e che rimangono speciali fino a che i concetti generali dei quali sono la conoscenza rimangono limitati ad un determinato ambito o almeno agiscono in un determinato ambito con particolare intensità" (Tullio Ascarelli, "La funzione del diritto speciale e le trasformazioni del diritto commerciale", cit., p. 6).

5. *Panorama do Direito Comercial*, São Paulo, Saraiva, 1947, p. 24.

6. *Panorama do Direito Comercial*, cit., p. 26.

7. "A explicação da autonomia do direito comercial não está apenas em peculiaridades técnicas necessariamente inerentes à matéria por ele regulada, mas na peculiaridade dos seus princípios jurídicos, acolhidos de início em um âmbito limitado (...), sucessivamente em um âmbito mais vasto" (*Problemas das Sociedades Anônimas*, São Paulo, Saraiva, 1946, p. 93).

8. Pietro Cerami e Aldo Petrucci destacam as transformações econômico-sociais que deram espaço ao fenômeno da comercialização de todo o direito privado: primazia da riqueza dinâmica (capital, atividade especulativa) e progressiva dissolução da sociedade patriarcal (*Lezione di Diritto Commerciale Romano*, Turim, Giappichelli, 2002, p. 10).

9. Diz Campobasso sobre a codificação italiana de 1942: "Un sistema tendenzialmente unitario regola oggi tutti gli atti e i rapporti patrimoniali. Unica è la disciplina generale dei contratti e delle obbligazioni e quella dei singoli contratti (...). Il che non significa però che il processo storico di generalizzazione dei principi commercialistici si sia in questo settore arrestato o invertito. Tutt'al contrario. L'unificazione del diritto delle obbligazioni è infatti avvenuta nel segno del diritto commerciale; rendendo diritto generale e comune i principi e le regole che nel sistema dualistico caratterizzavano la disciplina degli atti e delle obbligazioni commerciali" (*Diritto Commerciale. Diritto dell'Impresa*, 3ª ed., Turim, UTET, 1997, p. 13).

10. "É preciso não esquecer, porém, que a doutrina unificadora não foi determinada pelo direito civil. Foi, assim, conseqüência da crescente influência do direito comercial, provocada pela sua decidida invasão e domínio sobre o direito civil" (Rubens Requião, *Curso de Direito Comercial*, 24ª ed., São Paulo, Saraiva, 2000, p. 21).

11. Lamentamos que textos normativos ligados à dinâmica concorrencial e à repressão do abuso do poder econômico não tenham sido incorporados ao Novo Código Civil (ao contrário do que ocorreu com o Código Comercial francês, por exemplo).

12. Lamentamos que textos normativos ligados à dinâmica concorrencial e à repressão do abuso do poder econômico não tenham sido incorporados ao Novo Código Civil (ao contrário do que ocorreu na última reforma do Código Comercial francês, por exemplo).

Nas últimas décadas, os estudos empreendidos pela doutrina fizeram-nos ver como essa lógica própria do direito comercial impulsiona e é indispensável ao fluxo de relações econômicas. Por essa razão, um idealismo ingênuo e exagerado em torno de "novos" dogmas não pode cegar o intérprete a ponto de fazê-lo aplicar açodadamente textos normativos de abrangência geral (ou mesmo de inspiração consumerista) a contratos empresariais, desconsiderando sua especificidade em relação aos contratos de natureza diversa. Enfim, uma eventual orientação distorcida (ou seja, dando guarida a princípios conflitantes com a lógica comercialista) influenciará a interpretação dos contratos celebrados entre empresários ou sociedades empresárias e, conseqüentemente, poderá dificultar a concretização da *função econômica* deles esperada. O sistema jurídico, em um contínuo processo de adaptação, busca neutralizar os fatores de instabilidade que comprometeriam a preservação do mercado. Em outras palavras, a eliminação de distorções conjunturais (decorrentes do mercado ou do modo de produção) visa à preservação do mesmo mercado, no qual os agentes econômicos podem atuar, conquistar novos consumidores — e, portanto, competir. Repise-se, entretanto: isso não significa que, para o funcionamento do sistema comercial, deva ser admitido um liberalismo sem fronteiras (quer inspirado no movimento do século XIX, quer em uma exacerbada aplicação de teorias ligadas à Escola de Chicago), muito ao contrário. A correção do sistema é imprescindível. De toda sorte, como diz o adágio popular brasileiro: "nem tanto ao mar, nem tanto à terra (...)". Há pressupostos teóricos e fáticos do direito empresarial que devem ser observados quando tratamos da interpretação dos negócios comerciais.[13-14]

Enfim, se temos todos a crença de que o direito privado deve ater-se a valores outros que não relacionados a um liberalismo

13. Portanto, o foco deste trabalho são os negócios comerciais dos quais participam exclusivamente empresários ou sociedades empresárias (ou, na linguagem de nosso antigo Código Comercial, aqueles celebrados "entre pessoas todas comerciantes"). Não enfrentamos os vínculos eventualmente estabelecidos entre esses mercadores e terceiros (*v.g.*, consumidores). A expressão "negócio comercial" vem empregada no sentido mais amplo possível, tal como fez Vivante ao referir-se a *affari mercantili* (v. item VI, *infra*). Não nos prendemos, pois, à distinção técnica entre negócio jurídico e contrato; a expressão "negócio" em língua portuguesa é utilizada no sentido de *affare* em italiano. No entanto, obviamente, estudaremos a interpretação dos *contratos*, considerando que se trata da mais importante espécie de negócio jurídico, do "acordo de vontades produtivo de efeitos obrigacionais", ou seja, de "negócio bilateral, cujo efeito jurídico pretendido pelas partes seja a criação de vínculo obrigacional de conteúdo patrimonial" ou, ainda, de "negócio jurídico bilateral, ou plurilateral que sujeita as partes à observância de conduta idônea à satisfação dos interesses que regularam" (Orlando Gomes, *Contratos*, 11ª ed., Rio de Janeiro, Forense, 1986, p. 11). V., sobre a distinção entre contrato e negócio jurídico, Paolo Gallo, *Diritto Privato*, 3ª ed., Turim, Giappichelli, 2002, p. 358.

Seguindo a tradição brasileira, tomamos direito mercantil, direito comercial e direito empresarial como expressões sinônimas. Não esmiuçaremos as diferenças entre interpretação e integração contratual. No Brasil, é necessária a referência à obra de Vera Helena de Mello Franco, *Aspectos da Integração dos Contratos no Direito Comercial*, São Paulo, Pioneira, 1979. V., tb., Emilio Betti, para quem "nell'ambito dell'interpretazione giuridica, non sussiste un'antitesi concettuale fra interpretazione e integrazione" (*Interpretazione della Legge e degli Atti Giuridici*, 2ª ed., Milão, Giuffrè, 1971, pp. 129 ss. e 134). São de interesse as obras de (i) Giuseppe Bellantuono, que analisa a relação entre cláusulas gerais (boa-fé, abuso de direito e eqüidade) e a função de integração dos chamados "contratos incompletos", tudo à luz da aplicação de noções econômicas como o oportunismo (*I Contratti Incompleti nel Diritto e nell'Economia*, Pádua, CEDAM, 2000, pp. 337 ss.) e (ii) Mario Casella, *Il Contratto e l'Interpretazione*, Milão, Giuffrè, 1961, p. 114.

Não obstante, vale destacar que, ao contrário do Novo Código Civil, o *Codice Civile* traz dispositivo expresso sobre integração contratual (art. 1.374): "*Integrazione del contratto*: il contratto obbliga le parti non solo a quanto è nel medesimo espresso, ma anche a tutte le conseguenze che ne derivano secondo la legge, o, in mancanza, secondo gli usi e l'equità".

14. Há inúmeros outros vértices do sistema de direito comercial, mas aqui concentrar-nos-emos naqueles mais adequados para uma breve explanação sobre o tema tratado. Ademais, é importante ressaltar: nenhuma dessas bases do sistema é por si abso-

exacerbado, não podemos permitir que esse ideal seja abortado pela impossibilidade de funcionamento adequado do ordenamento jurídico empresarial ou por sua indevida "consumerização".

II. Alguns vértices do sistema de direito comercial

O estabelecimento de vínculo jurídico entre empresários parte de dois pressupostos básicos, compartilhados pelos partícipes da avença. O primeiro deles é a certeza de que a contratação colocá-los-á em uma situação mais vantajosa da em que se encontram. Neste particular, até um cartel é semelhante a qualquer outro contrato, porque as partes não o fariam não fosse sua expectativa de auferirem vantagens. O segundo é que a contratação é feita na esperança de que atinja determinados objetivos, ou seja, desempenhe determinada função. Ou seja, na expressão de Chiovenda,[15] "as partes não estipulam contratos pelo prazer de trocar declarações de vontade, mas tendo em vista certas finalidades". Enfim, (i) o contrato só é celebrado se as partes crêem que a situação dele resultante ser-lhes-á vantajosa e (ii) a contratação sempre se desenvolve tendo em vista determinado escopo ou, mais tecnicamente, a *função econômica*[16] do negócio. Se o estabelecimento do vínculo não interessar ao empresário, ele simplesmente não contratará.[17] A primeira objeção que se pode desferir contra essa assertiva é a de que há empresários que desfrutam de situação econômica vantajosa em relação ao outro e são capazes de impor sua vontade, o contrato e as respectivas condições, dominando o jogo da contratação e utilizando-o a seu exclusivo favor. Essa é, indubitavelmente, uma realidade que tem preocupado os operadores do

luta, como nenhum princípio é absoluto. Ou seja, uma não se sobrepõe à outra de forma soberana em detrimento de todos os outros interesses e valores eventualmente tutelados pelo ordenamento. Por exemplo, a afirmação de que o direito deve proteger o crédito não significa que o ordenamento como um todo o tutele a qualquer custo, mas apenas que este é importante para a organização do sistema e não o levar em conta pode comprometer a fluência de relações do mercado.

15. "Le parti non stipulano contratti per il piacere di scambiarsi dichiarazioni di volontà; ma in vista di certe finalità pel conseguimento delle quali entrano reciprocamente in rapporto" (*Istituzioni di Diritto Processuale Civile*, I, Nápoles, Jovene, 1933, p. 188).

16. "A vida econômica desdobra-se através de imensa rede de contratos que a ordem jurídica oferece aos sujeitos de direito para que regulem com segurança seus interesses. Todo contrato tem uma função econômica, que é, afinal, segundo recente corrente doutrinária, sua causa" (Orlando Gomes, *Contratos*, cit., p. 22). A exposição de Betti (*Teoria Generale del Negozio Giuridico*, Turim, UTET, 1950, pp. 168-170) sobre a função econômica dos negócios é das mais difundidas no Brasil: "L'elemento di novità che l'autonomia privata mira ad introdurre nella situazione preesistente, esige una giustificazione oggettiva. Per rendersi conto di tale giustificazione, bisogna passare dalla considerazione statica del negozio alla considerazione dinamica dell'autonomia privata che in esso trova lo strumento adeguato ai propri fini. E in tale indagine occorre portare, specie nell'ambiente della società moderna, un grado di sensibilità sociale, del quale il vecchio individualismo dei giuristi non aveva sentore. Solo così, esaminata la struttura — forma e contenuto (il come e il che cosa) — del negozio, può riuscire fruttuoso indagarne la funzione (il perchè). Tale funzione, che con termine tecnico legittimato dalla tradizione si denomina la 'causa', ossia la ragione del negozio, si ricollega logicamente a quello che del negozio è il contenuto senza tuttavia identificarsi con esso. Contenuto del negozio è — come si è detto — non già una 'volontà' qualunque, vuota e incolore espressione del capriccio individuale, ma un precetto dell'autonomia privata, con cui le parti provvedono a regolare i propri interessi nei rapporti fra loro o con terzi, in vista di scopi pratici di carattere tipico, socialmente valutabili per la loro costanza e normalità ricorrente nella vita di relazione. (...) In ogni negozio, analizzato nel suo contenuto, si può distinguere logicamente un regolamento d'interessi nei rapporti privati e, concretata in esso (...) una ragione pratica tipica ad esso immanente, una 'causa', un interesse sociale oggettivo e socialmente controllabile, cui esso deve rispondere. Causa, ben s'intende, non già in senso fenomenologico, ma teleologico e deontologico, attinente all'esigenza di socialità che presiede alla funzione ordinatrice del diritto".

17. Logicamente não nos estamos referindo a situações de contratação coativa ou necessária e tampouco a relações consumeristas.

direito comercial na Europa e nos Estados Unidos.[18]

É evidente a necessidade de construção de um sistema de tutela eficiente para esse contratante mais fraco, seguindo a linha adotada na Alemanha e mesmo na França. A falta de repressão de situações de abuso no mercado pode gerar insegurança e imprevisibilidade, comprometendo igualmente o fluxo das relações econômicas. Por essa razão, impõem-se a legislação antitruste, a repressão ao abuso de dependência econômica e à concorrência desleal,[19] bem como tantas outras normas que visam a azeitar o mercado. O direito existe para subjugar a lógica econômica; se assim não fosse, os efeitos autodestrutíveis do mercado colocariam em perigo o seu funcionamento.[20-21]

18. Paula A. Forgioni, *O Contrato de Distribuição*, Tese apresentada ao concurso para Livre-Docente de Direito Comercial da Faculdade de Direito da Universidade de São Paulo, 2002, pp. 277 ss.

19. Paula A. Forgioni, *Os Fundamentos do Antitruste*, São Paulo, Ed. RT, 1998, pp. 76 ss.

20. Pois, como diz Eros Grau, "embora a globalização seja um fato histórico, resultante da terceira revolução industrial — informática, microeletrônica e telecomunicações —, o neoliberalismo é uma opção ideológica, aliás já em processo de superação. O mercado apenas resiste às contradições do capitalismo na medida em que ordenado e conformado pela mão visível do Estado, instrumentada por um direito por ele posto, comprometido com a preservação dos mercados, a serviço da fluência da circulação mercantil" (*Ensaio e Discurso sobre a Interpretação/Aplicação do Direito*, São Paulo, Malheiros Editores, 2002, p. 117). A respeito da necessidade de segurança jurídica para o sistema, v. Sylvia Calmes, *Du Principe de Protection de la Confiance Légitime en Droits Allemand, Communautaire et Français*, Paris, Dalloz, 2001, pp. 112 ss.

21. Polanyi, com base nas lições de Robert Owen, afirma que "se se deixasse a economia de mercado desenvolver-se de acordo com as suas próprias leis ela criaria grandes e permanentes males". E, mais adiante: "Por mais paradoxal que pareça, não eram apenas os seres humanos e os recursos naturais que tinham que ser protegidos contra os efeitos devastadores de um mercado auto-regulável, mas também a própria organização da produção capitalista" (*A Grande Transformação — As Origens da nossa Época*, trad. portuguesa de Fanny Wrobel, 2ª ed., Rio de Janeiro, Campus, 2000, pp. 161 e 163).

II.1 A tutela do crédito

O ordenamento jurídico ligado a um sistema de mercado há de prestar-se à defesa do crédito. Como assinala Pajardi, "a credibilidade dos ordenamentos jurídicos modernos, no que diz respeito ao direito material e ainda mais à eficiência da jurisdição, que postula um processo estritamente eficaz, por sua vez, é ligada à capacidade concreta de tutela do crédito. De fato, é este último que, de várias formas, representa a cidadela jurídica da pessoa humana. Esta verte no crédito seu trabalho, o seu empenho existencial, sua própria economia e, definitivamente, as próprias esperanças e os próprios destinos econômicos, suporte indefectível de liberdade e de crescimento".[22-23] Por isso, Clóvis do Couto e Silva inicia sua obra *A Obrigação como um Processo* assegurando que "a relação obrigacional (...) se encadeia e se desdobra em direção ao adimplemento, à satisfação dos interesses do credor".[24]

Um sistema jurídico que não tutela o crédito acaba por desestimular o fluxo de relações econômicas e comprometer o seu próprio funcionamento. Aqui, insistimos no óbvio: o direito não protege o crédito por

22. Piero Pajardi, *Radici e Ideologie del Fallimento*, 2ª ed., Milão, Giuffrè, 2002, pp. 6 ss. No original: "la credibilità degli ordinamenti giuridici moderni in tema di diritto sostanziale, ed ancor più in tema di efficienza della giurisdizione, che postula un processo stretamente efficace, a sua volta, è proprio legata alla capacità concreta di tutela del diritto di credito. Infatti è ormai quest'ultimo che, in maniera variegatissima, rappresenta la roccaforte giuridica, della persona umana. Quest'ultima riversa nel credito il proprio lavoro, il proprio impegno esistenziale, il proprio risparmio, ed in definitiva le proprie speranze ed i propri destini sul piano economico, supporto quest'ultimo indefettibile di libertà quanto di crescita".

23. A importância do crédito para o sistema econômico é de tal sorte que Ascarelli reputa sua mobilização pelo direito comercial como um dos "institutos jurídicos que mais profundamente caracterizam o direito privado moderno" (*Panorama do Direito Comercial*, cit., 34).

24. *A Obrigação como um Processo*, São Paulo, Bushatsky, 1976, p. 5.

uma questão de afirmação de valores liberais, por legitimar a supremacia do mais forte sobre o mais fraco, mas sim por ser esse mesmo crédito um pilar de sustentação do mercado, indispensável à sua preservação. Partindo do pressuposto de que o sistema veda o enriquecimento sem causa, aquele que possui um *crédito* contra outrem ou (i) já experimentou uma diminuição em seu patrimônio e pretende recompô-lo, às vezes obtendo lucro, ou (ii) "congelou" trabalho, "gerou riqueza" e pretende ser remunerado por isso. Quem possui "crédito" "crê" em sua satisfação.[25]

A título exemplificativo: quando o sistema jurídico disciplina a falência, tem em vista a tutela do crédito, ainda que modernamente sejam também perseguidos outros valores, como a preservação das empresas e de empregos. Mas o sistema — ainda que em nome da proteção de outros interesses — não poderia, simplesmente, "perdoar" os débitos do falido, sob pena de desestabilizar o ordenamento, com o conseqüente declínio do investimento.[26]

Assim, por mais que outros valores sejam considerados dignos de tutela jurídica, a proteção do crédito continuará desempenhando função primordial na organização do sistema de direito mercantil.

25. "Appunto perchè in tanto una persona dà ad un'altra temporaneamente una cosa in quanto crede alla (conta sulla) restituzione, lo scambio temporaneo prende il nome di credito (...)" (Carnelutti, *Teoria Giuridica della Circolazione*, Pádua, CEDAM, 1933, p. 5, ristampa inalterata).

26. Vivante faz referência aos problemas enfrentados pelos comerciantes na Roma Imperial em virtude de normas que prejudicaram grandemente os interesses do crédito: "Solo negli ultimi secoli dell'impero, sotto l'influenza di tristi condizioni economiche, si cercò di venire in aiuto ai debitori con numerosi provvedimenti legislativi che pregiudicarono grandemente gli interessi del credito. Questa fu una delle ragioni per cui più tardi, quando il commercio risorse e fiori, si senti la necessità di leggi e di usi speciali che sciogliessero la rinnovata attività commerciale dalle regole fiacche e pietose che, per una malintesa clemenza pei debitori, erano invalse nel diritto di Roma imperiale" (*Istituzioni di Diritto Commerciale*, 57ª ed., Milão, Hoepli, 1935, p. 4).

II.2 A velha e sempre nova questão da segurança e da previsibilidade

Eis outra mola propulsora do direito comercial: quanto maior o grau de segurança e de previsibilidade jurídicas proporcionadas pelo sistema, mais azeitado o fluxo de relações econômicas. A relação entre segurança, previsibilidade e funcionamento do sistema, explicada por Weber e base do pensamento de juristas modernos, é razão determinante da própria gênese do direito comercial.

Na dicção de Irti, o mercado é uma ordem. Ordem no sentido de *regularidade e previsibilidade de agir*: quem entra no mercado sabe que o seu agir (e também o agir do outro) é governado por regras e, nessa medida, os *comportamentos são previsíveis*. A regularidade, a reiteração de certos comportamentos, permite um cálculo sobre o futuro. "[A]quele 'prever' ou antever, onde um sujeito confia no agir de outrem".[27] A ordem, assim, diz respeito não apenas ao passado, mas ao futuro. Os comportamentos, ao se repetirem conforme uma regra, assumem um caráter de tipicidade e de uniformidade. A forma de uma ordem é dada por conteúdos típicos, razoavelmente previsíveis e calculáveis pelas partes.

Mas a regularidade — a mesma regularidade que constitui a ordem — implica certa superação da individualidade. As partes sabem que, estabelecido o vínculo do acordo, as vontades devem orientar-se segundo um princípio geral, mais forte e mais constante do que os mutáveis interesses individuais. Nesse esquema, a liberdade (autonomia privada) é sacrificada em prol da segurança, da previsibilidade (ou, literalmente, da "proteção externa").[28] Há uma gama de negócios em que o sistema jurídi-

27. *L'Ordine Giuridico del Mercato*, 3ª ed., Roma, Laterza, 1998, pp. 5-6. No original: "[Q]uel 'prevedere' o vedere prima, onde un soggetto confida nell'agire altrui".

28. "Teoria generale del diritto e problema del mercato", in *Rivista di Diritto Civile*, ano XLV, n. 1, jan.-fev. 1999, pp. 22-23.

co considera sim o intento individual do agente, mas após ser rebatido no caráter impessoal e mecânico do mercado.

Ao contratar, uma parte tem a legítima expectativa de que a outra comportar-se-á de determinada forma, daquela maneira anônima e repetida a que fizemos referência. Isso faz que ambos os empresários planejem sua jogada e efetivamente se comportem de acordo com esse padrão "de mercado". Portanto, não é desejável que seja dada ao contrato uma interpretação diversa daquela que pressupõe o comportamento normalmente adotado (usos e costumes). Isso levaria ao sacrifício da segurança e da previsibilidade jurídicas a um nível insuportável. Retomemos, pois, a lição de Max Weber, para quem um dos significados e pressupostos do capitalismo moderno é a *calculable law*. A forma capitalista de organização industrial — porque é *racional* — deve depender de um processo decisório, decisões e administração *calculáveis, previsíveis*.[29] E esse sistema dependerá do direito, pois é impossível calcular a jogada do outro agente na ausência de um sistema jurídico racional.

A racionalidade jurídica pode ser formal ou substantiva (material). A primeira é portadora de uma dimensão extrínseca, ou seja, percebida pelos sentidos: a aposição de uma assinatura, por exemplo. Desde a Idade Média, sabe-se que quem examina um documento assinado supõe que o signatário não apenas conhecia o seu teor, mas com ele estava de acordo. A possibilidade de *pressuposição* trazida pela racionalidade formal é extremamente útil dentro de um sistema que deve garantir a segurança e a previsibilidade.

A racionalidade possui também uma dimensão *lógica substantiva ou material*, que se expressa pelo uso de conceitos abstratos, criados pelo pensamento jurídico e concebidos como parte de um sistema completo; os aspectos fáticos relevantes para o direito são selecionados mediante um processo de *análise lógica*, conforme a previsão de regras gerais.[30] A sistematização é possível apenas porque nos valemos desse método abstrato de interpretação, dessa lógica dos significados (i.e., a seleção e a racionalização conforme normas legalmente válidas). Portanto, *generalização* (redução dos motivos relevantes da decisão a um ou mais princípios) e *sistematização* (coordenação de todos os princípios para a formação de um sistema de regras logicamente claro, sem contradições ou lacunas)[31] integram a racionalidade *jurídica*.

Explica Tavares Guerreiro que no sistema weberiano assume extrema relevância a *crença* do agente na produção de certo resultado. Por exemplo, acredita-se que o descumprimento de um contrato dará lugar a um específico remédio; é esse *acreditar* na resposta do sistema para as ações que lhe confere a possibilidade de garantir segurança e previsibilidade.

Eis os conceitos cardeais do pensamento weberiano:[32] o sistema jurídico deve garantir *segurança e previsibilidade*; a racionalidade (*jurídica*) formal e a racionalidade (*jurídica*) material complementam-se na busca desse propósito. A racionalidade de Weber move o sistema jurídico, com ele confundindo-se porque é, ao mesmo tempo, seu pressuposto e seu resultado. Para Weber, a escolha do que receberá ou não a chancela do direito, ou seja, do que terá ou não execução, será influenciada por diversos grupos de interesses, conforme a estrutura econômica. Obviamente — diz Weber

29. *General Economic History*, trad. inglesa de Frank H. Knight, Glencoe, The Free Press, 1950, p. 277.

30. O racional contrapõe-se ao irracional, ou seja, ao não governado por regras gerais (Max Weber, *Law in Economy and Society*, trad. inglesa de Edward Shils, Cambridge, Harvard University Press, 1954, p. 63).

31. Rebuffa, *Max Weber e la Scienza del Diritto*, Turim, Giappichelli, 1989, pp. 86-87.

32. Ainda que dentro de uma lógica cujo "vício de abstração" pode ser criticado (Mario Bessone, "Causa tipica e motivo del contratto, dogmi di teoria generale, orientamenti della giurisprudenza", in Alpa, Bessone e Roppo, *Rischio Contrattuale e Autonomia Privata*, Nápoles, Jovene, 1982, pp. 21 e 22).

—, em uma economia em expansão, aqueles que têm "interesses de mercado" constituem o grupo mais importante.[33]

Partindo das lições de Weber e conjugando-as com a moderna doutrina, concluímos que a *racionalidade jurídica*, ainda que tome o objetivo de lucro ou proveito como legítimo e desejável no mercado:

(i) não traduz uma visão predatória e oportunística a curto prazo, mas a obtenção de vantagens pelo estabelecimento de um esquema de colaboração;

(ii) leva em conta o respeito aos princípios jurídicos orientadores do sistema (por exemplo, não se pode supor um mote interpretativo contrário à boa-fé).[34]

A calculabilidade jurídica assume, assim, uma dimensão toda própria: apanágio da racionalidade jurídica, significa a possibilidade de *cálculo* do resultado. O direito é racional porque garante o *processo* e não o resultado a ser obtido, mesmo porque a "álea normal" é inerente aos negócios. Ou seja, o direito é estruturado com o propósito de possibilitar o cálculo do resultado (Weber), viabilizando, inclusive, a previsão do comportamento do outro, segundo os parâmetros por ele colocados (Irti).[35]

Larenz dá destaque à importância da segurança e da previsibilidade (e, portanto, da confiança) no sistema jurídico: "Uma sociedade em que cada um desconfia do outro assemelhar-se-ia a um estado de guerra latente entre todos, e em lugar da paz dominaria a discórdia. Onde se perdeu a confiança, a comunicação humana resta profundamente perturbada".[36] Sempre advertiram os comercialistas que um mercado que não dê guarida à boa-fé e à proteção da legítima expectativa da outra parte tenderia ao colapso, porque dificultaria o "gyro comercial" (Cairu) ou a fluidez das relações econômicas. *O direito atua para disciplinar, para obrigar a adoção de um comportamento que, embora possa não interessar imediatamente ao empresário oportunista, permite a preservação e o funcionamento do sistema como um todo.*

II.3 A importância do erro (jogada equivocada) para o sistema de direito comercial porque viabiliza o diferencial competitivo

Um terceiro aspecto inerente ao funcionamento do sistema de direito comercial está relacionado ao *erro* do empresário. Os agentes econômicos algumas vezes adotam *estratégias equivocadas*, e esses enganos são previstos e desejados pelo sistema jurídico, na medida em que, diferenciando os agentes, permitem o estabelecimento do jogo concorrencial (que desembocará na "regulação natural do egoísmo", para utilizar a lição de Jhering).[37] Ou seja, *é a diferença entre as estratégias adotadas pelos agentes*

33. *Law in Economy and Society*, cit., p. 100.

34. A moderna teoria da interpretação jurídica ensina que os princípios embasam as regras e lhes são hierarquicamente superiores, configurando, pois, o sistema. Também por isso desempenham papel fundamental na interpretação do direito e dos atos jurídicos; a exegese há de ser empreendida a partir da consideração dos princípios que conformam o ordenamento. Afinal, as regras são concreções de princípios (sobre a moderna teoria da interpretação e o papel nela desempenhado pelos princípios jurídicos v. Eros Roberto Grau, *Ensaio e Discurso sobre a Interpretação/Aplicação do Direito*, cit., pp. 122 ss. Do mesmo Professor, *O Direito Posto e o Direito Pressuposto*, São Paulo, Malheiros Editores, 1996, pp. 46-47).

35. Nas palavras de Eros Roberto Grau: "O vínculo contratual [vínculo jurídico] instala uma situação de *certeza e segurança jurídicas* para as partes. Vale dizer: cada parte tem a aparente *certeza e a segurança* que desse vínculo deflui, de que, na hipótese de descumprimento do contrato, poderá recorrer a meios jurídicos adequados à obtenção de reparação por esse descumprimento, ou mesmo a execução coativa da avença. Essa premissa básica contamina todos os contratos, sejam administrativos, empresariais, trabalhistas ou com consumidores. (...) É por conta e em busca da instalação daquela situação de certeza e de segurança que as partes se acomodam ao vínculo contratual e, principalmente, o ordenamento jurídico a tutela" ("Um novo paradigma dos contratos?", in *Revista Crítica Jurídica* 18/121, 2001).

36. *Derecho Civil — Parte General*, trad. espanhola de Miguel Izquierdo e Macías-Picavea, Madri, Edersa, 1978, p. 59.

37. Desnecessário frisar que esse pressuposto está intimamente ligado à questão da autonomia contratual.

econômicos e entre os resultados obtidos (uns melhores, outros piores) que dá vida a um ambiente de competição (porque todos buscam o prêmio do maior sucesso, da adoção da estratégia mais eficiente).

A questão teórica que vem à mente é a explicação do erro, partindo da pressuposição de que os agentes atuariam, sempre, de forma racional, visando à obtenção do melhor resultado, como pregam alguns economistas. Aliás, já se anotou que, na realidade, autores da linha de Posner, muito embora falem em "escolha" dos agentes econômicos, adotam uma noção de eficiência e de maximização que acaba paradoxalmente por eliminar esse mesmo processo de escolha.[38]

Conquanto a questão passe despercebida de muitos, é possível entendermos a relação entre escolha e erro dentro do sistema microeconômico,[39] valendo-nos da lição de Williamson: a maioria das atividades econômicas é desenvolvida por empresas ("firms").[40] Estas não são meras "curvas de custo e de demanda", indo além da "lógica do preço ótimo e da combinação de insumos".[41-42]

Na verdade, a *empresa é um centro de tomada de decisões*; há alocações de recursos que não derivam do comportamento dos preços, mas da *escolha do empresário*. Não é em decorrência de uma alteração nos preços relativos que um trabalhador muda do departamento "y" para o departamento "x", mas simplesmente porque alguém ordenou que ele agisse desse modo![43]

Podemos dizer que o erro é possível dentro do sistema, porque não é o "infalível" mercado que determina as jogadas, mas sim a lógica do empresário. Para cada sujeito, uma jogada, uma conclusão, mesmo que tomando as mesmas variáveis. Por exemplo, diante da crise econômica argentina, certa pessoa resolve investir capital na bolsa de futuros, apostando na baixa do trigo. Por sua vez, outra contrata empregados, porque prevê um colapso na economia argentina e uma migração de consumidores para os nossos produtos. Uma terceira demite empregados porque acredita que a crise impactará a nossa economia negativamente, e assim por diante. Dado o "estímulo" pelo meio, cada qual reagirá de uma maneira, embora possamos conceber todos como economicamente racionais.

Essa verificação tem efeitos práticos relevantes para o direito. Se não considerarmos que uma empresa pode ter adotado uma estratégia equivocada, jamais entenderemos um prejuízo suportado por uma das partes na execução do negócio decorrente de sua "álea normal" (e que, portanto, não seja derivado de alterações contextuais imprevisíveis).

Nenhuma interpretação de um contrato empresarial será coerente e adequada se retirar o fator erro do sistema, neutralizando os prejuízos (ou lucros) que devem ser

38. Nas palavras de Jeanne Schroeder sobre Posner, "his definition of rationality excludes the process of making choices" (*Economic Rationality in Law and Economics Scholarship*, disponível na internet: <http://paperssssrn.com/paper.taf? abstract_id=245488>, em 1.3.2002).

39. Os economistas tradicionais costumam explicar a diferença de comportamentos entre os agentes econômicos e seus erros apenas com base em sua "racionalidade limitada". As assimetrias de informação e a impossibilidade de conhecimento de toda a realidade forçariam ação embasada não em uma racionalidade plena (Sylvie Lebreton, *L'Exclusivité Conctractuelle et les Comportements Opportunistes*, Paris, Litec, 2002, p. 62).

40. *The Mechanisms of Governance*, Nova York, Oxford University Press, 1996, p. 94.

41. Coase, *The Firm, the Market and the Law*, Chicago, The University of Chicago Press, 1990, p. 3.

42. Explica Coase que, para os economistas tradicionais, o sistema econômico funcionaria por si mesmo. Sua operação dar-se-ia sem um controle centralizado, sem uma visão geral. O fornecimento é ajustado à demanda e a produção ao consumo por um processo *automático, elástico e confiável*. Em suma, "the economic system works itself". As escolhas dos agentes seriam apreendidas diretamente em função do mecanismo do preço (*The Firm, the Market and the Law*, cit., pp. 34 ss.).

43. "Yet in the real world we find that there are many areas where this does not apply. If a workman moves from department Y to department X, he does not go because of a change in relative prices, but because he is ordered to do so" (Coase, *The Firm, the Market and the Law*, cit., p. 35).

suportados pelos agentes econômicos, decorrentes de sua atuação no mercado. Regra geral, o sistema jurídico não pode obrigar alguém a não ter lucro (ou prejuízo), mas apenas a agir conforme os parâmetros da boa-fé objetiva, levando em conta as regras, os princípios e as legítimas expectativas da outra parte (agir conforme o direito). Não fosse assim e o sistema jurídico (i) estaria cometendo equívoco metodológico bastante semelhante ao da análise microeconomia clássica, porque anularia ou desconsideraria o necessário diferencial entre os agentes econômicos ou (ii) desestimularia as contratações.

Nesse passo da exposição, é possível compreender que um ordenamento que — em nome da proteção do agente econômico mais fraco — neutralize demasiadamente os efeitos nefastos do erro para o empresário pode acabar distorcendo o mercado e enfraquecendo a tutela do crédito. Em termos bastante coloquiais, o remédio erradicaria a doença, mas também mataria o doente... Seria, por assim dizer, a condenação da busca pela vantagem competitiva.[44]

No entanto, é preciso deixar vincadas duas anotações:

(i) a mesma lógica do direito comercial não pode e não deve ser aplicada tal e qual a relações jurídicas das quais participam terceiros que não empresários. Por exemplo, as relações entre fabricantes e consumidores (inclusive para fins de proteção do mercado) são regidas por cânones diversos, em que se garante proteção para a parte tida como hipossuficiente. Ou seja, o direito comercial não se presta a uma "consumerização"; e

(ii) mesmo considerando relações entre empresários, é preciso coibir os abusos propiciados pela dependência econômica de um em relação ao outro, sob pena de consagrarmos igualdade meramente formal. Note-se, entretanto, que o empresário não é considerado pelo sistema de direito comercial como um tolo irresponsável e o direito não pode ter a função de corrigir os "erros" eventualmente praticados (mas isso não exclui a atuação do Estado para, implementando uma política pública, propiciar condições de concorrência e, portanto, de sobrevivência para as empresas menos poderosas ou em posição de sujeição).[45]

II.4 A autonomia privada e o "pacta sunt servanda" no sistema de direito comercial

Não vem a talho, no âmbito limitado deste texto, dissecarmos as inúmeras questões ligadas à autonomia privada, ao *pacta sunt servanda* e seus limites no sistema moderno de direito empresarial. De qualquer forma, vale apenas apontar que tanto um quanto o outro são tidos como vértices do sistema de direito comercial não por apego a dogma liberal ultrapassado. Muito pelo contrário: a autonomia privada e o respeito aos vínculos contratuais, em um sistema capitalista, possibilitam o fluxo de relações econômicas e a própria existência do mercado, uma vez que também tutelam a existência de diferenciais competitivos.[46]

44. Definida no § 1º do art. 20 da Lei Antitruste brasileira (Lei 8.884, de 1994): "A conquista de mercado resultante de processo natural fundado na maior eficiência de agente econômico em relação a seus competidores".

45. A respeito da dependência econômica, v. Paula A. Forgioni, *O Contrato de Distribuição*, cit., pp. 277 ss.; Francesco Macario, "Equilibrio delle posizioni contrattuali ed autonomia provata nella subfornitura", in AA. VV., *Equilibrio delle Posizioni Contrattuali ed Autonomia Privata*, Nápoles, Edizioni Scientifiche Italiane, 2002, p. 131; Yves Guyon, *Droit des Affaires — Droit Commercial Général et Sociétés*, t. 1, 11ª ed., Paris, Economica, 2001, p. 971; Marc Courtès, *Dependance Économique et Abus de Dépendance Économique en Droit de la Concurrence et en Droit des Contrats*, Tese (Doutorado) Universidade de Montpellier I, Montpellier, pp. 234 ss.; Amiel-Cosme, *Les Réseaux de Distribution*, Paris, LGDJ, 1995, pp. 216 ss.; David Gerber, *Law and Competition in the Twentieth Century Europe: Protecting Prometheus*, Oxford, Claredon Press, 1998, pp. 324 ss.

46. Em 1978, já dizia o Prof. João Baptista Villela: "é preciso repensar os esquemas tradicionais, associá-los aos dados novos da Economia e da Sociologia, impregná-los de valores humanos. Não se deve

Um sistema que permitisse ao contraente liberar-se de seus compromissos porque, no seu entender, a operação não trouxe o lucro pretendido, implicaria a subversão completa da ordem e conduziria a um nível de insegurança e imprevisibilidade comprometedor.

Por óbvio, nos dias de hoje, ninguém pode ignorar que a "santidade do pacto" não é um cânone interpretativo inafastável. Mesmo antes da vigência do Novo Código Civil, institutos como a excessiva onerosidade, a lesão, a repressão ao abuso da dependência econômica eram implementados pelos tribunais, inclusive em questões comerciais. Chega a ser desnecessário frisar que, por conta desses valores, mitigou-se o dogma identificado com o brocardo *pacta sunt servanda*. Mas a autonomia privada não desapareceu e continua sendo uma viga-mestra do sistema de mercado.[47]

Por isso, sublinha Roppo que o direito, quando exerce um controle dos contratos, cuida (i) da salvaguarda do interesse público (ou seja, tutela as razões da coletividade contra as dos contraentes), bem como (ii) da garantia da autonomia privada.[48] O ordenamento não ampara as "concretas expectativas de lucro que cada operador coloca na troca contratual", porque "um certo grau de risco é indissociável de qualquer contrato, como de qualquer iniciativa econômica".[49] *Em suma: ao direito compete preservar o mercado (i.e., a fluência das relações econômicas), viabilizando o "jogo" mediante um sistema que procura levar ao respeito de suas regras, entre as quais a do "pacta sunt servanda".*

Eis as premissas básicas a considerar para realizar uma interpretação jurídica dos negócios comerciais.

III. Os particularismos do sistema de direito comercial

III.1 Uma perspectiva histórica

O substrato do sistema de direito comercial é composto por dois tipos de normas, que acabam desaguando na disciplina da atuação das empresas:

(i) aquelas originadas dos *próprios comerciantes* em sua prática, e que viabi-

pensar que se esteja a propor um abandono puro e simples das concepções clássicas. Não só as reformas não se fazem com o desprezo da lição pretérita, como também é verdade que, no caso, muita coisa de positivo ali existe. Poder-se-ia lembrar, entre outros aspectos, o respeito aos compromissos assumidos, a valorização da boa-fé, a proscrição do enriquecimento sem causa, o princípio do *nemo ad factum praecise cogi potest*" (*Revista Forense* 261/27).

47. "A anunciada 'materialização do direito privado' não pode, porém, significar um controlo externo que venha, em nome de sua proteção, retirar aos particulares a possibilidade de, através do exercício da autonomia privada, conformar as suas relações jurídicas como entenderem. Também por este modo se atingiria o valor da liberdade que se quer proteger. Está, pois, em causa o estabelecimento de um equilíbrio entre liberdade e justiça contratuais. Nos contratos individualmente negociados, e tirando certos domínios em que há interesses supra-individuais (designadamente, de protecção social) no estabelecimento de limites imperativos (taxas de juro, actualização das rendas, etc.), o controlo material da justiça contratual parece dever, pois, em nome da própria autonomia que visa proteger (...) parece dever (...) ser subtraído à intervenção do direito objectivo" (Paulo Mota Pinto, *Declaração Tácita e Comportamento Concludente no Negócio Jurídico*, Coimbra, Almedina, 1995, pp. 61 e 62).

48. A primeira meta, diz Roppo, é desempenhada pelo controle da licitude; a segunda, pelo controle da funcionalidade (*O Contrato*, trad. portuguesa de Ana Coimbra e M. Januário Gomes, Coimbra, 1988, Almedina, pp. 222 ss.). Vale também a referência à obra de Ana Prata, *A Tutela Constitucional da Autonomia Privada*, Coimbra, Almedina, 1982, pp. 38 ss., que analisa as formas de intervenção pública do domínio privado (especialmente nos contratos) sob a ótica da tutela constitucional na autonomia privada.

49. "Assegurando o respeito pelas regras de jogo de mercado, o ordenamento garante, sobretudo aos operadores, a abstracta possibilidade do lucro; garante, genericamente, as premissas e as condições formais de obtenção do mesmo. O que vale dizer que o direito tutela o sistema de mercado no seu conjunto, e não os interesses particulares dos operadores singulares que agem no mercado. A indiscriminada tutela dos interesses particulares dos simples operadores de mercado e das suas concretas expectativas de lucro implicaria o perigo de prejudicar o sistema de mercado no seu conjunto, e, assim, a possibilidade geral do lucro" (Roppo, *O Contrato*, cit., p. 225).

lizam a fluência de relações no mercado, sob a mesma força-motriz do nascimento do direito comercial, da nova *lex mercatoria*[50] e dos *usos e costumes* comerciais;

(ii) aquelas nascidas de autoridades exógenas aos comerciantes, que, sempre partindo da lógica empresarial (porque, senão, comprometeriam irremediavelmente o funcionamento do sistema), devem introduzir no jogo jurídico a proteção de interesses outros que não apenas aqueles dos mercadores.[51-52]

A dicotomia de fontes que acabamos de destacar é historicamente comprovada. Conforme clássica doutrina, em sua origem, o direito comercial emerge, por volta do século XII, da *necessidade prática* dos comerciantes, para quem o direito romano (que estava então sendo redescoberto) não bastava para (i) atribuir um maior grau de segurança e de previsibilidade às relações comerciais e (ii) proteger a celeridade e outras características peculiares da vida mercantil.[53] Mas ao mesmo tempo em que os comerciantes gravavam suas normas conforme suas aspirações, as comunas procuravam disciplinar as atividades dos mercadores (e das corporações de ofício) para o resguardo de interesses diversos.[54] Os exemplos de regras buscando proteção para os consumidores grassam e podem ser pinçadas dos autores especializados. Citemos a vedação do açambarcamento de mercadorias em Florença, punindo com multas os acordos monopolísticos, e a Ordenança de Messina de Ricardo e Felipe Augusto, no ano de 1190, assegurando que os membros das Cruzadas tivessem pão a um preço não excessivo. Sapori relata várias normas que seriam destinadas ao amparo do consumidor, impostas pela comuna; também em Florença, um fiscal, ao fim do dia, cortava a cauda de todos os peixes que haviam sido postos à venda, para que o consumidor, no dia seguinte, soubesse que o produto não era fresco. Empregava-se o mecanismo das feiras para evitar abusos de preços por parte dos comerciantes, principalmente de gêneros de primeira necessidade, com a imposição da liquidação da mercadoria antes do final da feira. Os comerciantes eram obrigados a contratar funcionários públicos para efetuar a pesagem de suas mercadorias.[55] Algumas cidades chegaram a fixar o lucro máximo que uma determinada categoria profissional poderia obter para "tutela dos consumidores menos abastados".[56]

50. Ensina José Alexandre Tavares Guerreiro: "somente na corporação medieval se vislumbrou um centro de irradiação normativa, autônomo em relação ao Estado e capaz, por isso mesmo, de diferenciar um setor de atividade nitidamente profissional, vocacionado a atuar acima das limitações políticas, em plano caracteristicamente *inter* ou supranacional" (*Fundamentos da Arbitragem do Comércio Internacional*, São Paulo, Saraiva, 1993, p. 89). Interessante a crítica de Hermes Marcelo Huck sobre os *limites da lex mercatoria*, que nos faz perceber a força das regras originadas dos Estados sobre aquelas talhadas pelos comerciantes: "As regras do comércio internacional encontram-se sempre vinculadas a um direito nacional. Paralelamente a essa vinculação, deve haver uma aceitação dos princípios desse conjunto de regras pelos próprios direitos nacionais, pois, caso contrário, a ordem pública soberana de cada Estado há de barrar a aplicação direta ou indireta desse mesmo conjunto de princípios perante o referido direito nacional" (*Sentença Estrangeira e "Lex Mercatoria". Horizontes e Fronteiras do Comércio Internacional*, São Paulo, Saraiva, 1994, p. 118).

51. Sobre a tensão existente entre o regramento das corporações e das cidades, v. Calasso, *Gli Ordinamenti Giuridici del Rinascimento Medievale*, 2ª ed., Milão, Giuffrè, 1965, pp. 143 ss.

52. Os estudos de Schioppa iluminam ainda mais os limites de auto-regulação dos estatutos das corporações (*Saggi di Storia del Diritto Commerciale*, Milão, LED, 1992, p. 29).

53. Muito se tem discutido sobre a existência de um "direito comercial" em Roma. V. Feliciano Serrao, *Impresa e Responsabilità a Roma nell'Età Commerciale*, Pisa, Pacini, s.d.; e tb. Pietro Cerami e Aldo Petrucci, *Lezione di Diritto Commerciale Romano*, Turim, Giappichelli, 2002, especialmente pp. 5 a 38.

54. O que não impediu que, em várias cidades, as corporações de ofício amalgamassem-se com o poder político, influenciando-o.

55. Clive Day, *Historia del Comercio*, México, Fondo de Cultura Económica, 1941, p. 51.

56. Sapori observa a força política das corporações mais poderosas: o lucro médio do comércio de tecidos franceses era da ordem de 12%, sendo certo

É patente que esse processo histórico de afirmação de um direito especial dos comerciantes foi tormentoso, ainda mais porque tangenciava discussão sobre a jurisdição dos tribunais mercantis. O florescimento das corporações de ofício e de seus estatutos próprios originou uma dicotomia de jurisdições, coexistindo os tribunais dos mercadores e os das comunas. Uma das questões a serem enfrentadas, então, era o estabelecimento dos limites da competência de cada um desses juízos e, em especial, dos tribunais especiais,[57] que aplicariam o direito excepcional. A demarcação torna-se crucial porque, em alguns casos, os próprios juízes ligados às comunas também aplicariam o direito corporativo.[58] Havia, portanto, que se definir (i) quem estava efetivamente sujeito à jurisdição particular dos mercadores e, portanto, também ao seu direito especial, bem como (ii) os casos em que os juízes ligados às comunas poderiam aplicar os estatutos das corporações de ofício a pessoas não matriculadas.

Cino e Bartolo entendiam que os estatutos mercantis deveriam ser aplicados apenas aos seus membros, ainda que sob a jurisdição dos juízes das cidades.[59] Vale dizer: as normas definidas pelas corporações teriam como destinatários unicamente mercadores e artesãos nelas devidamente registrados. Construía-se assim, elaborada pelos "consiliadores" italianos, como observa Wieacker,[60] a chamada "teoria estatutária".

Nos séculos XIII e XIV, no entanto, os *statuti* expandem sua abrangência, tornando-se aplicáveis não apenas aos matriculados nas corporações, mas a todos quantos *de fato* praticassem "matéria de comércio".[61] O "exercício de fato" de determinados atos é erigido em critério daquela aplicação, em detrimento daquele outro, formal, decorrente da inscrição de seus membros nos livros da corporação.[62]

Adiante no tempo, na medida em que decaem as corporações, os tribunais especiais são incorporados ao Estado, preservando, contudo, o caráter de jurisdição especial (aplicável exclusivamente aos comerciantes e mercadores). Manifesta-se, também, o fortalecimento de determinada tendência, dita objetiva: a aplicação do direito, comum ou especial, a este ou àquele caso não decorreria mais da classe do agente, mas sim da natureza do ato efetivamente praticado. O poder jurisdicional (e, portanto, também a legislação especial) passava a impor-se àqueles que, de alguma forma, praticassem *atos de comércio*.

que o lucro de um padeiro e outros profissionais pertencentes a categorias menores estava bem abaixo desse percentual (*Studi di Storia Economica Medievale*, 2ª ed., Florença, G. C. Sansoni, 1946, p. 222).

57. Destaque-se que os conflitos entre os cônsules e as autoridades das comunas sobre o âmbito de aplicação dos estatutos das corporações eram bastante freqüentes.

58. Schioppa aborda a questão com propriedade (*Saggi di Storia del Diritto Commerciale*, cit., pp. 37 ss.).

59. Para Schioppa (*Saggi di Storia del Diritto Commerciale*, cit., pp. 39 ss.), a glosa acursiana teria determinado a validade dos estatutos corporativos e restringido sua aplicação apenas pelos juízes consulares. Algumas décadas mais tarde — prossegue Schioppa — Alberto da Gandino observa que os estatutos das corporações poderiam ser aplicados pela "podestà", desde que não conflitantes com os "statuti cittadini e col diritto comune".

60. *Historia do Direito Privado Moderno*, trad. da 2ª ed. alemã, de 1967, Lisboa, Calouste Gulbenkian, 1980, p. 145. Wieacker refere-se à *teoria estatutária* "que procurava conciliar, através de uma aplicação do direito, a aplicação restritiva dos estatutos, a pretensão da validade geral do *jus commune* letrado com a indiscutível precedência dos direitos particulares: *statuta stricte sunt interpretanda*".

61. Lattes (*Diritto Commerciale nella Legislazione Statutaria delle Città Italiane*, Milão, Hoepli, 1884, pp. 251 ss.) sustenta que a jurisdição das *curias* mercantis, segundo os estatutos das corporações, não era determinada conforme a qualidade dos litigantes, mas sim segundo a natureza da controvérsia, sendo notáveis as tentativas de juízes comerciais de Pavia para estender sua jurisdição sobre todos os atos de comércio. Goldschmidt (*Storia Universale del Diritto Commerciale*, Turim, UTET, 1913, p. 139) segue a mesma linha, ressaltando a diversidade de soluções conforme o lugar e a época.

62. Diz-se que nesse período o direito comercial é *subjetivo* porque os atos jurídicos são regulados conforme a qualificação profissional de quem os pratica.

O ápice dessa tendência é alcançado com o Código Comercial de Napoleão, em 1807.[63] Nesse contexto — acentua Ascarelli[64] — o ato de comércio praticado por qualquer um (e não mais aquele praticado apenas pelo comerciante) torna-se o critério determinante da aplicação da disciplina comercial.

É bem sabido que o legislador do Código Comercial brasileiro evitou valer-se da expressão "ato de comércio",[65] adotando posição subjetivista em seu art. 4º, ao caracterizar como comerciante aquele que fazia da "mercancia *profissão habitual*". Mas o Regulamento 737, também de 1850, corporificando a tradição liberal, continha a enumeração dos atos que deveriam ser considerados tipicamente comerciais. Ainda que fosse assim, como que a comprovar que não se altera uma tradição a penadas, o Regulamento 737 permaneceu sendo evocado pela doutrina e pela jurisprudência para caracterizar a atividade mercantil *mesmo após a sua revogação.*[66] Nosso direito comercial é visto, do século XIX até meados do século XX, como o direito dos comerciantes e dos atos de comércio.[67]

Segue, porém, o processo evolutivo e o foco da disciplina mercantil vai se deslocando do *ato* (de comércio) para a *atividade* comercial.[68] Parelha com essa evolução, a construção da noção de empresa passa a ser empreendida, também centrada na *atividade* econômica, na *coordenação dos fatores de produção.*[69] A atividade — ainda na dicção de Ascarelli[70] — não significa apenas *ato*, mas uma *série de atos* coordenáveis entre si em razão de uma finalidade comum.[71]

63. Sobre a objetivação do direito comercial, Ascarelli (*Corso di Diritto Commerciale*, 3ª ed., Milão, Giuffrè, 1962, p. 49): "Ad un diritto differenziato secondo le varie classi sociali succede così un diritto che possiamo dire oggettivizzato, che trascura differenze soggettive, considerando perciò solo l'oggettività dei singoli atti, in armonia, da un lato, col principio dell'eguaglianza giuridica dei cittadini e dall'altro con la sovranità e unità dello Stato, in parallelismo con l'ormai avvenuta affermazione del concetto di nazione quale comunità fondata su una comune volontà". V., tb., Inglez de Souza, *Direito Commercial*, São Paulo, Salesianas, 1906, pp. 27 ss.

64. *Corso di Diritto Commerciale*, cit., p. 53.

65. Carneiro Leão procurou inserir os atos de comércio no âmago do Código Comercial, nos termos de emenda apresentada em 1846, que acabou não acatada mercê da atuação de José Clemente Pereira, para quem esse sistema de legislar, compreendendo a enumeração de atos comerciais, seria fonte inesgotável de demandas (cf. Carvalho de Mendonça, *Tratado de Direito Comercial Brasileiro*, I, 5ª ed., Rio de Janeiro, Freitas Bastos, 1953, pp. 449 ss.).

66. Dispunha o art. 19 do Regulamento 737: "Considera-se mercancia: § 1º. A compra e venda ou troca de effeitos moveis, ou semoventes para os vender por grosso ou a retalho, na mesma espécie ou manufacturados, ou para alugar o seu uso; § 2º. As operações de cambio, banco, e corretagem; § 3º. As emprezas de fabricas; de comissões; de depositos; de expedição, consignação, e transporte de mercadorias; de espetáculos públicos; § 4º. Os seguros, fretamentos, risco, e quaesquer contractos relativos ao commercio maritimo; § 5º. A armação e expedição de navios".

67. Por isso, Carvalho de Mendonça (*Tratado de Direito Comercial Brasileiro*, I, cit., p. 16) assevera que: "O direito comercial vem a ser, destarte, a disciplina jurídica reguladora dos atos de comércio e, ao mesmo tempo, dos direitos e obrigações das pessoas que os exercem profissionalmente e dos seus auxiliares".

68. Sobre a evolução da noção de empresa, Luiz Gastão Paes de Barros Leães, *A Responsabilidade do Fabricante pelo Fato do Produto*, São Paulo, Saraiva, 1987, pp. 10 ss.

69. Atribui-se a Lorenzo Mossa a difusão, na Itália, da idéia de empresa como centro de definição da matéria comercial. V. *Diritto Commerciale*, Parte I, Milão, Societá Editrice Libreria, 1937, pp. 23 ss., na qual Mossa explica e desenvolve a teoria da empresa que era debatida na década de 1920, na Alemanha, referindo expressamente o trabalho de Schreiber.

70. *Corso*, cit., p. 147.

71. Não basta, entretanto, para caracterizar uma *empresa*, a prática de uma *atividade* pura e simples. É preciso que essa atividade seja *empresarial*, ou seja, implique uma *prática estável* (habitualidade), a *organização dos fatores de produção*, o *escopo específico de produção* ou *troca de bens ou serviços.* Sylvio Marcondes explica que a prática reiterada desses atos negociais, de modo organizado e estável, por um mesmo sujeito, visando a uma finalidade unitária e permanente, cria, em torno desta, uma série de relações interdependentes que, conjugando o exercício coordenado dos atos, o transmuda em atividade negocial (*Problemas de Direito Mercantil*, São Paulo, Max Limonad, 1970, p. 136).

Por que a identificação do direito comercial como um ramo autônomo do direito foi importante, desde o seu nascimento? Por que era preciso definir quem estaria sujeito (i) à jurisdição reservada aos mercadores, bem como (ii) ao direito que lhes era especial? Por que se admitia a existência dessa especialidade? Por que razão não se sujeitavam todas as relações jurídicas às mesmas normas?

Em um primeiro momento, como vimos, houve a necessidade de criação de um direito mais adequado ao tráfico mercantil. Posteriormente, procurou-se estender a aplicação desse direito a outros sujeitos que, de alguma forma, se relacionassem com o comércio, e daí, a criação da teoria dos atos de comércio. Mas de uma forma ou de outra, *justificava-se a existência de um corpo especial de normas não apenas em virtude de uma tradição histórica, mas porque sempre se constatou que o direito comercial possui uma lógica própria, ou melhor, é embasado sobre princípios peculiares.*

Efetivamente, qualquer dos nossos mais clássicos autores, ao estudar os fundamentos do direito comercial, põe em relevo *o aspecto prático, a lógica dos comerciantes.* Basta lançar os olhos pela obra de Cairu para concebermos com clareza essa afirmação: "Havendo duvida sobre a intelligencia e força de hum Contracto mercantil, deve-se interpretar a mente dos contrahentes segundo o uso, ou Estatuto da Praça e lugar em que se fez o mesmo contracto; e *bem assim o Juízo dos Commerciantes costumados a praticar essa espécie de negócio*, ainda que aliás as palavras do trato, ou escripto diversamente signifiquem: pois sempre a boa fé e o estylo mercantil he que deve prevalecer e reger, e não o estreito significado dos termos e menos ainda as intelligencias cavillosas e contrarias ao verdadeiro espírito do contracto".[72]

No final do século XIX, acentua-se a crença em que não mais se justificaria a existência de um direito especial para os comerciantes. Na Itália, como é sabido por todos, Vivante causa furor ao defender a tese da unificação do direito privado, em aula inaugural da Faculdade de Direito de Bolonha, no ano de 1892. Não haveria diferenças; não haveria dicotomia. Vivante assim alinhavava a controvérsia: (i) a autonomia do direito comercial manter-se-ia mais pela tradição do que pelas boas razões; (ii) a dicotomia causaria danos de índole social e jurídica — pessoas que não são comerciantes ficam sujeitas às suas regras, feitas para os comerciantes — e (iii) prejuízos para o progresso científico, pois os comercialistas não estudariam as regras gerais. Os "improvisados jurisconsultos" falariam, a toda hora, em contratos *sui generis*.

No entanto, na 5ª ed. de seu *Trattato di Diritto Commerciale*, Vivante chega à conclusão de que a unificação do direito privado não seria aconselhável porque: (i) direito civil e direito comercial guardam profundas diferenças de métodos. Enquanto o direito comercial vale-se do método indutivo (i.e., conclui-se a regra com base nos fatos — a conclusão é mais geral do que a premissa), o direito civil lança mão daquele dedutivo (partindo da premissa geral e chegando à conclusão individual); (ii) o direito comercial é de índole cosmopolita, que decorre do próprio comércio; ao mesmo tempo em que (iii) regula os negócios de massa, que dariam origem a institutos típicos do direito comercial (títulos de crédito, circulação, portador de boa-fé etc.). Neste mesmo escrito, resta clara a principal diferença entre o direito civil e o direito comercial: espírito diverso, "espírito de especulação":[73] "A defesa de classe e

72. *Princípios de Direito Mercantil e Leis de Marinha*, cit., p. 471.

73. No original, "spirito di speculazione": "La difesa di classe e lo spirito di speculazione imprimono alla attività commerciale un tale impeto di iniziative e una tale finezza di tecnicismo, che non è possibile di affidare all'esame del legislatore civile una simile materia che è in continua evoluzione" e "La diversa velocità con cui operano quelle tendenze oppone un grave ostacolo alla fusione della duplice materia in

o espírito de especulação imprimem à atividade comercial um tal ímpeto de iniciativa e um tal refinamento de tecnicismo, que não é possível confiar ao exame do legislador civil uma matéria como essa, que está em contínua evolução".

E, como diz mais adiante: "As diversas velocidades com que operam aquelas tendências colocam um grave obstáculo à fusão da dúplice matéria em um único código das obrigações e deve-se reservar ao código comercial a função de tecer livremente a trama jurídica da própria matéria, para passá-la, depois, com discernimento cauteloso, ao código civil".

Assim, embora a unificação das obrigações implique a superação do que Comparato chamou de "duplicidade de normas legais, referente a algumas obrigações privadas",[74] não leva à conclusão de que ambos os sistemas, civil e comercial, estariam submetidos a idênticos princípios. Com o Código Civil brasileiro de 2002, a eliminação da duplicidade a que se refere o Professor Comparato realmente ocorreu e é bem-vinda,[75] mas os princípios peculiares da matéria não foram sepultados. Hoje, o direito comercial é visto como o novo direito do mercado.

Ora, esses princípios peculiares do direito comercial informam a sua interpretação, como, aliás, anotou Ferrara, identificando a existência de: "princípios diretivos que são diversos e opostos em relação àqueles que valem para as mesmas relações dos outros setores. O valor da autonomia manifesta-se no campo da interpretação, porque importa a necessidade de, no âmbito daquele setor, antepor o regulamento à aplicação do direito comum, que se deduz da analogia e dos princípios gerais do sistema autônomo".[76]

Podemos assim concluir que os contratos empresariais obedecem a uma lógica diversa daqueles civis, que influencia sua interpretação. Essa peculiaridade decorre da realidade, da prática, dos "usos e costumes da praça". Qualquer comerciante — e isso é mais do que reconhecido por nosso direito positivo — leva em conta o "padrão de normalidade" do mercado (prática, usos e costumes) para pautar o seu comportamento, para calcular a jogada da contraparte, diminuindo o fator *risco* e, portanto, aumentando a eficiência da sua atuação e do sistema como um todo.

III.2 Os traços definidores do direito comercial

Um dos subprodutos do embate entre aqueles que seriam a favor e os contrários à unificação foi o aperfeiçoamento da dou-

un codice unico delle obbligazioni e si deve riservare al codice di commercio la funzione di tessere liberamente la trama giuridica della propria materia, per passarla poi con cauto discernimento nel codice civile".

74. Fábio Konder Comparato, *Novos Ensaios e Pareceres de Direito Empresarial*, Rio de Janeiro, Forense, 1981, p. 246.

75. Como exemplo de algumas divergências entre a regulamentação civil e aquela comercial que foram suprimidas pela unificação do direito das obrigações podemos citar as diferenças entre a compra e venda civil e aquela comercial (art. 1.126 do Código Civil de 1916 e art. 191 do Código Comercial), bem como o termo inicial da mora (art. 955 do Código Civil de 1916 e art. 138 do Código Comercial). No entanto, a principal fissura não será resolvida pelo Novo Código, porque os institutos da falência e da concordata (ainda regidos pelo Decreto-lei 7.661, de 1945), continuam sendo aplicáveis apenas aos "comerciantes" (na nova linguagem, aos empresários ou sociedades empresárias). Isso faz que autores da lavra de Requião sustentem que "[p]ermanecendo a distinção atual na aplicação das regras falimentares, prosseguir-se-á a dicotomia do direito privado, pois sempre teremos que indagar se tal pessoa ou empresa é civil ou comercial, para beneficiá-la ou não com a concordata" (*Curso de Direito Falimentar*, I, 17ª ed., São Paulo, Saraiva, 1998, p. 38).

76. Francesco Ferrara, *Gli Imprenditori e le Società*, 2ª ed., Milão, Giuffrè, 1946, p. 8. No original: "principi direttivi che sono diversi ed opposti rispetto a quelli che valgono per gli stessi rapporti degli altri settori. Il valore dell'autonomia si manifesta nel campo dell'interpretazione, perchè importa la necessità di anteporre, nell'ambito del settore, il regolamento che si desume dall'analogia e dai principi generali del sistema autonomo, all'applicazione del diritto comune".

trina sobre as peculiaridades do direito comercial. Não é nossa intenção, aqui, discorrer sobre a conveniência ou não da unificação, mas sim destacar os particularismos que, como dissemos acima, orientam a interpretação dos contratos comerciais. Seriam, então, características deste direito, voltado à disciplina do tráfico mercantil:

(i) cosmopolitismo — "os comerciantes constituem um só povo";

(ii) onerosidade — "a onerosidade é a regra e ela se presume";

(iii) informalismo — as formalidades visam apenas a garantir segurança no tráfico.

Para Fran Martins,[77] o direito comercial caracteriza-se pela: (i) simplicidade; (ii) internacionalidade; (iii) rapidez; (iv) elasticidade; e, por fim, pela (v) onerosidade. Ascarelli, lembramos todos, ressalta: (i) liberdade de formas; (ii) boa-fé; (iii) presunção de onerosidade dos contratos; (iv) caráter internacional; (v) preocupação com o abuso do poder econômico; e (vi) diminuição da "discricionariedade contratual, à vista de normas publicistas".[78]

Ademais, a proteção da aparência é crucial para atribuir segurança e previsibilidade ao tráfico. Por fim, a tendência uniformizadora das normas destinadas às atividades econômicas, quer no âmbito interno quer naquele internacional, é outra característica peculiar desse ramo do direito.

IV. As peculiaridades do direito comercial e da interpretação dos contratos comerciais

Apurada a existência de um direito regido por "princípios peculiares", que disciplina as relações dos empresários no mercado, cumpre analisarmos as conseqüências relevantes para a interpretação dos negócios comerciais. Sabemos que interpretar um contrato entre o fornecedor e o distribuidor é diferente de interpretar uma doação do pai para a filha que vai se casar. Ou ainda que o método de exegese de um testamento diverge daquele dos contratos que corporificam uma grande fusão. É mesmo evidente que os negócios mercantis merecem tratamento interpretativo diverso daquele reservado às relações entre fornecedores e consumidores, porque estas últimas obedecem a princípios que não podem ser aplicados aos vínculos entre empresários, sob pena de introduzirmos no corpo do direito comercial um inadequado "consumerismo" fadado à rejeição. Portanto, a interpretação do negócio comercial, sob o ponto de vista do mercado, não pode desconsiderar que:

(i) segurança e previsibilidade são necessárias para garantir a fluência de relações no mercado;

(ii) os textos normativos devem permitir adequada equação entre necessidade de segurança/previsibilidade e adaptação/flexibilização do direito;

(iii) ao Estado, enquanto agente implementador de políticas públicas, há de ser assegurado o poder de intervenção sobre o mercado, editando normas que estabeleçam o que é lícito e o que é ilícito;

(iv) a força normativa dos usos e costumes deve ser adequada ao interesse público;

(v) os usos e costumes são fonte de direito comercial;[79] a racionalidade econômica dos agentes não pode ser desconsiderada pelo direito estatal, ainda que determinado ato (praticado de acordo com essa racionalidade) venha a ser considerado ilícito.[80]

77. *Curso de Direito Comercial*, 28ª ed., Rio de Janeiro, Forense, 2002, pp. 28 ss.

78. *Panorama do Direito Comercial*, cit., pp. 50 ss.

79. Nesse sentido, Alberto Mazzoni observa que, na Itália, após a unificação, a força dos usos e costumes no direito comercial foi relativamente abandonada pela doutrina: "Le fonti del diritto commerciale tra memorie storiche e scenari futuri", in *Rivista delle Società*, jul.-ago. 2001, p. 855.

80. Note-se bem: a racionalidade econômica não é aquela que, necessariamente, deve ser tutelada pelo direito, mesmo porque fôssemos todos por ela

Uma primeira análise dos dispositivos do Novo Código Civil que tratam da interpretação dos negócios comerciais faz entrever um horizonte instável e vários problemas a serem enfrentados. Seguramente serão resolvidos, e a jurisprudência exercerá papel fundamental como estabilizador do sistema. Mas a que preço? A que nível de insegurança serão submetidos nossos agentes econômicos?

IV.1 As regras e os princípios de interpretação dos negócios comerciais anteriores ao Novo Código Civil

A evolução das regras de interpretação contratual seguiu uma estrada, no Brasil, que vai de Pothier, passando por Cairu, pelo Código de Napoleão e desembocando no Código Comercial de 1850, especialmente em seu art. 131,[81] *in verbis*:

"Art. 131. Sendo necessário interpretar as cláusulas *do contrato*, a interpretação, além das regras sobreditas, será regulada sobre as seguintes bases:

"1. a inteligência simples e adequada, que for mais conforme à boa-fé, e ao verdadeiro espírito e natureza *do contrato*, deverá sempre prevalecer à rigorosa e restrita significação das palavras;

"2. as cláusulas duvidosas serão entendidas pelas que o não forem, e que as partes tiverem admitido; e as antecedentes e subseqüentes, que estiverem em harmonia, explicarão as ambíguas;

"3. o fato dos contraentes posterior ao contrato, que tiver relação com o objeto principal, será a melhor explicação da vontade que as *partes* tiverem no ato da celebração do mesmo contrato;

"4. o uso e prática geralmente observada no comércio nos casos da mesma natureza, e especialmente o costume do lugar onde o contrato deva ter execução, prevalecerá a qualquer inteligência em contrário que se pretenda dar às palavras;

"5. nos casos duvidosos, que não possam resolver-se segundo as bases estabelecidas, decidir-se-á em favor do *devedor*."

Interessa-nos extrair desse texto normativo os seguintes princípios cardeais de interpretação dos negócios comerciais:

(i) boa-fé;

(ii) força normativa dos usos e costumes;

(iii) vontade objetiva e desprezo pela intenção individual de cada um dos contratantes — note-se que o texto legal faz referência expressa ao "espírito do contrato" e à "natureza do contrato";

movidos não conseguiríamos explicar o fato de um bombeiro arriscar a vida em um incêndio, ou a mãe que se sacrifica pelos filhos. Seríamos incapazes de devolver uma carteira abandonada, socorrer um animal ferido. Todos venderíamos nossos mestres, nossas crenças e nossos princípios por vinte dinheiros. Por isso — bem diz Robert Frank de forma jocosa —, não se pode eleger o *homo economicus* como um padrão comportamental (*Microeconomics and Behavior*, 3ª ed., Boston, Irwin/McGraw-Hill, 1997, p. 20), ou uma atitude como a de Judas seria aquela esperada pelo ordenamento jurídico. É óbvio que, como dissemos, o direito tem que reconhecer como padrão legal (homem ativo e probo) algo bastante diverso. No entanto, quando se vai investigar o autor de um crime, o primeiro ponto sobre que se cogita é quem teria tirado vantagens da morte. Para interpretar (e legislar), é por vezes necessário entender os tipos de comportamento gerados pela motivação egoística. Importante a referência à decisão proferida pelo Superior Tribunal de Justiça, em 4 de fevereiro de 2000 (REsp 260.561, Rel. Min. Ari Pargendler), em que *a racionalidade econômica* de uma das partes foi considerada exatamente na perspectiva que aqui apontamos: "Imagine-se que Viação Aérea São Paulo S/A — Vasp tivesse pago os valores contratualmente devidos, e que o Banco do Estado de São Paulo S/A — Banespa fizesse por emprestá-los segundo as regras do mercado financeiro. Qual seria a taxa de juros desse novo negócio? Observada a racionalidade econômica, o Banco do Estado de São Paulo — Banespa só deveria fazê-lo pelas mais altas taxas que já vinha cobrando, e o mercado, suportando".

81. Estamos, obviamente, fazendo um "corte" histórico porque muito do art. 131 está no *Digesto* e nas *Ordenações*, conforme o estudo de Conselheiro Orlando (*Codigo Commercial do Brazil*, 6ª ed., Rio de Janeiro, Laemmert, 1896, pp. 84 ss.).

(iv) comportamento das partes como forma de chegar à vontade comum, ao espírito do contrato (na mesma linha adotada pelo *Codice Civile*);

(v) interpretação a favor do devedor;

(vi) respeito à autonomia privada.

Esse talho peculiar da interpretação dos contratos comerciais que poreja do art. 131 — relacionado às características intrínsecas do sistema — trouxe conseqüências relevantes:

a) a *função econômica* do negócio no direito comercial assume importância, porque permite a objetivação do comportamento do comerciante no mercado e, com isso, a possibilidade de seu cálculo pelo outro; a atenção à causa do negócio transforma-se em fator ligado à proteção da legítima expectativa da outra parte, da chamada boa-fé objetiva e, como quer Roppo, à "gestão de uma economia capitalista"[82] ou às "regras de bom funcionamento do mercado";[83]

b) a racionalidade econômica do empresário sempre foi considerada pelo direito comercial e pela jurisprudência; evita-se a tomada de decisões judiciais que fujam da racionalidade própria do agente, *rebatida na boa-fé e na proteção da legítima expectativa*; a previsão do *standard* do homem "ativo e probo"[84] nada mais significa senão a assunção de uma racionalidade própria aos empresários (socialmente típica), depurada pelo direito como mínimo padrão interpretativo;

c) a proteção da eficiência das decisões empresariais também é outra fonte na qual há muito se fartam os intérpretes autênticos[85] e o ordenamento jurídico brasileiro; a imposição de decisões que comprometem a segurança e a previsibilidade do mercado sempre causou preocupação, assim como as decisões que colocam em xeque a lógica do sistema.[86]

IV.2 As regras de interpretação dos negócios comerciais no Novo Código Civil

Seguindo o Código Civil de 1916, o novo diploma ignorou uma das principais "redescobertas" da ciência jurídica do século XX: a importância da interpretação, inclusive daquela contratual. No Código Civil de 2002 as regras gerais declaradamente ligadas à interpretação dos negócios e dos contratos gravitam em torno de parcos artigos, principalmente os seguintes: 112, 113, 114 e 423.

Para efeitos comparativos, note-se que o *Codice Civile* dedica ao tema da interpretação as regras positivadas nos arts. 1.362 a 1.371, tratando da intenção dos contratantes, com expressa alusão ao comportamento concludente (art. 1.362); interpretação unitária (*complessiva*) das cláusulas contratuais, impondo que se tome uma por meio das outras e levando em conta o contrato como um todo (art. 1.363); expressões gerais, que não devem ser interpretadas de forma a incluir elementos sobre os quais as partes não pretenderam contratar (art. 1.364); indicações exemplificativas, para não excluir os casos não expressos que se podem considerar abarcados pelo pacto (art. 1.365); interpretação segundo a boa-fé (art. 1.366); conservação do contrato, ou seja, supremacia da interpretação que não reduza o contrato ou a cláusula à inutilida-

82. *O Contrato*, cit., p. 224.

83. *O Contrato*, cit., p. 223.

84. A Lei das Sociedades por Ações (Lei 6.404, de 1976) positivou esse princípio em seu art. 153: "O administrador da companhia deve empregar, no exercício de suas funções, o cuidado e diligência que todo *homem ativo e probo* costuma empregar na administração dos seus próprios negócios". O art. 168 impõe o mesmo padrão comportamental para o agente fiduciário dos debenturistas.

85. Usamos a expressão *intérprete autêntico* no sentido que lhe é dado por Kelsen.

86. Como exemplo, tome-se a jurisprudência brasileira sobre a prescrição em matéria comercial. Quando estudamos sistematicamente julgados relativos à prescrição nas sociedades por ações, chamamos a atenção para o fato de que a orientação dada pelos Tribunais apontava para um claro sentido: preservação da segurança jurídica (*Sociedades por Ações*, São Paulo, Ed. RT, 1999, p. 55 — co-autoria de Paulo de Lorenzo Messina).

de (art. 1.367); interpretação de cláusulas ambíguas, com especial referência aos contratos empresariais (art. 1.368); interpretação de cláusulas com mais de um sentido conforme a natureza e o objeto do contrato (art. 1.369); interpretação contra o autor da cláusula (art. 1.370); interpretação de forma menos gravosa para o obrigado e, em casos de contratos onerosos, realizando-se "l'equo contemperamento degli interessi delle parti, se è a titolo oneroso" (art. 1.371).

Dos artigos do novo diploma brasileiro que podem influenciar a interpretação dos negócios empresariais, destacamos os seguintes:

• *art. 112*: preponderância da "intenção consubstanciada nas declarações" sobre "o sentido literal da linguagem";[87]

• *art. 113*: para os negócios jurídicos em geral, deve imperar a interpretação conforme a boa-fé e os usos e costumes;[88]

• *art. 114*: interpretação restritiva para a renúncia;[89]

• *art. 157*: na esteira do art. 1.448 do *Codice Civile*, reintroduz formalmente o instituto da lesão[90] no nosso ordenamento, desaparecido dos Códigos anteriores;

• *art. 421*: a liberdade de contratar deve ser exercida em razão e nos limites da função social do contrato;[91]

• *art. 422*: mais uma vez, a imposição da boa-fé para os contratantes;[92]

• *art. 423*: interpretação a favor do aderente;[93]

• *art. 424*: proibição de renúncia a direito decorrente da natureza do negócio por parte do aderente.[94]

V. Cotejamento dos princípios cardeais da interpretação dos negócios comerciais antes e após o Novo Código Civil

V.1 Boa-fé e usos e costumes

Quanto à boa-fé e à força dos usos e costumes, ao menos no que diz respeito ao direito comercial, pouco deverá ser alterado. Temos aqui exemplo típico da contaminação do direito geral por um princípio presente desde a gênese do direito especial, mesmo porque nos deparamos com a boa-fé objetiva, indubitavelmente um dos vértices do sistema mercantil. O mesmo se pode dizer dos usos e costumes, tidos como fonte de direito e pauta de interpretação por qualquer manual de direito mercantil.[95-96]

87. "Art. 112. Nas declarações de vontade se atenderá mais à intenção nelas consubstanciada do que ao sentido literal da linguagem."

88. "Art. 113. Os negócios jurídicos devem ser interpretados conforme a boa-fé e os usos do lugar de sua celebração."

89. "Art. 114. Os negócios jurídicos benéficos e a renúncia interpretam-se estritamente."

90. "Art. 157. Ocorre a lesão quando uma pessoa, sob premente necessidade, ou por inexperiência, se obriga a prestação manifestamente desproporcional ao valor da prestação oposta. § 1º. Aprecia-se a desproporção das prestações segundo os valores vigentes ao tempo em que foi celebrado o negócio jurídico. § 2º. Não se decretará a anulação do negócio, se for oferecido suplemento suficiente, ou se a parte favorecida concordar com a redução do proveito."

91. "Art. 421. A liberdade de contratar será exercida em razão e nos limites da função social do contrato."

92. "Art. 422. Os contratantes são obrigados a guardar, assim na conclusão do contrato, como em sua execução, os princípios de probidade e boa-fé."

93. "Art. 423. Quando houver no contrato de adesão cláusulas ambíguas ou contraditórias, dever-se-á adotar a interpretação mais favorável ao aderente."

94. "Art. 424. Nos contratos de adesão, são nulas as cláusulas que estipulem a renúncia antecipada do aderente a direito resultante da natureza do negócio."

95. Lembramos, apenas a título exemplificativo, antigo acórdão da lavra de Aliomar Baleeiro, de 1974, por sua beleza e valor histórico. Um comerciante contratou com outro a compra de cacau. A entrega não ocorreu na data aprazada. O comprador interpelou o vendedor, instando-o à entrega, mas não foi atendido. Alegou o vendedor que o comprador não poderia cobrar a prestação antes de cumprir a sua obrigação (pagamento), por força do art. 1.092 do Código Civil ("Nos contratos bilaterais, nenhum dos contraentes, antes de cumprida a sua obrigação, pode exigir o implemento da do outro"). Mas de Aliomar Baleeiro observa que, na Bahia, o costume determinava que primeiro deveria ser entregue a mercadoria e, posteriormente, efetuado o pagamen-

A boa-fé no direito comercial não desempenha apenas uma função moral, desconectada da realidade dos negócios e fundada em valores outros que não a busca do melhor funcionamento do mercado. Ao contrário, reforça as possibilidades de *confiança* dos agentes econômicos no sistema, diminuindo o *risco*.[97] A boa-fé — agora, em todo o direito privado — é um catalisador da fluência das relações no mercado.[98]

Analisando o tratamento que a doutrina dispensava ao dogma da vontade das partes na celebração do negócio, Betti apresenta algumas críticas incisivas, iluminando a correta dimensão do problema.[99]

O "preconceito individualista" produziu tantos mitos em torno do dogma da vontade que se chegou a afirmar que tanto a intenção do testador quanto a "intenção comum dos contraentes" poderiam ser reduzidas a um dado de natureza psicológica, independentemente de qualquer relação com o "fato social da sua objetiva reconhecibilidade" por ambas as partes. A conseqüência desse equívoco foi a negação do critério da boa-fé como um cânone hermenêutico ligado à formação da "intenção comum". Recusa-se indevidamente que a lealdade recíproca, clareza e retidão não possam inspirar o estudo de processo que culmina com o encontro de resultado prático comum. Por isso, renega-se também a segundo plano o espírito de cooperação que leva à satisfação das expectativas mútuas — aquela mesma cooperação que os romanos haviam identificado na *buona fides* contratual. Conclui Betti que o centro da questão hermenêutica não está nas coincidências incidentais entre os estados de ânimo concebidos no íntimo das partes (*in interiore homine*), mas na recíproca con-

to. Na verdade, era costume acordar-se somente a quantidade, a data da entrega e o preço. Por essa razão, a data aprazada para o pagamento seria sempre posterior à da entrega e não assistia razão ao vendedor que a recusou. Em hipótese alguma esse acórdão pode ser tomado como isolado ou despregado do espírito do direito comercial brasileiro, sob pena de se cometer uma impropriedade científica e uma injustiça histórica.

96. Muitos autores apontam os problemas que podem derivar da aplicação da *boa-fé* como parâmetro de interpretação contratual. De um lado, por se tratar de um "conceito vago", encerraria riscos. Por outro, traria vantagens evidentes, atuando como uma *valvola di sicurezza* e tornando mais flexível o regime contratual; permitiria a repressão de certos comportamentos, "moralizando a substância do contrato" e procurando conciliar a "utilidade com a justiça" (Gisella Pignataro, *Buona Fede Oggettiva e Rapporto Giuridico Precontrattuale: gli Ordinamenti Italiano e Francese*, Nápoles, Edizioni Scientifiche Italiane, 1999, p. 55).

97. Que a confiança ocupa papel central no moderno direito dos contratos — e que sua importância para o bom funcionamento do sistema é cada vez mais premente — ninguém duvida. Por exemplo, discorrendo sobre garantias à primeira demanda, Marcelo Huck inicia a explicação afirmando: "A confiança é o princípio orientador das relações comerciais" ("Garantia à primeira solicitação no comércio internacional", in *RDM* 84/5, 1991). No mesmo artigo, o autor ressalta que a boa-fé é "cada vez mais importante no dinâmico processo do comércio internacional" (pp. 11-12). V., tb., sobre a confiança, Orlando Gomes, *Introdução ao Direito Civil*, 7ª ed., Rio de Janeiro, Forense, 1983, pp. 244 ss.

98. Com efeito, se o comerciante Tício contrata com Caio a entrega de uma partida de algodão e tem a certeza de que o vendedor está se comportando de acordo com as regras da boa-fé, assiste-lhe maior segurança no negócio e, conseqüentemente, seus custos de transação podem ser dimensionados em um patamar inferior ao que seria esperado se contratasse com um comerciante não confiável. Por isso, diz-se que, no mercado, a difusão da boa-fé azeita o fluxo de relações e, por conseguinte, a eficiência do sistema. Aliás, a boa-fé, enquanto uma pauta a ser respeitada para viabilizar o funcionamento do mercado, é desígnio que há muito permeia o direito comercial. Voltemos ao texto do Alvará de 16 de dezembro de 1771, em que é posta a importância da boa-fé e dos bons comerciantes para os "negócios mercantis": "(...) as decisões dos negocios mercantis costumão ordinariamente depender muito menos da sciencia especulativa das regras de Direito, e das Doutrinas dos Jurisconsultos, do que do conhecimento pratico, das Maximas, Usos e Costumes, que o manejo do Commercio, a necessidade, que ha de o livrar de embaraços, destructivos do seu continuo gyro; e a mutua, correspectiva da boa fé, que só tem por util, e solido fundamento dos seus interesses os verdadeiros, e bons Negociantes" (referida por J. X. Carvalho de Mendonça, *Tratado de Direito Comercial Brasileiro*, v. 6, 1ª parte, p. 210. O texto aqui transcrito foi compilado por Visconde de Cairu, *Princípios de Direito Mercantil e Leis de Marinha*, v. 2, cit., p. 908).

99. *Interpretazione della Legge e degli Atti Giuridici*, cit., pp. 389 ss.

gruência de comportamentos socialmente reconhecidos, que se engendram um em correspondência do outro, conforme regras de lealdade e retidão. Enfim, Betti procura pôr à mostra o preconceito que grassava à volta da consideração da boa-fé como pauta de interpretação negocial, para consolidar a sua importância e dar-lhe uma função sistêmica bastante próxima daquela que, em nosso ordenamento, já lhe era reservada pelo ab-rogado art. 131. A boa-fé vem relacionada ao uso e ao costume da praça, ou seja, ela é objetiva e não pinçada no íntimo dos partícipes da avença.[100]

Destarte, quando o direito manda interpretar os acordos conforme a boa-fé, não está apenas dando guarida a uma regra monacal, mas vivificando uma tradicional norma de direito mercantil, extremamente útil aos mercadores e ao mercado. Essa visão faz que a boa-fé dispa-se de tantos aspectos morais que a revestem em outros contextos, exsurgindo *objetivada*, ou seja, segundo os padrões de comportamento normalmente aceitos em determinado mercado (ou em determinada praça). A boa-fé liga-se, pois, umbilicalmente aos usos e costumes comerciais, dando-lhes força.

É tradicional a diferenciação entre boa-fé subjetiva e boa-fé objetiva, presente já na obra de Pothier (que influenciaria nosso Visconde de Cairu). Para Pothier, deveríamos apartar a boa-fé no "foro interior" daquela no "foro externo". A primeira "deve ter-se como contrario (...) tudo o que se affasta, ainda que pouco seja, da sinceridade mais exacta e escrupulosa: a dissimulação mesma sobre o que concerne á cousa que faz o objeto do contrato, e que a outra parte contrahente teria interesse em saber, he contraria a esta boa fé: pois sendo preceito amarmos o proximo como a nós mesmos, não póde ser permittido encobrir-lhe alguma coisa, que nós quereriamos que nos não ecobrissem, se estivessemos no seu lugar". Já no foro externo, "huma parte não seria atendida se se queixasse destes ligeiros ataques feitos á boa fé: de outra sorte mui grande numero de contractos estaria sujeito a rescisão, os processos serião innumeraveis, e causarião desarranjo no commercio. Só aquelle que abertamente ataca a boa fé, he no foro externo havido por verdadeiro doloso, e então tem lugar a acção de rescindir o contrato, provando-se plenamente as manobras, e artificios iniquos, que huma parte empregou para enganar a outra".[101-102]

A boa-fé subjetiva é relacionada a um "estado de consciência" ou "convencimento individual de obrar a parte conforme o direito". Bastante comum em questões possessórias, "[d]iz-se subjetiva justamente porque, para a sua aplicação, deve o intérprete considerar a intenção do sujeito da relação jurídica, o seu estado psicológico ou íntima convicção. Antitética à boa-fé está a má-fé, também vista subjetivamente como a intenção de lesar a outrem".[103] Por sua vez, a boa-fé objetiva liga-se a *standards* comportamentais esperados do homem ativo e probo. Logicamente, a boa-fé que assume relevância para fins de interpretação dos negócios comerciais é a *objetiva*, na medida em que permite a *objetivação* da conduta esperada da outra parte e, conseqüentemente, um melhor cálculo (aumentando o grau de certeza e de previsibilidade presente no mercado).

100. Essa noção permitiu, por exemplo, à jurisprudência alemã, com base do art. 242 do BGB, deduzir "novos" princípios gerais de direito em casos em que as normas existentes mostravam-se inadequadas à resolução dos conflitos. Ebke e Steinhauer afirmam que os tribunais alemães sempre superaram limitações legais ou barreiras doutrinárias quando percebiam que uma nova realidade social ainda não havia sido considerada pelo legislador ("The doctrine of good faith in German contract law", in AA. VV., *Good Faith and Fault in Contract Law*, Nova York, Oxford, 1997, p. 189).

101. *Tratado das Obrigações Pessoaes e Reciprocas nos Pactos, Contratos, Convenções &c*, trad. portuguesa de José Homem Correa Telles, Lisboa, Imprensa Nevesiana, 1835, p. 26.

102. V. Giovanni Francesco Basini para uma resenha bibliográfica sobre a ampla literatura italiana em tema de boa-fé objetiva (*Risoluzione del Contratto e Sanzione dell'Inadempiente*, Milão, Giuffrè, 2001, p. 211).

103. Judith Martins-Costa, *A Boa-Fé no Direito Privado*, São Paulo, Ed. RT, 1999, p. 411.

A boa-fé objetiva, por outro lado, diz respeito à *confiança* no contrato.[104] É inegável que, nos últimos anos, o resgate da importância da *confiança* vem despertando o interesse da doutrina, inclusive econômica. Podemos definir confiança (*trust*) como "um determinado nível de probabilidade subjetiva com a qual um agente avalia que um outro agente ou grupos de agentes praticarão uma determinada ação";[105] a existência de confiança, assim, aperfeiçoa a fluência das relações de mercado.

Williamson resume algumas conclusões de outros economistas sobre o fenômeno da confiança: (i) para que ela exsurja, são necessários repetidos encontros e certa memória de experiência; (ii) o comportamento honesto implica um certo custo; e (iii) está relacionada à boa reputação e esta deve ser adquirida.

Em face dessas observações, algumas precisões jurídicas mostram-se essenciais. Ora, os juristas já comprovaram de forma praticamente irrefutável que *não existe mercado sem direito*, sem regras que atribuam algum tipo de sanção (conseqüência positiva ou negativa) externa e organizada ao comportamento do agente. Portanto, quando uma empresa atua em um mercado, está sujeita a essas normas jurídicas.[106]

104. Sobre a relação entre boa-fé e confiança, v. Menezes Cordeiro, *Da Boa-Fé no Direito Civil*, Lisboa, Coimbra Ed., 1997, pp. 1.234 ss. Comentando o art. 1.366 do *Codice Civile*, diz Messineo: "È da notare altresì che la buona fede, cui si referisce l'art. 1.366, è quella che è stata chiamata buona fede oggettiva, cioè l'esigenza che 'la dichiarazione di volontà contrattuale sia intesa secondo il criterio di reciproca lealtà di condotta fra le parti, o affidamento e non quello stato psichico, di ignoranza di una certa situazione, che è l'altro significato (e il significato più usuale) di buona fede" (*Dottrina Generale del Contratto*, 3ª ed., Milão, Giuffrè, 1948, p. 357).

105. Gambetta, *apud* Williamson, *The Mechanisms of Governance*, cit., p. 257. No original: "a particular level of the subjective probability with which an agent assesses that another agent or group of agents will perform a particular action".

106. Guido Alpa, *Trattato di Diritto Civile. Storia, Fonti, Interpretazione*, Milão, Giuffrè, 2000, pp. 467 ss.

A partir do momento em que a boa-fé (ou o respeito à boa-fé) é uma dessas variáveis, é tomada pelo agente como um dos fatores que pautará o seu comportamento dentro de uma racionalidade condicionada pelas "regras do jogo". Portanto, para o desenvolvimento da confiança não é necessário que *aquele* agente tenha participado de jogadas anteriores em que tenha "aprendido" o comportamento conforme a boa-fé. Ao atuar em um mercado (juridicamente organizado), sabe-se de antemão quais as conseqüências do descumprimento da norma, sem a ter que infringir. Ou seja, no mercado aprende-se com a experiência dos outros, ao contrário do que muitas vezes acontece em nossas vidas privadas. A "*memória de experiência", que é importante para a existência da confiança, não é, portanto, atributo do indivíduo, mas está relacionada ao processo de positivação da norma jurídica. É a norma jurídica — e não o indivíduo — que contém a "memória de experiência*".

Nessa perspectiva, o comportamento honesto não implica gasto, mas sim *economia*, tanto para o agente (que atuará conforme as regras) quanto para o mercado como um todo, que tenderá a diminuir a incidência de custos de transação pelo aumento do grau de certeza e de previsibilidade.[107] E assim deve ser para o direito, porque a sanção prevista desestimula o comportamento infrator.[108] Por fim, a boa reputação deve ser realmente adquirida pelo

107. Custos de transação são "costs of running the economic system" (Williamson, *The Mechanisms of Governance*, cit., p. 93).

108. Ou estimular o comportamento desejado, no caso de sanção premial. Teixeira de Freitas já percebia esse fato (*Consolidação*, Rio de Janeiro, Typographia Universal de Laemmert, ed. de 1857, p. CLXIII): "O que seria do direito, se a sancção da lei não assegurasse o seu livre desenvolvimento? Não partimos de um estado negativo, ou de injustiça, mas da vida real da humanidade, onde a possibilidade de violação do direito reclama uma serie de instituições protectoras. Se a violação não fosse possível, a lei seria inutil".

agente, mas também o impele ao cumprimento das regras do mercado (i.e., ao respeito, à confiança e à boa-fé) em um prudente e profícuo círculo vicioso.[109]

O fato, no entanto, é que nem sempre a boa-fé é observada pelos agentes econômicos e a "confiança" pode ser traída. A partir do instante em que a quebra da confiança trabalha contra o próprio direito, é natural e desejável que *normas jurídicas coajam os agentes econômicos a respeitálas*. Por isso, o *sistema de direito comercial como um todo está voltado à tutela de princípios como a boa-fé objetiva e a confiança*. Negócios que são possíveis em um ambiente institucional com fortes garantias de cumprimento das obrigações podem não ser viáveis em ambientes institucionais fracos — porque não seria conveniente para as partes negociar nessa última situação. Uma das funções do direito comercial é buscar a criação de um ambiente que torne as negociações compensatórias.

Um ponto merece ser destacado, porque sua incorreta compreensão pode gerar distorções: no sistema de direito comercial, a boa-fé permite e estimula a eficiência do agente econômico ao mesmo tempo em que exige (para o bem do tráfico mercantil) seja adotado o comportamento típico dos "comerciantes cordatos", como dizia Cairu. No direito comercial, o respeito ao princípio da boa-fé não pode levar, em hipótese alguma, a uma excessiva proteção de uma das partes, sob pena de desestabilização do sistema. Afinal, como dissemos, o "erro de cálculo" do agente é um instrumento que premia a eficiência de outro. *No processo de interpretação dos contratos mercantis, a boa-fé não pode ser confundida com eqüidade ou com "consumerismo", erro em que incidem vários autores não habituados à dinâmica de mercado.*[110]

Permitimo-nos, mais uma vez, tomar exemplos jurisprudenciais antigos para ilustrar a exposição e voltar os olhos para o Novo Código Civil. Em 1913, o Tribunal de Justiça do Estado de São Paulo tratou da seguinte questão: um comerciante vendeu sua loja a outro, acordando que não se restabeleceria na Rua da Consolação. No entanto, instalou-se em rua próxima. Haveria má-fé? Entendeu o Tribunal que não, porque isso não havia sido acordado. Aliás, o vendedor poderia ter limitado a zona de proibição do restabelecimento; não o fez à época do negócio e não o poderia fazer posteriormente.[111]

109. Qual brasileiro não se lembra da irônica ponderação da zelosa mãe imaginada por Aluísio Azevedo em *Livro de uma Sogra* (Rio de Janeiro, Casa da Palavra, 2001, p. 155), ao racionalmente escolher o melhor perfil de marido para sua amada filha no final do século XIX? Diz: "A honra do negociante é diferente da honra dos outros homens. O militar, por exemplo, que não solver uma letra no dia do vencimento, não fica por isso desonrado, como não fica desonrado o negociante que levar um par de bofetadas; mas, se invertermos os casos, tão desonrado fica um como o outro. Isso quer dizer que a chamada honra do negociante não reside, como a de toda a gente honesta, na consciência do respeito a si mesmo e na imputabilidade pessoal, mas no crédito abstrato da sua firma ou da sua casa de comércio (...)".

110. V. a análise de Guido Alpa acerca das posições doutrinárias de Wieacker e Mengoni (*Trattato di Diritto Civile. Storia, Fonti, Interpretazione*, cit., pp. 953 ss.). Em suma, "il giudizio di buona fede consente una valutazione del comportamento delle parti alla stregua dei tipi di comportamento riconosciuti come norme sociali; l'equità invece consente al giudice di fare ricorso ad un potere più ampio, adattando il regolamento negoziale al fine di farvi penetrare esigenze di giustizia, tenendo conto delle circostanze peculiari del caso".

111. Vale transcrever, aqui, esse julgado: "O Apelado explorava certo ramo de negócio á rua da Consolação, nesta capital. O Apelante, vendo-lhe a prosperidade, propoz-lhe a comprar-lhe o estabelecimento se ele quizesse tomar o compromisso de não abrir naquela rua negócio identico. A proposta foi bem acolhida, a transação foi ultimada e o compromisso foi assumido. O homem não tardou, porém, a mostrar ao seu successor que mereceria a prosperidade comercial que o favoneava. Era, de facto, da cabeça aos pés, um negociante esperto. Foi a uma rua próxima á da Consolação e abriu outro negocio... O comprador do negocio antigo pulou de raiva. Aquilo era mais do que uma deslealdade: era uma violação positiva ao compromisso assumido. "— Engano, meu amigo, puro engano, volveu o homenzinho com placidez. Nem uma cousa nem outra: nem des-

Ora, percebemos que, neste anedótico julgado, a "esperteza" própria do bom comerciante foi aplaudida em detrimento da outra parte, que não havia se comportado como um mercador diligente. A mesma solução poderia ser dada se se tratasse de um contrato celebrado entre não comerciantes? O mesmo padrão de boa-fé deveria ser considerado? Por certo que não.[112]

É isso que precisa restar claro, neste início de vigência do Código Civil: *a boa-fé que rege as relações mercantis parte de uma realidade diversa e desempenha uma função um tanto diferente daquelas que cercam a maioria dos negócios celebrados entre não comerciantes.*

lealdade nem violação de compromisso... A que foi que eu me comprometi? Não fio a isto apenas: a não abrir na rua da Consolação negocio idêntico ao que lhe vendi?." (...). "— Boa duvida! Que importa que não abrisse na rua da Consolação se abriu nas proximidades dessa rua? O transtorno que me causa é sempre o mesmo." "— Perdão. É possivel que assim seja. Mas eu nada tenho com isso. A minha obrigação é apenas a de respeitar o compromisso, e o compromisso é muito claro: 'rua da Consolação, negocio do mesmo genero'. Não diz palavra sobre proximidades daquela rua." (...) Foram a juízo. O Juiz, tanto o de primeira instancia como o Tribunal concordou com o negociante e repeliu a pretensão do outro. O compromisso só se referia à Rua da Consolação. Nada dizia quanto às suas proximidades. A abertura de novo negócio, em outra rua, embora proxima daquela, não o violou. Observaram, ainda, os srs. Ministros: "— Porque, no contrato, esse cidadão não falou tambem nas proximidades da rua da Consolação? Podia até marcar a zona dentro da qual ao outro não seria permitido comerciar... Não o fez! Quer fazer agora?" Acórdão: Accordam em Tribunal de Justiça (...) confirmar, como confirmam, a sentença appellada (...). Julgado em 13 de dezembro de 1913, por Xavier de Toledo, A. França, Meirelles Reis e Rodrigues Sette" (as aspas que iniciam e findam as falas dos "personagens" foram por nós colocadas). Os embargos, posteriormente opostos, foram rejeitados e o acórdão confirmado.

112. Desnecessário frisar que, neste caso, hoje sabemos que a interpretação haveria de ser restritiva, porque se trata de uma exceção à lei geral de proteção da concorrência, conforme raciocínio que desenvolvemos com Eros Roberto Grau: "Restrição à concorrência, autorização legal e seus limites. Lei 8.884, de 1994, e Lei 6.729, de 1979 ('Lei Ferrari')", in *Boletim Latioamericano de Concorrência* 5, Bélgica, 1999. Também publicado na *Revista do IBRAC* 6/5, 1999, bem como na *RTDP* 21/107, 1998.

V.2 Intenção das partes e "vontade objetiva"

A doutrina brasileira sempre considerou haver grande diferença entre o sistema dos revogados Código Civil e do Código Comercial no que diz respeito à vontade a ser considerada quando da interpretação dos negócios jurídicos.

O art. 85 do Código de 1916 baseava-se em um sistema "subjetivista", que mandava perquirir a vontade individual da parte quando da celebração do negócio. Já o Código Comercial, em seu art. 131, sempre se referiu à "natureza do contrato" e ao "espírito do contrato", além de estabelecer o comportamento das partes posterior ao contrato como cânone de interpretação de sua vontade no momento da celebração do negócio. Vontade objetiva, portanto (melhor dizendo: vontade objetivada pelo mercado).

Junqueira de Azevedo, comentando o art. 85 do Código Civil,[113] afirma que "pelo nosso Código Civil, não resta dúvida de que é a vontade que prevalece". O método sugerido de interpretação é partir da declaração (objetiva) para encontrar a vontade real do declarante (subjetiva).[114] No entanto, adverte que "doutrina e jurisprudência, porém, tentam, na medida do possível, forçar os quadros legais".[115] Em outro texto, ao comentar o Código Comercial de 1850, mais precisamente o seu art. 131, Junqueira

113. "Art. 85. Nas declarações de vontade se atenderá mais à sua intenção que ao sentido literal da linguagem."

114. *Negócios Jurídicos: Existência, Validade e Eficácia*, 2ª ed., São Paulo, Saraiva, 1986, pp. 116 e 118.

115. Após estudar a jurisprudência brasileira, afirma Junqueira: "o que importa salientar é que, para o ponto que ora nos ocupamos, do conflito entre a intenção (subjetivismo) e da boa-fé (objetivismo), como critérios de interpretação, há decisões que, implícita ou mesmo expressamente, utilizam o critério da boa-fé, ao lado do da intenção, para interpretar o negócio; a boa-fé, assim, apesar do silêncio do Código, é critério utilizado pelos nossos tribunais" (*Negócios Jurídicos: Existência, Validade e Eficácia*, cit., p. 117).

complementa que o Código Civil assume posição subjetivista; já o Código Comercial, uma posição "objetivista, fundada nos usos e costumes e na boa-fé".[116]

Note-se que o art. 85 do antigo Código Civil foi agora praticamente reproduzido no art. 112 do Novo Código: "Art. 112. Nas declarações de vontade se atenderá mais à intenção nelas consubstanciada do que ao sentido literal da linguagem". Houve, então, a inserção do direito comercial no sistema "subjetivista" (o que seria, indubitavelmente, um perigoso retrocesso considerando a necessidade de segurança no tráfico do direito comercial)?

A resposta afirmativa parece delinear-se, ainda mais considerando a supressão do comportamento concludente como parâmetro de interpretação. *Aliás, não se logra compreender porque o art. 131 foi mutilado em uma de suas principais bases, qual seja no reconhecimento de que o comportamento das partes é o melhor indício (objetivo, portanto) da vontade que tiveram quando da celebração do negócio.* É inexplicável a razão de o Novo Código não ter reproduzido disposição análoga à contida no art. 1.362 do *Codice Civile*, que se refere à indagação da "intenção comum das partes",[117] bem como liga sua determinação ao "comportamento geral inclusive posteriormente à conclusão do contrato".[118-119]

Essa conclusão pode — felizmente — ser contestada, mediante o desdobramento do seguinte raciocínio: o Novo Código Civil consagrou a boa-fé objetiva (como princípio) e, com isso, a vontade das partes a ser considerada seria a "comum". Mas trata-se de esforço hermenêutico para dotar o sistema de adequado grau de segurança/previsibilidade e evitar o retrocesso. O fato é que o art. 112 está impregnado de subjetivismo, cuja superação requererá de todos nós grande esforço. O argumento de que a intenção a que se refere o novo texto estaria vinculada à declaração não parece dissipar o ranço subjetivista do preceito,[120] porque elege a intenção que está "consubstanciada nas declarações", ou seja, na manifestação da vontade *de cada uma das partes* e não naquela *comum*, correspondente à natureza do negócio.

Ousaríamos dizer que a observação de Ascarelli parece ter se tornado uma profecia de mau agouro. O mestre bolonhês disse que, no Brasil, por ser o Código Civil de 1916 mais moderno do que o Comercial de 1850, teríamos experimentado uma "civili-

116. "Interpretação do contrato pelo exame da vontade contratual. O comportamento das partes posterior à celebração. Interpretação e efeitos do contrato conforme o princípio da boa-fé objetiva. Impossibilidade de *venire contra factum proprium* e de utilização de dois pesos e duas medidas (*tu quoque*). Efeitos do contrato e sinalagma. A assunção pelos contratantes de riscos específicos e a impossibilidade de fugir do 'programa contratual' estabelecido" (*Revista Forense* 351/277, 2000).

117. No original: "comune intenzione delle parti".

118. No original: "comportamento complessivo anche posteriore alla conclusione del contratto".

119. A supressão é ainda mais injustificável considerando-se a explicação de Betti: "[d]ove la legge (art. 1.362) mira a mettere in valore l'intenzione comune delle parti di fronte al senso letterale delle parole, essa intende per intenzione comune non già la 'volontà' della parte singola, rimasta inespressa nella sfera interna della coscienza, ma il concorde intento formatosi fra entrambe le parti, in quanto si è reso riconoscibile nella loro comune o congruente dichiarazione e condotta. Essa intende perciò questa comune o congruente dichiarazione e condotta, interpretata peraltro non secondo la morta e astratta lettera delle parole o dei contegni, sebbene secondo lo spirito: interpretata, cioè, in funzione del reciproco comportamento complessivo delle parti da cui proviene e della situazione di fatto, nella quale appare in concreto inquadrata" (*Teoria Generale del Negozio Giuridico*, cit., p. 333).

120. Aliás, esse mesmo visgo individualista pode ser colhido em outros dispositivos do Código como, por exemplo, o art. 144: "O erro não prejudica a validade do negócio jurídico quando a pessoa, a quem a manifestação de vontade se dirige, se oferecer para executá-la na conformidade da *vontade real do manifestante*". O mote do art. 1.431 do *Codice Civile*, nesta parte, foi modificado profundamente pelo legislador brasileiro: "La parte in errore non può domandare l'annulamento del contratto se, prima che ad essa possa derivarne pregiudizio, l'altra offre di eseguirlo in modo conforme al contenuto e alle modalità del contratto che quella intendeva concludere". Ou seja, enquanto o *Codice Civile* refere-se ao con-

zação do direito comercial".[121] Triste predição do futuro, ainda mais se trocarmos a palavra "civilização" por "consumerização"...

V.3 Interpretação a favor do devedor

Também neste ponto, o Novo Código Civil poderá trazer obstáculos a serem superados pela jurisprudência. Determina o art. 423 a interpretação a favor do "aderente", tendo retirado a expressa menção à interpretação mais favorável ao "devedor", que constava do art. 131, 5, do Código Comercial. Cabe, aqui, uma pergunta: a interpretação não mais deverá ser a favor do devedor em um contrato empresarial normalmente negociado pelas partes? De duas uma: ou (i) a noção de contrato de adesão será ampliada — o que pode ser desastroso para o direito comercial, caso se arremesse contra os negócios mercantis uma interpretação concebida para contratos com consumidores — ou (ii) não mais teremos a interpretação a favor do devedor.

Ademais, ao mesmo tempo em que o art. 423 estipula uma interpretação contratual favorável ao "aderente", o art. 133 contém regra específica que impõe a presunção do prazo "em proveito do devedor".[122] Assim, se, por um lado, a interpretação dos negócios mercantis deverá ser favorável ao "aderente", por outro, no que diz respeito especificamente ao prazo, a ordem é a interpretação "em proveito do devedor". Presumindo que não estamos diante de mera falta de rigor técnico ou descuido ocorrido na revisão do texto final do Novo Código, a razão e utilidade dessa distinção deverão ser, mais uma vez, aclaradas pelo trabalho doutrinário e jurisprudencial.

teúdo e à modalidade do contrato que se pretendia celebrar, o Código brasileiro volta-se para a "vontade real do manifestante".

121. *Panorama do Direito Comercial*, cit., p. 40.

122. "Salvo, quanto a esses, se do teor do instrumento, ou das circunstâncias, resultar que se estabeleceu a benefício do credor, ou de ambos os contratantes."

Não é demais lembrar que a interpretação contra aquele que estipula a cláusula (*interpretatio contra stipulatorem*)[123] é um tanto diversa da menos gravosa para o obrigado. Essa distinção vem bem marcada nos arts. 1.370 e 1.371 do *Codice Civile*; enquanto o primeiro trata da "interpretação contra o autor da cláusula",[124] estipulando que "[a]s cláusulas inseridas nas condições gerais de contrato ou em modelos ou formulários elaborados por um dos contratantes, interpretam-se, na dúvida, a favor do outro",[125] o segundo faz o contrato "menos gravoso para o obrigado".[126-127] Novamente, diante do texto no Código de 2002, entrevemos duas possibilidades: (i) ou houve a supressão da regra geral de interpretação a favor do devedor, mantendo-a, o Novo Código Civil, apenas para questões relativas a prazo; ou (ii) toma-se a *interpretatio contra stipulatorem* por aquela menos gravosa para o onerado.[128]

123. A sétima regra de interpretação de Pothier remete-nos à *interpretatio contra stipulatorem*: "Na duvida huma clausula deve interpretar-se contra aquelle que tem estipulado huma cousa, em descargo daquelle que tem contrahido a obrigação". Pothier, na explicação dessa regra, parte implicitamente de pressuposição interessante: *quem está em posição de superioridade costuma ditar as regras do negócio*. Assim, diz Pothier que o erro do credor deve a ele ser imputado, ou "o credor deve imputar a si o não se ter explicado melhor". Essa regra permeia a interpretação dos contratos de adesão, mas pode ser trazida ao auxílio do estabelecimento da correta dimensão dos contratos comerciais, como um todo: aquele que está em situação de dependência econômica não pode restar obrigado além dos termos expressamente contratados. Desautoriza-se, portanto, interpretação extensiva que prejudique o agente em posição de sujeição.

124. No original: "interpretazione contro l'autore della clausola".

125. No original: "[l]e clausule inserite nelle condizioni generali di contratto o in moduli o formulari predisposti da uno dei contraenti s'interpretano, nel dubbio, a favore dell'altro".

126. No original: "meno gravoso per l'obbligato".

127. Sobre a interpretação dos arts. 1.370 e 1.371 do *Codice Civile*, v. Franco Carresi, *Dell'Interpretazione del Contratto*, Bolonha, Zanichelli, 1992, pp. 132 ss.

128. Como, aliás, já fez o Tribunal de Justiça de São Paulo ao dar concreção ao princípio herme-

Por fim, vale lembrar que a interpretação a favor do devedor é uma pauta de "correção" do ordenamento mercantil, favorecendo aquele em situação de desvantagem. Não se pode razoavelmente supor que, privilegiando uma regra aplicável exclusivamente aos contratos de adesão, o texto do Novo Código Civil tenha deixado de positivar cânone hermenêutico bastante útil ao funcionamento do sistema de direito comercial.

V.4 Função social do contrato

Estardalhaço tem sido feito quanto a esse ponto, dizendo que o Novo Código Civil seria inovador ao retirar o contrato de sua visão individualista extremada, lançando-o na estrada de sua função social. Na verdade, esse texto normativo nada mais expressa senão a concreção de um princípio constitucional e de uma tradição já identificada nos Tribunais. A função social do contrato está positivada na Constituição Federal de 1988: lembre-se que a liberdade de contratar é corolário necessário da afirmação da propriedade privada dos bens de produção, de modo que não há função social da propriedade sem função social dos contratos.[129]

Ademais, a "socialização" dos contratos comerciais é uma forte tendência jurisprudencial no direito mercantil. Como exemplo, basta ver a construção da *dissolução parcial das sociedades limitadas* laborada ao longo das últimas décadas e em contínuo processo de evolução, ou mesmo a construção do *princípio da preservação da empresa*, orientador de tantas decisões pretorianas. Analisando a jurisprudência comercial brasileira de forma sistemática, parece-nos perfeitamente possível afirmar que *as grandes linhas traçadas pelos julgados há muito desprenderam-se de um espírito individualista, preocupando-se sempre com o impacto do contrato sobre o todo social, ao mesmo tempo em que se procura azeitar o fluxo de relações econômicas.*[130] Por essa razão, ao menos no que diz respeito ao direito comercial, tememos que a inovação trazida pelo art. 421 far-se-á sentir mais na retórica dos advogados do que na modificação da realidade jurídica.

nêutico do art. 131, 5, do Código Comercial (apelação cível 084.441-4/1, j. 10.8.1999, Rel. Des. Santarelli Zuliani).

129. Não se pode deixar de fazer referência às consistentes críticas de Junqueira sobre o Novo Código Civil, que lançaria mão de elevado número de conceitos que "não têm conteúdo, são vazios do ponto de vista axiológico. Eles servem para retórica, e o mundo de hoje não se conforma mais com esses conceitos vazios" ("O princípio da boa-fé nos contratos", in *CEJ* 9/43). A conclusão a que chega Junqueira é, no mínimo, estimulante: "Todo código implica um certo desgaste social e um trabalho muito grande para os operadores do Direito. O meu ponto de vista é que o Projeto de Código Civil é um pouco, só um pouco, mais adiantado do que o Código Civil vigente. Claro, porque um é de 1916 e o outro é de 1970. Porém, não concordo — tendo em vista as mudanças do mundo de hoje — em adotarmos, para o ano 2000, um Projeto, de 1970, por uma pequena melhora em relação ao Código Civil. Não vale, tudo posto na balança, o desgaste que isso representa e aquilo que vai resultar para nós. A questão não é só o Código Civil, e sim todo o Direito Civil, e o Direito Civil como está é superior ao Direito Civil como ficaria, se fosse aprovado o Projeto".

130. Mauro Rodrigues Penteado salienta que a construção jurisprudencial e doutrinária da dissolução parcial das sociedades por quotas de responsabilidade limitada tem um primeiro motivo, "de índole constitucional, na medida em que entre os postulados que informam nossa ordem econômica figuram o da justiça social e o da função social da propriedade (...) e é indisputável que às sociedades mercantis está assinada tal função" (*Dissolução e Liquidação de Sociedades*, 2ª ed., São Paulo, Saraiva, 2000, p. 156). Para esclarecedor resumo da jurisprudência brasileira que teceu o instituto da dissolução parcial das sociedades por quotas de responsabilidade limitada, v. Priscila Maria Correa da Fonseca, *Dissolução Parcial, Retirada e Exclusão de Sócio*, São Paulo, Atlas, 2002, pp. 66 ss. Diz a autora: "[a]ntes mesmo da segunda metade do século XIX, a doutrina já demonstrava acentuada preocupação com a preservação da empresa, reconhecendo a importância da multiplicidade de interesses que gravitavam em torno da respectiva órbita: econômicos, sociais e fiscais etc. É que a doutrina individualista que inspirara o Código Comercial cedia lugar àquela que reconhecia, como prevalente aos interesses individuais dos sócios, a função social exercida pela empresa".

Oxalá não se repita, em relação ao art. 421, o ingrato destino que foi reservado ao art. 116, parágrafo único, da Lei 6.404, de 1976, que determina o exercício do poder da companhia conforme sua função social.[131] Após a lei de 1976, notamos grande movimento doutrinário em torno desse artigo, mas infelizmente pouca aplicação prática. Ou seja, a inovação legislativa e a utilização da cláusula geral da função social não conseguiram acelerar o processo evolutivo de interpretação/aplicação do direito.

V.5 Lesão/tendência de proteção à parte mais fraca

Percebemos no Novo Código Civil uma tendência à proteção da parte mais fraca na relação contratual manifestada em vários dispositivos, entre os quais destacamos o art. 157, que trata da lesão.[132] Porque empreendemos a unificação do direito obrigacional, é indispensável lembrarmos, mais uma vez, a lição de Cairu ao explicar o instituto da lesão no sistema de direito comercial. Segundo o mestre, em princípio, toda pessoa tem o direito de contratar validamente, "pode licitamente usar de sua industria, diligencia, e liberdade em quaesquer convenções permitidas, com tanto que não use de fraude, e violencia contra a pessôa com quem trata, ou contra terceiro, a quem destine prejudicar em seu direito". Assim — segue Cairu — "póde no ajuste do preço tirar a possivel vantagem estipulando-a com franqueza e boa-fé". Porém a "boa-razão" impede que haja "abuso do domínio" ou de "qualquer outra faculdade humana, e social". Sobretudo nas "transações do Commercio, que, por serem acceleradas, e peremptorias, muitas vezes se fazem na confiança da boa-fé do vendedor, suppondo-se que elle exige hum preço racionavel, e commum".

No entanto, "os Commerciantes são, ou sempre se presumem, habeis, atilados, e perspicazes em seus negocios: he-lhes por tanto inadmissivel allegarem lesão em tratos mercantis por escusa ou ignorancia. (...) Por tanto os que exercem a profissão de mercancia, não devem ser menos prudentes e circumspectos em seus tratos. (...)

"Mas, nas vendas de retalho ao povo, ainda que raras vezes se proponha causa de lesão, ella comtudo frequentemente acontece nos Paizes pobres, e immorigerados, com terrivel encargo de consciencia do vendedor, que se prevalece da sinceridade, bôa fé, inexperiencia, ou simpleza, rusticidade, ou precisão do comprador."[133]

Esse espírito vinha corporificado no art. 220 do hoje revogado Código Comercial, que dispunha: "A rescisão por lesão não tem lugar nas compras e vendas celebradas entre pessoas *todas* comerciantes; salvo provando-se erro, fraude ou simulação".[134]

Caio Mário da Silva Pereira, valendo-se das lições de Bento de Faria e de Carvalho de Mendonça, em monografia sobre a lesão, partindo da análise do art. 220, também admite que, segundo a doutrina comercialista, o instituto não integra o sistema de direito mercantil.

A reanimação do instituto da lesão em nosso sistema jurídico agora unificado não pode ser empregada para aviltar o comércio jurídico. É mesmo Caio Mário quem adverte: "Uma vez que o direito positivo forneça o meio de faltar o contratante à fé

131. "Art. 116. (...) Parágrafo único. O acionista controlador deve usar o poder com o fim de fazer a companhia realizar o seu objeto e cumprir sua função social, e tem deveres e responsabilidades para com os demais acionistas da empresa, os que nela trabalham e para com a comunidade em que atua, cujos direitos e interesses deve lealmente respeitar e atender."

132. Além, obviamente, de outros dispositivos como os arts. 187 (abuso de direito), 423 (que trata da interpretação a favor "do aderente"), 424 e de tantos outros.

133. *Princípios de Direito Mercantil*, cit., p. 504.

134. Igualmente, como vem positivado no *Codice Civile* e é lembrado por Caio Mário da Silva Pereira, o instituto da lesão não se aplica aos contratos aleatórios (*Lesão nos Contratos*, 5ª ed., Rio de Janeiro, Forense, 1993, p. 174).

jurada, e venha em abono da atitude assumida pela parte inadimplente, é todo o comércio jurídico que sofre, é a insegurança que se institui como norma, é a infidelidade protegida pela lei que abala e ameaça todo o edifício do direito obrigacional, lançando o germe da desconfiança e do receio nos meandros da vida econômica".[135]

Novamente, será preciso cuidado para que o texto do Novo Código Civil não seja aplicado de forma tal a neutralizar as vantagens competitivas normais e desejáveis no mercado. Em linguagem mais tradicional, poderíamos falar na "normal álea do negócio", que parece ter sido ignorada pelo Novo Código Civil em alguns aspectos fundamentais. Além da questão da lesão, lembre-se a disciplina da onerosidade excessiva, positivada nos arts. 478 e ss. Ao contrário do art. 1.467 do *Codice Civile*,[136] nosso diploma não contemplou expressamente as hipóteses em que a excessiva onerosidade subsume-se à "álea normal do contrato". Ora, terá sido ignorada a "incerteza sobre a margem dos prejuízos ou do lucro superveniente", que, em tal caso, presumir-se-ia "matéria de risco assumido, sendo por definição matéria de normal álea do contrato"?[137]

Por tudo isso, preocupa a interpretação/aplicação que será dada ao texto do art. 157 quando estiverem envolvidos negócios celebrados entre empresários. Será desconsiderada a força do contrato quando uma das partes "errar" na sua previsão? Um exemplo prosaico: tomemos uma empresa em difícil situação econômica, que, para captar determinado parceiro comercial, resolve conceder-lhe grandes vantagens. O contrato poderá ser descartado, alegando-se a lesão? Se assim for, cumpre-nos perguntar: qual agente econômico racional contratará com outro que passa por percalços financeiros? Se houver o negócio, o custo a ser suportado pela empresa em dificuldades não será agravado pela situação de incerteza jurídica trazida pelo novo texto legal? Maior o risco do negócio, maior o lucro esperado, sabem aqueles ligados ao torvelinho do mercado.

Pensemos ainda em uma empresa que comercializa produtos perecíveis e resolve "queimar" seus estoques com data de vencimento próxima, vendendo-os a preços excessivamente baixos. Poderá o adquirente ter o negócio desconstituído?

É lógico que esse dispositivo, se bem dosado pela jurisprudência, poderá mostrar-se útil ao tráfico e evitar, por exemplo, o abuso de dependência econômica.[138] No entanto, como no Brasil ainda não temos uma construção doutrinária sólida sobre essa questão, parece-nos que a aplicação do preceito no campo do direito empresarial deverá ser extremamente cuidadosa, sob

135. *Princípios de Direito Mercantil*, cit., p. 110.

136. "Art. 1.467. Nei contratti a esecuzione continuata o periodica, ovvero a esecuzione differita, se la prestazione di una delle parti è divenuta eccessivamente onerosa per il verificarsi di avvenimenti straordinari e imprevidibile, la parte che deve tale prestazione può domandare la risoluzione del contratto con gli effetti stabiliti dall'articolo 1.458. La risoluzione non può essere domandata se la sopravvenuta onerosità rientra nell'alea normale del contratto (...)."

137. As expressões entre aspas são de Mario Bessone, "*Ratio legis* dell'art. 1.467 Cod. Civ., risoluzione per eccessiva onerosità e normale alea del contratto", in AA. VV., *Rischio Contrattuale e Autonomia Privata*, Nápoles, Jovene, 1982, pp. 390 e 391.

138. Na Itália, a repressão ao abuso da dependência econômica foi disciplinada, em março de 2001, pelo art. 9º da Lei 192, de 1998: "1. È vietato l'abuso da parte di una o più imprese dello stato di dipendenza economica nel quale si trova, nei suoi o nei loro riguardi, una impresa cliente o fornitrice. Si considera dipendenza economica la situazione in cui un'impresa sia in grado di determinare, nei rapporti commerciali con un'altra impresa, un eccessivo squilibrio di diritti e di obblighi. La dipendenza economica è valutata tenendo conto anche della reale possibilità per la parte che abbia subito l'abuso di reperire sul mercato alternative soddisfacenti. 2. L'abuso può anche consistere nel rifiuto di vendere o nel rifiuto di comprare, nella imposizione di condizioni contrattuali ingiustificatamente gravose o discriminatorie, nella interruzione arbitraria delle relazioni commerciali in atto. 3. Il patto attraverso il quale si realizzi l'abuso di dipendenza economica è nullo".

pena de transformar-se em instrumento de neutralização de vantagens competitivas, como já intuía Cairu.

V.6 Supressão de regras de interpretação

Ao contrário do que fazia o art. 131, 2, do Código Comercial, o novo diploma silencia sobre a interpretação de cláusulas aparentemente contraditórias. Buscava o nosso velho e sábio Código a coerência na interpretação do texto negocial, permitindo sua correta aplicação conforme a função econômica almejada pelas partes (interpretação conforme o espírito e a natureza do contrato). Captada essa função pelo processo de exegese das cláusulas que estivessem em harmonia, deveria pautar a leitura das estipulações sobre as quais pairassem dúvidas. O centro do texto normativo era simples: o verdadeiro espírito e natureza do contrato deveriam prevalecer e escoimar as dúvidas. Presumia-se que as disposições contratuais (todas elas) buscavam atingir uma mesma função econômica (função econômica do contrato). Por isso, a racionalidade *inferida* de algumas poderia orientar a interpretação de outras.

Essa diretriz tinha nítida inspiração na terceira e sexta regras de interpretação de Pothier:

"*Terceira regra*: Quando em hum contracto os termos são susceptíveis de dous sentidos, devem entender-se no sentido que mais convém à *natureza do contrato*. (...)

"*Sexta regra*: Huma clausula deve interpretar-se pelas outras do mesmo instrumento, ou ellas precedão, ou ellas se sigão áquella."[139]

O negócio jurídico, enquanto expressão de uma *racionalidade* e modo de atingir um *resultado* (função), é *uno*. Essa unicidade há de presidir a interpretação contratual, sob pena de se chegar a conclusões incompatíveis com a eficiência que se espera traga a avença. Mais uma vez, perturba a omissão do novo diploma quanto a esse aspecto crucial de interpretação dos negócios mercantis.

VI. Conclusão

A interpretação dos negócios comerciais — pedra angular do novo direito comercial — encontra-se num momento bastante delicado, porque o recém-promulgado diploma não parece ser um código talhado para o mercado e para a proteção do crédito.

Na atividade acadêmica e, principalmente, no exercício diário da advocacia, os comercialistas brasileiros talvez passem a se sentir como juristas da Roma antiga. Deixando de lado a controvérsia sobre a existência ou não de um direito comercial anterior ao século XII, e lembrando as lições de Vivante, deveremos nos desdobrar para, analisando a realidade, subsumi-la a textos normativos que não foram concebidos para a disciplina da atividade mercantil. Dizia Vivante: "repugnava à tendência unificadora do gênio romano um direito especial para o comércio: ele sabia inserir nos amplos conceitos das obrigações, com sua fértil linguagem, as variáveis formas dos negócios mercantis e suas cláusulas técnicas".[140]

139. O Novo Código Civil suprimiu a chamada "interpretazione complessiva delle clausole". Explicando esse cânone hermenêutico, por todos, Scognamiglio: "essendo l'iniziativa negoziale funzionale ad una certa modificazione della sfera economica (ed ovviamente di quella giuridica) di colui che la attua, si deve ritenere che tutte le componenti del regolamento posto in esse siano coerenti al risultato divisato e possano quindi essere esattamente ricostruite nella loro portata alla luce di quel risultato. In tale ordine di idee, si coglie, in termini particolarmente netti, la connessione (...) tra il canone dell'interpretazione complessiva dell'atto e il principio fondamentale della ricerca della comune intenzione delle parti" (*Interpretazione del Contratto e Interesse dei Contraenti*, Pádua, CEDAM, 1992, p. 329).

140. *Tratatto di Diritto Commerciale*, v. I, 5ª ed., Milão, Vallardi, 1934, p. 2. No original: "ripugnava alla tendenza unificatrice del genio giuridico romano un diritto speciale al commercio: esso sapeva far rientrare nei larghi concetti delle obbligazioni col suo pregnante linguaggio le variabili forme degli affari mercantili e le loro clausule tecniche".

É essa a estrada que o Novo Código obriga o direito comercial a trilhar no campo dos contratos comerciais: deverão todos — comercialistas e empresários — aprender a "fazer entrar" nos largos conceitos das obrigações, com sua linguagem prenhe de conceitos abertos (melhor dizendo, noções, porque temporais e históricas), as mais variadas formas de negócios mercantis (*affari mercantili*), com seus aspectos técnicos específicos.

Um amparo nos resta: temos sólidas tradição e jurisprudência comercial a nos guiar.

Doutrina

O NOVO CÓDIGO CIVIL E A EVOLUÇÃO DO REGIME JURÍDICO DOS CONTRATOS*

Arnoldo Wald

I. Introdução. II. O Brasil no terceiro milênio. III. A evolução do direito privado. IV. Algumas considerações de direito comparado. V. Os contratos no Código Civil de 2002: V.1 Considerações gerais; V.2 As principais modificações: V.2.a A lesão; V.2.b Os contratos de adesão; V.2.c O solidarismo contratual; V.2.d A boa-fé objetiva; V.2.e A função social do contrato; V.2.f A teoria da imprevisão e a revisão dos contratos. VI. Conclusões.

I. Introdução

1. Queremos, inicialmente, cumprimentar os organizadores do Colóquio Internacional que se realizou, em Roma, a respeito do "Novo Código Civil Brasileiro e o Sistema Jurídico Latino-Americano", entre 23 e 25 de janeiro de 2003, pela eficiência e oportunidade do seu trabalho, que deu uma nova dimensão ao direito brasileiro e à sua divulgação no exterior. Agradecemos, em particular, ao Professor Sandro Schipani pelo honroso convite que nos fez para participar dos trabalhos do congresso, ao lado de eminentes juristas italianos, brasileiros e argentinos, devendo destacar a extraordinária dedicação que o mestre e sua equipe de colaboradores tiveram em relação tanto à organização do simpósio como no atendimento de cada um dos congressistas.

2. Para nós brasileiros, a vinda à Itália é um retorno às nossas fontes do direito e, nos últimos anos, foi com grande alegria que vimos se estreitarem os laços entre os juristas dos nossos dois países e o interesse cada vez maior que os professores italianos passaram a ter em relação à evolução do nosso direito. Ao lado dos congressos internacionais nos quais nos encontramos, tanto na Itália quanto no Brasil e em outros centros jurídicos, sedimentando contatos e amizades, passou a haver, a partir da segunda metade do século passado, simpósios binacionais em São Paulo, Rio de Janeiro e Roma, assim como encontros entre professores italianos e juristas da América Latina em geral. Trata-se de importantes trabalhos de direito comparado que estão sendo realizados entre especialistas com a mesma formação e escala de valores, devendo salientar a incontestável influência que a legislação, a jurisprudência e a doutrina italiana tiveram e continuaram tendo no direito brasileiro. Por outro lado, o Brasil também contou, para o seu desenvolvimento, com uma importante colônia de emigrantes de primeira e segunda geração, que fizeram de São Paulo uma das maiores cidades italianas do mundo.

* Relatório apresentado em 25.1.2003 no Colóquio Internacional realizado em Roma a respeito do "Novo Código Civil Brasileiro e o Sistema Jurídico Latino-Americano".

3. Além da influência genérica que o direito italiano exerceu, com o de outros países europeus, sobre os códigos brasileiros, devemos à Itália a presença de dois dos seus eminentes mestres que lecionaram em nosso país, por longo tempo, durante a guerra, marcando, com as suas lições, toda a geração de professores e advogados brasileiros à qual pertencemos. Trata-se de Tullio Ascarelli, que renovou o nosso direito comercial, e de Enrico Tullio Liebman, cujos ensinamentos transformaram o nosso direito processual, chegando os seus discípulos a constituir o que se denominou a Escola Paulista de Processo Civil.

4. Num momento em que queremos aproveitar os aspectos positivos da globalização, devemos substituir as fortalezas que, no passado, protegiam as cidades, por verdadeiras pontes entre os países e entre as universidades, unindo, assim, os juristas das várias nacionalidades. Cabe-lhes cooperar uns com os outros para a construção de um direito mais justo e de uma técnica jurídica mais aprimorada e utilizada a serviço do homem, concebido, nos termos da filosofia grega, como sendo a medida de todas as coisas.

5. Tendo a honra de falar perante um auditório internacional, no qual estão presentes juristas que não conhecem o nosso país ou o visitaram rapidamente, pareceu-nos útil iniciar a palestra com uma visão rápida do Brasil econômico, político e jurídico do início do terceiro milênio. Em seguida, trataremos do espírito e do sistema do Código Civil de 2002 e examinaremos, mais detidamente, dentro dos limites do tempo que me foi concedido, a evolução dos contratos na nova legislação.

II. O Brasil no terceiro milênio

6. O Código Civil brasileiro promulgado em 10.1.2002 e que acaba de entrar em vigor se aplica num país que, após ter passado por um regime militar, restabeleceu plenamente o Estado de Direito, fazendo funcionar adequadamente o regime representativo de tal modo que acaba de eleger o seu novo Presidente da República por 60 (sessenta) milhões de votos. Na última década, conseguiu-se combater eficientemente a inflação, que tinha alcançado taxas inconcebíveis, ultrapassando, em determinado momento, 4.000% ao ano, e o Governo pôde assegurar uma relativa estabilidade monetária, cuja preservação tem sido a preocupação da sociedade brasileira nos últimos anos. Trata-se, agora, de conseguir conciliar a manutenção de uma moeda estável com as decisões de combater a fome e a desigualdade social e de superar o *deficit* de infra-estrutura, sem aumentar os tributos que já oneram substancialmente a produção e a circulação de bens.

7. A partir de 1990, o Brasil abandonou uma política econômica de auto-suficiência econômica e de substituição das importações por produtos nacionais, procedendo à abertura dos mercados e desenvolvendo tanto as suas exportações como as importações.

8. Atualmente, o Brasil é um verdadeiro continente, com uma área de 8.500.000 km^2 e uma população de 170 milhões de habitantes, sendo que a maioria dos quais abandonou o campo para a cidade, ensejando o desenvolvimento de verdadeiras megalópoles como São Paulo e Rio de Janeiro, que, com os seus arredores, têm, cada uma, cerca de doze milhões de moradores.

9. As dimensões brasileiras e as distâncias existentes entre os vários centros do país ensejaram a existência de uma pluralidade de civilizações, que é reconhecida por economistas e sociólogos. Assim, já se disse que o Brasil tem traços de civilizações tão distintas quanto as da Bélgica e da Índia.[1] Um eminente sociólogo francês chegou a intitular a sua obra *Os Dois Brasis*[2] e outro

1. A expressão é do economista Edmar Bacha, em conferências e entrevistas a respeito da evolução da economia brasileira, que se refere à *Belgindia*, para caracterizar o nosso nível de civilização.

2. Jacques Lambert, *Os Dois Brasis*, 12ª ed., São Paulo, Editora Nacional, 1984.

escreveu a respeito das *Três Idades do Brasil*.[3] Há, assim, um grande desequilíbrio regional que se faz sentir especialmente entre, de um lado, o sudeste e o sul do país, que abrangem as regiões industriais, e, de outro, o norte e o nordeste, com produção agrícola. As diferenças econômicas têm importante relevância social e até jurídica. Assim, as áreas menos desenvolvidas do país mantiveram, por longo tempo, o regime do coronelismo,[4] constituindo um resquício da sociedade medieval, enquanto São Paulo apresenta os aspectos das grandes cidades modernas como Nova Iorque ou Milão, impressionando pelo número de arranha-céus, possuindo ainda a região numerosas indústrias com as tecnologias as mais modernas.

10. Por outro lado, houve, no Brasil, uma defasagem não só entre o campo e a cidade, mas também entre o progresso econômico e técnico, que refletem as conquistas do século XXI, e o relativo atraso administrativo e jurídico. Assim, num país que produz anualmente seis milhões de automóveis e no qual o uso do computador está se generalizando, a Justiça, até há pouco tempo, ainda não estava informatizada e muitos despachos e sentenças eram batidos à máquina ou até escritos à mão pelo próprio juiz, seguindo as velhas tradições portuguesas, o que já não mais ocorre agora.

11. A atual crise brasileira decorre, pois, tanto da recessão mundial como também dos desequilíbrios internos, das repercussões no país da globalização e da introdução das novas tecnologias que dispensam uma ampla mão-de-obra ainda não preparada para realizar outras funções, provocando assim o desemprego.

12. Quando se examinam os aspectos jurídicos do Brasil de hoje, chega-se à conclusão que, durante muitos anos, tivemos, além da inflação monetária, a inflação legislativa e regulamentar, com a superposição de diplomas, algumas vezes contraditórios, mas que não modificavam na totalidade o direito anterior. A Constituição de 1988 é uma das maiores e mais detalhadas do mundo, contando com 250 artigos e um Ato das Disposições Constitucionais Transitórias de mais 85 artigos, ou seja, ao total quase 350 artigos, já parcialmente modificados, em menos de quinze anos, mediante a aprovação, pelo Congresso Nacional, de trinta e nove emendas constitucionais.[5] Por outro lado, desde a entrada em vigor da Constituição até agora, foram julgadas mais de duas mil argüições de inconstitucionalidade.

13. A Constituição brasileira de 1988 é liberal e social-democrata, inspirando-se nas Constituições americana, francesa, alemã e portuguesa. É uma Constituição que garante muitos direitos sem definir sempre os meios e recursos para garanti-los, especialmente no que se refere à saúde, à educação e à previdência social. Já afirmamos, aliás, que enquanto a Constituição americana garante a todo cidadão o direito à busca da felicidade, o constituinte brasileiro de 1988 tentou ir mais longe, assegurando, a todos, o direito de ser feliz, sem esclarecer como pretendia atender as suas necessidades para que pudessem alcançar a felicidade. Mas devemos reconhecer que, de qualquer modo, foi um diploma que teve o mérito de fixar metas e definir esperanças e ideais, o que também é válido.

14. O Brasil conta com cerca de dez mil magistrados e quinhentos mil advogados inscritos na Ordem dos Advogados. O Supremo Tribunal Federal julga mais de cem mil processos por ano e o Superior Tribunal de Justiça examina o dobro de recursos no mesmo prazo. A totalidade dos demais tribunais, abrangendo a primeira ins-

3. Charles Morazé, *Les Trois Ages du Bresil*, Paris, Armand Colin, 1954.

4. Victor Nunes Leal, *Coronelismo, Enxada e Voto*, São Paulo, Alfa-Omega, 1975, e Raymundo Faoro, *Os Donos do Poder*, Rio de Janeiro, Globo, 1958.

5. A Emenda Constitucional 39 foi promulgada em 19.12.2002.

tância, julga anualmente mais de dez milhões de processos.

15. Considerando as dimensões do país e as diferenças econômicas, sociais e culturais existentes entre as várias regiões, compreende-se a dificuldade de uniformizar a jurisprudência, não obstante os esforços feitos pelos tribunais superiores para impor o respeito às suas súmulas, tentando torná-las vinculatórias.

III. A evolução do direito privado

16. Até o fim do século XX estavam em vigor, em direito privado, dois diplomas legais evidentemente obsoletos, embora modificados por numerosas leis especiais. Tínhamos o Código Comercial de 1850, inspirado na legislação francesa, mas destinado a um Brasil recentemente saído da fase colonial, que tinha terminado vinte e oito anos antes. Um pouco mais moderno, o Código Civil de 1916 entrou em vigor em 1917, mas o seu projeto, de autoria de Clovis Beviláqua, datava de 1899, tendo sofrido a influência do Código Civil alemão (BGB) e dos demais códigos europeus da época, mas destinando-se ainda a uma sociedade brasileira que acabava de abolir a escravidão (1888) e proclamar a república (1889). Era uma sociedade rural de caráter patriarcal dominada pelo que se denominou o privatismo doméstico.

17. Tecnicamente bem construído e tendo merecido elogios na doutrina nacional e internacional, destacando-se, entre outras, a apreciação de Marcel Planiol,[6] é um código que reflete o espírito da época na qual foi elaborado. Assim, nele, o contrato é concebido como fazendo lei entre as partes, condenando-se todavia o abuso de direito e exigindo-se boa-fé na contratação. Considera-se a propriedade como direito absoluto, devendo todavia respeitar as normas referentes à vizinhança e os regulamentos administrativos. A responsabilidade civil pressupõe a prova da culpa do autor do dano, que é presumida em determinados casos, como quando se trata do dever de ressarcir que incumbe ao patrão ou comitente em relação aos atos praticados pelo preposto. Não há disposições muito peculiares que tenham afastado o Código de 1916 dos seus modelos europeus e da tradição nacional oriunda das Ordenações Filipinas anteriormente em vigor no Brasil.

18. Durante o século XX, foram aprovados numerosos diplomas de direito privado, sob a forma de leis ou até de decretos-leis e simples decretos, como aconteceu no Estado Novo (1937-1945). Entre outros textos legislativos que modificaram profundamente o direito privado brasileiro, destacam-se os referentes à usura, à proibição de uso das cláusulas ouro e moeda estrangeira, ao divórcio, ao reconhecimento de filhos adulterinos, à proteção da locação comercial, à condenação dos abusos do poder econômico, à união estável, aos loteamentos, às promessas de compra e venda de imóveis etc. Códigos especiais trataram das águas, florestas, minas, caça e pesca. Essas leis modificaram substancialmente todo o sistema jurídico, levando a reconhecer que o Código tinha ficado ultrapassado.[7]

19. Essa evolução foi acelerada com a Constituição de 1988, que também teve importantes reflexos no direito civil, ao introduzir novos princípios a respeito do direito do consumidor e no tocante à própria família, garantindo a igualdade entre homens e mulheres, admitindo os efeitos jurídicos da união estável e não mais discriminando entre filhos legítimos e ilegítimos, além de considerar a função social da propriedade.

20. Assim sendo, podemos dizer com San Tiago Dantas que, desde 1950, tivemos, no Brasil, dois direitos, o do Código

6. Marcel Planiol e Georges Ripert, *Traité Élémentaire de Droit Civil*, I, Paris, LGDJ, 1950, p. 79

7. Arnoldo Wald, *Curso de Direito Civil, Introdução e Parte Geral*, 9ª ed., São Paulo, Saraiva, 2002, pp. 71 ss.

e o direito constante na legislação extravagante e na jurisprudência.[8]

21. Essas transformações sofridas pelo direito civil se explicam pelo desenvolvimento do país, com a industrialização, a urbanização crescente, a abertura da economia para o mundo e o fim do feudalismo econômico e político que ainda manteve alguns dos seus aspectos residuais no Brasil até o século XX.

22. É assim compreensível que, na medida em que o Brasil teve mais de cinco Constituições (1934, 1937, 1946, 1967 com a Emenda 1 de 1969 e 1988), também se tivesse cogitado da reforma do Código Civil desde os meados do século passado. Sucederam-se o Anteprojeto de Código das Obrigações, de 1941, o Projeto de Código Civil, de Orlando Gomes, de 1963, e, finalmente, o atual Código de 2002, que levou cerca de trinta anos para ser aprovado. Efetivamente, a partir de 1972, um novo projeto foi elaborado, sob a coordenação do Professor Miguel Reale, pelos Professores José Carlos Moreira Alves (Parte Geral), Agostinho de Arruda Alvim (Direito das Obrigações), Sylvio Marcondes (Atividade Negocial), Ebert Chamoun (Direito das Coisas), Clóvis do Couto e Silva (Direito de Família) e Torquato Castro (Direito das Sucessões).

23. O projeto sofreu numerosas emendas, tendo ensejado manifestações das classes interessadas e especialmente do Conselho Federal da Ordem dos Advogados do Brasil.

24. O Novo Código Civil modifica sobremaneira nossa lei civil substantiva e unifica o direito privado, na medida em que dispõe sobre os títulos de crédito, o direito da empresa e as várias formas de sociedade, temas até então tratados pelo direito comercial.

25. O texto que foi aprovado pelo Congresso Nacional em 2002 reflete as preocupações dos seus autores em relação ao aprimoramento técnico dos textos, à eticidade, à sociabilidade e à operabilidade, como bem salientou o Professor Miguel Reale, em vários estudos e artigos que trataram do assunto.[9] Por outro lado, é um diploma flexível cujos princípios gerais permitem a sua adaptação, no futuro, às eventuais mudanças tecnológicas e econômicas.

26. Entre as principais inovações na Parte Geral, destacam-se o capítulo específico dedicado aos direitos da personalidade e as normas referentes à proteção da boa-fé, à reparação do dano moral e à possibilidade de anulação do negócio jurídico em decorrência de lesão ou estado de perigo e de revisão em virtude da onerosidade excessiva. Por outro lado, o novo texto dá um caráter mais sistemático e coerente ao nosso direito privado, aproveitando a experiência jurisprudencial e as discussões doutrinárias a respeito da legislação então em vigor.

27. O Código vigente, aprovado pela Lei 10.406, de 10.1.2002, que entrou em vigor em janeiro de 2003, contém 2.046 artigos e mantém a estrutura básica do Código anterior, contando com uma Parte Geral, dividida em três livros, e uma Parte Especial, com cinco livros, acrescentando-se àquelas que já constavam na legislação anterior (Obrigações, Coisas, Família e Sucessões) mais uma, que trata do direito da empresa, abrangendo as sociedades, com exclusão da sociedade anônima, que tem legislação especial.

28. O legislador teve a preocupação de manter as terminologias consagradas pela legislação anterior e pela jurisprudência, procurando, outrossim, manter as tradições do direito brasileiro, sem prejuízo do seu aprimoramento técnico e da sua racionalização. Por outro lado, o texto não afetou as normas de direito especial que, na sua quase totalidade, mantiveram-se em vigor.

8. San Tiago Dantas, "Nova dogmática jurídica", in *Revista Forense*, v. XCVIII, 1944, p. 293.

9. Miguel Reale, Prefácio ao *Novo Código Civil Brasileiro*, 3ª ed., São Paulo, Ed. RT, 2003, pp. 12 ss.

29. Pretendeu-se racionalizar, sistematizar e atualizar o direito, cuja nova feição social se revela nas normas referentes à boa-fé , à função social do contrato, às normas sobre usucapião e o direito de superfície, para melhor atender as necessidades específicas do país.

30. As maiores influências sofridas pelo novo diploma brasileiro foram do direito italiano e, em particular, do *Codice Civile*, mas também do Código Civil português e da doutrina francesa e alemã.

31. Em relação aos diplomas nacionais, não há dúvida que o Código Civil se inspirou na Constituição de 1988, como não poderia deixar de fazê-lo, e por outro lado adotou, em parte, alguns princípios que constam no Código de Defesa do Consumidor, embora fazendo a adequada distinção entre as relações de direito civil e comercial e as operações de consumo.

32. Antes de passarmos à análise dos contratos no Novo Código pareceu-nos oportuno fazer alguns comentários sobre a visão do comparatista e o seu método de trabalho, para melhor compreensão da legislação brasileira.

IV. Algumas considerações de direito comparado

33. Cabe salientar que a comparação dos textos legislativos por si só já deixou de ter a importância que tinha no passado, tendo o direito comparado evoluído no sentido de dar maior importância ao contexto dentro do qual a legislação de cada país é aplicada.

34. Neste sentido, coube a Tullio Ascarelli desenvolver o estudo do que denominou as "premissas implícitas"[10] de cada sistema jurídico, abrangendo a realidade econômica, social e política e até a escala de valores nele dominante. Dentro da mesma orientação, o Professor Sacco,[11] na Itália, e André Tunc,[12] na França, deram maior ênfase, no direito comparado, ao estudo das sociedades, das instituições, dos problemas e aspirações do povo, que se refletem na elaboração, incidência e interpretação do seu direito. Até o aspecto idealista do direito comparado tem sido salientado recentemente, ao afirmar-se que, no fundo, era um direito subversivo.[13]

35. A aparente analogia ou identidade dos textos legais entre os países europeus e os da América Latina não deve pois ser sempre entendida como ensejando a aplicação das mesmas normas. Do mesmo modo que, muitas vezes, os caminhos distintos trilhados pelos países do sistema romano-germânico e os da *common law* acabam alcançando resultados semelhantes.

36. Assim, René David assinalou a originalidade dos direitos latino-americanos em relação aos seus modelos europeus, tanto em virtude de razões geográficas e históricas, como em decorrência de fatores sociais, econômicos e políticos. Neste sentido, teve o ensejo de afirmar que não se devia esquecer que a América Latina comportava a presença tanto dos latinos, como dos americanos, enfatizando a influência da legislação norte-americana, especialmente no campo do direito público, mas também em certas áreas de direito privado, como é o caso do direito societário.[14]

37. Essa situação talvez pudesse até justificar o reconhecimento de um subsistema dos direitos influenciados pelas legislações européias mas que se aplicam nos países em desenvolvimento. Na realidade, embora o Haiti e a Bolívia tivessem mantido em vigor, por mais de um século, um texto basicamente semelhante ao Código Napoleão, é evidente que pouco havia de

10. Tullio Ascarelli, *Problemas das Sociedades Anônimas e Direito Comparado*, 2ª ed., São Paulo, Saraiva, 1969, p. 9.

11. André Tunc, *Jalons — Dits et Écrits*, Paris, Société de Législation Comparée, 1991, p. 70.

12. Rodolfo Sacco, "La formation au droit comparé", in *Revue Internationele de Droit Comparé* 2/273-277, 1996.

13. Horatia Muir Watt, "La fonction subversive du droit compare", in *Revue Internationale de Droit Comparé* 3/503-527, 2000.

14. René David, *Traité Élémentaire de Droit Civil Comparé*, Paris, LGDJ, 1950, pp. 257 ss.

comum entre a aplicação da legislação francesa e a dos países da América Latina que a adotaram, por serem absolutamente distintas as condições econômicas, sociais e políticas. Embora o direito do desenvolvimento não tenha ainda sido reconhecido amplamente como matéria autônoma no estudo da ciência jurídica, caberia, no campo do direito comparado, um estudo específico da matéria na análise, que se costuma fazer, dos grandes sistemas de direito comparado. Neles, em geral, o exame da legislação da América Latina é feito, nos seus traços básicos, com fundamento exclusiva ou principalmente nos textos legais, que, na realidade, não são plenamente representativos do modo pelo qual a lei é adotada e aplicada nesses países. Tratando-se de um congresso de direito comparado é uma idéia que me parece justificar uma maior reflexão dos juristas italianos e latino-americanos aqui presentes para futura discussão em momento mais oportuno.

38. Examinando o direito brasileiro, é preciso compreender a dificuldade de aplicar a mesma legislação a regiões muito diferenciadas e a populações com grandes desigualdades econômicas. Assim, durante muito tempo, os conflitos familiares e societários, especialmente no interior do país, não chegavam à Justiça e eram resolvidos pelo *pater familias*, com uma autoridade que lembrava a que tinha no direito romano e medieval. Do mesmo modo, a união estável passou a ter um sentido diferente em certos meios das classes mais pobres, para as quais o casamento constituía uma formalidade burocrática onerosa.

39. A visão dos problemas contratuais também não é a mesma para o juiz do interior, cuja comarca abrange dez ou vinte mil habitantes, e para o magistrado das capitais dos Estados, como o Rio de Janeiro e São Paulo.

40. Por outro lado, as grandes desigualdades sociais e econômicas, que induzem o legislador e o executivo a elaborar e aplicar, com maior ou menor sucesso, uma legislação e regulamentação de caráter afirmativo, inspiradas no direito norte-americano, também influenciam o Poder Judiciário. Assim, especialmente no Rio Grande do Sul, tivemos a chamada "Escola do Direito Alternativo". Mesmo nos tribunais superiores, algumas decisões se fundamentam mais na eqüidade do que no direito. Todos esses fatores dão uma importância enorme às recentes modificações legislativas que constam no Novo Código Civil, com repercussões que são elogiadas e festejadas pela maioria dos autores mas criticadas por outros que receiam a criação de um clima de relativa insegurança jurídica.

V. Os contratos no Código Civil de 2002

V.1 Considerações gerais

41. Cabe inicialmente louvar a decisão do legislador de unificar o regime dos contratos civis e comerciais, embora se pudesse admitir a manutenção de algumas normas especiais em relação a estes últimos. Na prática, a distinção entre a legislação referente aos contratos, no direito civil e comercial, perdeu importância, no Brasil, especialmente porque, ao contrário do que aconteceu na maioria dos demais países, tínhamos um direito comercial mais antigo do que o civil. Por outro lado, a diferença de regime jurídico entre bens móveis e imóveis perdeu importância, aplicando-se, outrossim, o direito comercial às empresas imobiliárias quando sob a forma de sociedades anônimas. Houve, no passado, dúvidas para a solução dos problemas de aparente conflito entre o direito comercial e o direito civil, em questões como a da caracterização da mora, especialmente quando se tratava de locação de bens imóveis para comerciantes, tendo o objeto (o imóvel) natureza civil mas a finalidade contratual sendo comercial, destinando-se à defesa do fundo de comércio. Assim, com o Novo Código tais problemas deixaram de ser suscitados.

42. Na realidade, o direito comercial também deixou de ser um direito de classe, o dos comerciantes, para incidir sobre as operações empresariais. Por outro lado, alguns institutos tradicionais da vida mercantil passaram a ser utilizados em operações que, no passado, se localizavam no direito civil, com a criação de novas estruturas e títulos de crédito ligados ao sistema financeiro imobiliário, por exemplo.

43. Se a unificação do direito privado, segundo o exemplo do *Codice Civile* foi certamente justificada, é discutível a oportunidade da inclusão do direito das sociedades no Novo Código Civil brasileiro. Em primeiro lugar porque a matéria não está englobada na sua totalidade pelo diploma legal, que exclui as normas referentes às sociedades anônimas, que foram objeto de legislação própria. Em segundo lugar, a evolução rápida do direito societário no mundo contemporâneo justificaria que não constasse de uma lei que pretende manter a sua vigência por longo tempo. Finalmente, talvez fosse mais oportuno cogitar-se um verdadeiro Código das Sociedades no qual todas as questões societárias encontrassem as normas adequadas, com a flexibilidade necessária ao setor. Trata-se, aliás, hoje, de matéria que, em virtude da proteção que se pretende dar aos minoritários e ao público em geral, tornou-se também objeto do direito da regulação, exercido no Brasil pela Comissão de Valores Mobiliários, considerada pelo legislador como agência reguladora independente, seguindo o modelo norte-americano.

V.2 As principais modificações

44. Deixando de lado a unificação do direito privado, é preciso distinguir as inovações técnicas e as propriamente substanciais. Assim, no Novo Código, os aprimoramentos de caráter mais técnico são as modificações de efeitos de determinadas situações jurídicas e a inclusão de novos capítulos, sem alteração profunda do direito anterior. Por outro lado, as inovações de fundo representam uma mudança do espírito da lei e até uma evolução em relação à escala de valores que inspirou o legislador anterior.

45. No plano que consideramos mais técnico, cabe assinalar a mudança dos efeitos da simulação, que passa a ensejar a nulidade em vez da anulação, como ocorria anteriormente (art. 167), a introdução oficial na legislação da assunção de dívida (art. 299), que já existia na prática, mas não tinha regime jurídico específico, a nova regulamentação dos juros (art. 406), para vincular o seu percentual ao estabelecido pela União Federal em relação aos débitos em seu favor, abandonando-se o sistema anterior da lei de usura. Também foram incluídas no Código Civil as normas que permitiam a execução específica das obrigações de fazer (arts. 249 e 463), que já constavam tanto de leis especiais como do Código de Processo Civil, e seções específicas em relação ao contrato preliminar (art. 462) e com pessoa a declarar (art. 467).

46. Como alterações de fundo, podemos assinalar seis inovações importantes, que são:

a) a reintrodução, na legislação civil, da lesão (art. 157), que existia no direito anterior ao Código de 1916, mas à qual o mesmo não se referiu, sendo, outrossim, matéria tratada em leis referentes aos crimes de economia popular;

b) o reconhecimento do estado de perigo como motivo de anulação do negócio jurídico quando tenha ensejado a assunção de obrigação excessivamente onerosa (art. 156);

c) a proteção especial ao aderente no contrato de adesão, interpretando-se em seu favor as cláusulas ambíguas ou contraditórias (art. 423) e considerando-se nula a renúncia antecipada a direito resultante do negócio (art. 424);

d) a introdução da boa-fé objetiva como cláusula geral do Código (arts. 113 e 422);

e) o reconhecimento da função social do contrato (art. 421);

f) a adoção da teoria da imprevisão com a conseqüente possibilidade de revisão dos contratos (arts. 478 a 480).

V.2.a A lesão

47. No tocante à lesão, alguns autores lamentaram que não tivesse sido fixado pelo legislador um critério objetivo para a sua caracterização, como acontecia no direito anterior ao Código de 1916. Parece-nos, todavia, que foi feliz o Código deixando ao juiz um certo poder discricionário na matéria, atendendo à natureza do negócio jurídico e à situação das partes para qualificar a operação como contendo prestações "manifestamente" desproporcionais. O mesmo se pode dizer no tocante ao estado de perigo, em relação ao qual caberá ao magistrado analisar as circunstâncias nas quais a obrigação foi assumida e o grau de onerosidade da mesma, para considerá-lo, ou não, excessivo no caso concreto.

V.2.b Os contratos de adesão

48. A proteção especial concedida ao aderente, no contrato de adesão, corresponde a uma conquista jurisprudencial e já se encontra no Código de Defesa do Consumidor, cujos princípios, no particular, foram incorporados pelo Código Civil. Cabe salientar que o conceito do contrato de adesão não é objeto de entendimento uniforme. Se não há dúvida quanto ao caráter dos contratos firmados pelos usuários de serviços públicos com as respectivas empresas concessionárias, o mesmo nem sempre acontece com contratos que não obedecem necessariamente a um padrão único. Assim, não se confundem necessariamente os contratos de adesão com as situações nas quais uma das partes tem uma certa superioridade econômica em relação à outra. Nem toda operação de consumo constitui necessariamente um contrato de adesão e, por outro lado, nem todo contrato de adesão corresponde a uma operação de consumo. É possível que a compra de algumas caixas de vinho da mais alta qualidade e de safra de ano em que a colheita foi especialmente feliz seja longa e minuciosamente discutida entre os contratantes, o que lhe retiraria o caráter de contrato de adesão, mas não importaria em descaracterizá-la como operação de consumo. Por outro lado, a legislação brasileira faz certas distinções básicas, algumas de natureza ou inspiração constitucional, entre os consumidores, os usuários de serviços públicos e os clientes de bancos, estabelecendo regimes legais distintos. Assim, o contrato de depósito bancário é de adesão mas, no direito brasileiro, não constitui operação de consumo.

49. Mesmo entre as operações bancárias, é possível encontrar algumas que, pelo seu vulto e pela personalidade dos contratantes, não se caracterizam como contratos de adesão, em virtude inclusive da ampla discussão que as precedeu. Do mesmo modo, o contrato de concessão de venda de automóveis e alguns outros contratos de distribuição ou até de representação comercial podem ser, ou não, conforme o caso, de adesão, exigindo-se uma análise da situação específica das partes e das circunstâncias nas quais pactuaram. Mas, de qualquer modo, as normas do Código Civil parecem oportunas e sedimentam um entendimento já pacífico na jurisprudência e na doutrina brasileira, assim como na maioria das legislações estrangeiras.

V.2.c O solidarismo contratual

50. Em relação ao regime legal dos contratos, já modificado em virtude da introdução da lesão, dos capítulos específicos sobre determinadas formas de contrato e sua execução, três novos princípios refletem a evolução constitucional. São, como vimos, a boa-fé objetiva, a função social do contrato e a aplicação da teoria da imprevisão, que se completam, formando o tripé da inovação que se pode chamar o *solidarismo contratual*.

V.2.d A boa-fé objetiva

51. Enquanto o Código Civil de 1916 e o Código Comercial de 1850 se referiam à chamada boa-fé subjetiva, que é tão-somente a ausência de má-fé, o atual Código introduz, como cláusula geral, o dever de um comportamento de boa-fé objetiva que incumbe a todos os integrantes da sociedade civil e, em particular, aos contratantes. Trata-se de incluir nos contratos, pela interpretação e pela construção, deveres secundários ou derivados de informação, conselho e até cooperação, assim como a proibição de certas omissões. Cria-se, assim, um dever de lealdade na contratação e na execução do contrato que está vinculado basicamente às noções de confiança e de equilíbrio. Confiança entre as partes contratantes, que, uma em relação à outra, devem ter e manter o comportamento do bom pai de família e até, conforme o caso, do parceiro sério e diligente, sob pena de responsabilidade se uma delas não corresponder à expectativa da outra.

52. Enquanto, no passado, entendia-se que o contrato era justo por ter sido definido livremente pelas partes, que gozavam de igualdade jurídica, pretende-se agora que seja verificada e assegurada não só a justiça contratual, que deve ser real e não apenas formal, mas até uma certa solidariedade entre as partes. Anteriormente, admitia-se o chamado "dolo bom" do comerciante e afirmava-se que "os negócios são os negócios", de acordo com o título de uma peça de Octave Mirbeau (*Les Affaires sont les Affaires*). Pensava-se, pois, que as obrigações contratuais eram tão-somente as jurídicas, expressamente definidas no contrato. E admitia-se até que se aplicasse, no campo negocial, o já ultrapassado adágio do direito francês "*en mariage trompe qui peut*".

53. Não se trata, pois, tão-somente da boa-fé do art. 131 do Código Comercial, confirmada implicitamente pelo art. 85 do Código Civil, de 1916, que fez prevalecer a real vontade das partes sobre o texto do contrato. Exige-se que o contrato seja justo, com prestações equilibradas, como determinam os arts. 113, 421, 422 e 478 a 480 do Código Civil de 2002.

54. No particular, o Código não inovou em relação à jurisprudência que já exigia a boa-fé e o equilíbrio contratual concebido dinamicamente, ao contrário da posição anterior que só verificava se as prestações eram adequadas no momento da celebração do contrato. Para tanto, o Supremo Tribunal Federal aplicou, por analogia, o art. 242 do BGB que exigia que os contratos fossem executados de acordo com a vontade real — e dinâmica das partes — e a confiança que depositaram uma na outra. Foi com base no mencionado artigo que, antes de ter uma legislação especial tratando do assunto, os juízes alemães admitiram a chamada revalorização dos créditos em virtude da inflação. O exemplo foi seguido pelo nosso Supremo Tribunal Federal que, no *leading case* referente à indexação das indenizações, invocou a lição do direito alemão e da interpretação que lhe deu a jurisprudência, nos seguintes termos: "Há meio século, bastou a juízes alemães a regra legal de que os contratos executam de boa-fé para que nesse texto firmassem a concessão de revalorização de dívidas, forçando o legislador à disciplina do tema".[15]

55. A boa-fé objetiva é, pois, também, um dos instrumentos para assegurar o equilíbrio contratual, ensejando, inclusive, como em seguida veremos, a revisão dos contratos.

V.2.e A função social do contrato

56. O art. 421 do Novo Código assegura a liberdade contratual, ou seja, a autonomia da vontade, mas tão-somente em razão e nos limites da função social do contrato. Trata-se, no fundo, de aplicação do princípio constitucional que, após assegurar o direito de propriedade privada (art. 5º, XXII), determina que a mesma deverá atender a sua função social (art. 5º, XXIII). Como o texto constitucional se refere à propriedade em sentido lato, considerando-a como abrangendo todos os direitos patri-

15. Voto do Ministro Rodrigues de Alckmin no recurso extraordinário 79.663, in *Revista Trimestral de Jurisprudência do Supremo Tribunal Federal* 79/515.

moniais, é evidente que inclui a proteção e a definição das finalidades dos direitos de crédito, entre os quais se destacam os que são oriundos dos contratos.

57. Tem sido criticada, por alguns juristas brasileiros, a expressão usada no art. 421 "em razão e nos limites da sua função social". Não nos parece que tenha havido uso de terminologia inadequada, tanto mais que o legislador não afirmou que a função social era a única exercida pelo contrato, que também é, evidentemente, um instrumento econômico. Por outro lado, a função social foi entendida, pelo legislador, como a que o contrato exerce na sociedade, abrangendo todos os seus aspectos, técnicos, econômicos e sociais em sentido estrito (de proteção do menos favorecido).

58. A doutrina já discute a matéria desde o início do século XX, quando passou a considerar que o contrato não atende exclusivamente os interesses individuais de um dos contratantes, mas tem a função social de instrumento de cooperação entre os indivíduos no interesse comum dos mesmos e da própria sociedade. É idéia que já encontramos nas lições de autores como Léon Duguit e René Demogue. O primeiro, influenciado pelas idéias socialistas da época e pela sociologia de Dürkheim, assinalou, ainda em 1920, a evolução da doutrina em relação ao contrato na medida em que o direito subjetivo passa a ser substituído pela função social exercida pelo indivíduo quando manifesta a sua vontade.[16]

59. Por sua vez, René Demogue, escrevendo dez anos depois, define o contrato como sendo "uma união de interesses equilibrados, um instrumento de cooperação leal, uma obra de confiança mútua". E acrescenta que constitui um microcosmo, uma entidade ou sociedade na qual ambas as partes devem trabalhar para atingir um fim comum, existindo entre eles um dever de colaboração.[17]

60. Há, pois, uma evolução na qual, após termos abandonado a caracterização do contrato como manifestação ilimitada da liberdade individual, demos-lhe uma nova conceituação em que prepondera, ou deveria preponderar, sobre a intenção e a vontade individual de cada um dos contratantes, o consenso que entre eles se formou, sem que seja lícito, a qualquer um deles, tirar uma vantagem maior do que a racionalmente aceitável, tanto no momento da celebração do contrato, como em todo o período da sua execução, quando se trata de convenções com efeitos duradouros ou diferidos.

61. No passado, o contrato permitia às partes evitar todos os riscos futuros, garantindo-lhes a imutabilidade das prestações convencionadas e a sobrevivência da convenção diante de fatos imprevistos, mesmo quando alteravam substancialmente a equação contratual. Hoje, o contrato perdeu essa perenidade, mas ganhou flexibilidade, sacrificando-se alguns benefícios eventuais de cada um dos contratantes ao interesse comum das partes e ao interesse social.

62. Em recente estudo, pretendeu-se que o contrato era, no passado, uma espécie de bolha ou uma ilha, sendo independente, alheio aos acontecimentos e prevalecendo sobre as eventuais modificações fáticas e legislativas. Atualmente, o contrato se transformou num bloco de direitos e obrigações de ambas as partes, que devem manter o seu equilíbrio inicial, constituindo um vínculo ou até uma entidade.[18] Passa, pois,

16. Léon Duguit, *Las Transformaciones Generales del Derecho Privado desde el Código de Napoleón* (trad. espanhola), Madri, Francisco Beltran, 1920.

17. René Demogue, *Traité des Obligations en Général*, VI, Paris, Librairie Arthur Rousseau, 1931, p. 9.

18. J. Mestre, "L'évolution du contrat en droit privé français", in *L'Évolution Contemporaine des Contrats, Journées Savatier de 1985*, Paris, Presses Universitaires de France, 1986, pp. 45 ss.; Cathérine Ghibierge Guelfucci, "Libres propos sur la transformation du droit des contrats", in *Revue Trimestrielle de Droit Civil* 2/357 ss., 1997; Denis Mazeaud,

a ser um vínculo entre as partes, por ser obra comum das mesmas, e uma entidade constituída por um conjunto dinâmico de direitos, faculdades, obrigações e eventuais outros deveres, que evolui como a vida, de acordo com as circunstâncias que condicionam a atividade dos contratantes.

63. Assim, em vez do contrato irrevogável, fixo, estático e cristalizado de ontem, conhecemos um contrato dinâmico e flexível, que as partes devem adaptar para que ele possa sobreviver, superando, pelo eventual sacrifício de alguns dos seus interesses, as dificuldades encontradas no decorrer da sua existência. A plasticidade do contrato transforma a sua própria natureza, fazendo com que os interesses divergentes do passado sejam agora convertidos, na maioria dos casos, numa verdadeira parceria, na qual todos os esforços são válidos e necessários para fazer subsistir o vínculo entre os contratantes, respeitados, evidentemente, os direitos individuais.

64. Trata-se, pois, como vimos, de uma nova concepção do contrato, já agora como ente vivo, como vínculo que pode ter um conteúdo variável, complementado pelas partes, por árbitros ou até pelo Poder Judiciário, e no qual, ao contrário do que acontecia no passado, a eventual nulidade ou substituição de uma cláusula não põe necessariamente em perigo toda a estrutura da relação jurídica. Essas modificações surgiram tanto na jurisprudência quanto em virtude do trabalho doutrinário realizado pela extensão que se deu do conceito de boa-fé[19] e pelas obrigações implícitas de leal execução do contrato, significando um dever, imposto às partes, de encontrar uma solução para os eventuais impasses que possam surgir. Por outro lado, também exerceram importante influência sobre a nova conceituação do contrato as normas extravagantes e as chamadas leis de emergência, assim como a inspiração de certos ramos mais recentes da ciência jurídica, como o direito do consumidor e o desenvolvimento que passou a ter a equação contratual no direito administrativo.[20]

65. Num mundo em que nada mais é absoluto, o contrato, para subsistir, aderiu ao relativismo, que se tornou condição *sine qua non* da sua sobrevivência no tempo, em virtude da incerteza generalizada, da globalização da economia e da imprevisão institucionalizada. A indeterminação das prestações contratuais, que era inconcebível no passado, também está vinculada à inflação, à oscilação do câmbio e às rápidas mudanças tecnológicas, fazendo com que as partes adotem determinados critérios para definir os seus direitos, aceitando prestações indeterminadas no momento da celebração do contrato, mas que só se tornarão determináveis no momento de sua execução. Ou até prestações inicialmente determinadas mas suscetíveis de serem revistas ou modificadas quanto à qualidade ou quantidade do bem a ser entregue ou ao valor a ser pago.

66. Por outro lado, a eventual necessidade de substituir certas cláusulas contratuais, sem afetar as bases da equação contratual, obrigou os contratantes a realizarem uma verdadeira sintonia fina para distinguir as cláusulas principais ou essenciais das demais, destacando aquelas sem a presença das quais o contrato não teria sido assinado das que foram consideradas, inicialmente, como meramente complementares ou acessórias. Por outro lado, cabe-lhes verificar se as eventuais mutações sofridas pelas cláusulas principais permitem manter

"Loyauté, solidarité, fraternité: la nouvelle devise contractuelle", in *L'Avenir du Droit*, Paris, Dalloz, 1999, pp. 603 ss.

19. Judith Martins-Costa, *A Boa-Fé no Direito Privado*, São Paulo, Ed. RT, 1999, e Arnoldo Wald, "La bonne foi dans l'exécution du contrat (rapport brésilien)", in *Travaux de L'Association Henri Capitant, XLIII, La Bonne Foi (Journées Louisianaises)*, Paris, Litec, 1994, pp. 252-264.

20. Arnoldo Wald, "O equilíbrio econômico e financeiro no direito brasileiro: a contribuição do Professor Caio Tácito", in Carlos Alberto Menezes Direito (org.), *Estudos em Homenagem ao Professor Caio Tácito*, Rio de Janeiro, Renovar, 1997, pp. 75-97.

a equação contratual inicial ou se, ao contrário, as modificações surgidas no contexto tornam imperativa a resolução do mesmo.

67. O contrato, realidade viva, forma de parceria, com direitos e obrigações relativas, constitui uma verdadeira inovação para os juristas, mas decorre de um imperativo categórico do mundo de hoje que é, como vimos, caracterizado como sendo o da descontinuidade, da incerteza e da mudança. Assim, autores recentes puderam afirmar que as regras do direito dos contratos se tornaram relativas, pois: "o contrato é mais ou menos obrigatório, mais ou menos oponível (a terceiros), mais ou menos sinalagmático ou mais ou menos aleatório e uma nulidade ou uma resolução é mais ou menos extensa".[21]

68. Por longo tempo, manteve-se a estrutura tradicional do contrato, considerando-se como exceções as regras que, aos poucos, estavam alterando a escala de valores em que se fundamentou. A generalização das exceções está agora exigindo uma reformulação do regime jurídico do contrato, pois não houve tão-somente modificações técnicas, mas uma verdadeira mudança de concepção, que exige uma reformulação dogmática. Trata-se de passar do absoluto para o relativo, respeitando os princípios éticos e sem perder um mínimo de segurança, que é indispensável à manutenção da ordem jurídica e ao desenvolvimento da sociedade.

69. Se, há meio século, uma parte dessa evolução já tinha ocorrido, os juristas da época ainda podiam admitir que as modificações e os remendos necessários eram de pequena monta, admitindo soluções cosméticas.

70. Já no início do terceiro milênio, é preciso reconhecer que o contrato, para sobreviver, exige que se lhe dê uma função social e uma nova estrutura, dela extraindo as conseqüências necessárias. Efetivamente, o número de exceções à aplicação dos princípios gerais do contrato clássico já alcança um nível que, sob pena de ensejar o predomínio da ficção sobre a realidade, não mais permite fazer com que prevaleçam as regras gerais que antigamente eram consideradas pacíficas.

71. No debate que se realizou, após a nossa palestra, suscitou-se, com razão, o problema da compatibilização da função social atribuída ao contrato com a segurança jurídica, que é essencial para que se desenvolva a economia e se mantenha o Estado de Direito.

72. Em primeiro lugar, essa função social deve decorrer, em tese, da lei e não de atos do Poder Executivo, cabendo ao magistrado decidir a matéria em cada caso concreto, com cautela e prudência, respeitando, na medida do possível, a vontade das partes e a estrutura econômica da operação.

73. Acresce que o sentido social do contrato não deve excluir o seu conteúdo econômico. A função social significa tanto a proteção dos interesses de ambas as partes e especialmente a do contratante mais fraco, quanto a manutenção da função específica do contrato, que deve ser eficiente, assegurando estabilidade à produção e permitindo a eficiente circulação das riquezas. Há, pois, uma relativização do contrato, que não deve significar o seu aniquilamento, nem a distorção do seu espírito.

74. Podemos até reconhecer que a eficiência exige no mundo contemporâneo uma empresa flexível,[22] obrigando o direito a uma maior flexibilidade[23] que repercute no contrato.

75. A flexibilidade tem todavia os seus limites no direito adquirido e na situação jurídica definitiva. O solidarismo contratual não deve desnaturar ou deturpar o contra-

21. P. Malaurie e L. Aynes, referidos por Cathérine Ghibierge-Guelfucci, no seu excelente artigo intitulado "Libres propos sur la transformation du droit des contrats", in *Revue Trimestrielle de Droit Civil*, 2/363, nota 45, abr.-jun. 1997.

22. Alvin Toffler, *A Empresa Flexível*, São Paulo, Record, 1985.

23. Jean Carbonnier, *Flexible Droit*, 7ª ed., Paris, LGDJ, 1992.

to, afastando-se das suas verdadeiras finalidades.

76. Em excelente ensaio, Denis Mazeaud defendeu três princípios que devem ser aplicados aos contratos: a lealdade, a solidariedade e a fraternidade.[24] Se quanto à lealdade não há dúvida alguma e ela se impõe a todos os contratos, já o mesmo não acontece com os dois outros princípios. A solidariedade incide em determinados contratos como os societários, mas não necessariamente em outros, e a fraternidade só excepcionalmente é adotada no direito comercial, podendo ser mais pertinente em certos negócios jurídicos no direito civil.

77. A doutrina brasileira tem defendido a tese de que há zonas ou círculos de maior ou menor intensidade no tocante à aplicação do solidarismo.[25] Amplo no contrato de sociedade, já não incide no contrato de compra e venda. A distinção também pode ocorrer conforme o prazo do contrato, havendo maior solidariedade nos de longo prazo, em virtude dos riscos assumidos, no tempo, pelas partes e sendo mais restrita na compra e venda à vista com entrega imediata do bem.

78. Não há dúvida que tudo isso complica a teoria do contrato, justificando uma certa saudade manifestada por René Savatier quando afirmava "Elle était si belle et simple la notion du contrat dans le Code".[26]

79. Mas a evolução tecnológica e econômica da sociedade tem as suas grandezas e misérias e obriga a uma renovação do conceito de contrato que não mais pode ser o existente há dois séculos atrás, razão pela qual se justifica a discussão suscitada, em vários países, em relação à crise do contrato.[27]

24. Denis Mazeaud, ob. cit.

25. Clóvis V. do Couto e Silva, *A Obrigação como Processo*, Tese, 1964, p. 32.

26. René Savatier, *Les Métamorphoses Économiques et Sociales du Droit Civil d'Aujourd'Hui*, I, 2ª ed., Paris, Dalloz, 1952, p. 19.

27. René Savatier, *La Nouvelle Crise du Contrat*, obra publicada sob a direção de Christophe Jamin e Denis Mazeaud, Paris, Dalloz, 2003.

V.2.f A teoria da imprevisão e a revisão dos contratos

80. O Novo Código Civil adotou a teoria da imprevisão, numa versão idêntica à do direito italiano, permitindo a resolução do contrato no caso de existência de:

a) contrato de execução continuada ou diferida;

b) prestação excessivamente onerosa para uma das partes;

c) extrema vantagem para a outra;

d) acontecimentos extraordinários e imprevisíveis (art. 478).

81. Admitiu-se o acordo das partes para restabelecer o equilíbrio (art. 479) e também a redução da prestação quando se tratar de contrato unilateral (art. 480).

82. Criticou-se o legislador por não admitir a revisão judicial. Na realidade, a revisão já existe no art. 317, que trata do pagamento e admite:

a) a correção monetária pelo juiz;

b) de prestações das partes que se caracterizem pela *desproporção manifesta*;

c) por motivos imprevisíveis;

d) para restabelecer o valor real da prestação, sendo este valor real o que mantém o equilíbrio contratual.

83. A revisão foi, pois, admitida visando ao equilíbrio econômico-financeiro (art. 317) do qual já trata o direito administrativo brasileiro, há longo tempo, em relação aos contratos administrativos e, especialmente, à concessão.[28]

84. Admite-se pois tanto a resolução quanto a revisão, mas sempre com a finalidade de manter o equilíbrio inicialmente estabelecido diante de situações imprevisíveis que o afetam.

28. Arnoldo Wald, "O equilíbrio econômico e financeiro no direito brasileiro", in Carlos Alberto Menezes Direito (org.), *Estudos em Homenagem ao Professor Caio Tácito*, Rio de Janeiro, Renovar, 1997, pp. 75-97, e Arnoldo Wald, "A revisão dos contratos", in *Valor Econômico*, 26.12.2002.

85. A solução é diferente da existente no Código de Defesa do Consumidor (CDC), que admite a revisão do contrato:

a) no interesse exclusivo do consumidor;

b) em virtude de fatos supervenientes;

c) que tornem a prestação do consumidor excessivamente onerosa (art. 6º, V).

86. Não há referência no CDC à vantagem simétrica do outro contratante (o fornecedor), que não é condição necessária da aplicação da revisão nas operações de consumo.

87. O CDC faz, aliás, a distinção entre o equilíbrio contratual, do qual trata no art. 4º, III, e a imprevisão, definida no art. 6º, que a doutrina considera uma espécie de lesão *a posteriori* ou superveniente.

88. A imprevisão no direito civil e comercial foi discutida no Brasil desde 1932, com a obra de Arnoldo Medeiros da Fonseca[29] e a jurisprudência referente à empreitada e às dívidas de valor, constando outrossim em numerosas leis administrativas.

89. Em recentes decisões referentes à correção cambial, nas quais foi considerada a imprevista, brusca e enorme variação cambial que ocorreu sucessivamente em 1999 e 2002, o Superior Tribunal de Justiça julgou que a mesma devia ser substituída pela indexação, com base na variação do custo de vida, ou que a variação do dólar devia ser um ônus dividido eqüitativamente entre as partes. Àqueles que divergiam dessas decisões, por serem consideradas salomônicas, os magistrados responderam que se trata de dividir os riscos aceitos pelas partes. A arrendante tinha o seu risco profissional, enquanto o arrendatário, ao contratar a correção cambial, conseguira juro inferior àquele que pagaria no caso de ser o seu débito corrigido pela variação do custo de vida (correção monetária), assumindo o respectivo risco.

29. Arnoldo Medeiros da Fonseca, *Caso Fortuito e Teoria da Imprevisão*, 3ª ed., Rio de Janeiro, Forense, 1958.

90. Talvez coubesse discutir se a operação financeira, especialmente sendo de repasse, está ou não sujeita ao Código do Consumidor e se não seria o caso de exigir, para fazer a revisão do contrato, que ao empobrecimento do devedor correspondesse um enriquecimento do credor, que não existiu no caso por parte da empresa brasileira de *leasing*. Efetivamente, esta se endividou em moeda estrangeira para poder financiar os seus clientes. É o problema da relação jurídica na qual, no caso de litígio, não há como trazer ao feito o credor final estrangeiro, que financiou a operação indiretamente, por intermédio da instituição brasileira que repassou os recursos para permitir a aquisição de um bem pelo seu destinatário final.

91. É, pois, preciso ponderar que em determinadas situações a prevalência da função social do contrato consiste em manter íntegras as prestações das partes, mesmo quando são onerosas, para evitar que a vantagem de alguns seja a causa do prejuízo da maioria. É uma situação que tem surgido tanto nos contratos de previdência como no seguro em grupo. Ocorre que as mudanças ocorridas na sociedade e, em particular, o alongamento da vida dos segurados têm ensejado um agravamento das condições na renovação dos seguros em grupo e mudanças radicais na previdência. Se, nesses casos, se mantiver o *statu quo ante* para alguns, o grupo dos segurados sofrerá as conseqüências e da aparente vantagem de alguns decorrerá a insolvência para todos os demais. Há decisões judiciais tomando em consideração essas situações e entendendo que a função social do contrato consiste em proteger o grupo. O mesmo princípio se aplica em relação às concessões de serviços públicos, não se podendo levar a insolvência a empresa concessionária para garantir a modicidade das tarifas, pois importará em inviabilizar o funcionamento de um serviço público.

92. Verifica-se, pois, a necessidade, em matéria de revisão contratual, de conciliar o econômico e o financeiro, a comutatividade dos contratos e a segurança jurídica, especialmente quando se trata de operações mais complexas nas quais as partes sofrem as repercussões de decisões empresariais de terceiros ou quando as decisões deveriam, para serem justas, alcançar pessoas que não são partes no processo e em relação às quais o magistrado não pode estender as suas sentenças.

VI. Conclusões

93. Já no início do século XX, Duguit assinalava as transformações dos institutos básicos do direito civil: a propriedade, o contrato, a família e a responsabilidade civil.[30] Algumas décadas depois, no fim da Segunda Guerra Mundial, numerosas outras obras, como as de Ripert e Savatier, retomavam o assunto indicando o primeiro o declínio do direito[31] e o segundo as metamorfoses econômicas e sociais,[32] enquanto, no Brasil, uma ampla bibliografia tratava da crise do direito, à qual se referia Orlando Gomes,[33] e da sua renovação, analisada por San Tiago Dantas.[34]

94. No início do terceiro milênio, as modificações econômicas e tecnológicas, se não correspondem ao "fim da história", certamente evidenciam uma nova fase da evolução jurídica. Nela, os economistas vislumbram uma grande transformação do direito da propriedade que se transforma para dar lugar à prevalência do "direito de acesso". Por sua vez, o contrato deixa de ser estático e rígido para tornar-se um instrumento flexível e dinâmico de conciliação de interesses e até de parceria entre os contratantes. É o fim de uma "era de segurança" à qual aludia Stefan Zweig[35] e o advento da "era da incerteza" (Galbraith)[36] e da descontinuidade (Peter Drucker),[37] com ampla repercussão no direito em geral e no contrato em particular.

95. Essas mudanças atingem mais diretamente os países em desenvolvimento, que sofrem simultaneamente os efeitos da globalização e da modernização técnica, sem terem tido tempo de preparar a sua população, dando-lhe a educação e os instrumentos técnicos para enfrentar as vicissitudes do "admirável mundo novo" em que vivemos, para utilizar um título um tanto irônico de Aldous Huxley.[38] A imensidão do país e as desigualdades regionais também dificultam a adoção rápida de soluções nacionais e ensejaram uma maior demora na uniformização da jurisprudência.

96. O legislador e o jurista do nosso tempo não mais podem ficar na sua torre de marfim, sacrificando a realidade a determinados princípios que envelheceram ou se tornaram obsoletos. Deve ser ele também construtivo e flexível, adotando uma nova dogmática. Assim, o codificador não mais pode ser, na palavra do Professor Stefano Rodotà, o simples racionalizador do passado, o notário da história, devendo, ao contrário, participar da criação do futuro.[39]

97. Na realidade, ligado às primeiras manifestações do direito, o contrato sobreviveu por mais de dois mil anos, sempre evoluindo com características próprias, desde o contrato romano até o regido pelo Código Napoleão e o definido pela *common law* e, posteriormente, o contrato soviético da sociedade economicamente planejada até chegar ao dos nossos dias, que encon-

30. Léon Duguit, ob. cit., *passim*.

31. Georges Ripert, *Le Déclin du Droit*, Paris, LGDJ, 1949.

32. René Savatier, ob. cit.

33. Orlando Gomes, *A Crise do Direito*, São Paulo, Max Limonad, 1955.

34. San Tiago Dantas, *Palavras de um Professor*, 2ª ed., Rio de Janeiro, Forense, 2001, pp. 9-19.

35. Stefan Zweig, *O Mundo que Eu Vi*, Rio de Janeiro, Editora Guanabara, 1942, p. 15.

36. John Kenneth Galbraith, *The Age of Uncertainty*, Londres, British Broadcasting Corporation, 1977.

37. Peter F. Drucker, *The Age of Discontinuity*, Nova York, Harper & Row, 1968.

38. Aldous Huxley, *Admirável Mundo Novo*, trad. brasileira, Rio de Janeiro, Cia. Brasileira de Divulgação do Livro, 1969.

39. Stefano Rodotà, "Ideologia e tecnica della riforma del diritto civile", in *Rivista di Diritto Commerciale*, I, 1967, pp. 83 ss.

tramos no *Codice Civile* e no Código Civil brasileiro de 2002 e na doutrina mais recente.

98. Refletindo uma escala de valores mas devendo adaptar-se à realidade econômica, social e tecnológica do momento, o contrato é, antes de tudo, um instrumento de liberdade, mas a própria liberdade é um conceito que tem sofrido algumas modificações. Trata-se, hoje, de garantir uma liberdade qualificada, uma liberdade mais densa, inspirada no respeito à dignidade humana, na lealdade e nas aspirações sociais.

99. O grande desafio do nosso tempo certamente é o de conciliar o econômico e o social, submetendo ambos ao direito. Como disse o nosso presidente Fernando Henrique Cardoso: "A economia sem o social é desumana e o social sem o econômico é mera veleidade, voluntarismo inócuo".

100. Não podemos aceitar nem a selva econômica, ditada pelo mercado, nem a imobilidade de normas ideais mas inaplicáveis.[40]

101. Trata-se pois de conciliar ambos, de submeter o mercado às regras jurídicas que, por sua vez, devem acompanhar o desenvolvimento da civilização. A missão do jurista se assemelha à do astrônomo ou do navegador, que deve conhecer o mar e continuar olhando para as estrelas, ou seja, não esquecer o passado, conhecer o presente e preparar o futuro, na lição de Savatier.[41]

102. Somente assim poderemos dar ao direito a sua verdadeira função, que consiste, na feliz expressão de um jurista italiano, em submeter a economia à ética.

40. Alain Minc, *Capitalisme*, Paris, Grasset, 2000, pp. 54-55.

41. René Savatier, ob. cit., 2ª série, Paris, Dalloz, 1959, p. 45.

SOCIETÀ COMMERCIALI E STRUMENTI DI AUTOREGOLAZIONE: IL CASO DEL CODICE DI AUTODISCIPLINA DELLE SOCIETÀ QUOTATE

DIEGO CORRADO

1. Premessa. 2. Il Codice di Autodisciplina delle Società Quotate. 3. Il contenuto del Codice: aspetti salienti. 4. Questioni aperte. 5. Prospettive operative per le società quotate. Rinvio. 6. Regolazione privata e fonti autoritative: quale equilibrio? 7. Conclusioni.

1. Premessa

Negli anni '90 in Italia — in concomitanza con analoghe esperienze internazionali[1] — il disegno di un sistema di governo delle imprese più attento alle ragioni dell'efficienza ha attirato crescente interesse da parte sia del legislatore sia di operatori economici e studiosi. E' maturata la consapevolezza che in mercati caratterizzati da elevata mobilità internazionale dei capitali l'introduzione di regole appropriate, che accrescano la fiducia degli investitori senza per questo costituire elementi di rigidità, costituisce un fattore competitivo strategico per ogni sistema-paese. Tale considerazione ha comportato un profondo ripensamento degli orientamenti di politica del diritto prevalenti nel nostro Paese.

L'approvazione nel 1998 del Testo Unico della Finanza[2] segna da questo punto di vista un radicale mutamento di approccio alla tematica del governo di impresa: parallelamente alla disciplina sostanziale esso ha modificato in misura rilevante il sistema delle fonti in materia di *corporate governance*, concedendo ampio spazio, accanto agli strumenti di produzione legislativa, all'intervento di *authorities* indipendenti e all'autonomia dei privati,[3] favorendo così

1. Per un'ampia rassegna sul dibattito di *corporate governance* in Europa, cfr. Consiglio Nazionale dei Dottori Commercialisti (a cura di), "Aspetti generali della riforma del corporate governance: profili comparatistici", in *Quaderni del Giornale dei Dottori Commercialisti* 10/1998.

2. Approvato con D. Lgs. 58 del 24 febbraio 1998 ed entrato in vigore il 1º luglio 1998, il Testo Unico disciplina mercato finanziario, intermediari e soggetti emittenti titoli quotati. La parte dedicata a questi ultimi, che contiene gli spunti più interessanti sotto il profilo dell'autoregolazione, cui si fa riferimento nel testo, è ora esaustivamente commentata in *La Disciplina delle Società Quotate nel Testo Unico della Finanza, D. Lgs. 24 febbraio 1998, n. 58 — Commentario*, a cura di P. Marchetti e L. A. Bianchi, Giuffrè, Milano, 1999.

3. Lungi dall'essere un effetto collaterale di scelte tecniche adottate ad altri fini, la centralità del ruolo dell'autonomia privata nella nuova disciplina è stata consapevolmente ribadita dal Presidente della Commissione che ha preparato il Testo Unico, Prof.

una ricerca "dal basso" dell'assetto normativo più adeguato al caso concreto, che non trascuri apporti innovativi quali ad esempio quello derivante dalla adozione di codici di autoregolazione da parte delle imprese.[4] Si può in definitiva riconoscere come l'intero impianto del Testo Unico sia fondato sul riconoscimento del fatto che, al crescere della complessità, un ordinamento normativo decentrato appare più efficiente, e quindi preferibile, rispetto ad uno che si basi su una strenua difesa del principio di autorità, sia esso inteso in senso gerarchico, come prevalere dei processi decisionali "verticali", sia esso inteso come preferenza per un modello di tutela degli interessi coinvolti prevalentemente eterodeterminato, con l'intervento di un soggetto esterno (tipicamente un tribunale) chiamato a giudicare della composizione dei conflitti tra le parti nel senso più congruente con principi anch'essi fissi e inderogabili.

E' importante notare come questa tendenza, nata nei settori più aperti alla competizione internazionale, quali appunto quelli dei mercati finanziari e dei soggetti che in essi operano, si sia andata estendendo ad altri campi dell'ordinamento, quali ad esempio quello del diritto societario *lato sensu*, oggetto negli ultimi mesi di indagine da parte di una Commissione incaricata di redigere uno schema di legge-delega per la riforma della disciplina in materia.[5] Il testo licenziato dalla Commissione pone tra i principi ispiratori cui il legislatore delegato si dovrà adeguare "l'ampliamento degli ambiti di autonomia statutaria".[6] La logica sistemica che presiede alla disciplina dei fenomeni economici[7] induce a ritenere che il necessario coordinamento delle novità così introdotte con altri importanti rami del diritto commerciale seguirà questo innovativo orientamento,[8] rendendo così vieppiù opportuna un'indagine sulle prospettive future di politica del diritto, e più in generale sugli

Draghi: "Il governo societario è quindi anche un problema di autoregolamentazione, nella misura in cui l'autonomia privata è in grado di assicurare ai soggetti che entrano in relazione con l'impresa un'adeguata considerazione dei propri interessi, quale presupposto per affidabili e duraturi rapporti economici. (...) tale impostazione, rispetto al problema della inderogabilità, presenta il vantaggio di consentire alle singole società di valutare se le regole generali sono adeguate alle proprie specifiche esigenze e dimensioni", Audizione del Direttore Generale del Tesoro avanti la Commissione Finanze della Camera dei Deputati, tenutasi il 10 dicembre 1997, in *Giurisprudenza Commerciale*, I, 1997, p. 771, e ivi a p. 780. Per una ricognizione analitica delle ipotesi di autonomia statutaria previste dal T.U., cfr. P. Montalenti, "Corporate governance: la tutela delle minoranze nella riforma delle società quotate", in *Giurisprudenza Commerciale*, 1998, p. 329/I: "Così è in tema di convocazione dell'assemblea (art. 125, 1º comma), di assemblea straordinaria (art. 126, 3º e 4º comma), di denuncia al collegio sindacale e al Tribunale (art. 128, 3º comma), di azione di responsabilità della minoranza (art. 129, 1º comma), di deleghe di voto (art. 137, 3º comma), di poteri dell'assemblea e del rappresentante comune degli azionisti di risparmio (art. 147, 4º comma), di privilegio delle azioni di risparmio (art. 145, 2º comma)", ibidem, p. 346, dove stranamente si omette un'importante disposizione, quella inerente il numero dei membri del collegio sindacale e la composizione dello stesso (art. 148).

4. Se tale innovazione, in linea di principio, segna un indubbio progresso in favore di un sistema normativo decentrato, perplessità suscitano tuttavia le concrete modalità attraverso cui i maggiori spazi di autonomia privata sono introdotti; per tali considerazioni vedi *infra*, paragrafo 6.

5. La Commissione Mirone, istituita con D. M. 24 luglio 1998, ha concluso i suoi lavori nel febbraio 2000, licenziando uno schema di legge delega per la riforma delle società commerciali.

6. Cfr. art. 2, comma 1, lett. b) dello schema di d.d.l., disponibile sul sito <www.ilsole24ore.it>.

7. Come è stato autorevolmente osservato "ogni problema di riforma del diritto societario non può essere considerato isolatamente, ma deve essere valutato insieme con tutti quelli che lo condizionano direttamente o indirettamente. L'ordinamento societario è solo una tessera di un più vasto mosaico di ordinamenti giuridici, sicché la riforma delle società va insieme con l'ordinamento dei mercati finanziari da un lato, con l'ordinamento bancario dall'altro, con l'ordinamento antitrust, con quello fallimentare e altri ancora" (G. Rossi, intervento al Convegno di S. Margherita Ligure del 13-14 giugno 1998, ora in AA. VV., *La Riforma delle Società Quotate*, Milano, 1998, p. 354).

8. Lo schema di d.d.l. include nell'ambito della delega il "necessario coordinamento con le altre disposizioni vigenti, ivi comprese quelle in tema di crisi di impresa" (art. 1, secondo comma).

equilibri della normativa come si andranno a configurare in concreto.

2. *Il Codice di Autodisciplina delle Società Quotate*

La tendenza ora individuata ha ricevuto a fine 1999 un importante impulso ad opera della società di gestione del mercato azionario, Borsa Italiana S.p.A., che ha proposto un "Codice di Autodisciplina" delle Società Quotate, elaborato da un Comitato che raccoglieva una rappresentanza di imprenditori, amministratori di grandi società e esperti.[9] Per la prima volta si affacciano nel nostro ordinamento (essendo invece da tempo diffusi altrove) strumenti di *corporate governance* non vincolanti giuridicamente,[10] elaborati dagli stessi operatori chiamati a sottoporvisi, la cui efficacia è legata alla funzione allocativa e insieme sanzionatoria del mercato e al grado di condivisione nelle società quotate di valori e principi quali trasparenza e responsabilità, e quindi alla reputazione degli operatori stessi.[11]

La teoria economica da tempo indaga sull'efficacia, nell'ambito della disciplina di transazioni economiche caratterizzate da elevate asimmetrie informative, di sistemi sanzionatori basati sulla reputazione.[12] In linea di principio, è agevole dimostrare che in determinati contesti la perdita della credibilità rappresenta una sanzione più pesante, e dunque più temuta, di quella che potrebbe irrogare un'autorità amministrativa; solo la prima infatti porta in sé quel grado di effettività, necessario ad assicurarne un adeguato livello di deterrenza, e solo essa si basa sulla condivisione di principi che garantiscano una *compliance* non esclusivamente formale, bensì sostanziale, ai precetti della correttezza e della trasparenza delle relazioni tra gli operatori economici.[13]

Un eccesso di regolazione pubblica, per contro, porta con sé notevoli inconvenienti: da un lato si deve infatti pensare alle distorsioni nel comportamento degli operatori dovute agli incentivi nascosti nelle pie-

9. Tale documento (ora pubblicato con una presentazione di Sir Adrian Cadbury e insieme al Rapporto sulla Corporate Governance in *Notizie di Politeia* 56/1999, pp. 99 e ss.) è stato infine integrato definitivamente nei regolamenti della Borsa Italiana S.p.A. con delibera del C.d.A. della società del 29 febbraio scorso (cfr. R. Sabbatini, "La Borsa adotta il Codice Preda", *Il Sole — 24 Ore* del 1º marzo 2000, p. 33). Viene così stabilito a carico delle società quotate l'obbligo di dare comunicazione agli azionisti e al mercato, al più tardi entro le assemblee di approvazione del bilancio del 2001, del sistema di governo adottato e della sua rispondenza alle raccomandazioni del Codice.

10. Tali strumenti si affiancano e rafforzano quel sistema normativo che, fondato sui contributi dell'etica degli affari, prevede l'adozione spontanea di documenti quali i codici etici di impresa e il bilancio sociale. Tale filone di studi è stato oggetto di approfondimento anche nel nostro paese sin dalla fine degli anni 80. Il dibattito in materia è spesso stato centrato alle iniziative del Centro Studi Politeia che ha promosso in questi anni numerose iniziative di ricerca e formazione volte allo studio e alla diffusione di una prospettiva etica in economia e in particolare nel governo delle organizzazioni complesse, delle quali può trovarsi traccia in *Notizie di Politeia*, cui si fa rinvio. Per una recente applicazione di tale approccio, si veda in particolare "Codice etico nei servizi pubblici", a cura di E. D'Orazio e S. Maffettone, in *Notizie di Politeia* 51/1998.

11. Se da un lato sembrano comprensibili le perplessità mostrate da alcuni illustri giuristi italiani circa l'efficacia di strumenti di autoregolamentazione in assenza di sanzioni giuridiche (cfr. per tutti P. G. Jaeger, "Governo societario, meglio le regole negli statuti", *Il Corriere della Sera*, 12 ottobre 1999, in risposta a P. Marchetti, ibidem, 7 ottobre 1999), è significativo dall'altro lato registrare la convinta adesione dell'Investment Company Institute, associazione statunitense dei gestori di fondi, che ha pubblicamente espresso il proprio sostegno all'iniziativa di Borsa Italiana, manifestando la propensione delle proprie associate a investire nelle imprese che si atterranno ai principi del Codice ("I gestori USA promuovono la governance di Borsa S.p.A.", *Il Sole — 24 Ore*, 20 gennaio 2000, p. 35).

12. Cfr. per tutti D. M. Kreps, "Corporate culture and economic theory", ora in *Perspectives on Positive Political Economy*, a cura di J. Alt e K. Shepsle, Cambridge, 1990.

13. Tale punto, ben ripreso da Draghi ("Regolazione pubblica, autodisciplina e reputazione nelle società quotate", in *Notizie di Politeia* 57/2000, p. 127), era stato già colto con efficacia da L. Spaventa, Presidente della Consob, nella sua relazione annuale del 1999 (cfr. Consob, Relazione Annuale 1999).

ghe del sistema normativo pubblico;[14] dall'altro ai danni sofferti dall'ordinamento giuridico inteso in senso lato, allorché, a causa della difficoltà di osservare e quindi sanzionare i comportamenti illeciti, il basso grado di *compliance* degrada la percezione dell'imperatività dei precetti giuridici da parte dei consociati.[15]

A questo proposito è stato giustamente osservato[16] che il Codice di Autodisciplina non costituisce un onere aggiuntivo per un ambito già così pesantemente (e giustamente, dati i rilevanti interessi pubblici coinvolti) normato.[17] Trattandosi di uno strumento di autodisciplina, esso sarà adottato quando e nella misura in cui i suoi benefici superino i costi di attuazione. In secondo luogo, data la sua natura "privata", presenta una flessibilità sconosciuta ad altri tipi di intervento normativo, sia pure di fonte regolamentare.[18-19]

Con felice annotazione si è sottolineato come una convinta adesione al Codice, e più in generale ad un sistema normativo che faccia dell'autoregolazione il perno della disciplina di organizzazioni che operano in contesti caratterizzati da elevate asimmetrie costituisca espressione di *self-interest* illuminato, e come al tempo stesso generi esternalità positive per l'intero sistema economico.[20]

Il Codice di Autodisciplina nasce quindi con solide radici analitiche. Mentre dunque paiono porsi le premesse per il successo dell'iniziativa di autoregolazione, è opportuno avviare una riflessione sui suoi aspetti perfettibili, e più in generale sul sistema di *corporate governance* delle società quotate italiane come è venuto delineandosi negli ultimi anni, anche in relazione al movimento internazionale di ripensamento dei meccanismi di governo delle imprese.

3. *Il contenuto del Codice: aspetti salienti*

Venendo al contenuto del Codice, dobbiamo innanzitutto notare come esso si rivolga in via preponderante ad aspetti tradizionalmente regolati dal diritto societario, cercando di arricchire l'insieme delle norme che disciplinano i rapporti interni alle società commerciali con disposizioni ispirate alle *best practices* nazionali ed internazionali, in relazione alle quali (seppure non sanzionabili in via diretta) tuttavia sia pos-

14. Questa è solo una, seppur particolarmente rilevante, delle componenti del "costo" implicito in una regolamentazione basata prevalentemente su norme imperative "pubbliche" efficacemente individuato da Draghi (loc. citata alla nota precedente).

15. Per un'applicazione di tale principio, si veda il dibattito circa l'opportunità di limitare, in ambito societario, la tutela c.d. "reale", a favore di quella risarcitoria, in tutti quei casi in cui siano violate norme poste a tutela dei soci. Lo stesso schema di d.d.l. sulla riforma del diritto societario (vd. *supra*, note 3-4 e testo relativo) prevede di riformare in tal senso il regime delle invalidità degli atti societari (cfr. art. 4, comma 7, lett. b) dello schema di d.d.l. citato).

16. M. Onado, "Esami di maturità", *Il Sole — 24 Ore* del 7 ottobre 1999, p. 1.

17. E' infatti immediato constatare che esso si rivolge a soggetti, quali le società con azioni quotate in borsa, già soggette alla disciplina del Codice Civile, del Testo Unico della Finanza, nonché alle numerose disposizioni regolamentari emanate da una pluralità di soggetti.

18. Cfr. M. Onado, loc. cit.

19. A conferma di tale osservazione è opportuno osservare come si sia verificata una grave situazione di incertezza circa l'operatività delle norme del TUF in materia di OPA, che in concreto assicurano la contendibilità delle imprese quotate, a sua volta uno dei cardini dell'intera costruzione del TUF, a seguito della declaratoria di illegittimità, ad opera del Consiglio di Stato, del Regolamento Consob n. 11.971 del 14 maggio 1999, recante disposizioni di attuazione delle norme di legge in materia (cfr. Cons. Stato, ord. 1924/99 del 29 ottobre 1999, INA/Ass. ni Generali, inedita). La Consob ha poi posto rimedio a tale situazione, rivedendo il regolamento nello scorso mese di febbraio. Lo strumento regolamentare, che pure dovrebbe godere di maggiore flessibilità rispetto a quello legislativo, ha così mostrato come tale maggior rispondenza alle fluttuanti condizioni del mercato incontri il limite di procedure burocratiche complesse, che impongono comunque un ritardo temporale apprezzabile tra il verificarsi di shock esogeni e reazione dell'ordinamento.

20. L. Spaventa, "L'autoregolazione come espressione di *self-interest* illuminato e i problemi di *governance* delle società quotate", ora in *Notizie di Politeia* 57/2000, p. 123.

sibile osservare e verificare il grado di ottemperanza degli operatori.

L'area sulla quale il Codice è maggiormente ricco di indicazioni è quella riferita al funzionamento del consiglio di amministrazione; anteriormente alla sua approvazione le uniche norme del nostro ordinamento che disciplinassero in qualche modo il funzionamento dell'organo amministrativo erano limitate a pochi articoli del codice civile.[21] Disposizioni in materia brillano per la loro totale assenza pure nel citato Testo Unico, come è stato sottolineato da autorevoli commentatori.[22] Il Codice recepisce sull'argomento la prassi internazionale che privilegia le organizzazioni che si dotano di una struttura di controllo articolata e trasparente, così rendendo evidenti i nessi causali tra comportamenti e responsabilità, in una parola accrescendo l'*accountability* dei soggetti investiti di compiti di controllo. A questo scopo, viene suggerita la creazione di comitati interni,[23] cui affidare compiti specifici, sui quali rispondano al plenum del consiglio[24] e all'assemblea dei soci. Grande risalto viene inoltre dato alla presenza di amministratori indipendenti,[25] ovvero non legati agli azionisti di maggioranza da vincoli economici o di altro tipo, che grazie alla loro competenza ed autorevolezza possano assumere la funzione di garanti degli interessi delle minoranze e del mercato. Il rischio, ovviamente, è che in mancanza di una adeguata e condivisa cultura della *corporate governance*, il loro ruolo resti meramente "decorativo".[26] Per

21. Il riferimento è limitato, sostanzialmente agli articoli 2.381 (che stabiliscono la possibilità di delegare alcune funzioni di competenza del consiglio a singoli amministratori o a gruppi di loro, che costituiranno il c.d. comitato esecutivo), 2.388 (quorum costitutivi e deliberativi del consiglio), 2.390 e 2.391 (divieto di concorrenza e divieto di partecipare alle deliberazioni in relazione alle quali si versi in conflitto di interessi).

22. "Si è detto molto spesso (...) che la legge Draghi era la via italiana alla *corporate governance*. Io raramente ho visto una legge di riforma delle società per azioni che si sia così poco occupata di *corporate governance*. (...) I principi di *corporate governance* avrebbero potuto ricevere qualche aiuto da modifiche legislative concernenti il consiglio di amministrazione e i gruppi di società e non il solito collegio sindacale" (G. Rossi, intervento al Convegno di S. Margherita Ligure del 13-14 giugno 1998, ora in AA. VV., *La Riforma delle Società Quotate*, Milano, 1998, p. 354).

23. Le esemplificazioni di cui al Codice sono relative al comitato che vagli le proposte di nomina alla carica di amministratore, rendendo trasparenti i criteri di scelta, di cui all'articolo 7.2, e a quello per la fissazione delle politiche di remunerazione ai manager di cui all'art. 8.1 (il suggerimento implicito, evidentemente, è quello di individuare meccanismi di retributivi che sappiano fornire alle persone cui spetta il controllo degli affari sociali i giusti incentivi, legando i compensi alla *performance* della società). Viene prevista inoltre la creazione di un comitato per il controllo interno, in relazione al quale si veda la nota 27.

24. Ricordiamo che a norma di legge (il riferimento è all'articolo 2.392 del Codice Civile), la responsabilità degli amministratori è collegiale; ciascuno di essi risponde per le inadempienze addebitabili al consiglio, anche qualora si tratti di attribuzioni proprie del comitato esecutivo o di uno o più amministratori delegati, se non ha vigilato sul "generale andamento della gestione" o se, a conoscenza di atti pregiudizievoli per la società, non ha fatto quanto poteva "per impedirne il compimento o eliminarne o attenuarne le conseguenze dannose". E' evidente quanto la indeterminatezza di tali espressioni si rifletta negativamente sul disegno di un sistema che sappia offrire ai singoli adeguati incentivi in relazione alle effettive responsabilità assunte; la maggior articolazione dei compiti suggerita nel Codice è allora congruente con un "mercato delle capacità imprenditoriali" più efficiente, dove è più difficile che il gestore del patrimonio sociale possa essere chiamato a rispondere per colpe di altri, e dove quindi sono sufficienti remunerazioni più basse, essendo minore il "rischio" contro il quale gli amministratori devono essere indennizzati. Tali circostanze si riflettono con tutta evidenza in un maggior benessere per gli investitori, che potranno appropriarsi di una porzione maggiore di utili societari, a parità di altre condizioni.

25. Per ampi riferimenti alla funzione e al ruolo degli amministratori indipendenti in altri ordinamenti confronta, oltre a "Aspetti generali della riforma del corporate governance: profili comparatistici" (citato alla nota 1), M. Colombera, "Le regole di *corporate governance* nel Regno Unito: il *Cadbury Committe* e il *Greenbury Committe*", in *Rivista delle Società*, 1992, p. 538.

26. Un ulteriore rischio, come in tutti i casi di rapporti tra un *principal* (gli amministratori indipendenti, che vigilano sugli altri a tutela dell'interesse sociale) disinformato, ed un *agent* dotato di notevoli

contro la valorizzazione del loro ruolo consente di anticipare notevolmente il momento del controllo sulla gestione, che viene portato all'interno dell'organo decisorio.

Tralasciando in questa sede le ulteriori disposizioni di dettaglio che concernono in particolare la funzione di controllo,[27] è opportuno accennare brevemente alle parti del Codice che si riferiscono al trattamento delle informazioni inerenti l'attività societaria. Questo aspetto riveste importanza fondamentale in relazione ad uno strumento normativo la cui sanzionabilità riposa essenzialmente, come visto sopra, sull'effetto reputazione e quindi sulla verificabilità dei comportamenti interni all'organizzazione; più in generale, la possibilità che l'autonomia privata, dando luogo ad una competizione di mercato tra i diversi assetti organizzativi, che selezioni i più efficienti, consenta l'evoluzione verso sistemi organizzativi "virtuosi" è legata alla possibilità che l'informazione circoli rapidamente e senza significative distorsioni. Alla luce di queste considerazioni si deve sottolineare come la disciplina dell'informazione societaria si ponga, rispetto alle norme di altra natura viste sopra, come un presupposto logico al loro corretto funzionamento. Non stupisce quindi che essa, oltre ad essere oggetto di numerose disposizioni di legge e dell'autorità di vigilanza del mercato, sia ora oggetto di "autodisciplina" da parte degli estensori del Codice. Questi in particolare sottolineano l'opportunità di creare vere e proprie "procedure interne" per il trattamento di dati e documenti riguardanti la società, al cui rispetto sono chiamati tutti i responsabili,[28] nonché di stabilire un rapporto continuativo con i diversi destinatari dei flussi informativi, primi tra tutti soci e investitori istituzionali. Tale rapporto deve essere improntato al rispetto delle procedure di cui sopra e alla "comprensione dei reciproci ruoli"; è presente negli estensori del Codice la preoccupazione di evitare comportamenti collusivi tra la società e soggetti, come gli intermediari finanziari, in grado di influenzarne la quotazione borsistica.[29]

4. Questioni aperte

La presentazione al mondo economico del Codice di Autodisciplina, giunta tra l'altro in un momento di verifica del primo periodo di applicazione della legge Draghi,[30] se certamente ha contribuito al consolidamento di un sistema normativo pluralista e flessibile, ha posto ulteriori interrogativi che ancora non trovano risposte soddisfacenti, indicando così la direzione per

risorse, oltreché di informazioni riservate (gli amministratori delegati), è che si verifichino episodi di collusione e di "cattura" dei primi da parte dei secondi. Fondamentale sarà in proposito il sistema di remunerazioni e penalizzazioni in cui entrambe le categorie di soggetti si troveranno ad operare; per una discussione generale dell'argomento, con particolare riferimento al caso delle "reti sovrapponentisi o interconnesse di relazioni principale-agente" (cfr. A. Petretto, *Mercato, Organizzazione Industriale e Intervento Pubblico*, Bologna, 1993, p. 304).

27. Di particolare interesse si rivela in proposito l'articolo 10 del Codice, che propugna l'istituzione, in seno al consiglio di amministrazione, di un comitato per il controllo interno, "con funzioni consultive e propositive, composto da un numero adeguato di amministratori non esecutivi"; la funzione di tale comitato si pone come radicalmente alternativa al controllo esterno esercitato a norma di legge dal collegio sindacale. Internalizzando la funzione in seno al consiglio di amministrazione, viene esaltata lo scopo del comitato come garante dell'efficienza e dell'integrità delle procedure aziendali.

28. Tali disposizioni sono previste dall'articolo 6, "Trattamento delle informazioni riservate", il quale fa speciale riferimento alle informazioni c.d. *price sensitive*, ovvero a quelle foriere di influenzare in maniera diretta e notevole il corso dei titoli azionari, e che come tali pongono particolari esigenze di tutela della parità di trattamento tra gli investitori, al fine di evitare che alcuni di loro si avvantaggino a danno di altri grazie allo sfruttamento di notizie non ancora di dominio pubblico (è il fenomeno dell'*insider trading*, alla repressione del quale sono dedicate anche norme di natura penale, l'inefficacia delle quali tuttavia è da tempo all'attenzione degli studiosi).

29. Come si legge nel commento all'articolato, la disposizione in commento "mira a ricordare che il dialogo con gli investitori istituzionali non deve dar luogo a comunicazioni su fatti rilevanti, anticipate rispetto al mercato".

30. Il D. Lgs. 21 febbraio 1998, n. 58, è entrato in vigore il 1º luglio 1998.

ulteriori sviluppi di un ordinamento che goda delle caratteristiche indicate in premessa.

In questa sede, piuttosto che sugli aspetti specifici, pare opportuno delineare, in via preliminare e a scopo esemplificativo, alcune aree di discussione.

In primo luogo è opportuno prevedere — per far sì che meccanismi basati sulla reputazione possano esplicare pienamente la loro efficacia prescrittiva — la possibilità che l'integrazione tra strumenti normativi giuridici ed extra-giuridici possa poggiare su più solide fondamenta: una via percorribile in questo senso è quella del recepimento negli statuti societari (al tempo stesso coercibili e flessibili) di parte delle norme di autodisciplina.[31]

Una seconda questione da approfondire riguarda il "perimetro" delle materie prese in considerazione nel Codice di Autodisciplina delle Società Quotate: mentre tradizionalmente la regolamentazione giuridica del governo di impresa si è concentrata sull'interazione tra un limitato spettro di soggetti (tipicamente soci, amministratori, "controllori interni"), un ordinamento che faccia proprio il nuovo approccio alla *corporate governance* sopra indicato deve includere e risolvere in maniera sistemica una più ampia gamma di questioni, aprendosi con decisione all'articolato mondo degli *stakeholders* (ad esempio è immediato notare che nella versione attuale del Codice non è fatta alcuna menzione dei rapporti con lavoratori, clientela e ambiente circostante).[32] Una strada possibile è quella di concepire un sistema integrato di strumenti di *governance*, dove il Codice di Autodisciplina sia affiancato e completato, oltre che dai più tradizionali strumenti del diritto societario (come statuti che sfruttino appieno gli spazi di autonomia concessi dalla riforma Draghi, regolamenti di assemblea, ecc.), da ulteriori strumenti, quali ad esempio codice etico e bilancio sociale.

Una ulteriore area di approfondimento riguarda la metodologia di valutazione di tali strumenti, sia intesi singolarmente che come componenti di un più articolato sistema di *governance*: sotto questo profilo è agevole notare che le norme di *default*[33] predisposte dal legislatore godono di una notevole forza di attrazione, già oggetto di studio in letteratura,[34] indipendentemente dalla loro bontà ed efficienza. La diffusione e l'efficacia di strumenti di autoregolazione postula il superamento di ostacoli notevoli, che non sono solo culturali.[35] Un importante

31. E' la proposta avanzata da P. G. Jaeger, loc. cit.

32. Tale osservazione è stata formulata da M. Draghi, loc. cit.

33. Come è noto, la dottrina giuridica distingue tra norme inderogabili, o cogenti, e derogabili, o dispositive: queste ultime sono definite come "norme la cui applicazione può essere evitata mediante un accordo degli interessati". Si usa poi individuare una ulteriore categoria di norme, quelle suppletive, "le quali sono destinate a trovare applicazione solo quando i soggetti privati non abbiano provveduto a disciplinare un determinato aspetto della fattispecie, in relazione al quale sussiste dunque una lacuna, cui la legge sopperisce intervenendo a disciplinare ciò che i privati hanno lasciato privo di regolamentazione" (A. Torrente e P. Schlesinger, *Manuale di Diritto Privato*, 16ª ed., Milano, 1999, p. 19). La distinzione tra norme dispositive e suppletive, come si vede, è piuttosto sottile, e non rileva ai fini della presente trattazione; per questo motivo indicheremo indistintamente come norme di *default* quelle che possono essere liberamente derogate dai privati, e che troveranno applicazione solo ove gli interessati non abbiano inteso regolamentare diversamente la fattispecie oggetto del loro accordo.

34. Vedi *infra*, paragrafo 6.

35. Il punto è stato colto nella sua complessità in un passo del recente lavoro collettivo dell'Associazione D. Preite, che è opportuno citare per esteso: "Nessuno, né singole imprese, né lo Stato (...) sa oggi con esattezza quale sia l'insieme di diritti e doveri che l'esperienza rivelerà come il più adatto a conseguire l'obiettivo della società 'aperta ma stabile' che ci si è proposti. E tuttavia l'emersione delle regole innovative migliori in modo spontaneo attraverso la sperimentazione dei soggetti interessati non solo richiede una sensibilità verso il 'nuovo' e il 'più impegnativo' che fino ad ora non si è avuta, ma è anche scoraggiata dalla presenza di tre distinti costi. Innanzitutto, nell'adottare autonomamente nuovi assetti di governo societario gli imprenditori possono giungere a soluzioni errate, ossia peggiori di quelle di partenza (...). Inoltre, se anche l'assetto adottato fosse invece

contributo alla loro accettazione da parte degli operatori potrebbe provenire dalla predisposizione, da parte di consorzi tra le imprese più "virtuose", di istituzioni indipendenti di *rating* (a questo proposito può farsi riferimento, istituzionalizzandola, all'iniziativa di Assonime, che ha effettuato un'indagine sull'attuazione della riforma Draghi a un anno dalla sua entrata in vigore, valutandone l'impatto sulle società quotate). In questo senso l'adesione e la corretta attuazione di un sistema di *corporate governance* articolato come suggerito sopra potrebbe essere più direttamente spendibile come vero e proprio "marchio di qualità" non solo sul mercato finanziario, come indice di affidabilità in base al quale gli investitori valutino a chi affidare il proprio denaro, ma anche su quello del prodotto,[36] quindi configurandosi come un vero e proprio fattore competitivo strategico.

Inoltre, si deve sottolineare la necessità che iniziative di autoregolazione come quelle qui in discussione riguardino tutti gli operatori presenti nel contesto interessato, nel nostro caso il mercato finanziario; il riferimento d'obbligo è agli intermediari, oggetto di notevoli interventi legislativi e regolamentari per quanto riguarda i profili della trasparenza, della stabilità e della correttezza operativa, che tuttavia, per i motivi sopra indicati, rischiano di avere scarsa effettività in ragione delle rilevantissime asimmetrie informative inerenti all'attività da questi svolta.[37]

Un ultimo profilo critico riguarda il fatto che iniziative collettive di autoregolazione, per loro stessa natura, presuppongono l'accordo tra soggetti per altri versi in competizione tra loro, ed in relazione ai quali la concorrenza svolge, o dovrebbe svolgere, un ineliminabile stimolo al perseguimento dell'efficienza gestionale; si pone quindi, almeno in astratto, il problema che strumenti come il Codice di Autodisciplina contribuiscano alla creazione di un clima che favorisce la collusione tra gli operatori economici, o addirittura che siano esse stesse configurabili come "intese restrittive della concorrenza". In proposito, si ricorda come il precetto comunitario configuri come tali (e sanzioni di conseguenza con la nullità) "gli accordi tra imprese, tutte le decisioni di associazioni di imprese e tutte le pratiche concordate (...) che abbiano per oggetto o per effetto di impedire, restringere o falsare il gioco della concorrenza".[38] Ora è indubbio che strumenti come il Codice di Autodisciplina siano idonei ad influenzare la valutazione che il mercato finanziario dà dei titoli e dei valori che le società che ad esso si conformano emettono per la negoziazione sui mercati dei capitali, ed anzi questa è la loro ragion d'essere. Sotto questo profilo, la sua adozione generalizzata può dare luogo a fenomeni di discriminazione verso quei soggetti che non ritengano di conformarsi ad esso, o che per i motivi più disparati non siano in grado di farlo; allo stesso modo si può osservare che, una volta che esso si sia diffuso, potrà configurare esso stesso un ostacolo sulla strada della ricerca di assetti organizzativi più effi-

'superiore' a regime, gli imprenditori che effettuano la sperimentazione corrono il rischio che la nuova 'soluzione' sia inferiore nel corso della transizione; in particolare, il nuovo assetto potrebbe essere conveniente solo qualora venga adottato da un'elevata massa critica di imprese, necessaria ad assicurare una gestione competente delle nuove regole da parte di tutti i soggetti coinvolti. Infine, se pure si prescinde dai due rischi precedenti e si assume un assetto capace di affermarsi rapidamente, resta il problema che la sua introduzione è assai più costosa per gli imprenditori che effettuano la sperimentazione che per gli imitatori che seguono" (*Rapporto sulla Società Aperta. 100 Tesi per la Riforma del Governo Societario in Italia*, Bologna, 1997, cit., pp. 53-54). Vedi inoltre *infra*, paragrafo 6, in particolare note 45-49 e testo relativo.

36. Cfr. in tal senso L. Spaventa, loc. cit.

37. Tale proposta è quella avanzata da M. Tronchetti Provera (già membro del Comitato estensore del Codice) in "Codici di autoregolazione, società quotate e mercato", *Notizie di Politeia* 57/2000, p. 135.

38. Cfr. l'articolo 85 del Trattato di Roma, che, in forza dell'espresso richiamo operato dall'articolo 1, quarto comma, e del disposto dell'articolo 2 della legge 10 ottobre 1990, n. 287, trova applicazione anche a livello nazionale.

cienti, per intuibili motivi di avversione al rischio degli operatori economici e di "attrazione" degli strumenti normativi, pur non obbligatori, disponibili. Alla stregua delle considerazioni sin qui svolte, pare tuttavia applicabile al caso in esame, come in generale ad altre iniziative analoghe, l'esimente, prevista dalla stessa norma, che fa salvi gli accordi e le pratiche concordate "che contribuiscano a migliorare la produzione o la distribuzione dei prodotti o a promuovere il progresso tecnico o economico".

Si tratta in ogni caso di una tematica ad oggi sostanzialmente inesplorata in letteratura, e sulla quale sarà necessario un attento approfondimento, che peraltro potrebbe giovarsi di interventi espressi da parte delle autorità anti-trust comunitarie e nazionali, chiamate a pronunciarsi in via preventiva sulla legittimità degli strumenti di autoregolazione concordati tra operatori che agiscono sullo stesso mercato.[39]

In conclusione, si deve sottolineare che le osservazioni critiche proposte devono leggersi come uno stimolo al miglioramento dell'iniziativa, che appare come un significativo passo nella direzione di un sistema normativo efficiente, poiché, come è stato autorevolmente osservato, "una collaborazione efficace tra regolamentazione pubblica e privata è essenziale per la buona riuscita di qualsiasi sistema di governo societario".[40]

5. Prospettive operative per le società quotate. Rinvio

In generale è innegabile che le società che intendano percorrere la strada di un governo societario più efficiente si troveranno a dover operare su più versanti critici. Rinviando ad altri lavori[41] per una disamina delle problematiche legate all'istituzionalizzazione dell'etica nelle imprese, di cui il Codice di Autodisciplina non rappresenta se non una specificazione, ci limitiamo in questa sede a brevi cenni circa i versanti sui quali la messa in pratica del Codice andrà sviluppata.

Il primo versante è interno alle società stesse: poiché è evidente che l'adozione in azienda di uno strumento di autoregolazione debba prevedere il coinvolgimento alla sua attuazione di chi in azienda è chiamato a condividerne principi e obiettivi, prima che a rispettarne le prescrizioni.

Il secondo versante è quello esterno che a sua volta si articola su due differenti livelli: da un lato l'implementazione di un sistema di *governance* deve essere accompagnata da un importante sforzo di comunicazione al mercato, che consenta all'azienda di godere di un beneficio di tipo mediato rispetto a quello della più efficiente gestione (obiettivo immediato), ma altrettanto importante, attraverso il *favor* di investitori istituzionali consapevoli della maggiore garanzia loro offerta dalle società che volontariamente si sottopongono a regole "virtuose"; d'altro canto, è attraverso il confronto tra esperienze analoghe, e quindi con le altre società quotate che aderiscono agli stessi principi, che si diffondono quella cultura e quei valori la cui condivisione costituisce un presupposto imprescindibile per il successo di strumenti normativi sanzionati esclusivamente da meccanismi di reputazione, che per loro natura possono svolgere le loro funzioni solo ove sia assicurata l'adesione di una massa critica di soggetti.[42]

39. Cfr. K. J. Arrow, "Codici etici ed efficienza economica", 1973, trad. it. in *Etica degli Affari e delle Professioni*, 2, 1992, pp. 44-46 e I. Maitland, "I limiti dell'autoregolazione nel mondo degli affari", 1985, trad. it. in *Etica degli Affari e delle Professioni*, 2, 1992, pp. 46-54.

40. A. Cadbury, "Il Codice di condotta delle società quotate", *Notizie di Politeia* 56/1999.

41. Cfr. E. D'Orazio e L. Savoja, "Un codice etico per le imprese italiane", in *Etica degli Affari e delle Professioni*, 1, 1995, pp. 3-11.

42. Cfr. E. D'Orazio, "L'etica del servizio pubblico. Un'indagine empirica sull'introduzione dei codici etici d'impresa in Italia", in E. D'Orazio e S. Maffettone, op. cit., pp. 69-101; E. D'Orazio, "Carta dei servizi, codice etico e rapporto delle promesse. Nuovi strumenti per l'autoregolazione nei servizi

6. *Regolazione privata e fonti autoritative: quale equilibrio?*

Abbiamo sin qui esplorato i vantaggi che derivano dall'inserimento di crescenti spazi di autonomia normativa nell'ambito della disciplina delle organizzazioni complesse, prendendo come specifico riferimento il caso delle società commerciali. L'idea di fondo è che i privati siano in grado di individuare, attraverso la libera contrattazione, composizioni di interessi più efficienti di quanto potrebbe fare un legislatore lontano dal caso concreto e costretto, per ragioni intrinseche agli strumenti di cui dispone, ad imporre soluzioni caratterizzate da un alto grado di uniformità, perciò inadatte a trattare i casi particolari. In questo ambito strumenti normativi come il Codice di Autodisciplina potrebbero integrare in modo ottimale le norme di fonte legislativa: queste dovrebbero limitarsi dunque a individuare un modello standard di soluzione ai casi che possono darsi nella prassi economica, lasciando liberi gli operatori di servirsene o meno.

Il problema, così impostato, rischia di ingenerare la fallace impressione che la normativa di fonte autoritaria sia tendenzialmente superflua (ed invero la tesi è già stata avanzata in letteratura, sia pure con una forte carica provocatoria[43]), dovendo essere confinata, oltre che alla regolamentazione di casi marginali, che rendono antieconomica una contrattazione *ad hoc*, alla disciplina dei rapporti in cui superiori interessi di natura generale impongono la scelta di composizioni di interessi definiti una volta per tutte dal sovrano. Se invece ci soffermiamo a riflettere sulla mutata funzione che la prospettiva di politica del diritto qui accolta assegna agli strumenti normativi di fonte autoritativa, ci accorgiamo che essi sono destinati comunque a mantenere una assoluta centralità, anche una volta che sia stata pienamente accolta l'impostazione del problema che qui si sostiene.

Infatti, scendendo dal piano teorico a quello della prassi, possiamo con facilità individuare almeno due tipi di ostacoli all'esplicarsi di una piena autonomia contrattuale dei privati che vanno a sommarsi ai costi intrinseci alla contrattazione; questi sono le esternalità positive connesse al fatto di far ricorso ad assetti organizzativi già collaudati e i fattori psicologici di resistenza all'innovazione normativa. Per quanto riguarda le prime, è intuitivo che relativamente all'applicazione di norme che sono già state oggetto di notevole approfondimento da parte di giurisprudenza e dottrina, sarà molto minore l'incertezza circa il loro concreto funzionamento e circa le soluzioni a eventuali controversie relative alla loro applicazione, ciò che ovviamente non si dà per norme create *ad hoc* per regolare casi contingenti.[44]

Quanto agli ostacoli psicologici all'innovazione normativa, studi empirici hanno dimostrato che vi è una naturale tendenza da parte degli operatori economici a sopravvalutare i pregi delle situazioni più familiari (c.d. *status quo bias*),[45] ovvero a ritenere oggettivamente più giusta la composizione di interessi già sperimentata (c.d. *anchoring bias*),[46] e che gode comunque

pubblici", in N. Pasini (a cura di), *Le Carte dei Servizi*, Milano, 1999, pp. 185-210.

43. Cfr. B. Black, "Legal theory: is corporate law trivial? A political and economic analysis", in *Northwest University Law Review*, 1990, p. 542.

44. Cfr. C. Marchetti, "La *nexus of contracts theory* — Teorie e visioni del diritto societario", Milano, 2000, p. 147, ove si legge: "La sussistenza di esternalità positive può avere come esito l'abbandono della ricerca della soluzione ottimale attraverso lo strumento della deroga. Ciò capiterà ogni volta che i guadagni realizzabili in puri termini di efficienza eccedano i costi aggiuntivi che ogni singolarità normativa arreca in termini di certezza, conoscibilità ed armonizzazione del sistema".

45. Questa tesi è stata esposta per la prima volta da W. Samuelson e R. Zeckhauser, "*Status quo bias* in decision making", *Journal of Risk and Uncertainty* 1/1988, p. 7.

46. Sul punto vedi G. Northcraft e M. Neale, "Experts, amateurs and real estate: an anchoring-and-adjustment perspective on property pricing decisions", *Organizational Behavior and Human Decision Processes*, v. 39, 1987, p. 84.

del più ampio seguito.[47] In proposito, ha osservato recentemente Amartya Sen, "conta anche la socializzazione del comportamento: adottiamo molte regole per imitazione e non per una personale riflessione morale, come già aveva notato Adam Smith".[48]

Queste brevi riflessioni ci aiutano a comprendere quale potrebbe essere il rapporto più proficuo tra regolamentazione privata e regolamentazione pubblica, che non può essere inteso semplicisticamente in termini di mera sussidiarietà, ma deve necessariamente risolversi in una relazione più profonda. In particolare, in questo modello, l'autoregolazione è destinata a diventare, sia pure in via tendenziale, il banco di prova per soluzioni che il legislatore[49] possa fare propri. Poiché la disciplina di *default* offerta alle parti dall'autorità riveste comunque un ruolo centrale, diventa fondamentale l'individuazione dei criteri utili per fare in modo che tale disciplina corrisponda effettivamente alla soluzione efficiente cui le parti sarebbero approdate. Secondo questa impostazione, le esperienze di autoregolazione contribuiscono all'emersione della norma efficiente, ovvero di quella che le parti avrebbero adottato in assenza di costi di contrattazione, esternalità e ostacoli di altro tipo.

Se tuttavia volgiamo la nostra attenzione alle modalità operative con cui il legislatore, nel disegnare la già citata riforma del 1998, ha inteso dare concretezza ad un ordinamento che sapesse conciliare interessi di ordine pubblico con la possibilità per i privati di ricercare l'assetto organizzativo più efficiente, non possiamo dirci pienamente soddisfatti. Le norme del Testo Unico della Finanza sono congegnate in modo tale che difficilmente alle previsioni che concedono ampia autonomia ai privati, attraverso l'utilizzo delle numerose possibilità di deroga alla disciplina dispositiva, si farà ricorso.

Tutte le disposizioni derogabili[50] infatti sono congegnate in modo tale che la norma suppletiva (quella che trova quindi applicazione in assenza di deroga da parte degli operatori) sia quella che assicuri il minimo di tutela della minoranza, o comunque della parte dispersa dell'azionariato, lasciando poi al concreto dispiegarsi dell'autonomia l'opzione se ampliare tale tutela o meno; la scelta del legislatore è fortemente indirizzata verso il mantenimento dello *status quo ante*.

L'impostazione di fondo del Testo Unico appare formalmente corretto; essa fa affidamento sul fatto che ogni società quotata, o meglio il gruppo di controllo di ciascuna di esse, sceglierà quell'equilibrio tra efficienza della gestione e tutela degli investitori che in concreto realizza il miglior *trade-off* tra costo privato derivante dalla redistribuzione di poteri a favore della minoranza e quota appropriabile dell'accresciuto livello di utili. Nel fare ciò essa terrà presumibilmente conto del fatto che, in un mercato dei capitali efficiente, un grado più elevato di tutela delle minoranze, rispetto a quello di *default*, favorirà un maggiore afflusso di capitali ad un costo inferiore, accrescendo il prodotto totale e quindi il

47. Questo tipo di dinamica è ampiamente analizzata in teoria dei giochi, sotto la definizione *herd behavior* (letteralmente, comportamento del gregge). Per una introduzione alla materia, cfr. "Elementi di teoria dei giochi non cooperativi", in appendice a M. Grillo e F. Silva, *Impresa, Concorrenza e Organizzazione*, Roma, 1994.

48. A. Sen, "Business ethics and economic success", relazione al convegno "L'etica degli affari nel nuovo millennio", svoltosi a Prato il 27 settembre 2000, ora in *Notizie di Politeia* 59/2000.

49. Meglio sarebbe dire l'autorità, con tale più ampia espressione indicando oltre al legislatore anche i tribunali, e più in generale tutte quelle istituzioni chiamate ad applicare od interpretare la legge in posizione sovraordinata rispetto ai privati, con la possibilità quindi di far ricorso a mezzi coercitivi per imporre l'osservanza delle proprie disposizioni.

50. Le si veda elencate alla nota 3. E' opportuno inoltre sottolineare che l'osservazione del testo è indipendente dalla "direzione" della redistribuzione di risorse operata qualora della possibilità di deroga offerta dalla legge si faccia uso. Le considerazioni svolte riguardano infatti la concreta possibilità che all'autonomia statutaria introdotta dal T.U. si faccia effettivamente ricorso.

benessere generale. Ebbene tale osservazione, certamente corretta se riferita alla visuale di un osservatore esterno che consideri l'aggregato di tutti gli attori societari, non è appropriata se ci poniamo nell'ottica dei singoli soci, o di quelle coalizioni omogenee per obbiettivi e interessi. E' certamente possibile che essi conseguano, a seguito di modifiche statutarie che investono elementi qualificanti del rapporto sociale, delle perdite o dei benefici netti. Consideriamo a questo proposito proprio la situazione del gruppo di controllo; nell'ordinamento previgente esso deteneva un potere di disposizione del patrimonio sociale pressoché assoluto. Qualora consideriamo la situazione determinatasi a seguito dell'introduzione del Testo Unico, vediamo che l'esercizio degli spazi di autonomia statutaria in esso contenuti comporta una redistribuzione di poteri e facoltà che va unilateralmente a favore degli azionisti minoritari. Coloro che detengono il controllo quindi affronteranno una perdita di benessere diretta, immediata e certa, a fronte di un beneficio indiretto, futuro e incerto.[51] Non sorprende quindi che l'introduzione di ampie facoltà derogatorie nel diritto societario sia stata accolta con scetticismo da parte della dottrina.[52] Razionalizzando l'intuizione di questi autori, si può osservare come le disposizioni suppletive del Testo Unico creino situazioni di efficienza paretiana;[53] coloro che dovrebbero dare avvio al processo di redistribuzione dei poteri, o il cui consenso è assolutamente necessario per realizzarlo, hanno scarsi o nulli incentivi a muoversi in tal senso.

In conclusione, quella sorta di selezione naturale che il mercato, a detta dei fautori della riforma,[54] dovrebbe operare

51. Per essere più chiari, l'esercizio delle possibilità di deroga alle norme dispositive contenute nel Testo Unico, comporterà una redistribuzione di poteri a favore della minoranza azionaria. Il gruppo di maggioranza, che detiene il controllo, almeno nell'immediato, vedrà quindi con certezza diminuire il proprio benessere. Secondo l'ipotesi di efficienza del mercato dei capitali, al migliorare delle condizioni offerte ai risparmiatori, aumenterà l'offerta di capitali e diminuirà il loro costo; alla fine, l'accresciuta disponibilità di finanziamenti a basso costo migliorerà la redditività della società, e quindi i profitti, su cui i soci di controllo hanno un (sia pure ridotto rispetto alla situazione precedente) elevato potere di disposizione. E' evidente tuttavia che tale accresciuto benessere appare futuro e incerto, a fronte di un sacrificio immediato e certo, evitabile semplicemente astenendosi dall'esercitare le facoltà di deroga alla disciplina di default stabilita dall'ordinamento.

52. Riportando lo scetticismo di G. Rossi, V. Buonocore ha osservato che "se scopo della *corporate governance* è di introdurre maggiori controlli sugli amministratori, nessun amministratore per libera scelta vorrà essere controllato e si guarderà bene pertanto dal proporre all'assemblea le modifiche necessarie" ("Introduzione", in AA. VV., *La Riforma delle Società*, Milano, 1998, p. 53). Allo stesso modo R. Dabormida, commentando l'articolo 128, secondo comma, T.U., che consente allo statuto di fissare, per quanto riguarda la soglia di legittimazione a proporre la denuncia ex art. 2.409 c.c., quote di capitale inferiori a quelle fissate per legge osserva che "il significato di simile disposizione è incerto". Da un lato infatti la natura di interesse di ordine pubblico rivestita da quello tutelato dalla norma fa concludere certamente per il divieto di fissare soglie più elevate, dall'altro "ci si dovrebbe stupire se i soci al momento della costituzione della società si dovessero dichiarare propensi ad aumentare le situazioni di controllo da parte delle minoranze e quindi in ultima analisi ad agevolare le loro prerogative sovvertitrici, *in assenza tra l'altro di norme che tendano a favorire in qualche misura l'introduzione di simili clausole statutarie*" (in "La denunzia al tribunale", ibidem, p.366, corsivo aggiunto).

53. La teoria economica definisce pareto-efficiente, o pareto-ottimale (dal nome dell'economista Vilfredo Pareto) l'allocazione di risorse a partire dalla quale non è possibile effettuare scambi che accrescano il livello di utilità di almeno uno dei partecipanti allo scambio, senza diminuire quello di nessun altro. La situazione descritta nel testo è pareto-efficiente, in quanto non è possibile alcuna redistribuzione a favore degli azionisti di minoranza, o comunque dei piccoli risparmiatori, senza incidere sulla dotazione di risorse di coloro che detengono il controllo.

54. Cfr. M. Draghi, che illustrando la bozza di T.U. in Parlamento ha affermato che "nei mercati maturi anche le garanzie delle minoranze sono percepite dalle maggioranze come parte dell'ambito competitivo nel quale si valuta la loro capacità di attrarre risorse. E' infatti indubbio che il grado di tutela delle minoranze sia destinato sempre più a divenire in futuro un elemento concorrenziale tale da influenzare le scelte di investimento verso le imprese che assicurino meccanismi di partecipazione e coinvolgimento nella vita societaria competitivi" (Audizione, cit.).

sulle diverse soluzioni escogitate dagli operatori rischia di non veder mai la luce. In tale ipotesi il Testo Unico si vedrebbe privato di un importante banco di prova, ma soprattutto avrebbe fallito uno dei suoi principali obbiettivi, quello di porre il mercato finanziario nella condizione di svolgere efficacemente la sua funzione regolatrice della vita delle imprese.

Soluzioni diverse probabilmente avrebbero meglio tutelato il raggiungimento di tale obbiettivo; una avrebbe potuto essere potrebbe quella di prevedere disposizioni in grado di agevolare in vari modi l'introduzione di deroghe statutarie alle norme suppletive.[55] Un'altra, forse un po' provocatoria, soluzione sarebbe stata quella di capovolgere l'approccio adottato dal Testo Unico, prevedendo come norme di *default* quelle di maggior favore per gli azionisti minoritari, permettendone al tempo stesso una certa derogabilità a loro sfavore. Si avrebbe così un immediato incentivo per il gruppo di controllo ad attivarsi per ristabilire un equilibrio più favorevole ad una efficiente gestione, dando modo al mercato di dare il proprio giudizio, senza essere costretti ad anticiparlo *a priori*.

7. Conclusioni

Nel corso del presente lavoro abbiamo condotto una valutazione delle innovazioni nella disciplina delle società quotate; questa ha evidenziato come, soprattutto a partire dall'emanazione del Testo Unico della Finanza del 1998, si sia manifestata da parte del legislatore concreta attenzione verso il disegno di assetti normativi che consentissero, attraverso l'introduzione di maggiori spazi per l'esercizio dell'autonomia contrattuale dei privati, di pervenire ad un ordinamento più attento alle ragioni dell'efficienza.

Mentre questa tendenza si rafforza, come si evince dall'analisi dei progetti di legge allo studio del Parlamento, importanti iniziative di autoregolazione hanno contribuito a delineare le fondamenta di un sistema normativo pluralistico; il Codice di Autodisciplina delle Società Quotate, al di là degli aspetti perfettibili, rappresenta il primo importante esempio di uno strumento normativo di fonte privata capace di integrare la norma di legge.

Si è infine mostrato come, pure all'interno di un sistema pluralistico, le norme di origine pubblica mantengano la propria centralità.

55. E' la strada indicata da Dabormida, "La denuncia...", cit. *supra*, alla nota 52. Gli incentivi potrebbero consistere in primo luogo in alleggerimenti degli obblighi probatori, nelle controversie per il risarcimento dei danni, per quei soggetti (pensiamo in primo luogo agli amministratori) che abbiano agito in un contesto caratterizzato da norme di maggior favore per la minoranza.

BREVE ESTUDO COMPARATIVO ESQUEMÁTICO DAS SOCIEDADES LIMITADAS NO DIREITO ANTERIOR E NO NOVO CÓDIGO CIVIL

HAROLDO MALHEIROS DUCLERC VERÇOSA
e
ZANON DE PAULA BARROS

Vigência

Com a entrada em vigor no NCC, foi revogado o Decreto 3.708/1919 e a legislação posterior que regulavam as sociedades limitadas.

Vigência do NCC — Arts. 2.031 e 2.033:

— *Um ano* — prazo para adaptação às novas regras — 12.1.2004

— *Vigência imediata* — Para os casos de modificações dos atos constitutivos, transformação, incorporação, fusão ou cisão.

Aumento de custos e formalidades

As limitadas passam a ter um custo mais elevado, em função da obrigatoriedade de publicações, quando os sócios vierem a reunir-se em assembléia.

Restrições legais

O modelo legal obrigatório passou a ser mais abrangente, restringindo a grande liberdade contratual que existia no direito anterior, em detrimento do interesse dos sócios.

Desconsideração da personalidade jurídica

Foi instituída de forma generalizada pelo art. 50 do NCC, em caso de abuso da personalidade jurídica, caracterizado pelo desvio de finalidade ou pela confusão patrimonial. Seus efeitos alcançarão os bens particulares dos administradores *e dos sócios*.

Os sócios minoritários, portanto, passam a correr o risco de uma enorme responsabilidade patrimonial pessoal superveniente, mesmo diante de eventuais dificuldades que possam ter na fiscalização da atividade do controlador e dos administradores.

Insegurança jurídica

A instituição de um regime novo, com muitas regras diversas do vigente e a possibilidade de sua alteração por meio de projetos de lei já em curso no Congresso Nacional, traz grande insegurança jurídica na utilização das limitadas, especialmente porque todo o trabalho da doutrina e da jurisprudência referente ao direito anterior ficará superado, não se sabendo as orientações que os tribunais passarão a adotar.

Estudo comparado

É fornecido, abaixo, um estudo comparado com o modelo anterior e o novo, para efeito de observação dos pontos importantes do NCC sobre as limitadas, bem como um comentário sobre as interferências, nestas, das regras das sociedades civis.

DECRETO 3.708/1919	NOVO CÓDIGO CIVIL	OBSERVAÇÕES
CONSTITUIÇÃO **Art. 1º.** Faculdade da constituição de SPQRL, além daquelas previstas no CCom. **Art. 2º.** Título constitutivo regulado pelas disposições dos arts. 295, 311, 315 e 317 do CCom.	**CONSTITUIÇÃO** **Art. 1.052 e ss.** Instituição da sociedade limitada, como um dos tipos de sociedades personificadas. **Art. 997.** Como sociedade personificada, a limitada constitui-se mediante contrato escrito, particular ou público, que deve apresentar, entre outros, obrigatoriamente os elementos previstos neste dispositivo (elementos mínimos): I — qualificação completa dos sócios, pessoas físicas ou jurídicas;	Pelo art. 1.053 do NCC: a) nas suas próprias omissões, a limitada será regida pelas normas da sociedade simples; b) o contrato social poderá prever a regência supletiva da limitada pelas normas da sociedade anônima. A Lei 8.934/1994 e o seu regulamento, Decreto 1.800/1995, dispõem sobre o Registro do Comércio e o nome empresarial, tendo sido revogados naquilo que veio a ser contrariado pelo NCC.
NOME EMPRESARIAL	**NOME EMPRESARIAL** II — denominação ou firma social (art. 1.054) objeto, sede e *prazo*;	I — O texto do NCC não especifica, mas o *prazo* pode ser determinado ou indeterminado.
Art. 3º. Adoção de firma ou denominação:	**Arts. 1.158 a 1.168.** a) A limitada pode adotar firma ou denominação.	
§ 1º. Se a firma não individualizar todos os sócios, deve conter o nome ou a firma de um deles; a denominação deverá, quando possível, dar a conhecer o objeto da sociedade;	b) Esta deve indicar o objeto da sociedade, podendo figurar o nome de um ou mais sócios.	
§ 2º. A firma ou denominação deverá sempre ser seguida da palavra "limitada". Omitida esta declaração, terão responsabilidade solidária e ilimitada os sócios-gerentes e os que fizerem uso da firma social.	c) A omissão da palavra "limitada" acarreta a responsabilidade ilimitadas dos administradores que assim empregarem a firma ou a denominação.	
	d) O nome do empresário deve distinguir-se de qualquer outro objeto de registro.	Art. 62 do Decreto 1.800/1995 — Requisitos da veracidade e novidade.

	e) Havendo nome idêntico, deverá ser acrescentada designação que o distinga.	Idem, proibição de colidência.
	f) O nome empresarial não pode ser objeto de alienação.	
	g) Se o contrato permitir, o adquirente do estabelecimento pode usar o nome do alienante, precedido do próprio, com a qualificação de sucessor.	
	h) O nome do sócio que vier a falecer, for excluído ou retirar-se da sociedade não poderá ser conservado na firma social.	
	i) A inscrição dos atos constitutivos ou as respectivas averbações no registro próprio asseguram uso exclusivo nos limites do respectivo Estado.	A proteção ao nome comercial é dada somente no âmbito do Estado. O NCC remete a proteção em âmbito nacional para lei especial, lei esta que não existe ainda. Vale, então a regra do art. 61 do Decreto 1.800/1905 — Proteção decorrente do arquivamento na Junta Comercial do Estado da sede, podendo ser estendida a outros Estados mediante requerimento às Juntas Comerciais locais.
CAPITAL **(CCom, art. 287)** — Capital formado por dinheiro ou qualquer sorte de bens.	**CAPITAL** III — capital, que pode ser formado por quaisquer espécies de bens, suscetíveis de avaliação pecuniária;	III — O texto anterior e o atual não especificam, mas os bens devem ser úteis para o atingimento do objeto social.
(CCom, art. 302, 4) — Designação específica da quota de cada sócio no capital.	IV — a quota de cada sócio no capital, e o modo de realizá-la;	IV — No regime anterior, na instituição da sociedade ou em cada aumento de capital os sócios deliberariam especificamente a forma de realização. O NCC, estipulada uma forma genérica na instituição da sociedade. Nos aumentos de capital posteriores, se for o caso de mudança da forma, a cláusula deverá ser alterada.

TIPO DE SÓCIO **Art. 4º.** Proibição de sócios de indústria (cujo "capital" seria exclusivamente o seu "serviço").	**TIPO DE SÓCIO** V — o art. 1.055, § 2º veda a contribuição em serviços para o capital;	Na prática, o sócio de indústria, existente de fato, tem sido agraciado com uma participação mínima no capital.
ADMINISTRADORES E PODERES Somente sócios poderiam ser administradores, como sócios-gerentes.	**ADMINISTRADORES E PODERES** VI — indicação das pessoas naturais administradoras da sociedade, e seus poderes e atribuições, podendo ser sócios ou não sócios;	Na lei anterior, geralmente os administradores da limitada não eram designados no contrato social, mas eleitos em reunião de sócios, objeto de ata a ser arquivada. Eram obrigatoriamente sócios.
PARTICIPAÇÃO NOS LUCROS (*sem norma específica*)	**PARTICIPAÇÃO NOS LUCROS** VII — a participação de cada sócio nos lucros e perdas. Entende-se que poderá ser desproporcional às quotas, entendendo-se continuar proibida a sociedade leonina;	No regime anterior, aplicava-se o CCom (art. 330, c/c art. 288): indicação no contrato social da parte de cada sócio nos lucros e nas perdas, podendo ser desproporcional às suas quotas, mas proibida a sociedade leonina (NCC, arts. 1.007 e 1.008).
INDICAÇÃO DA RESPONSABILIDADE DOS SÓCIOS (*sem norma específica*)	**INDICAÇÃO DA RESPONSABILIDADE DOS SÓCIOS** VIII — se os sócios respondem ou não, subsidiariamente, pelas obrigações sociais.	Dispositivo sem aplicação nas limitadas, havendo regra própria de responsabilidade.
CLASSIFICAÇÃO DAS QUOTAS **Art. 5º.** Classificação das quotas como "primitivas" e "distintas" (aquelas posteriormente adquiridas pelos sócios).	**CLASSIFICAÇÃO DAS QUOTAS** (*sem norma específica*)	Na prática mercantil havia desaparecido a distinção para fins de direito, no regime anterior.
DIVISÃO DO CAPITAL (*sem norma específica*)	**DIVISÃO DO CAPITAL** **Art. 1.055.** O capital social divide-se em quotas, iguais ou desiguais, cabendo uma ou diversas a cada sócio.	No regime anterior, a prática levou a fazer as quotas divididas como as ações, cada sócio com uma ou mais quotas, todas com valores iguais. Esse entendimento deverá continuar no NCC.

QUOTA INDIVISA **Art. 6º.** Quota indivisa — Os sócios devem exercer em comum os direitos respectivos, designando um representante. Na falta do representante, os atos praticados pela sociedade em relação a qualquer dos co-proprietários produzem efeitos contra todos, inclusive herdeiros. Os co-proprietários respondem solidariamente pela integralização do capital.	**QUOTA INDIVISA** **Art. 1.056.** A cota é indivisível em relação à sociedade, "salvo para efeito de transferência". No caso de condomínio de quota, os direitos correspondentes somente podem ser exercidos pelo representante ou inventariante do espólio do sócio falecido. Os condôminos da quota indivisa respondem solidariamente pela integralização do capital.	
RESPONSABILIDADE PELA VERACIDADE DO CAPITAL (*sem norma específica*)	**RESPONSABILIDADE PELA VERACIDADE DO CAPITAL** **Art. 1.055, § 1º.** Responsabilidade dos sócios, pelo prazo de 5 anos, pela exata estimação do valor dos bens conferidos ao capital social.	No direito anterior podia aplicar-se o princípio da fraude contra credores pela avaliação inexata. Para reduzir o risco de responsabilidade, é conveniente, embora não obrigatório, fazer um laudo de avaliação, assinado por peritos sérios e competentes.
SÓCIO REMISSO **Art. 7º.** Sócio remisso — Podem os sócios adimplentes, à sua escolha, ajuizar ação de cobrança contra aquele, objetivando a integralização do capital ou a exclusão do sócio (CC art. 289 do CCom). Não sendo possível cobrar amigavelmente do sócio inadimplente, herdeiros ou sucessores, e caso prefiram a exclusão, podem tomar para si as quotas daquele ou transferi-las a terceiros, devolvendo-se a entrada, deduzida dos juros e despesas e outros valores, conforme previsão contratual. Era permitida pela prática a redução das quotas ao montante integralizado, com conseqüente redução do capital social.	**SÓCIO REMISSO** **Art. 1.058.** O sócio remisso responde pelos danos causados à sociedade (art. 1.004). Prevista expressamente a redução da quota ao montante realizada (com conseqüente redução do capital social). No mais, as regras são as mesmas do direito anterior.	

AQUISIÇÃO DAS PRÓPRIAS QUOTAS **Art. 8º.** Aquisição de quotas pela limitada — Podiam adquirir "quotas liberadas" ("integralizadas"), desde que com fundos disponíveis e sem ofensa ao capital social. A aquisição poderia dar-se por acordo entre os sócios ou relativamente às quotas do sócio excluído, mantido o capital.	**AQUISIÇÃO DAS PRÓPRIAS QUOTAS** *(sem norma equivalente no NCC, inclusive nas regras da sociedade simples)*	Seria possível a aplicação, por analogia, do art. 30 da Lei das S/A (operações de resgate, reembolso ou amortização; compra de quotas para permanência em tesouraria ou para cancelamento, com ou sem redução do capital social).
RESPONSABILIDADE DOS SÓCIOS **Art. 9º.** No caso de falência, todos os sócios respondem solidariamente pelo que faltar para a integralização do capital social (se for o caso). Regra geral não escrita expressamente: estando o capital integralizado, os sócios não tinham mais qualquer responsabilidade pelas obrigações da sociedade.	**RESPONSABILIDADE DOS SÓCIOS** **Art. 1.052.** Aplica-se a regra geral no sentido de que todos os sócios respondem solidariamente pela integralização do capital social. Regra geral expressa no sentido de que a responsabilidade dos sócios é restrita ao valor de suas quotas.	Trata-se de evidente erro de redação no NCC, que trará problemas na aplicação do dispositivo. O entendimento do texto é no sentido de que, entre os sócios, cada um responde pelo valor de sua quota, mas perante terceiros todos respondem solidariamente pela integralização do capital. A jurisprudência já vinha estabelecido a responsabilidade subsidiária (ou até mesmo solidária) dos sócios pelas dívidas trabalhistas, com desvio do tipo legal. Pelas dívidas tributárias o sócio só responde se, como administrador de direito ou de fato, tiver agido contra a lei ou o contrato.
RESPONSABILIDADE DOS ADMINISTRADORES **Art. 10.** Responsabilidade dos sócios-gerentes ou que derem nome à firma — Regra geral: não respondem pessoalmente pelas obrigações da sociedade. Respondem para com a sociedade e para com terceiros, solidariamente, nos atos de excesso de "mandato" ou com violação do contrato social ou da lei.	**RESPONSABILIDADE DOS ADMINISTRADORES** *(sem regra específica para as limitadas)*	Art. 1.015, parágrafo único do NCC. Regras da sociedade simples, aplicáveis por remissão expressa às limitadas: o excesso de poderes pelos administradores somente pode ser oposto a terceiros em três hipóteses: a) se a limitação de poderes estiver inscrita ou averbada no registro próprio; b) provando-se que a restrição era conhecida

		pelo terceiro; e c) tratando-se de operação evidentemente estranha aos negócios da sociedade. Essas regras podem ser afastadas, caso o contrato social preveja expressamente sua regência supletiva pelas normas da sociedade anônima (Lei 6.404/1976, art. 158). Não se pode falar de "mandato", pois os administradores não são mandatários, mas "órgãos" da sociedade. Lembre-se que, pelo art. 50, pode ser determinada a desconsideração da personalidade jurídica, que alcançará o patrimônio de sócios e de administradores, sejam estes sócios ou não. **Art. 1.011.** Aplicáveis às limitadas, por remissão expressa, as normas da sociedade simples, segundo a qual os administradores respondem pelas regras do mandato, no que couber. O sócio que usa indevidamente a firma social ou que dela vier a abusar poderá ser considerado administrador de fato para fins de responsabilidade.
AÇÃO DE RESPONSABILIDADE **Art. 11.** Cabimento de ação de perdas e danos contra o sócio que usar indevidamente da firma social ou que dela abusar.	**AÇÃO DE RESPONSABILIDADE** (*sem regra específica. Mas tal responsabilidade existe, aplicada "a contrario sensu" a regra do art. 1.078, §§ 3º e 4º. Não aprovadas as contas, depara-se a possibilidade de responsabilizar os administradores*)	Se o contrato prever a aplicação da Lei das S/A, os administradores poderão vir a ser responsabilizados com base naquelas normas. O NCC não diz expressamente que o administrador deve ser pessoa natural. Isto é deduzido do disposto no § 2º, do art. 1.062, que exige indicação do "estado civil" e "residência", que não se aplicam à pessoa jurídica.

CAUÇÃO **Art. 12.** Possibilidade de serem os sócios-gerentes dispensados de caução, caso haja previsão contratual.	**CAUÇÃO** (*sem norma específica no NCC*)	O contrato social pode prever a exigência de caução por parte dos sócios-gerentes, como forma de garantir a sua eventual responsabilidade.
ADMINISTRAÇÃO (USO DA FIRMA) **Art. 13.** Cabe aos sócios-gerentes. No silêncio do contrato todos os sócios podem administrar a sociedade. Pessoa jurídica sócia podia ser administrador, para tanto designando um representante.	**ADMINISTRAÇÃO — DESIGNAÇÃO** **Art. 1.060.** A limitada é administrada por uma ou mais pessoas designadas no contrato social ou em ato separado. A administração atribuída no contrato a todos os sócios não se estende de pleno direito aos que, posteriormente, vierem a se tornar sócios.	O administrador somente pode ser pessoa natural, sócio ou não. Neste caso, para efeito de designação de outros sócios como administradores, deverá haver alteração contratual ou designação por ato em separado.
DELEGAÇÃO DE PODERES **Art. 13.** Administração — Delegação de poderes — Os gerentes podem delegar o uso da firma somente se o contrato social não tiver proibição expressa. Caso proibida a delegação e mesmo assim venha a ser feita, o delegante assume responsabilidade pelos atos do delegado, não podendo reclamar da sociedade mais do que a sua parte em eventuais vantagens do negócio por este celebrado.	**DELEGAÇÃO DE PODERES** (*sem norma específica*)	No NCC não se trata de delegação, mas da investidura de estranhos ao quadro social como administradores.
ADMINISTRADORES NÃO SÓCIOS (*sem norma específica — era vedada a sua nomeação*)	**ADMINISTRADORES NÃO SÓCIOS** **Art. 1.061.** Administradores não sócios — O contrato social pode permitir a administração por não sócios. Neste caso, a designação depende do voto da unanimidade dos sócios caso o capital não esteja integralizado ou de 2/3, após a integralização.	Aumentos de capital posteriores podem levar a surgir a situação de capital não integralizado. No NCC ficou resolvida a questão da contribuição previdenciária do gerente delegado, que era considerado, pelo INSS, empregado da sociedade delegante ou da "delegada".

DESIGNAÇÃO POR ATO EM SEPARADO (*sem norma específica*)	**DESIGNAÇÃO POR ATO EM SEPARADO** **Art. 1.062.** Designação de administradores por ato em separado — São investidos no cargo mediante termo de posse no livro de atas da administração. Caso o designado não tome posse em 30 dias, esta se tornará sem efeito. Nos 10 dias seguintes ao da investidura, o administrador deverá requerer a averbação de sua designação no *registro competente*, indicando a sua qualificação, o ato e a data da nomeação e o prazo de gestão.	No regime anterior, a ata da reunião de sócios que designou os administradores era levada a arquivamento no Registro de Comércio. *Registro competente*: Junta Comercial, para as sociedades empresárias e Registro Civil das Pessoas Jurídicas para as demais.
TÉRMINO DA GESTÃO (*sem norma específica*)	**TÉRMINO DA GESTÃO** **Art. 1.063, *caput*.** A gestão termina pela destituição a qualquer tempo, ou pelo término do prazo estipulado.	A exigência de prazo determinado para o mandato não é regra razoável. Deveria haver liberdade para o contrato estabelecer prazo determinado ou não para a gestão.
DESTITUIÇÃO — CONDIÇÕES (*sem norma específica*)	**DESTITUIÇÃO — CONDIÇÕES** **§ 1º.** Tendo havido designação no contrato social, a destituição depende de aprovação pelo voto, no mínimo, de titulares de 2/3 do capital social, podendo o contrato social ter disposição diversa.	Valia a mesma regra na lei anterior. Não há norma no NCC para o caso de destituição quando a designação se deu por ato em separado. Entende-se que pode ser feita pelo voto da maioria do capital social. Na lei anterior, na falta de norma expressa, a destituição de maneira geral se dava por voto da maioria do capital, aplicáveis os arts. 331 e 486 do CCom. Mesmo que a nomeação tenha sido feita no contrato, o NCC dá a entender que a destituição não é considerada alteração do contrato. O prazo era de 30 dias, a contar do ato, com efeito retroativo. Após esse prazo, o efeito seria

		a partir do arquivamento efetivo (Decreto 1.800, de 30.1.1996)
FORMALIDADES NO TÉRMINO DA GESTÃO (*sem norma específica*)	**FORMALIDADES NO TÉRMINO DA GESTÃO** **§ 2º.** A cessação do exercício de cargo de administrador deve ser averbada no *registro competente* no prazo de 10 dias, mediante requerimento.	Vide observação acima sobre o *registro competente*.
EFICÁCIA DA RENÚNCIA (*sem norma específica*)	**EFICÁCIA DA RENÚNCIA** **§ 3º.** Eficácia da renúncia: a) em relação à própria sociedade, desde o momento em que toma conhecimento da comunicação escrita do renunciante; em relação a terceiros, após a averbação e publicação.	Na lei anterior aplicava-se por analogia ou por remissão expressa do contrato social o art. 151 da Lei das Sociedades Anônimas nos mesmos moldes do NCC. Quanto aos terceiros, era feita ressalva em relação aos de *boa-fé*, inexistente no NCC, mas que pode ser entender a este aplicável.
USO DA FIRMA **Art. 13.** Uso da firma ou denominação — Privativo dos sócios-gerentes. No silêncio do contrato, entende-se cabível a qualquer sócio.	**USO DA FIRMA** **Art. 1.064.** Uso da firma ou da denominação — Privativo dos administradores que tenham os necessários poderes.	*A contrário sensu*, poder-se-ia entender que existam no NCC administradores sem o poder de usar a firma ou denominação social, mas isto implicaria em não atribuir poder efetivo de administração. Nesse sentido, deverá ser aplicado o art. 1.015, segundo o qual cabem a todos os administradores os poderes de administração geral, exceto para oneração o venda de bens imóveis, atos dependentes de aprovação da maioria do capital social. Deve-se interpretar *venda* com sentido de alienação, para incluir a permuta de bens imóveis.
PRESTAÇÃO DE CONTAS (*sem norma específica*)	**PRESTAÇÃO DE CONTAS** **Art. 1.065.** Prestação de contas da administração — Ao fim do exercício social, devem ser levantados o inventário, o balanço patrimonial e o balanço de resultado econômico.	Na lei anterior, aplicava-se o art. 10, n. 4, do CCom, devendo o comerciante levantar anualmente um balanço geral. No NCC, o balanço deverá ser levantado de acordo com as regras dos arts. 1.182 a 1.190.

RESPONSABILIDADE DA SOCIEDADE POR DÍVIDAS **Art. 14.** As sociedades responderão pelos compromissos assumidos pelos gerentes, ainda que sem o uso da firma social, se forem contraídos em seu nome ou proveito, nos limites e nos poderes da gerência.	**RESPONSABILIDADE DA SOCIEDADE POR DÍVIDAS** (*sem norma específica*)	No silêncio do capítulo próprio, aplicam-se as normas correspondentes da sociedade simples (art. 1.053, c/c art. 1.015, parágrafo único). O excesso por parte dos administradores somente pode ser oposto a terceiros nas seguintes hipóteses: a) se a limitação de poderes estiver inscrita ou averbada no registro próprio da sociedade; b) provando-se que era conhecida de terceiros, embora não averbada; ou c) tratando-se de operação evidentemente estranha aos negócios da sociedade.
DO CONSELHO FISCAL (*sem norma específica*)	**DO CONSELHO FISCAL** **Art. 1.066.** Pode o contrato social instituir CF, sem prejuízo dos poderes da assembléia dos sócios, composto de três ou mais membros e respectivos suplentes, sócios ou não, residentes no País, eleitos na assembléia anual.	A referência à não interferência nos poderes da assembléia de sócios é despicienda, uma vez que a doutrina societária consagrou o princípio da especialização dos poderes dos órgãos, os quais são indelegáveis. No direito anterior entendia-se que o contrato social poderia criar CF, aplicáveis as normas das sociedades anônimas. Instituído o CF, entende-se que ele terá o funcionamento permanente, diferentemente do que ocorre nas sociedades anônimas. Não havendo previsão no contrato social, se a maioria do capital não concordar, a minoria jamais conseguirá instituir o órgão. O CF seria um órgão importante em limitadas com grande número de sócios (raras), na qual o capital estivesse concentrado em poucos deles. Nos demais

		casos, o direito de fiscalização inerente aos sócios seria suficiente para a defesa dos seus interesses, sem aumento de custos para a sociedade.
Inelegibilidade para o CF (*sem norma específica*)	**Inelegibilidade para o CF** **Art. 1.068, § 1º.** Não podem fazer parte do CF: a) as pessoas inelegíveis nos termos do art. 1.011, § 1º; b) os membros dos demais órgãos da sociedade ou de controlada; c) os empregados da controladora ou das controladas; d) o cônjuge ou os parentes dos administradores da controladora ou da controlada, até o terceiro grau.	No caso do contrato social tornar a Lei das Sociedades Anônimas supletiva, os requisitos de qualificação profissional para o cargo de conselheiros fiscais deverão ser atendidos (Lei 6.404/1976, art. 162).
Representante dos minoritários no CF (*sem norma específica*)	**Representante dos minoritários no CF** **Art. 1.066, § 2º.** Minoritários que representarem pelo menos 1/5 do capital social têm o direito de eleger, separadamente, um dos membros do CF e seu suplente.	Nas anônimas, os minoritários com direito de voto elegem um conselheiro e os minoritários sem direito de voto poderão fazê-lo se tiverem 10% ou mais do capital social (art. 161, § 4º). Mesmo como lei supletiva, essa regra seria incompatível com a limitada.
Investimento nas funções e mandato (*sem norma específica*)	**Investimento nas funções e mandato** **Art. 1.067.** A investidura se dá por meio de assinatura de termo de posse no livro de atas e pareceres do CF, com a qualificação do eleito, data da eleição. O mandato durará até a próxima assembléia anual. Não assinado o termo dentro de 30 dias da eleição, esta se tornará sem efeito. **Remuneração dos conselheiros** **Art. 1.068.** Será fixada anualmente pela assembléia que os eleger.	Note-se que a Lei 6.404/1976 não exige nas S/A que a investidura dos membros do conselho fiscal esteja condicionada à assinatura do termo de posse. Tal exigência existe somente para diretores e membros do conselho de administração. O NCC deveria ter adotado igual sistema para as limitadas.

	Deveres e prerrogativas dos conselheiros **Art. 1.069**. a) aqueles determinados pela lei ou pelo contrato social; b) examinar, pelo menos trimestralmente, os livros e papéis da sociedade e o estado do caixa e da carteira, devendo os administradores ou liquidantes prestar as informações solicitadas; c) lavrar no livro de atas e pareceres do CF o resultado dos exames efetuados; d) exarar parecer no mesmo livro e apresentá-lo à assembléia anual, relativamente aos negócios e operações sociais do exercício, tomando por base o balanço patrimonial e o econômico; e) denunciar os erros, fraudes ou crimes descobertos, sugerindo providências úteis; f) convocar a assembléia dos sócios caso a diretoria retarde a sua convocação anual por mais de 30 dias, ou sempre que ocorram casos graves e urgentes; g) praticar estes atos durante o período de liquidação da sociedade, nos termos de suas regras.	
	Indelegabilidade de poderes **Art. 1.070**. As atribuições e poderes do CF são indelegáveis.	
	Responsabilidade dos conselheiros **Art. 1.070**. Os conselheiros têm a mesma responsabilidade dos administradores, segundo as regras do art. 1.016 (sociedade simples). Essa responsabilidade é solidária perante a sociedade e terceiros prejudicados, por culpa no desempenho de suas funções.	O fundamento da responsabilidade é a culpa *lato sensu*.
	Assessoria ao CF **Art. 1.070, parágrafo único.** O CF pode contratar para assisti-	

	lo do exame dos livros, dos balanços e das contas, contabilista legalmente habilitado, mediante remuneração aprovada apela assembléia dos sócios.	
DELIBERAÇÕES DOS SÓCIOS (*sem norma específica*)	**DELIBERAÇÕES DOS SÓCIOS** **Art. 1.071.** Matérias sujeitas à deliberação dos sócios: (i) aprovação das contas da administração; (ii) designação dos administradores, quando por ato em separado; (iii) destituição dos administradores; (iv) modo de sua remuneração, quando não fixado no contrato social; (vi) incorporação, fusão, dissolução ou cessação do estado de liquidação; (vii) nomeação e destituição do liquidante e julgamento de suas contas; e (viii) pedido de concordata. Em caso de urgência, a concordata preventiva pode ser requerida com aprovação de mais da metade do capital social (art. 1.072, § 4º).	
	Convocação e deliberações **Art. 1.072, *caput*, c/c arts. 1.010, 1.073 e 1.069, V.** As reuniões ou assembléias serão convocadas: (i) pelos administradores, na forma do contrato social; (ii) por sócio, quando os administradores retardarem a convocação por mais de 60 dias, nos casos previstos em lei no contrato; (iii) por sócios titulares de mais de 1/5 do capital, quando não atendido no prazo de 8 dias o pedido de convocação fundamentado, com indicação de matérias a serem tratadas; e (iv) pelo conselho fiscal, se houver, se a diretoria retardar a convocação da assembléia anual por mais de 30 dias, ou sempre que ocorram motivos graves e urgentes. O quórum de	Exceção determinada pelo risco que sua demora pode causar à sociedade e aos credores.

	deliberação é a maioria dos votos, segundo o valor das quotas de cada sócio.	
	Assembléia como forma obrigatória **Art. 1.072, § 1º.** Se o número de sócios for superior a 10.	Situação relativamente rara nas limitadas.
	Formalidades para convocação **Art. 1.072, § 2º, c/c 1.152, § 3º.** Publicação do anúncio por 3 vezes, ao menos, com um prazo mínimo de 8 dias entre a primeira publicação e a realização da assembléia em primeira convocação e de 5 dias em segunda convocação. As publicações deverão ser feitas no órgão oficial da União ou do Estado, conforme o local da sede, e em jornal de grande circulação.	Trata-se de exigências controvertidas, pois irão aumentar sensivelmente os custos das limitadas. Diferentemente do que determina a Lei das S/A, não precisa ser em jornal editado na sede da sociedade. Esta forma pode encarecer demais a limitada, pois poucos são os jornais de fato com grande circulação, editados na maior parte das vezes nas capitais.
	Dispensa das formalidades de convocação **Art. 1.072, § 2º.** Caso todos os sócios compareçam ou se declarem, por escrito, cientes do local, data, hora e ordem do dia.	
	Dispensa da reunião ou assembléia **Art. 1.072, § 3º.** Quando todos os sócios decidirem, por escrito, sobre a matéria que seria objeto.	Essa exceção não se aplicaria à assembléia anual, na forma do art. 1.078, abaixo.
	Instalação da assembléia **Art. 1.074.** Em primeira convocação, instala-se com a presença de titulares de, no mínimo, 3/4 do capital social; em segundo convocação, com qualquer número.	

	Representação de sócio **Art. 1.074, § 1º.** O sócio pode ser representado por outro sócio ou por advogado, mediante outorga de mandato com especificação dos atos autorizados, devendo o instrumento ser levado a registro, com a ata.	A presença de não sócio somente na pessoa de advogado dá segurança à sociedade quanto ao conhecimento dos seus problemas internos, mas aumenta o seu custo, sensivelmente.
	Deliberação e conflito de interesses **Art. 1.074, § 2º.** Nenhum sócio, por si ou na condição de mandatário, pode votar matéria que lhe diga respeito diretamente.	Portanto, seria permitido votar em situações de interesse indireto, dependendo de ser assim conceituado.
	Procedimentos na assembléia **Art. 1.075.** (i) será presidida e secretariada pelos sócios escolhidos entre os presentes; (ii) dos trabalhos e deliberações será lavrada ata em livro próprio, assinada pelos membros da mesa e por sócios participantes da reunião, quantos bastem à validade das deliberações, mas sem prejuízo dos que queiram assiná-la; (iii) cópia autenticada pelos administradores ou pela mesa será apresentada à Junta Comercial para arquivamento e averbação, no prazo de 20 dias; (iv) ao sócio que solicitar, será entregue cópia autenticada da ata.	
	Quórum das deliberações **Arts. 1.076, 1.061 e 1.063, § 1º.** (i) regra geral: maioria dos votos dos presentes, quando a lei ou o contrato não exigirem maioria mais elevada; (ii) unanimidade dos sócios para designação de administradores não sócios, quando o capital não estiver integralizado; (iii) 2/3 dos sócios, idem, com o capital integralizado; (iv) mínimo de 2/3 do capital social para destituição de	

	sócio nomeado no contrato; (v) 3/4 do capital para modificação do capital social e incorporação, fusão, dissolução ou cessação do estado de liquidação; e (vi) mais da metade do capital social nos casos de designação de administradores por ato em separado, destituição de administradores, remuneração dos administradores e pedido de concordata.	
Direito de recesso **Art. 15.** Deliberada a alteração do contrato social, os sócios divergentes têm a faculdade de se retirarem da sociedade, obtendo o reembolso do seu capital, na proporção do último balanço aprovado. Caso os valores a eles pagos tenham sido feitos na pendência de obrigações da sociedade, por eles ficam proporcionalmente responsáveis, até a data do arquivamento da alteração do contrato.	**Direito de recesso** **Art. 1.077.** Ocorre nas modificações do contrato social, na fusão da sociedade, incorporação de outra, ou dela por outra. Esse direito dá-se no prazo de 30 dias da reunião de sócios que decidiu a medida. O contrato social poderá estabelecer a forma de cálculo do valor da quota. No silêncio do contrato, far-se-á com base na situação patrimonial da sociedade à data da medida deliberada, considerado o montante efetivamente realizado (art. 1.031).	Houve aumento do número de hipóteses de recesso. A cisão não foi contemplada diretamente para tal efeito, ficando porém incluída porque implica em alteração do contrato social.
Assembléia dos sócios (*sem norma específica*)	**Substituição da assembléia pela Reunião dos Sócios** **Art. 1.078, c/c art. 1.072, §§ 1º e 6º.** Caso a sociedade tenha 10 sócios ou menos, a assembléia anual não será obrigatória, dando lugar à reunião de sócios. Aplica-se a esta reunião, nos casos omissos no contrato social, as regras da assembléia.	
	Data de realização **Art. 1.078.** Deve realizar-se ao menos uma vez por ano, nos 4 meses seguintes ao encerramento do exercício social.	Não há previsão de penalidade para a realização fora do prazo. Os administradores e o CF que têm competência para convocá-la poderão ser responsabilizados por perdas e danos.

	Matéria da Assembléia Anual **Art. 1.078, I a III.** I — tomar as contas dos administradores e deliberar sobre o balanço patrimonial e o de resultado econômico; II — designar os administradores, quando for o caso; III — tratar de qualquer outro assunto da ordem do dia. **Transparência, relativamente à Assembléia Anual** **Art. 1.078, § 1º.** Até 30 dias antes da data marcada para a assembléia, devem ser postos, por escrito e com prova do recebimento, aos sócios que não exerçam a administração e ao CF, se houver, os documentos sobre os quais aquele evento deverá deliberar. **Condições para a deliberação válida** **Art. 1.078, § 2º.** (i) a assembléia deve ser convocada e instalada regularmente; (ii) deverão ser lidos os documentos sob exame, submetidos a discussão pelo Presidente e votação; e (iii) não podem tomar parte na votação os administradores e os conselheiros fiscais, se houver.	
Efeitos jurídicos da aprovação de matérias pelos sócios (*sem norma específica*)	**Efeitos jurídicos da aprovação das matérias pela Assembléia** **Art. 1.972, § 5º, c/c 1.078, § 3º.** (i) as deliberações tomadas de acordo com a lei ou o contrato social vinculam todos os sócios, ainda que ausentes ou dissidentes; (ii) a aprovação sem reserva do balanço patrimonial e do de resultado econômico, salvo erro, dolo ou simulação, exonera de responsabilidade os administradores e os conselheiros fiscais, se houver.	

Deliberações ilícitas **Art. 16.** As deliberações infringentes do contrato social ou da lei dão responsabilidade ilimitada aos que as tenham aprovado.	**Deliberações ilícitas** **Art. 1.080.** Deliberações infringentes do contrato social ou da lei tornam ilimitada a responsabilidade dos que expressamente as aprovaram.	
Prazo de prescrição (*sem norma específica*)	**Prazo de prescrição** **Art. 1.078, § 4º.** É de 2 anos o prazo de prescrição para anulação da aprovação deliberada pela Assembléia.	No direito anterior poderia ser aplicada por analogia a regra do art. 285 da Lei das S/A (prazo de um ano a contar da publicação da ata).
Reuniões de sócios (*sem norma específica*)	**Reuniões de sócios** **Art. 1.079.** Havendo 10 sócios ou menos, deverá ter lugar a reunião de sócios, a respeito da qual deve tratar o contrato social. No silêncio do contrato, aplicam-se as regras próprias da assembléia, em ditas reuniões.	
NULIDADE DO CONTRATO SOCIAL **Art. 17.** A nulidade do contrato social não exonera os sócios das prestações correspondentes às suas quotas, na parte em que essas prestações forem necessárias para o cumprimento de obrigações contraídas.	**NULIDADE DO CONTRATO SOCIAL** (*sem norma equivalente*)	A falta da regra do direito anterior pode prejudicar terceiros, uma vez que seria aplicável o art. 182 do NCC, restituindo-se às partes ao estado em que encontravam. Entende-se que, neste caso, estaríamos diante da "sociedade em comum", na qual todos os sócios respondem solidariamente por suas obrigações (NCC, arts. 986 a 990).
REGIME JURÍDICO **Art. 18.** Na omissão do contrato social, serão aplicáveis as disposições da Lei das Sociedades Anônimas, supletivas do contrato social, no que for aplicável. Portanto, a Lei das Sociedades Anônimas deveria ser aplicada após tentativa de solução da lacuna do contrato social pelo recurso ao CCom.	**REGIME JURÍDICO** **Art. 1.053.** Nas omissões do capítulo próprio do NCC, aplicam-se as normas da sociedade simples, mas o contrato social poderá prever expressamente a regência supletiva da sociedade limitada pelas normas das sociedades anônimas.	O modelo da sociedade simples apresenta inúmeros pontos desfavoráveis. Aconselha-se à opção pela regência supletiva pela Lei das Sociedades Anônimas. No NCC a regra geral é de que as regras da sociedade simples são supletivas do capítulo das limitadas. Mas, por opção do contrato social, a limitada poderá ser regida em tudo o que for

		aplicável pela Lei das Sociedades Anônimas.
AUMENTO E REDUÇÃO DO CAPITAL SOCIAL (*sem norma específica*)	**AUMENTO E REDUÇÃO DO CAPITAL SOCIAL** **Aumento** **Art. 1.081.** Não havendo norma contrária em lei especial e uma vez integralizadas as quotas, o capital pode ser aumentado, mediante a correspondente alteração contratual, que depende de assembléia ou de reunião de sócios, conforme o caso. **Direito de preferência** **§ 1º.** Aprovado o aumento, os sócios têm o prazo de 30 dias para exercer proporcionalmente o seu direito de preferência. **Cessão do direito de preferência** **§ 2º.** O direito de preferência pode ser cedido a quem seja sócio, sem autorização dos demais; ou a estranho, se não houver ***oposição*** de titulares de mais de 1/4 do capital; a cessão terá eficácia, quanto a sócios a terceiros, a partir da averbação do respectivo instrumento, subscrito pelos sócios anuentes (art. 1.057).	A ***oposição*** não pode ser vazia, ou seja, dar-se simplesmente pela recusa à cessão. Os sócios contrários deverão adquirir as quotas do sócio cedente, sob pena de prendê-lo eternamente na sociedade.
	Redução **Art. 1.082.** A redução pode darse mediante a modificação do contrato, nas seguintes hipóteses: a) Depois de integralizado, se houver ***perdas irreparáveis***. Far-se-á pela diminuição proporcional do valor das quotas, tornando-se eficaz depois da averbação da ata da assembléia que deliberou a matéria, na Junta Comercial (art. 1.082, I, c/c art. 1.083); e	As ***perdas irreparáveis*** tornam o capital nominal uma ficção, infringindo os princípios da integridade e da veracidade do capital social, em prejuízo do conhecimento que do seu valor efetivo devam ter os credores.

	b) Se excessivo em relação ao objeto da sociedade. Far-se-á mediante a restituição de parte do valor das quotas aos sócios ou dispensando prestações de integralização ainda devidas, com diminuição proporcional do valor das quotas (art. 1.082, II, c/c art. 1.084).	O capital excessivo tem custo para a sociedade, devendo ser adaptado às suas reais necessidades.
	Oposição de credor quirografário na redução do capital **Art. 1.084, § 1º.** O credor quirografário tem o prazo de 90 dias, contado da publicação da ata da assembléia que aprovar a redução para opor-se ao deliberado.	A regra tem fundamento no fato de que o capital é a garantia dos credores, especialmente dos quirografários.
	Eficácia da redução do capital **Art. 1.084, § 2º, c/c § 3º.** A redução do capital somente se tornará eficaz se, no prazo de 90 dias acima referido, não houver impugnação; se provado o pagamento da dívida; ou se feito o depósito judicial do valor respectivo.	Nesses casos, os credores não se manifestaram tempestivamente; a dívida eventual foi paga; ou a sociedade fez o depósito para garantir discussão judicial a respeito.
Da resolução da sociedade em relação a sócios minoritários (*sem norma específica*)	**Da resolução da sociedade em relação a sócios minoritários** **Exclusão de sócio** **a) Art. 1.085.** Sócios representando mais da metade do capital social podem excluir um ou mais sócios mediante alteração do contrato social, desde que prevista neste a exclusão por justa causa, nos casos em que se entender que aqueles puserem em risco a continuidade da empresa, em virtude de ato de inegável gravidade.	Trata-se de medida polêmica que certamente criará muitos problemas no Judiciário, tendo em vista a subjetividade das hipóteses legais. A tutela antecipada para permanência do sócio excluído poderia trazer problemas sérios.
	b) Art. 1.030. Podem os sócios requerer em juízo, mediante iniciativa da maioria dos demais sócios, a exclusão de sócios por falta grave no cumprimento de suas obrigações ou por incapacidade superveniente.	Medida polêmica, mas temperada pelo fato de que a decisão será pelo Judiciário, a final. A tutela antecipada traria problemas sérios caso a sentença fosse posteriormente contrária à exclusão.

	Condições para a validade da exclusão **Art. 1.085, parágrafo único.** A medida depende de assembléia especialmente convocada para esse fim, ciente o acusado em ***tempo hábil*** para permitir o seu comparecimento e o exercício do direito de defesa.	O conceito de "***tempo hábil***" certamente gerará problemas a serem discutidos no Judiciário.
	DISSOLUÇÃO DA SOCIEDADE **Art. 1.087, c/c art. 1.044.** A sociedade reputa-se dissolvida de pleno direito: a) vencido o seu prazo de duração, salve se, não havendo oposição de sócio, a sociedade não entrar em liquidação, quando o contrato será considerado prorrogado por prazo indeterminado; b) pelo consentimento unânime dos sócios; c) por deliberação da maioria absoluta dos sócios, se celebrada por prazo indeterminado; d) pela falta de pluralidade de sócios, não reconstituída no prazo de 180 dias; e) pela extinção, na forma da lei, de autorização para funcionar; e f) pela falência, no caso de sociedade empresária.	c) Essa decisão poderá constituir abuso da maioria, caso a minoria deseje continuar e tenha condições econômicas para fazê-lo, devendo ser atendido o princípio da preservação da empresa como unidade produtiva. d) A sociedade funcionará excepcionalmente com um único sócio, atendendo-se o princípio do interesse na preservação da empresa.
SOCIEDADE ENTRE CÔNJUGES (*sem norma específica*)	**SOCIEDADE ENTRE CÔNJUGES** **Art. 977.** Somente não é admitida nos casos de casamento em comunhão total ou separação obrigatória. O art. 1.639, § 2º permite a mudança do regime de bens, mediante autorização judicial em pedido motivado de ambos os cônjuges, ressalvado direitos de terceiros.	A partir da Lei 4.121/1962 (Estatuto da Mulher Casada), a doutrina e a jurisprudência (com restrições minoritárias) passaram a admitir a sociedade entre cônjuges, qualquer que fosse o regime do casamento. No entanto, a Fazenda Pública sempre a considerou uma fraude quando isso importava em limitação à cobrança de tributos.

PARTICIPAÇÃO DE SOCIEDADES ESTRANGEIRAS EM LIMITADAS	**PARTICIPAÇÃO DE SOCIEDADES ESTRANGEIRAS EM LIMITADAS**	
(*sem norma específica*)	**Art. 1.134.** A sociedade estrangeira pode ser acionista de sociedade anônima brasileira.	O Decreto-lei 2.627/1940, art. 64, permitia que as sociedades estrangeiras, ressalvados os casos expressos em lei, participassem de sociedades anônimas brasileiras. No entanto, sempre se admitiu que as sociedades estrangeiras participassem livremente de sociedades limitadas, devendo prevalecer essa concepção. O Banco Central vem efetuando registros dessas participações sem oposição, desde a sua criação.

Dispositivos da sociedade simples de aplicação problemática nas limitadas

1. Modificações do contrato social — Art. 999. No caso das matérias do art. 997, dependem do *consentimento unânime de todos os sócios*. As demais podem ser decididas por maioria de votos, caso o contrato não determinar a necessidade de deliberação unânime.

Obs.: A sociedade ficaria extremamente amarrada, pois as matérias relativas à decisão unânime envolvem denominação, objeto, sede, prazo de duração, capital, quotas dos sócios e maneira de realizá-las, prestações dos sócios, administradores e poderes e participação nos lucros e nas perdas

2. Substituição dos sócios em suas funções — Art. 1.002. Para tanto, existe a necessidade do consentimento dos demais sócios, expresso em modificação do capital social.

Obs.: Embora o dispositivo seja aplicável a uma sociedade cujos sócios têm uma participação pessoal mais acentuada, inclusive com a possibilidade dos sócios de indústria, a regra poderia entender-se aplicável à limitada, com as dificuldades correspondentes de, eventualmente, não se obter o consentimento dos sócios e, caso o seja, mediante a necessidade de alteração do contrato social e seu arquivamento, com custos.

3. Cessão total ou parcial de quotas — Art. 1.003. Dependente do consentimento dos demais sócios. Não presente o consentimento, eventual cessão é ineficaz em relação às sócios e à sociedade.

Obs.: Restringe o direito de cessão. Entende-se que a ineficácia alcançaria terceiros de boa-fé, uma vez que ela não poderá ser regularizada mediante alteração do contrato social, diante da inexistência de consentimento dos demais sócios em tal sentido.

4. Responsabilidade na cessão de quotas — Art. 1.003, parágrafo único. O sócio cedente continua responsável solidariamente com o cessionário, durante dois anos após a averbação da modificação do contrato social, pelas obrigações que tinha como sócio.

5. Distribuição de lucros ilícitos ou fictícios — Art. 1.009. Acarreta a responsabilidade solidária dos administradores que a realizaram e dos sócios que os receberam conhecendo *ou devendo conhecer-lhes a ilegitimidade.*

Obs.: Dever conhecer a ilegitimidade é uma situação revestida de um imponderável e perigoso grau de subjetividade, dependentes da situação específica de cada sociedade, do seu contrato social e dos poderes e deveres dos sócios em ter conhecimento dos atos de administração.

6. Administração da sociedade — Art. 1.013. No silêncio do contrato, todos os sócios têm o direito de administrar, individualmente, celebrando negócios em nome da sociedade.

Obs.: Mesmo um sócio significativamente minoritário teria o direito de administrar, eventualmente causando sérios prejuízos à sociedade.

7. Excesso de poderes de administração e oposição a terceiros — Art. 1.015, parágrafo único. O excesso somente pode ser oposto a terceiros, em proveito da sociedade, nos casos de limitação de poderes inscrita ou averbada no registro próprio; provando-se que era conhecida de terceiros; ou tratando-se de operação *evidentemente estranha aos negócios da sociedade.*

Obs.: As duas últimas hipóteses são problemáticas, na demonstração do conhecimento de terceiro e de que uma operação apresentava evidências objetivas de ser estranha ao objeto da sociedade.

8. Delegação de poderes — Art. 1.018. O administrador pode constituir mandatários, nos limites dos seus poderes.

Obs.: A delegação passou a ser uma prerrogativa dos administradores, independentemente do contrato social. Não há restrições para a delegação, podendo ser feita em detrimento da concordância de outros administradores ou de sócios.

9. Irrevogabilidade da outorga de poderes a sócio — Art. 1.019. Se os poderes tiverem sido atribuídos a sócio por cláusula expressa do contrato social, eles somente poderão ser revogados *por justa causa*, reconhecida judicialmente.

Obs.: Trata-se de situação inteiramente descabida, em detrimento da sociedade. A prova de justa causa em ação judicial será problemática e demorada.

10. Resolução da sociedade em relação ao sócio pré-morto — Art. 1.028. Na morte de sócio, a regra geral é a da liquidação de sua quota. Os herdeiros não continuariam sócios, o que ocorreria somente se: (i) houver previsão contratual; e (ii) por acordo com os herdeiros, regular-se a substituição do sócio falecido. Podem, ainda os sócios remanescentes, optar pela dissolução da sociedade.

Obs.: A aplicação da regra geral poderá prejudicar os interesses dos sócios remanescentes numa liquidação não desejada e dos herdeiros, que quiserem permanecer na sociedade, no silêncio do contrato social.

11. Sócio retirante — Art. 1.029. O sócio pode retirar-se da sociedade: (i) se o contrato é de prazo indeterminado, mediante simples notificação com antecedência mínima de sessenta dias; (ii) se por prazo determinado, mediante ação judicial provando justa causa. Silente o contrato ou não havendo acordo, o prazo para pagamento do sócio retirante é de noventa dias, *exclusivamente em dinheiro.*

Obs.: A saída do sócio pode descapitalizar a sociedade, com redução do capital, vindo a ser feita com base na situação patrimonial, a não ser que os remanescentes cubram a parte do sócio retirante. A discussão judicial sobre a justa causa será complexa e demorada.

12. Exclusão de sócio — Art. 1.030. O sócio pode ser excluído judicialmente mediante a iniciativa da maioria dos demais sócios: (i) por falta grave no cumprimento de suas obrigações; ou (ii) por incapacidade superveniente.

O *sócio falido* está excluído de pleno direito da sociedade.

Obs.: A discussão judicial poderá ser complexa e demorada. Poderá ocorrer abuso da maioria contra sócio minoritário. *Falta grave no cumprimento de obrigações* é um conceito de difícil avaliação na limitada, na medida em que haverá sócios que não terão qualquer obrigação "de serviço", sendo simples prestadores de capitais. A incapacidade superveniente na limitada não obstaria a presença de sócio que não tem funções administrativas ou pessoais (na limitada não há sócio de indústria), nada impedindo que ele possa gozar dos benefícios econômicos produzidos pela sua parte de capital.

A exclusão do sócio falido poderá trazer problemas para a sociedade, especialmente quando aquele se tratar de outra pessoa jurídica. Para a massa falida talvez fosse mais interessante permanecer na condição de sócio, gozando dos direitos patrimoniais correspondentes, em seu benefício. Uma venda das quotas feita pelo síndico em momento mais oportuno poderia ser de maior vantagem para a massa falida do que a exclusão automática.

13. Responsabilidade do sócio retirante ou excluído — Art. 1.032. Permanece, para si e para seus herdeiros, até dois anos após averbada a resolução da sociedade.

14. Dissolução da sociedade — Art. 15, III. Pode dar-se por resolução da maioria absoluta dos sócios, quando por prazo indeterminado.

Obs.: Tal medida prejudicará sócios minoritários que tivessem interesse de continuar a empresa, diante do abuso dos majoritários com que estivessem, eventualmente, brigados.

ALGUMAS MUDANÇAS NA LEI ACIONÁRIA

João Luiz Coelho da Rocha

As recentes alterações na Lei 6.404, procedidas pela Lei 10.303, de outubro de 2001, têm provável importância para as empresas, ainda que o escopo de modificações no quadro da legislação acionária tenha sido menor do que o esperado. Temos aqui por apontar algumas dessas modificações, que nos assemelham de mais realce, enfatizando as conseqüências jurídicas derivadas da mudança.

1. O padrão de categorização da companhia como aberta é agora mais formal, pois que o elemento definidor passa a ser, de modo mais nítido, a admissão de negociação de seus títulos no mercado de valores mobiliários, mediante registro na CVM (art. 4º e § 1º).

2. A CVM agora pode ditar categorias de sociedades abertas (art. 4º, § 3º) de acordo com as "espécies e classes" de seus valores mobiliários existentes no mercado, com normas especiais aplicáveis a cada classe, pela própria autarquia reguladora.

2.1 Deve-se entender, supomos, que nessa diferenciação de companhias abertas, a CVM ditará normas mais constritivas para as empresas que coloquem debêntures ou que emitam ações preferenciais, por exemplo, pela natural exigência de maior proteção ao mercado investidor diante desses títulos, sendo em princípio, mas não de todo, indiferente em face do texto da lei, a maior ou menor diluição de títulos no mercado, desde que já seja a empresa inserida no campo das abertas.

3. O cancelamento de registro de sociedade aberta tem agora as seguintes regras (art. 4º, § 4º), as quais vem, ao nível formal da lei própria, substituir as regras regulamentares da CVM, até aqui prevalentes.

A) oferta pública pelo controlador direto ou indireto para compra de todas as "ações em circulação no mercado", por preço justo;

B) "preço justo" será no mínimo o "valor de avaliação da companhia" apurado de acordo com os seguintes critérios: (a) patrimônio líquido contábil, (b) patrimônio líquido a preço de mercado, (c) fluxo de caixa descontado, (d) comparação por múltiplos, (e) cotação das ações no mercado (se for o caso), e (f) outro critério aceito pela CVM;

C) os critérios acima, de apuração de preço para oferta, podem ser adotados em conjunto ou apenas um ou mais deles, mais uma vez se consolidando em lei o conceito avaliatório moderno, tomado da prática econômica-financeira, do "fluxo de caixa descontado", além da codificação do método comparativo clássico, tão usado em avaliações judiciais, e que aqui recebe o nome um tanto presunçoso de "comparação por múltiplos";

D) se acionistas detendo pelo menos 10% das ações em circulação no mercado discordarem do critério de avaliação, e assim fundamentarem, a Assembléia Geral será chamada para adotar outro critério;

E) se, depois da oferta pública, decorrido o prazo dela, só restarem em circulação menos de 5% das ações da empresa, a AGE pode decidir o resgate compulsório dessas ações restantes, depositando-se o valor delas em banco credenciado pela CVM. Esta aí ratificada, portanto, nessa hipótese de permanência residual de ações fora do controle, um caso de alienação compulsória das mesmas ao ofertante.

4. Também na estampa legal agora (art. 4º, § 6º) a oferta pública compulsória, caracterizada por aquela situação onde o controlador, pessoa física ou sociedade, adquire ações de empresa aberta sob seu controle em um montante tal que sua participação direta ou indireta em certa classe e espécie de ações impeça a liquidez das restantes (conforme critérios da CVM). Nesse caso, fica ele obrigado a apresentar e honrar oferta pública, naqueles padrões de valor acima, para adquirir tal remanescente de ações. Desnecessário talvez lembrar que, ilíquidas que sejam tais ações, se montarem a mais de 5% do capital da empresa decorre que seus proprietários não estão adstritos a acolher a oferta pública.

5. As ações preferenciais sem voto ou com voto limitado agora não podem exceder a 50% das ações emitidas (art. 15, § 2º), refletindo certos reclamos constantes, inclusive de parte da doutrina, quanto à inconveniência de se deixar a empresa eventualmente sujeita a controle votante bem minoritário em relação ao capital global, pois que se tinha até aqui como possível até dois terços do capital da empresa em mãos de preferencialistas sem voto. A adoção desse novo patamar não impede um controle minoritário, mas deve levá-lo a um nível mínimo de cerca de 26% do capital total.

6. Fica consideravelmente alterado o panorama legal de vantagens conferidas aos preferencialistas de sociedades abertas e que tenham restrição ao direito de voto (art. 17, § 1º). Eles vão desfrutar de vantagens compulsórias para além das meras prioridades no reembolso de capital ou na distribuição de dividendo fixo ou mínimo, mas ficando evidente, no novo texto da lei, que os preferencialistas nas sociedades fechadas podem ter, como vantagem, como "preferência", apenas o longínquo direito de reembolso prioritário de capital, com ou sem prêmio.

6.2 No caso das abertas, contudo, se não for assegurado o recebimento prioritário de dividendos fixos ou mínimos (ainda que não cumulativos), os preferencialistas com direito de voto suprimido ou restrito terão, quando menos, e de forma alternativa, os direitos de:

A) participar do dividendo mínimo de 25% ou mais do lucro líquido do exercício em bases que lhes garantam recebimento prioritário de algo correspondente a, no mínimo, 3% do valor de patrimônio líquido de suas ações, e, depois de pago aos ordinários um montante calculado naquela mesma base, participar com eles do saldo do dividendo mínimo deliberado;

B) receber ao menos 10% a mais por ação que os acionistas ordinários;

C) receber dividendos pelo menos iguais aos das ações ordinárias e ainda ter o direito de participar na oferta pública de compra de ações na alienação de controle, sob as novas regras criadas na lei.

7. As ações preferenciais com dividendo fixo (valores monetários, percentuais sobre o valor da ação etc.) podem ser excluídas, via estatuto, de aumentos de capital com capitalização de lucros e reservas (art. 17, § 5º). Temos, aqui, uma estranha e nada meritória afronta aos direitos de preferencialistas, pois que a garantia de dividendo fixo em si pouco significa (qual o quantitativo desse dividendo?) diante da perda do direito de partilhar dos lucros e reservas por meio das novas (ou das já existentes) ações que se aproveitem do aumento de capital.

7.1 Ademais, vê-se afrontado o sistema legal que só admitia a perda desse importante direito de preferência nos aumentos de capital com capitalização de lucros ou reservas nos casos de capital autorizado, dentro do limite, na venda em mercado aberto, permuta em oferta pública para aquisição de controle, além das leis especiais sobre incentivos fiscais (art. 172).

8. Enfim, depois da enorme discussão que cercou a privatização emblemática da Cia. Vale do Rio Doce, introduz-se formalmente a "Golden Stock" na ordem jurídica brasileira, especialmente para empresas desestatizadas, como uma "ação preferencial de classe especial, de propriedade exclusiva do ente desestatizante, à qual o estatuto social poderá conferir os poderes que especificar, inclusive o poder de veto às deliberações da assembléia geral nas matérias que especificar" (art. 17, § 7º).

8.1 O princípio parece claro, e, diante da natureza extraordinária do acionista (o Poder Público Federal, Estadual ou Municipal) não se há de estranhar o acúmulo de poder a favor de um preferencialista que, além de voto compulsório, ainda terá esse voto como mais forte do que outros, pois que com poder de veto, de anular pois, por uma vontade só, a vontade da maioria votante.

9. Regras mais abrangentes surgem agora (art. 41 e §§) sobre a custódia não só de ações mas ainda de demais valores mobiliários (debêntures, bônus de subscrição etc.), ainda aí contemplando titularidade meramente escritural, atiçando possivelmente o debate sobre a desqualificação desses títulos de crédito como tais, entendendo nós (*RDM* 117/112) que, enquanto não se lhes for desqualificada a característica da autonomia, permanecem com tal qualidade.

9.1 Sobre o resgate de ações permite-se agora como regra geral (excepcionável em estatuto) que só tenha eficácia em relação a tal ou qual classe de ações se os acionistas detendo ao menos 50% daquelas ações assim aprovem em assembléia especial (art. 44, § 6º).

10. Observado o desprestígio e a falta de uso do título, extinguem-se as partes beneficiárias nas empresas abertas mantendo-se-as como possíveis nas sociedades fechadas, a favor de associações de empregados, fundadores, instituições por ela mantidas etc. (parágrafo único do art. 47).

11. A semelhança das ações, a lei agora também admite (art. 52) debêntures sem cártula, com as condições do crédito de seu tomador e da realização do mesmo previstas somente na escritura. A novidade deve acirrar o embate doutrinário quanto à qualificação das debêntures como títulos de crédito, à falta agora da "cartularidade" própria dos documentos cambiários. De nosso lado, entendemos que a omissão da cártula por si só não desqualifica a debênture como título cambiário, pois que o único caráter distintivo e inafastável desse instituto jurídico será a autonomia, como vemos, o ponto fulcral da existência dos títulos de crédito, a independência de cada obrigação ali contida em relação a qualquer outra dali derivada.

11.1 Ademais, admite-se agora nas debêntures (art. 54, § 1º) outros índices de correção "não expressamente vedados em lei", além dos coeficientes de títulos públicos e da indexação cambial, supostamente para conceder mais elastério nessa busca da preservação econômica do valor de face do título.

11.2 Enfim, permite-se (art. 54, § 2º) que a escritura de lançamento conceda a opção de resgate em bens da empresa. Imaginamos que a seleção dos bens, ainda que em regra efetuada quando do resgate do título, do débito, possa também ser feita desde o início, desde o lançamento, mesmo que a opção real só seja exercida quando do vencimento. Assim, assegurado quais serão os bens da empresa a serem usados, se e quando os debenturistas assim desejarem, estes terão uma maior certeza de seus recebimentos *in natura*.

12. Com a sensível superação das resistências, algumas nitidamente corporativas, a solução arbitral parece estar se consolidando entre nós. Neste passo, a lei vem agora incorporar (art. 109, § 3º) a alternativa de a arbitragem ser inserida no âmbito institucional do estatuto da companhia, sendo de conseqüência que ao adquirir ações e entrar para a sociedade o acionista na hipótese estará se submetendo à jurisdição arbitral em caso de conflitos com a empresa ou com outros acionistas, neste último caso apenas nas matérias societárias, relações de controle etc.

13. Tenta-se aperfeiçoar os importantes, cada vez mais utilizados, acordos de acionistas, instituto de escasso trato legislativo entre nós. No *caput* do art. 118 se expressa agora que, além dos objetivos de compra e venda de ações, preferência para comprá-las e exercício do voto, especificamente, o exercício do poder de controle pode ser colimado nos acordos acionários.

13.1 Não vemos grande relevância nessa inserção, pois que o exercício do controle se dá necessariamente pelo desempenho do voto, em Assembléia, nos Conselhos, na Diretoria, e isso já se contemplava no art. 118.

13.2 Para além desta notação, registre-se que a descrição de objetos para os acertos de acionistas, contida no art. 118, tem valor relativo, por isso que, como entendemos, os princípios do direito privado brasileiro compreendem e concedem validade a todo e qualquer acordo, desde que seu objeto seja lícito, não afronte os bons costumes nem a ordem pública, e aqui particularmente respeite os direitos essenciais dos acionistas. Apontando-se ainda que seus efeitos atingem terceiros nos moldes das leis registrais desde que levado o documento a registro público, e, ainda, quanto à própria sociedade, anotado em seus livros.

13.3 Tanto se pretende a eficácia concreta e não só teórica do acordo que a lei houve por excepcionar para o caso (art. 118, § 7º) o prazo dos mandatos para fins societários, podendo pois tal termo ser superior a dois anos quando seu objeto seja o de votar em assembléias gerais com base no acordo.

13.4 Já usamos em convenções acionárias, e já vimos usadas, a providência agora consagrada em lei (§ 8º do art. 118), de se deferir ao presidente da mesa em assembléia ou em órgão colegiado, o poder de negar validade a voto proferido contra o acordo ali registrado.

13.5 De ótimo conselho também a regra agora do § 9º, concedendo a acionista, parte no acordo, o direito de suprir o voto negado ou omitido, por sua contra-parte no ajuste, diante da obrigação no acerto assumida.

13.6 A exigência de um representante indicado pelos convencionados (§ 10) para representá-los perante a empresa e prestar esclarecimentos (§ 11), vale dizer, conceder interpretação sobre dispositivos do acordo, é algo a ser visto e tratado com muito cuidado, por isso que os eventuais minoritários no acerto só se assegurarão se houver a escolha de duas ou mais vozes conjuntas, de outro modo se deferindo ao majoritário (o evidente escolhido) a única e definitiva voz de "interface", de declaração, com efeitos jurídicos, perante a companhia, do real sentido e extensão das cláusulas do acordo.

14. No contexto de mais constrições e mais *disclosure* para as empresas abertas, aumenta-se para 15 dias (art. 124, § 1º, II), naquelas espécies acionárias, o prazo da primeira convocação da Assembléia Geral, sendo de 8 dias o da segunda convocação.

14.1 E a CVM agora (art. 124, § 5º) tem poderes para, caso requerido por um acionista, ouvida a empresa aberta, aumentar até 30 dias o prazo da primeira convocação, se certas matérias forem complexas, e interromper em até 15 dias a fluência do prazo de antecedência se entender que há problemas nas matérias anunciadas, neste último caso avisando à empresa, se assim ela, CVM, constatar as razões pelas quais entende que tal ou qual objeto da convocação é ilegal ou anti-regulamentar.

14.2 Uma vez que não se defere à autarquia o poder de sustar em definitivo o conclave, e decerto não se haveria de esperar algo neste sentido, pois só ao Judiciário pode caber tal intervenção na vontade institucional, o eventual ato notificatório da CVM há de representar uma presunção relativa de vicissitudes graves na Assembléia, o que deve ensejar base sólida para os acionistas buscarem sua sustação e/ou anulação.

14.3 Sempre objetivando as companhias abertas, com responsabilidade patente no mercado de capitais, adita-se agora, com bom motivo, que os documentos relativos a assuntos das AGEs devem estar disponíveis aos acionistas na sede da empresa já na data da primeira publicação do anúncio convocatório (art. 124, § 6º).

15. Há uma exposta tendência de se prestigiar o conselho fiscal, órgão que sabidamente andou representando tanta vez um mero reduto de amigos homenageados dos controladores, pessoas que acabavam por até "assinar sem ler" as demonstrações e balanços. Assim, com mais facilidades de acesso a minoritários naquele coletivo, a lei também pauta agora por exigir, dentre os documentos compulsoriamente colocados ao dispor dos acionistas, mediante os avisos públicos até um mês antes das assembléias ordinárias, o parecer necessário do conselho fiscal, incluindo os eventuais votos dissidentes, tudo para se conceder a mais ampla gama de conhecimento sobre os negócios sociais e a apreciação técnica dos que pela lei supostamente devem analisá-los.

16. No importantíssimo assunto do "quórum" qualificado para as deliberações sociais (metade das ações votantes ou mais, se o estatuto assim prever), a mudança foi na aparência pequena e, a nosso ver, apenas explicativa (art. 133, I), declarando-se que a hipótese ali contemplada será a de criação de preferências novas, ou de novas classes delas, sem guardar medida com as demais classes de ações preferenciais. Enfim, a lei indica, por bem razoável, que se pode criar, por maioria simples, uma nova emissão de ações preferenciais de uma classe já existente.

17. Parece que, atualmente, no meio jurídico brasileiro — e o fenômeno já vem de algum tempo —, a mais debatida questão concernente às anônimas é a matéria do direito de recesso. E realmente entende-se que ali embatem as duas vertentes de interesses por natureza contrastantes, seja a dos majoritários em conservar a empresa capitalizada, seja a dos minoritários inconformados com tal ou qual decisão e que buscam aí o ressarcimento máximo de sua parcela de capital.

17.1 Neste sentido, é claro que se esperava alterações no art. 137 da lei, o que realmente ocorreu. Assim, volta a prevalecer o direito de recesso nos casos de cisão, mas só se a cisão implicar em (a) mudança do objeto social, a não ser que o patrimônio cindido reverta para sociedade que tenha atividade básica coincidente com a da sociedade cindida, (b) redução do dividendo obrigatório, e (c) participação em grupos de sociedades.

17.2 Tratando-se de decisões sobre a mudança do dividendo obrigatório, ou no objeto social da empresa, exige-se agora (art. 137, I) que o acionista dissidente tenha ações sem liquidez e dispersão no mercado, presumindo-se a dispersão no caso de sociedades em que o controlador ou o grupo de controle tiver menos da metade daquela espécie ou classe de ação, e admitindo-se a liquidez quando as ações do dissidente integrarem índice geral representativo de carteira de ações admitidas no mercado no Brasil ou no exterior (padrões CVM). Tais parâmetros, agora estratificados no texto da Lei 6.404 (inc. II do art. 137), refletem a adoção da saída do acionista descontente pela porta mais livre e menos onerosa (para a empresa) do mercado de capitais, desde que exista efetivamente mercado para esses títulos e que o majoritário/controlador não tenha grande margem de manobra para estreitar preços nessa saída.

17.3 Também de bom aviso ainda a proteção dos dissidentes no exercício de seu direito de retirada, e aí se expressa que o direito de saída não se esvai pelo fato de o acionista ter se abstido de votar ou não ter comparecido a Assembléia (§ 2º).

17.4 Caminhando na direção da preocupação dos majoritários e controladores quanto ao efeito economicamente desastroso do reembolso em dadas hipóteses, concede-se (§ 3º) que, dentro de dez dias do prazo para o recesso, quando já se terá o panorama de quantos querem sair e quanto isso custará para a empresa, a administração convoque a assembléia geral para, exposta a situação, deliberar com sua maior soberania se vale a pena ou não continuar com a deliberação causadora do dissenso, permitindo assim que se volte atrás.

18. Prosseguindo no desiderato de mais democratização nas empresas abertas, cria-se uma nova estrutura de garantia de assentos à minoria no Conselho de Administração (art. 141, § 4º). Junto com o voto múltiplo, agora temos nas companhias abertas o direito de poder eleger um conselheiro e seu suplente:

A) pelos majoritários, excluído o controlador, que tenham pelo menos 15% das ações votantes da empresa;

B) pelos preferencialistas sem voto ou com voto limitado, que detenham pelo menos 10% do capital da sociedade, desde que não tenham o direito (ou não o tenham exercido) do art. 18, de já eleger membros do Conselho em separado.

18.1 Se não ocorrer nenhum dos cocientes acima, aqueles titulares de ações ordinárias e preferenciais podem agregar seus votos e eleger seus titulares e suplentes no conselho, desde que em conjunto tenham 10% do capital votante.

18.2 De modo a garantir o mínimo intuito de permanência, de integração, e não de oportunismo societário para uso desses direitos eletivos, os acionistas acima devem provar que *detém* essas ações continuamente pelo menos nos três meses anteriores à assembléia (art. 141, § 6º).

18.3 E certo que, agregando-se esse novo canal de acesso de minoritários ao órgão de gestão, com sua já existente faculdade de exercer o voto múltiplo, se poderia conceder, nas frestas dessas conquistas minoritárias, um meio desvioso de perda de controle gerencial pela maioria, daí a necessidade do novo § 7º, que, ocorrendo o uso bem sucedido do voto múltiplo e das eleições acima vistas de conselheiros por minoritários, assegura ao detentor, sozinho ou por acordo de voto, de 50% das ações votantes, o direito de eleger mais um conselheiro (e seu suplente) do que os eleitos pelos outros acionistas, independente do número estatutário de conselheiros, garantindo assim a prevalência decisória da maioria votante.

18.4 Na contrapartida, confere-se, ainda, como poder "de fogo" dos conselheiros minoritários, eleitos na empresa aberta na forma agora criada, direito de veto à escolha dos auditores independentes (art. 142, § 2º).

19. Admitem-se, enfim (art. 146, § 2º), conselheiros residentes no exterior, desde que confiram procuração com poderes a um residente no Brasil para receber citação em seu nome em qualquer ação decorrente das relações societárias, com prazo de validade de até 3 anos após o término do mandado. A novidade é benéfica, já pelo fenômeno da internacionalização da economia, já pela constatação de que o conselho de administração, ao contrário da diretoria, não usa ter funções diárias, senão matérias de sua afetação com maturidade mais longa, presumindo-se, portanto, que o conselheiro não há que permanecer necessariamente no país todo o tempo.

20. Adicionam-se como exigências para qualificação como gestores das S/A que, pessoas que tenham "interesses conflitantes" com a companhia ou ocupem cargos em conselhos consultivos, fiscais, de administração, ou outros dessa ordem em empresas concorrentes, só podem ser eleitas se houver dispensa expressa da Assembléia, de modo a se submeter ao órgão superior à análise de possíveis conflitos de interesse (art. 147, § 3º, I).

21. É compulsória agora, no termo de posse, a indicação pelo administrador, inclusive do conselheiro com residência no exterior, o apontamento de um domicílio onde, por citações e intimações ali entregues, considerar-se-á ele devidamente chamado a lides e a responsabilizações (art. 149, § 2º).

22. Sobre a perene questão do *insider trading*, agora há um disposto adicional no art. 155, § 4º, em que se considera tráfico indevido e afronta ao dever de lealdade o uso de informação relevante, ainda não divulgada, "por qualquer pessoa que ela tenha tido acesso", com o objetivo de auferir lucro ou vantagem no mercado, para si ou para outrem. Assim, temos que o tipo legal ora criado vai compreender, na sua vertente do sujeito ativo, não só diretores, conselheiros, acionistas, mas ainda gerentes, empregados ou prestadores de serviços que tenham ligações (daí o conhecimento antecipado) com a companhia.

23. Os administradores das empresas abertas agora também têm de informar de imediato, como instruído pela CVM, as modificações de suas posições acionárias na empresa, a CVM avisando às bolsas onde as ações são negociadas ou às entidades do mercado organizado de balcão (art. 157, § 6º).

24. Introduz-se a abusividade, com as conseqüências de responsabilização, também no exercício das funções de membro do conselho fiscal (art. 165, 1º), adotando-se parâmetros semelhantes àqueles usados quanto à administração. A novidade se encarta nessa orientação de busca de maior prestígio ao órgão, contrabalançando-se por mais estritas responsabilizações imputadas a seus membros.

25. Se, em um dado exercício, o total do dividendo obrigatório ultrapassar a parcela realizada do lucro líquido daquele exercício, a assembléia pode, agora (art. 197), por proposta dos órgãos de gestão, levar o excesso à reserva de lucros a realizar, a qual só vai poder ser usada para pagar dividendo obrigatório, e, para seu uso, em dividendos ou mesmo em absorção de prejuízos, serão tidos como integrantes da reserva os lucros a realizar de cada exercício que forem os primeiros a serem realizados em dinheiro.

25.1 Adite-se que, doravante, são esses os componentes do lucro líquido, em cada exercício, para a aferir o seu excedente realizável (a) o resultado líquido positivo da equivalência patrimonial, e (b) o lucro, ganho ou rendimento em operações cujo prazo de realização financeira ocorra após o término do exercício social seguinte.

26. No cálculo do dividendo obrigatório (art. 202), a sua base é modificada, pois que não mais ali se consideram os lucros transferidos para a respectiva reserva e os lucros antes registrados nessa reserva que tenham sido realizados no período.

27. Em conformidade com as alterações no art. 197 sobre a realização do lucro líquido e a reserva de lucros a realizar, acima vistas, agora *o pagamento do dividendo obrigatório pode ser limitado ao montante do lucro do exercício que tiver sido realizado, desde que a diferença seja registrada como reserva de lucros a realizar, e, ainda, os lucros levados a essa reserva de lucros a realizar realmente realizados ou serão eles imputados a prejuízos subseqüentes ou serão distribuídos com o primeiro dividendo declarado após a realização.*

28. A não distribuição do dividendo mínimo é permitida se nenhum acionista se opuser na assembléia, como já o admitia lei, mas agora também de modo expresso para as companhias abertas, se o objeto exclusivo na hipótese for o de captação de recursos em debêntures não conversíveis, e para as empresas fechadas, exceto aquelas que forem controladas por abertas, salvo se o objetivo for o mesmo acima, o da captação de dinheiro em debêntures não conversíveis (art. 202, § 1º).

29. Há agora parâmetros mais estritos para incorporação da controlada pela controladora, ou vice-versa, na fusão delas, incorporações de suas ações, ou de sociedades sob controle comum, em termos de avaliação, substituição de ações, máxime no referente a avaliações patrimoniais, seus critérios, relações de substituição de ações etc. (art. 264).

30. A oferta pública de alienação de controle de companhia aberta agora se acha veiculada no novo art. 254-A da lei, criada ali a opção pela condição suspensiva ou resolutiva de todos esses atos, no sentido de que a perfeita consecução do ato dependa de igual oferta pública aos demais acionistas com direito a voto, na base mínima de 80% do valor pago (oferecido) pelas ações de controle, garantindo um *surplus*, uma sobre-valia, à unidade acionária da maioria votante, enquanto se concede algum respaldo patrimonial aos minoritários como equivalência proporcional à fração dos controladores.

Essas são algumas mudanças no quadro do direito societário, incorporadas na Lei 6.404, e que entendemos no momento de maior relevo.

Atualidades

ADMINISTRADOR DE FATO NAS SOCIEDADES POR AÇÕES

LUIZ ALFREDO PAULIN

I — Introdução. II — Da administração das companhias. III — Histórico e antecedentes. IV — Conceito de administrador de fato. V — Traços característicos do administrador de fato. VI — Das várias espécies de administradores de fato. VII — Situações especiais. VIII — Conseqüências pelo exercício de poderes pelo administrador de fato. IX — Conclusão. Bibliografia.

I — Introdução

1. Em termos bastante singelos, pode-se definir *administrador de fato* como aquele que, conquanto não tenha sido regulamente investido nas funções de gestão e direção de uma dada sociedade, exerce estes misteres. Este tema vem ganhando relevância no Direito Societário. Em função disto, julgou-se produtivo proceder a um estudo sistemático a respeito do assunto. De se notar que, no presente caso, restringiu-se a análise da temática ao campo das sociedades por ações. Três foram os motivos que apontaram para a necessidade desta delimitação. Primeiramente, tomou-se em conta que nas sociedades de pessoas há vínculos estreitos entre detentores da participação societária e os administradores. Assinale-se que, muitas vezes, os primeiros e os segundos se confundem. E, na hipótese, pretendeu-se que a análise não fosse contaminada por questões relacionadas à propriedade do capital. Portanto, a sociedade de capital se mostra muito mais apta a análise que a sociedade de pessoas. Em segundo lugar, deve-se ter em conta que, em virtude de sua maior sofisticação organizacional, o fenômeno apresenta maior riqueza nas companhias. E, por derradeiro, há de se sublinhar que as sociedades por ações são aquelas de maior porte. Por conseguinte, a administração de fato gera maiores conseqüências práticas, envolvendo, inclusive, terceiros estranhos à vida social. Estas foram os motivos que levaram o estudo a ser centrado nas sociedades por ações.

2. Com o objetivo de analisar o assunto proposto, este artigo foi divido em sete partes, sendo precedido desta introdução. Assim, em primeiro lugar, se procurará precisar o conceito de administração e de administrador, bem como, e, especialmente, o de administrador de fato. Em seguida, serão enunciados os traços característicos deste último. Feito isto, será o momento de se examinar as várias espécies de administrador de fato, para, então, se ocupar de algumas situações especiais. Posteriormente, será imprescindível se demarcar as conseqüências jurídicas que o exercício da função de administrador de fato pode trazer. E, como se exige, o artigo será encerrado com o arrolamento das principais conclusões obtidas. Passa-se, pois, ao estudo da temática.

II — Da administração das companhias

3. É condição necessária para compreensão do fenômeno do administrador de fato, o prévio conhecimento, ainda que em caráter propedêutico, dos conceitos de *administração* e *administrador*. Para tanto, é praticamente prescindível dizer que toda a sociedade é comandada por um corpo diretivo, que a gere ou administra. Os vocábulos *gerir* e *administrar* são de uso corrente no vernáculo. Aurélio Buarque de Holanda, em seu conhecido dicionário, define o termo *gerir* como ter gerência sobre; administrar, dirigir, reger; gerenciar. Destarte, a gestão está ligada à idéia de direção ou regência. Por seu turno, a palavra *administração* tem significado bastante próximo ao de gestão. Pode-se afirmar que ambas apresentam entre si sinonímia. Neste sentido, consulte-se a obra do próprio filólogo acima mencionado. Vê-se, assim, que, com base no próprio sentido comum dos vocábulos, pode-se inferir que compete à administração da sociedade a responsabilidade de dirigir ou reger a atividade deste ente. E, sob o aspecto jurídico, não há muito que destoar do sobredito, já que, não subsiste qualquer dúvida no sentido de que a administração consiste na coordenação das atividades, objetivando que a sociedade, no exercício da atividade econômica constante de seu objeto social, aufira lucro. E, a partir disto, é possível se concluir que a atividade de administração não é feita através de um ato único, ou de poucos atos. O exercício da atividade econômica, por parte de uma sociedade, implica na consecução de atos contínuos. A tarefa de coordenar a atividade deste ente, pois, exige a pratica de atos sucessivos, tendentes ao bom funcionamento da sociedade. Gastone Cottino,[1] tratadista que dispensa apresentações, resumiu de forma brilhante este assunto, nos seguintes termos: "L'amministratore è investito della gestione economico-patrimoniale della società, non del semplice compimento di uno o piu atti giuridici". Definido, ainda que de forma perfunctória, o termo *administração*, deve-se procurar entender o conceito de *administrador*. E, desde início, importa afirmar que um conceito está inexoravelmente ligado ao outro. Aliás, um decorre do outro. A definição do termo *administrador* é objeto de inúmeros trabalhos doutrinários. Giuseppe Ferri,[2] por exemplo, assim leciona: "Gli amministratori constituiscono l'organo al quale è commesa la gestione dell'impresa sociale e il potere di determinare la politica economica della stessa". Por seu turno, Antonio Brunetti,[3] ensina: "Para expresarnos con mayor tecnicismo diremos que los administradores son una parte del órgano social considerado como portador de la voluntad social y son considerados como de 'oficio' por su función de organización, de coordinación y de actividad administrativa. Por eso es correcto reconocer en la asamblea el órgano deliberante, en los administradores el órgano de gestión y de representación y en los censores el órgano de control". Vê-se, pois, não existir celeuma a este respeito. Assim, pode-se dizer que os administradores são o órgão da sociedade a que está afeta a tarefa de coordenação, objetivando que a mesma, no exercício da atividade econômica constante de seu objeto social, aufira lucro.

4. Vencido estes pontos preliminares, é necessário se ocupar da administração das sociedades por ações. Até porque, este trabalho está focalizado neste tipo de sociedade. Assim, deve-se ter em mente que, no Brasil, as companhias, por força das inovações introduzidas em 1976, adotaram um sistema de duplicidade de órgãos de administração, a saber: conselho de administração e diretoria. Portanto, ordinariamente, administradores das sociedades por ações são os membros do conselho de administração e os diretores. A identificação dos administradores das sociedades por ações

1. Gastone Cottino, *Diritto Commerciale*, v. I, p. 655.

2. Giuseppe Ferri, *Le Società*, p. 488.

3. Antonio Brunetti, *Tratado del Derecho de las Sociedades*, v. II, p. 450.

não apresenta dificuldades maiores. Deveras, a Lei 6.404/1976, estabelece a forma de escolha dos administradores, os requisitos e impedimentos para exercício deste mister, forma de investidura etc. Além disto, os atos de escolha, investidura e correlatos gozam de ampla publicidade. Esta publicidade visa, precipuamente, cientificar a todos que possam, ainda que potencialmente, se relacionar com a sociedade, quem são seus administradores. Por tudo isto, os administradores das sociedades por ações são facilmente identificáveis, já que qualquer cidadão pode consultar o registro de comércio competente e verificar a composição do conselho de administração e da diretoria de uma dada companhia. Dito isto, há de se convir que, ordinariamente, a individualização dos administradores de uma companhia não apresenta nenhuma dificuldade, sendo certo que, de imediato, seria possível se dizer quem é e quem não é administrador. Contudo, na prática, o assunto apresenta outros colores. Deveras, casos há nos quais a conclusão antes exposta poderá não ser totalmente exata. É o que se procurará explicitar no parágrafo subseqüente.

III – Histórico e antecedentes

5. É de conhecimento generalizado que, certas pessoas, conquanto não tenham sido investidas na função de administradores, atuam como tal. Aqueles que assim agem são denominados *administradores de fato*. Já em 1995, em texto que estudava exclusivamente o administrador de instituição financeira, foi feita alusão a esta figura.[4] Naquele ensejo, estribava-se especialmente nas lições do autor argentino Martorelli.[5] Tratando do assunto, sob o ponto de vista histórico, aquele tratadista remontava ao direito falimentar e ao direito falimentar penal francês, invocando o papel pioneiro, sob o ponto de vista de direito positivo, do Decreto de 8 de agosto de 1935. Por força deste diploma legal, a responsabilidade, em caso de quebra, teria sido estendida aos administradores de fato. Porém, a jurisprudência européia já cuidava deste assunto, muito antes de o Direito Positivo o fazer. Franco Bonelli[6] assim se expressa sobre o tema: "L'espressione 'amministratore di fatto' è comparsa circa de cento anni fa nella giurisprudenza penalistica per sanzionare come colpevoli di bancarotta quei soggeti che, pur non essendo formalmente degli amministratori com valida e regolare nomina, avevano di fatto esercitato poteri direttivi di gestione". Este autor italiano, em sua obra, traz a colação jurisprudência criminal da Corte de Cassação de Torino, ainda do século XIX, a respeito do tema. E, desde logo, pode-se verificar que a criação e a consolidação da figura do administrador de fato, especialmente no que concerne às suas responsabilidades, está estreitamente ligada ao Direito Falimentar. Deveras, ao se estudar a matéria, sob o ponto de vista histórico, impossível deixar de notar que, nos mais diversos Estados, o Direito Falimentar assume a figura de proa na introdução da figura na ordem jurídica. Esta observação, note-se, é valida, inclusive, no que se refere ao direito brasileiro. Como se verá, um pouco mais adiante, parcela significativa da jurisprudência pátria sobre o assunto vincula-se, direta ou indiretamente, à área falimentar. E, saliente-se, não é muito difícil se inferir o motivo pelo qual a figura do administrador de fato encontra-se tão intimamente ligada às quebras. Com efeito, é sobejamente sabido que a decretação da falência gera uma série de responsabilidades aos administradores do ente falido. De fato, não é incomum, inclusive, o sancionamento civil e penal dos mesmos. Por conseguinte, não poucas vezes, para assumir a direção de pessoas jurídicas que se encontram em si-

4. Luiz Alfredo Paulin, "A responsabilidade do administrador de instituição financeira, em face da lei bancária", in *RDM* 97/39.

5. Ernesto Eduardo Martorelli, *Los Directores de Sociedades Anónimas*, 2ª ed., p. 192.

6. Franco Bonelli, *Gli Amministratori di Società per Azioni*, p. 253.

tuação econômico-financeira duvidosa, isto é, com risco de falência, alguns evitam a investidura formal na condição de administrador. Outros, vendo a possibilidade de a sociedade vir a ter a falência decretada, renunciam formalmente a seus mandatos, embora prossigam administrando o ente em dificuldades. Em casos como esses, em princípio, estas pessoas, a despeito de exercerem de fato a direção, não poderiam, formalmente, ser qualificadas como administradores. Logo, em tese, em ocorrendo a decretação da falência da entidade gerida, tais pessoas não sofreriam qualquer das conseqüências negativas a que, comumente, os administradores do ente quebrado se sujeitam. Contudo, como já afirmado em outras oportunidades, o direito, cada vez mais, privilegia o real ao formal, especialmente quando este último se presta a encobrir fraudes. Por conta disto, e tendo em vista a injustiça a que este estado de coisa levava, em uma série de Estados, esboçou-se uma reação, encabeçada pelos tribunais, tendendo a considerar que mesmo não eleito ou investido formalmente, aquele que exerceu de fato os misteres de gestor de ente cuja falência foi decretada, deve ser considerado como seu administrador, sujeitando-se ao mesmo regime jurídico dos dirigentes formalmente investidos. A partir daí começa a se desenvolver a figura do administrador de fato que passa a ser estendida para outras áreas da Ciência Jurídica.

6. Conforme já explicitado, o instituto do administrador de fato é conhecido e regulado em várias ordens jurídicas, muito embora cada legislação apresente peculiaridades em relação ao mesmo. Dessa forma, o direito francês contempla a existência do *dirigeant de fait*. Já no direito anglo-saxão prevê-se a figura do *shadow director*. Em Portugal, a lei das falências faz alusão ao instituto em seu art. 126. Anote-se que a figura também é conhecida no direito alemão e no direito italiano.[7] No Brasil, pode-se notar a existência de alguma jurisprudência sobre o assunto. Aqui, como alhures, conforme já se adiantou, parcela dos pronunciamentos dos tribunais, vincula-se à área falimentar. Neste sentido, atente-se para os recursos de *habeas corpus* conhecidos pelo Superior Tribunal de Justiça, nos autos do RHC 12.050-MG, RHC 6.977-SP e RHC 4.570-SP. A ementa do terceiro destes julgados, cujo Relator foi o Min. Edson Vidigal, é a seguinte: "*Comercial. Falência. Administrador de fato. Obrigação de falar perante o juiz. Constrangimento ilegal. 'Habeas corpus'. Recurso.* 1. A obrigação de prestar declarações ao juiz do processo alcança o administrador de fato (Dec.-lei 7.661/1945, art. 37). 2. Não se configura constrangimento ilegal a intimação do juiz para que o administrador de fato preste declarações no processo de falência. 3. Recurso conhecido mas improvido". Assinale-se que os tribunais já se pronunciaram a respeito de administração de fato em matéria não falimentar. Assim, o Tribunal de Justiça de São Paulo, na área de responsabilidade administrativa já teve oportunidade de se ocupar do tema.[8] Aquele mesmo Tribunal já examinou o assunto sob o ponto de vista penal.[9] Há, ainda, manifestações do Tribunal de Justiça do Rio Grande do

7. Consulte-se, a este respeito, José Luis Díaz Echegaray, *El Administrador de Hecho de las Sociedades*.

8. "*Infração administrativa*. Teoria da aparência aplicável ao estabelecimento cujo administrador de fato firma o auto de infração aceitando a sua responsabilidade às frente do estabelecimento e cujo o vínculo deste com aquele resta inequívoco" (apelação cível 42.488-0–Regente Feijó, Câmara Especial, m.v., Rel. Álvaro Lazzarini, 30.7.1998).

9. "'*Habeas corpus*'. *Depositário infiel de faturamento de empresa. Pretendida revogação de sua prisão. Alegação de não se tratar o paciente de pessoa com acesso à administração da empresa-executada, resultando não poder responder pela parcela do faturamento objeto da penhora, que afirma ser nula. Alegações repelidas.* Paciente que, malgrado não integre a sociedade, aceitou placidamente o encargo que lhe foi cominado pelo meirinho, não existindo dúvida quanto à existência de laços de parentesco muito próximos para com seus integrantes, a indicar sua qualidade de administrador de fato. Ordem denegada" (*habeas corpus* 160.572-5–São Paulo, 6ª Câmara de Direito Público, v.u., Rel. Coimbra Schimidt, 8.5.2000).

Sul,[10] no âmbito tributário e do TST da 12ª Região, envolvendo, evidentemente, matéria trabalhista.[11]

IV — Conceito de administrador de fato

7. Dito isto, é de rigor verificar como a doutrina vem conceituando o *administrador de fato*. A definição mais conhecida é aquela dada por Niccolò Abriani.[12] Em sua obra clássica, o autor italiano, assevera: "L'espressione 'amministratore di fatto' descrive in modo sintetico il fenomeno per cui un soggeto esercita le funzioni gestorie di una società senza essere regolarmente investito dei relativi potere". Por seu turno, Cozian,[13] baseado na jurisprudência francesa leciona: "Reste à définir le dirigeant de fait: 'La qualité de gérant de fait est caractérisée par l'immixtion dans les fonctions déterminantes pour la direction générale de l'interprise, impliquant une participation continue à cette direction et un contrôle effectif et constant de la marche de la société em cause (Paris, 11 juin 1987: Bull. Joly 1987, p. 719)'". José Luis Díaz Echegaray[14] ensina: "Conforme se ha señalado precedentemente, el administrador de hecho es el que administra una sociedad sin estar formalmente legitimado para ello". Vê-se, pois, que as definições são convergentes, não havendo maior dissonância a este respeito. Patenteia-se, pois, que o administrador de fato é alguém que, a despeito de não estar formalmente titulado, gere os negócios da sociedade.

8. Grande parte da doutrina assinala que, em tese, poderia haver certa paradoxalidade no termo *administrador de fato*. Deveras, a condição de administrador está diretamente relacionada ao fato de alguém, para exercer estas funções, ter, previamente, se sujeitado a uma série de formalidades. E, como se sabe, administrador de fato é justamente aquele que não se submeteu às formalidades previstas em lei. Todavia, não existe nada de paradoxal. Isto porque, a figura do administrador de fato alicerça-se justamente nesta incongruência. Ou seja, no fato de que conquanto seja necessário se submeter aos rituais de eleição e investidura para gerir uma sociedade, há pessoas que desprezam estes requisitos e, irregularmente, passam a administrar o ente.

V — Traços característicos do administrador de fato

9. A despeito das definições acima transcritas conterem parâmetros bastante seguros para o entendimento da figura do administrador de fato, é imprescindível, para uma compreensão exata do objeto do estudo, que se decline os elementos necessários para caracterização do administrador de fato. No passado já se feriu a temática, em estudo publicado na *RDM* 97, no qual se tratava exclusivamente a figura do administrador de fato de instituição financeira. A maior parte dos pontos então colocados continua, no entender deste autor, válido. Contudo, após tanto anos, foi necessário se aprimorar algumas reflexões, o que permitiu, espera-se, tratar o tema, hodiernamente, de uma forma um pouco mais acurada. Pois bem, dito isto, impõe-se dizer que, sob este aspecto, a publicação da obra de José Luis Díaz Echegaray

10. "*Direito tributário, responsabilidade por substituição. Sócio oculto e administrador.* Extraindo-se da prova dos autos, com acentuada segurança que o apelante era sócio oculto e administrador de fato da executada, responde o mesmo tributariamente, nos termos do art. 135, III, ao CTN. Apelação improvida" (apelação cível 596250753, 1ª Câmara Cível, TJRS, Rel. Des. Tupinambá Miguel Castro do Nascimento, j. 14.5.1997).

11. "*Grupo econômico. Caracterização. Responsabilidade.* Utilizando-se as empresas do mesmo local de trabalho, maquinários e empregados, com circunstância do administrador de fato de uma delas ser o sócio-gerente da outra, tem-se formado o grupo econômico a que alude o art. 2º, § 2º, da CLT impondo-se o reconhecimento da responsabilidade solidária das mesmas."

12. Niccolò Abriani, *Gli Amministratori di Fatto delle Società di Capitali*, p. 13.

13. Maurice Cozian e Alain Viandier, *Droit des Sociétés*, 9ª ed., p. 139.

14. Ob. cit., p. 34.

trouxe uma contribuição ímpar para boa compreensão dos elementos necessários à existência da administração de fato. Segundo aquele autor espanhol, cinco elementos caracterizam a figura do administrador de fato. Sob o aspecto negativo, diz José Luis Díaz Echegaray, que o administrador de fato é alguém que não ostenta a condição de administrador de direito da sociedade. Por seu turno, sob o aspecto positivo, seria preciso que o mesmo: a) realizasse uma atividade positiva; b) de direção, administração ou gestão; c) exercida com total independência; e d) de modo constante. Examine-se, pois, cada um destes elementos.

10. Primeiramente, afigura-se óbvio ser incompatível com a condição de administrador de fato o exercício formal da função de administrador de direito. Como já explicado, poder-se-ia argumentar que haveria um certo paradoxo na figura do administrador de fato, já que, sabidamente, a condição imprescindível para o exercício da direção de uma sociedade por ações é justamente ter sido investido, regularmente, na condição de administrador. No entanto, a contradição é apenas aparente. Deveras, a figura do administrador de fato está alicerçada em uma não conformação com a regra. Ou seja, há uma contradição entre o formal e o real. Não se está, por conseguinte, na esfera regular, mas sim, do patológico. Destarte, pode-se afirmar que o administrador de fato é aquele que não se submeteu a um processo regular e correto de eleição ou investidura.

11. Na linha traçada pelo autor ibérico já mencionado, deve-se reconhecer que além deste elemento negativo, outros quatro positivos existem a caracterizar o administrador de fato. E, sob este aspecto, para que alguém possa ser tido como tal, é forçoso o desenvolvimento de uma atividade positiva. Isto porque, como bem relembrado,[15] "En efecto, la administración de hecho supone, en todo caso, a realización de una actividad positiva por parte del 'extraneus', ya que solo a partir del momento en que se inmiscuye en la gestión o administración de la sociedad, desarrollando una actividad positiva, se le puede considerar como administrador de hecho de la misma". Este ponto é de importância fundamental para compreensão da figura do administrador de fato. Isto porque, muitas vezes, pretende-se qualificar alguém como tal, baseando-se, justamente, em uma ou várias condutas omissivas. Trata-se, como se pode verificar de um contra-senso. Administrar, gerir, coordenar a atividade de um ente pressupõe, inexoravelmente, condutas comissivas. Não se gere não fazendo, mas, sim, atuando. Conseqüentemente, é totalmente impróprio se pretender classificar alguém como administrador de fato, por força de condutas omissivas.

12. Porém, não é a realização de qualquer ato que transforma alguém em administrador de fato. Os atos praticados devem ter determinada importância. Nas palavras de Abriani,[16] o administrador de fato deve exercer funções de gestão "riservate dalla legge agli amministratori di diritto della società". Realmente, há inúmeras pessoas que atuam no dia-a-dia de uma companhia, praticando uma série de atos, sem que, minimamente, possam ser acusadas de serem administradores de fato. Assim, gerentes, supervisores, funcionários qualificados exercem regularmente suas funções, atuando no cotidiano do ente, sem que possam ser tidos como administradores de fato. Isto porque, os atos por estes praticados estão circunscritos àquilo que se espera de alguém que mantenha uma relação trabalhista com a companhia. Ou seja, não praticam atos cuja lei reserve aos administradores de direito.

13. Agregue-se às três características já mencionadas que o administrador de fato deve atuar com total independência. Isto porque, se houver uma subordinação deste a um outro administrador, não há efetiva gestão. É bastante provável que a pessoa a

15. Ob. cit., p. 38.

16. Ob. cit., p. 223.

que se atribua a condição de administrador de fato seja um mero colaborador da empresa. E, que se acentue, desde logo, que o grau de reprovabilidade do ato praticado não é fator relevante para determinação da condição de administrador de fato. Se a pratica de um ato reprovável se deu, por terceiro, sob a orientação de um administrador de direito, é a este último que cabe a responsabilidade.

14. Por derradeiro, e nem por isso menos importante, a atividade do administrador de fato deve ser contínua. E, este ponto, merece toda a atenção. Entende-se que, na atualidade, o posicionamento dominante na doutrina apresenta-se incensurável. De certa forma, no início deste trabalho, ao se sumariar as características da administração das sociedades, este assunto já foi devidamente ventilado. No entanto, não se desconhece que, vez ou outra, alguns não resistem à tentação de classificar como administração a realização de atos únicos ou esporádicos. Com o máximo respeito, não há justificativa jurídica ou pratica, a alicerçar este ponto de vista. Com efeito, as empresas não são entes estáticos. Antes pelo contrário. A atividade empresarial é, indubitavelmente, algo extremamente dinâmico. Desse modo, só se pode esperar daqueles que se dispõe a coordená-la, uma intervenção permanente e contínua. Seria inimaginável que o esforço no sentido de administrar uma atividade intensa, se desse por intervenções esporádicas. E, de se notar que estas observações são ainda mais aplicáveis na hipótese de sociedades por ações, que, como bem lembra Fábio Ulhoa Coelho,[17] "(...) correspondem à forma jurídico-societária mais apropriada aos grandes empreendimentos econômicos". Ora, estes grandes empreendimentos demandam a intervenção constante daqueles que dirigem a companhia, não sendo factível considerar que a administração seja constituída de atos acidentais, mas de atos sucessivos. Neste sentido, forçoso é se remeter às palavras de Contino, transcritas no início deste trabalho.

15. De todo já exposto, já é possível se alcançar algumas conclusões. Primeiramente, pode-se asseverar que o administrador de fato é alguém que, a despeito de não estar formalmente titulado, gere os negócios da sociedade. Para que alguém possa ser tido como administrador de fato é necessário que este não ocupe formalmente a posição de administrador de direito da sociedade. Além disso, é preciso que o mesmo: a) realize uma atividade positiva; b) de direção, administração ou gestão; c) exercida com total independência; e d) de modo constante.

VI — Das várias espécies de administradores de fato

16. Ao se observar o fenômeno dos administradores de fato, é razoável se afirmar que não se está diante de um todo uniforme. Há situações completamente díspares, envolvendo desde aqueles que se encontram nesta posição por simples problemas formais, até aqueles que, imbuídos de extrema má-fé, procuram se eximir de responsabilidades que lhes seriam atribuídas, caso investidos formalmente na condição de gestor. Não seria crível, no âmbito deste artigo, esgotar este assunto. No entanto, é factível se declinar as situações mais comuns, ainda que de forma sucinta.

17. A doutrina estrangeira aponta que um dos casos mais comuns de administração de fato vincula-se à nomeação irregular do pretenso administrador. Ou seja, está-se a falar de vícios insanáveis que comprometam o ato de eleição do suposto administrador. Importa notar que, neste momento, a análise se circunscreve a aspectos procedimentais relativos ao ato de escolha. Questões relacionadas a incompatibilidade ou impedimentos serão tratadas no momento apropriado. Pois bem, retornando aos problemas existente na eleição, deve-se informar que poderão ser encontradas falhas

17. Fábio Ulhoa Coelho, *Curso de Direito Comercial*, 5ª ed., v. 2, p. 59.

vinculadas ao ato de convocação da assembléia geral da companhia ou da reunião do conselho de administração na qual houve a eleição de uma determinada pessoa. Dependendo da extensão desta falha, os atos convocatórios não poderão produzir efeitos. Note-se que há aqueles que, como Fábio Ulhoa Coelho,[18] consideram que o desatendimento a qualquer formalidade gera a invalidade do ato. Neste sentido, as palavras daquele autor: "O desatendimento à menor dessas formalidades compromete a validade da assembléia. Não há ato de convalidação admissível e deve realizar-se novamente a reunião, ainda que improvável qualquer das deliberações adotadas". Há, por outro lado, casos relacionados a regular realização da assembléia ou da reunião do conselho de administração, como, por exemplo, falta de quórum de instalação ou deliberação, reunião realizada com desrespeito ao determinado pelo art. 124, § 2º da Lei 6.404/1976. Nestas hipóteses, a validade da escolha poderá vir a ser comprometida, dependendo da espécie e da extensão da irregularidade. Porém, como é sobejamente sabido, a eleição não é condição suficiente para que alguém passe à posição de administrador de uma companhia. Para que isto ocorra, é necessário a investidura, conforme dispõe o art. 149 da Lei 6.404/1976. É certo que, se a eleição foi totalmente irregular, a investidura subseqüente também o será. Desse modo, pode-se afirmar que a pessoa investida, nestas condições, não estará no exercício regular da administração da companhia. Por conta disto, poderá vir a ser considerado administrador de fato da mesma. Além de falhas no ato da eleição, vícios poderão ser constatados no próprio ato de investidura, independentemente de a eleição ter sido regular. Nesta hipótese, as conseqüências serão as mesmas já explicadas, a saber, a pessoa investida não estará no exercício regular da administração da companhia. Também aqui ela poderá vir a ser considerada administradora de fato.

18. Como se pode verificar no parágrafo precedente, deixou-se muito claro que a investidura realizada em desacordo com as regras legais (seja por vícios existente no ato da eleição, seja por vícios existentes exclusivamente no ato de investidura) pode transformar o empossado em administrador de fato. Ou seja, não obrigatória e automaticamente o empossado se transformará em administrador de fato. E as razões desta afirmativa são fáceis de serem explicadas. Deveras, é certo que, em situações como as acima expostas, o pretenso empossado não está regularmente ocupando o cargo de administrador. Porém, o fato de alguém ostentar irregularmente a condição de diretor ou membro do conselho de administração, não o transforma, desde logo, em administrador de fato. A administração de fato, como já deve ter ficado manifesto, não se vincula exclusivamente a aspectos externos. Assim, o denominar-se, titular-se, apresentar-se como, dizer que ocupa o posto de diretor ou membro do conselho de administração não é dado suficiente para deslinde da questão. A administração de fato está relacionada ao exercício de uma dada atividade, ou seja, a gestão da companhia. Por este motivo, é a efetiva gestão da companhia que irá transformar alguém em administrador de fato. Assim, se, por exemplo, alguém, por força de uma eleição ou empossamento inválido, passar irregularmente a ocupar o cargo de diretor ou membro do conselho de administração, porém não praticar nenhum ato de gestão, não será possível qualificá-lo como administrador de fato. Será um diretor ou um membro do conselho de administração irregularmente eleito ou empossado. Não obrigatoriamente um administrador de fato. Para que seja considerado um administrador de fato, repita-se, é de rigor que sua conduta se conforme os cinco requisitos anteriormente listados (item V). Não se desconhece que, em sua imensa maioria, aquele que é investido irregularmente no cargo de diretor ou mem-

18. Ob. cit., p. 202.

bro do conselho de administração, de imediato, passa agir como tal. Conseqüentemente, isto é, por praticar atos reservados aos membros do conselho de administração ou aos diretores, será considerado administrador de fato. Para encerrar este assunto, importa dizer que, se por um lado, ocupar irregularmente a posição de diretor ou administrador não transforma ninguém em administrador de fato, por outro lado, este dado pode ser tido como um forte indício desta prática. No entanto, sublinhe-se, a administração de fato não decorre de se estar ocupando irregularmente o cargo de diretor ou membro do conselho de administração, mas sim da prática de atos reservados aos diretores de direito ou aos membros do conselho de administração.

19. Até o momento tratou-se de assuntos relacionados à eleição e a posse. Ao se ferir esta temática, não se pode olvidar de um aspecto extremamente relevante. Como se pôde verificar, a invalidade da eleição ou na investidura acarreta problemas de monta ao administrador. Mas não só a ele, como também à companhia, aos outros administradores, aos controladores, acionistas, funcionários, pessoas que se relacionam com a companhia etc. Este é um dos motivos, mas não o único, sublinhe-se, que se deve ter certo cuidado com o excesso de formalismo. Não se põe em dúvida a necessidade de se observar requisitos de ordem formal, legalmente estabelecidos. No entanto, a interpretação de certos comandos positivados não pode conduzir a situações de invalidade em relação a atos que, conquanto não exatamente perfeitos, são capazes de subsistir, sem que isto ponha em risco qualquer bem jurídico. Vale dizer, deve-se evitar considerar que a formalidade tenha um fim em si mesma. Inobservância de providência sem maior relevância não é suficiente para criar invalidade intransponível, devendo-se, sempre, procurar a conservação do ato jurídico. No que concerne a problemas de posse ou investidura, na Espanha, por exemplo, procurou-se superar certas situações, através de uma interpretação mais razoável das normas. Veja, por exemplo, os casos de não atendimento às formalidades publicitárias e aceitação do cargo. No que se refere à segunda hipótese, os Tribunais daquele país ibérico, entenderam que é possível haver a aceitação tácita das funções. No que tange a primeira hipótese, na Espanha, a lei não considera o ato publicitário como essencial para o exercício do cargo. Assim, mostra-se evidente que a invalidade deverá ser tomada em consideração exclusivamente para as hipóteses de vício insanável. A partir daí, isto é, a partir da ocorrência de vício insanável na eleição ou investidura, desde que haja a gestão da companhia e se perfaçam as condições listadas alguns parágrafos antes, cria-se situação que poderá ser definida como exercício das atividades de administrador de fato.

20. A literatura alienígena estuda copiosamente questão relacionada à caducidade dos mandatos. No que tange a este assunto, no Brasil, este não desperta o mesmo interesse. Isto porque, por força do art. 150, § 4º da Lei 6.404/1976, o "prazo de gestão do conselho de administração ou da diretoria se estende até a investidura dos novos administradores eleitos". Por tal motivo, o fato de ter-se vencido o prazo de gestão de um administrador, a princípio, não interrompe o exercício regular de suas atividades, já que, enquanto os novos administradores não forem empossados, o mandato está em plena vigência. Logo, aquele cujo mandato caducou não se transforma em administrador de fato.

21. Para o exercício das funções de administrador é necessário se atender determinados requisitos. O não preenchimento destes, se existente no momento da eleição, leva a sua nulidade.[19] De fato, há várias situações que fazem com que alguém esteja impedido de gerir uma companhia. Assim, este estado de coisas poderia se dar se um não acionista fosse eleito para o con-

19. Modesto Carvalhosa, *Comentário à Lei das Sociedades Anônimas*, v. 3, p. 170.

selho de administração de uma companhia, ou alguém que se encontrasse impedido, por força da aplicação de sanção por parte do Banco Central do Brasil, com base no art. 44 da Lei 4.595/1964, ou pela Comissão de Valores Mobiliários, com espeque no art. 11 da Lei 6.385/1976 fosse eleito para o cargo de direção de uma instituição financeira ou de uma companhia aberta. Há, ainda, impedimentos decorrentes de sanções penais. Em todas estas hipóteses, o ato de eleição e a conseqüente investidura não poderão gerar os efeitos almejados. E, evidentemente, a investidura é nula. Neste sentido, ainda que ostentando, em tese, a condição de membros do conselho de administração ou de diretores, na medida em que estas pessoas realmente giram a companhia, estarão ocupando a condição de administrador de fato.

22. Como se viu, situações existentes no momento da eleição ou da posse podem fazer com que determinada pessoa passe a desempenhar irregularmente as funções de administrador. Entretanto, estas circunstâncias poderão surgir no curso do mandato. É o caso, por exemplo, da perda da qualidade de acionista, por parte de um membro do conselho de administração. Esta hipótese já havia sido levantada por Modesto Carvalhosa.[20] No entender daquele mestre, "se, no curso do mandato, o conselheiro deixar de ser acionista, perderá ele a qualidade de administrador da companhia automaticamente (...)". Destarte, se a despeito da perda da qualidade de administrador o antigo acionista continuar exercer as funções de membro do conselho de administração, daí por diante, este será considerado administrador de fato. Existem outras situações nas quais o administrador deixa de preencher os requisitos legalmente exigidos. Modesto Carvalhosa[21] diz que se o mandato estiver em curso "(...) será este automaticamente extinto, mediante declaração, neste sentido, do Conselho de Administração ou da assembléia geral (...)". Desde então, se o administrador continuar a gerir a companhia, estará atuando como administrador de fato. Note-se, a propósito, que a extinção do mandato será automática. O ato do conselho de administração ou da assembléia geral é, como ressalta Modesto Carvalhosa, exclusivamente declaratório.

23. Até o momento, foram examinados casos nos quais, de alguma forma, houve algum ato, conquanto viciado, tendente a fazer com que alguém se transformasse em administrador da companhia. Passa-se, agora, a tratar daquelas hipóteses nas quais o ato de eleição ou investidura não foi sequer cogitado. E, situações como estas são mais comuns do que se pensa. Examine-se cada uma delas. Inicie-se, pois, com um caso extremamente trivial. Trata-se do funcionário ocupando cargo de confiança que, muitas vezes, por inércia da direção da companhia, aos poucos, vai assumindo sua gestão, e, em um dado momento, reúne todas as condições de administrador. É certo que, ocorrido isto, o funcionário de confiança passa inexoravelmente à condição de administrador de fato.

24. Há, ainda, situações nas quais a pessoa se torna administrador de fato em função do interesse em se esquivar das responsabilidades que a administração de direito impõe. Estes, efetivamente, são os casos mais graves. De fato, aqui, se está diante de alguém que, ciente das conseqüências que a condição de administrador pode lhe trazer, se recusa a ser eleito, tomar posse como administrador ou se afasta formalmente deste ofício, passando ou continuando a exercer as respectivas funções, sem, em tese, ter qualquer responsabilidade sobre seus atos. É a partir destes casos que surge a jurisprudência a respeito da condição de administrador de fato. Normalmente, estas situações ocorriam motivadas pelo interesse de muitos de se esquivarem de responsabilidade ligadas à área falimentar. Contudo, atualmente, não é só a falência que leva alguns a evitar o exercício formal

20. Ob. cit., v. 3, p. 168.
21. Ob. cit., v. 3, p. 168.

das funções de administrador, preferindo a informalidade. Deveras, no caso de instituição financeira, o exercício das funções de administrador leva ao incomodo de se submeter ao draconiano regime jurídico estabelecido pela Lei 6.024/1974. Também em se tratando de instituição financeira, há o risco da aplicação, por parte do Banco Central do Brasil, das penalidades previstas no art. 44 da Lei 4.595/1964, especialmente em seu § 4º. Além disso, há sempre a possibilidade do sancionamento com base na Lei 7.492/1986. Tudo isto pode incentivar alguns a evitar a assunção das funções de administrador de instituição financeira, exercendo-as de modo informal, situação que, certamente, pode levar a caracterização da administração de fato. No que se refere às sociedades não financeiras, além, por óbvio, das questões de cunho falimentar, há, ainda, questões ligadas à área fiscal e previdenciária, que podem representar um incentivo a esta prática. Há, também, questões vinculadas a responsabilidade ecológica e perante o consumidor e assemelhadas que passam a desempenhar um papel relevante.

25. No intuito de dissimular o fato de estar dirigindo a companhia, o administrador de fato se vincula a esta, por intermédio de relações contratuais diversas. Todas, invariavelmente, procuram apresentar o administrador de fato como alguém que mantém ligações com a companhia distinta da gestão. Assim, muitos optam por serem contratados pela companhia como empregados, simulando, pois, uma relação de cunho trabalhista. Outros, no entanto, preferem o contrato de consultoria, modalidade extremamente popular na atualidade. Contudo, fórmulas mais sofisticadas estão sendo empregadas. Com efeito, evitando deixar indícios comprometedores, toda a espécie de ardil é utilizada. E, sabidamente, quanto mais anteparos forem colocados, maiores serão as chances de a fraude não ser descoberta. Desse modo, freqüentemente, e para o fim acima mencionado, ao invés das vinculações contratuais (trabalhistas, consultoria etc.) se darem diretamente com a companhia, estas se dão através da *holding*, dos controladores, de sociedades ligadas aos controladores etc. Pois bem, seria uma temeridade se pensar que estes estratagemas seriam capazes de elidir a responsabilidade do administrador de fato. Esta responsabilidade, insiste-se, advém da circunstância de alguém gerir a companhia, sem estar titulado para tanto. Mostra-se indiferente, para o direito, a forma utilizada para dar curso a fraude. E nem poderia ser diferente. Seria um disparate premiar aqueles que promovessem a fraude mais sofisticada, e castigar os que fossem um pouco menos criativos. E, tomando-se em conta a situação do fraudador *vis-à-vis* aqueles que acidentalmente chegam à condição de administrador de fato, injustiça maior se verificaria. Veja-se, assim, o exemplo do velho gerente que, por mecanismos já explicados, passou à condição de administrador de fato. Compare-se esta situação com a de um experimentado executivo que, conhecendo os riscos de uma companhia vir a causar inúmeros desastres ecológicos, por meio de sofisticados esquemas jurídicos, comanda de fato tal companhia, sem ser formalmente dirigente desta. Se conforme já ficou assentado, o velho gerente deveria responder como se administrador fosse, *a fortiori* o experiente executivo deve se submeter ao mesmo regime. E, neste passo, impõe-se sublinhar o que já se disse, no passado, a saber: o direito não se presta a encobrir fraudes. Destarte, a existência de mecanismos de proteção não deve conduzir à impunidade. Antes pelo contrário. Deve ser utilizado como indício na comprovação da ocorrência da administração de fato.

VII — Situações especiais

26. Neste passo, é de se notar que, no estudo da matéria ora proposta, apresentam-se vários casos particulares, que merecem uma atenção especial. O primeiro destes casos refere-se à situação do controlador.

Não é incomum que o controlador seja acusado de estar atuando como administrador de fato. Estas acusações, via de regra, mostram-se desprovidas de fundamento. Decorrem, invariavelmente, do desconhecimento da propedêutica do direito societário pátrio. Não que, em tese, seja impossível que o controlador exerça as funções de administrador de fato. A princípio, qualquer um que apresente um liame com a companhia, dependendo da conduta que implementar, pode se transformar em administrador de fato. No entanto, quando se acusa o controlador de ser administrador de fato, as condutas que se lhe atribuem são exatamente aquelas que a lei reserva a ele controlador. Explica-se com mais vagar este assunto.

27. Para bem compreender este assunto, é de rigor, preliminarmente, se estabelecer o que é um controlador e quais os atos que este pratica, para, só então, se examinar o limite de suas responsabilidades. É o que passa a ser feito. A figura do acionista controlador é introduzida no direito societário pátrio por força da Lei 6.404/1976. Este diploma, em seus arts. 116 e 117, regula exaustivamente o assunto. Recorde-se que a legislação anterior, Decreto-lei 2.627/1940, não fazia qualquer referência à figura do acionista controlador. Como bem assinalado por Modesto Carvalhosa,[22] o antigo diploma fundava-se "(...) em critério diverso, qual seja, o de acionista majoritário". E, prossegue o mestre "(...) para ele não criava responsabilidade específica". Destarte, até 1976, a questão do acionista controlador era estranha ao direito positivo brasileiro. Inegável, contudo, que, desde há muito, debates doutrinários já havia a este respeito. E, desde logo, impõe-se destacar a influência universal da obra de Berle e Means. No Brasil, imprescindível se recordar o estudo da lavra do Professor Fábio Konder Comparato, *O Poder de Controle na Sociedade Anônima*, o qual teve e continua tendo enorme influência na discussão desta temática.

28. A questão do controle parte da constatação óbvia de que há um núcleo de poder em toda sociedade comercial. Em se tratando de sociedades por ações, especialmente nas grandes corporações, este fenômeno apresenta nuanças e características próprias, bastante distintas daquelas encontradas em uma empresa familiar. É, pois, o controle societário, a possibilidade de um ou vários acionistas imporem sua vontade sobre os demais. Realmente, o conceito de controle está ligado à idéia de domínio e de exercício de poder. Assim, o legislador de 1976 abandonou definitivamente a idéia de posição majoritária e passou a prestigiar a idéia de controle. Conseqüentemente, o fato de se deter um percentual de ações com direito a voto, ainda que relevante, não significa, em princípio, nada. Isto porque, o conceito de controle não está ligado exclusivamente à idéia de participação majoritária. Para que haja controle, é indispensável que o detentor destas ações utilize efetivamente o poder que esta posição lhe confere. Tal conclusão dimana da mera leitura do 116 da Lei 6.404, de 15 de dezembro de 1976, *verbis*:

> Art. 116. Entende-se por acionista controlador a pessoa, natural ou jurídica, ou o grupo de pessoas vinculadas por acordo de voto, ou sob controle comum, que:
>
> a) é titular de direitos de sócio que lhe assegurem, de modo permanente, a maioria dos votos nas deliberações da assembléia geral e o poder de eleger a maioria dos administradores da companhia; e
>
> b) usa efetivamente seu poder para dirigir as atividades sociais e orientar o funcionamento dos órgãos da companhia.
>
> Parágrafo único. O acionista controlador deve usar o poder com o fim de fazer a companhia realizar o seu objeto e cumprir sua função social, e tem deveres e responsabilidades para com os demais acionistas da empresa, os que nela trabalham e para com a comunidade em que atua, cujos direitos e interesses deve lealmente respeitar e atender.

22. Modesto Carvalhosa, *Comentário à Lei das Sociedades Anônimas*, v. 2, p. 419.

29. Disto se infere que é condição para se qualificar como controlador: a) ser titular de direitos de sócio que lhe assegurem, de modo permanente, a maioria dos votos nas deliberações da assembléia geral e o poder de eleger a maioria dos administradores da companhia; e b) usar efetivamente seu poder para dirigir as atividades sociais e orientar o funcionamento dos órgãos da companhia. Isto posto, deve ficar claro que o controlador não é alguém estranho à vida da sociedade. Ao contrário. Para ser considerado controlador é necessário que este interfira diretamente na vida social. Com isto, o exercício de uma série de atividades *vis-à-vis* a companhia, por parte do controlador, é algo absolutamente natural. E, ressalte-se, ao assim agir, de forma alguma, o controlador realiza ato que o afasta de suas funções. Executa, isto sim, incumbência própria à sua condição. Não se desconhece que o acionista controlador pode praticar atos em desconformidade com o que lhe é legalmente exigido. Todavia, esta prática, a despeito de poder ser contrária ao direito, é regulada pela Lei 6.404/1976, através de seu art. 117.[23] Depreende-se do teor daquele texto legal que a prática de atos irregulares, por parte do controlador, representa exercício abusivo de seu poder de controle. E, sublinhe-se, aquele mesmo dispositivo discrimina as sanções cabíveis, para as hipóteses de seu desrespeito. Desse modo, em ocorrendo situações que podem se configurar como exercício abusivo do poder de controle, cabe aos legitimados requererem a respectiva indenização, ou, na hipótese de companhia aberta, cabe à Comissão de Valores Mobiliários proceder às apurações necessárias. Porém, não há espaço para qualificá-lo, automaticamente, como administrador de fato.

30. Outra situação bastante interessante refere-se à realidade que se encontra entre companhias submetidas ao mesmo controle societário. Como é sabido, atualmente, os grupos econômicos constituem-se por meio de várias sociedades. Este conjunto de sociedades representa um todo com interesses comuns. Foi possibilitado que estas sociedades se organizassem como grupo, obedecidas às exigências impostas pela lei societária. A organização do grupo traz uma série de conseqüências para as sociedades que a este aderem, conforme disponha a convenção. Deveras, o art. 266 da Lei 6.404/1976 estatui: "As relações entre as sociedades, a estrutura administrativa do grupo e a coordenação ou subordinação dos administradores das sociedades filiadas serão estabelecidas na convenção do grupo, mas cada sociedade conservará personali-

23. "Art. 117. O acionista controlador responde pelos danos causados por atos praticados com abuso de poder. § 1º. São modalidades do exercício abusivo de poder: a) orientar a companhia para fim estranho ao objeto social ou lesivo ao interesse nacional, ou levá-la a favorecer outra sociedade, brasileira ou estrangeira, em prejuízo da participação dos acionistas minoritários nos lucros ou no acervo da companhia, ou da economia nacional; b) promover a liquidação de companhia próspera, ou a transformação, incorporação, fusão ou cisão da companhia, com o fim de obter, para si ou para outrem, vantagem indevida, em prejuízo dos demais acionistas, dos que trabalham na empresa ou dos investidores em valores mobiliários emitidos pela companhia; c) promover alteração estatutária, emissão de valores mobiliários ou adoção de políticas ou decisões que não tenham por fim o interesse da companhia e visem a causar prejuízo a acionistas minoritários, aos que trabalham na empresa ou aos investidores em valores mobiliários emitidos pela companhia; d) eleger administrador ou fiscal que sabe inapto, moral ou tecnicamente; e) induzir, ou tentar induzir, administrador ou fiscal a praticar ato ilegal, ou, descumprindo seus deveres definidos nesta lei e no estatuto, promover, contra o interesse da companhia, sua ratificação pela assembléia geral; f) contratar com a companhia, diretamente ou através de outrem, ou de sociedade na qual tenha interesse, em condições de favorecimento ou não eqüitativas; g) aprovar ou fazer aprovar contas irregulares de administradores, por favorecimento pessoal, ou deixar de apurar denúncia que saiba ou devesse saber procedente, ou que justifique fundada suspeita de irregularidade. h) subscrever ações, para os fins do disposto no art. 170, com a realização em bens estranhos ao objeto social da companhia. § 2º. No caso da alínea *e* do § 1º, o administrador ou fiscal que praticar o ato ilegal responde solidariamente com o acionista controlador. § 3º. O acionista controlador que exerce cargo de administrador ou fiscal tem também os deveres e responsabilidades próprios do cargo."

dade e patrimônios distintos". Pela simples leitura do texto legal pode-se inferir que, por força da convenção de grupo, permite-se uma certa intromissão da controladora dentro da coordenada, facultando-se, inclusive, a coordenação ou subordinação dos administradores das sociedades filiadas. Disto dimana que, em havendo uma convenção de grupo, *ex-vi legis*, é tolerável, dentro de certos limites, um determinado nível de interferência dos administradores da sociedade de comando na administração das sociedades filiadas. Se a lei faculta esta intervenção, o administrador da sociedade de comando que agir dentro dos limites da lei a da convenção não pode ser qualificado como administrador de fato da sociedade filiada.

31. Entretanto, a despeito da lei prever a existência do grupo, muitos poucos optaram por se organizar como tal. Prefere-se manter uma estrutura informal. São os chamados conglomerados. Tais conglomerados não apresentam, formalmente, uma convenção. No entanto, é sabido que, nestes, cada sociedade não age de forma isolada. Há um determinado nível de coordenação das atividades. Pode-se até dizer que, não poucas vezes, parte das sociedades estão subordinadas a *holding*, sociedade controladora ou equivalente. Vê-se, pois, repetir o mesmo fenômeno que ocorre no grupo. Neste caso, porém, os limites de atuação de cada componente do conglomerado não se encontram previamente definidos em convenção. Além disso, a lei não faculta nenhum tipo de interferência como faz para os grupos de direito, nos termos do que dispõe o art. 265 da Lei 6.404/1976. Ora, conforme o nível de interferência que haja na gestão de uma sociedade controlada, o dirigente da controladora poderá estar desempenhando o papel de administrador de fato da primeira. Tome-se, um exemplo bastante expressivo disto, a saber: o diretor financeiro da *holding*. Freqüentemente, a gerência do caixa do conglomerado é centralizada e única. Enquanto o diretor financeiro da *holding* for diretor de todas as sociedades componentes do conglomerado, nada há de irregular. Porém, na medida em que o diretor financeiro da *holding* não for diretor das sociedades controladas e administrar-lhes o caixa, interferindo diretamente na gestão destas, pode-se estar diante de um administrador de fato, desde que se comprove presentes todos os traços característicos desta figura, conforme anteriormente explicado.

32. Uma terceira situação bastante interessante é aquela que se deparam sociedades que enfrentam situação financeira delicada. Não raro, os credores passam a interferir diretamente na vida desta sociedade. E, neste caso, conforme o nível de interferência, pode-se estar inclusive diante de um controle indireto. Entretanto, situação um pouco diferente pode ocorrer. A interferência dos credores dá-se, no mais das vezes, por intermédio da imposição de alguém, sem vínculo formal com a sociedade, que direciona alguma ou algumas atividades desta. É certo que, freqüentemente, esta pessoa apresenta todos os traços característicos de administrador de fato. Sendo assim, esta deverá ser considerada como tal. No entanto, deve-se diferenciar o administrador de fato de alguém que exerça simples fiscalização. Com efeito, se uma sociedade está inadimplente com suas obrigações e seus credores concedem um prazo maior para que esta regularize suas pendências, é legítimo e apropriado que estes fiscalizem a gestão. Até porque, com certa regularidade, a sociedade se obriga a tomar uma série de medidas tendentes a sua recuperação. Contudo, a fiscalização implica em atos de simples verificação e apontamento. Logo, enquanto o preposto dos credores estiver averiguando os atos de gestão, informando-os aos credores, não há falar-se em administrador de fato. Porém, se o preposto transbordar estes limites e passar a intervir diretamente na gestão da sociedade, este pode vir a se transformar em um administrador de fato, desde que, insista-se, presentes todos os traços necessários à caracterização da figura, nos termos do já declinado.

VIII — Conseqüências pelo exercício de poderes pelo administrador de fato

33. Incumbe, neste momento, perscrutar a respeito das conseqüências jurídicas que a administração de fato poderá trazer. E, de clareza meridiana que o administrador de fato se equiparara, em termos de responsabilidade, ao administrador de direito. Defender-se tese diversa desta — ou seja, que o administrador de fato não teria responsabilidades próprias de administrador, cabendo estas responsabilidades exclusivamente aos administradores de direito — seria um descalabro. Em verdade, por mais que se possa defender a necessidade da observância de um determinado nível de formalismo, esta submissão não pode ser cega, conduzindo a situações absurdas. No caso em estudo, ao se adotar uma linha extremamente formalista, de sorte a se concluir que somente aqueles que forem legalmente investidos respondem como administradores, pelos seus atos, em muitos casos, se estaria premiando fraude. Mais do que isto, se estaria incentivando a que companhias passassem a ter sua administração composta por fantoches, enquanto os verdadeiros dirigentes estariam a salvo de qualquer conseqüência adversa da respectiva gestão. Ora, é sabido que, hodiernamente, o direito, mais e mais vem privilegiado a essência, *vis-à-vis* a aparência. E nem poderia ser diferente. A formalidade não existe por si só. Ela tem uma certa finalidade. Desse modo e dentro deste contexto que a mesma deve ser analisada. Com efeito, a lei ao atribuir responsabilidade ao administrador da companhia não pretendeu atingir exclusivamente alguém que ostenta um determinado cargo. Evidentemente, ela pretendeu conferir responsabilidades àqueles que tem o poder de determinar os destinos do ente, àqueles que, como bem assinalado por Tavares Borba,[24] dão vida à sociedade, fazendo-a funcionar. Desse modo, aqueles que dirigem um determinado ente, determinando o destino deste, devem ser responsáveis pelos atos que praticam. Sublinhe-se que, para fins de responsabilidade, pouco importa se o administrador de fato foi conduzido a esta condição em virtude de atos culposos ou dolosos. Ostentando esta condição, o mesmo terá regime jurídico, em termos de responsabilidade, idêntico ao dos administradores de direito. A responsabilidade do administrador de fato, destaque-se, é reconhecida por toda a doutrina e jurisprudência. Reproduza-se, neste sentido, as palavras de Echegaray:[25] "Como se ha señalado precedentemente, la figura del administrador de hecho surge principalmente para extender quienes son calificados como tales la responsabilidad que la Ley establece para los administradores sociales. De otra forma, se produciría la absurda consecuencia de que quienes dirigen las sociedades con desprecio de las normas que regulan la administración de éstas, lograrían una impunidad contraria a la equidad y a los principios generales del derecho, escapando por esta vía a la sujeción al estatuto de los administradores y, conseguintemente, a las normas que regulan la responsabilidad. (...) Si los administradores de hecho actuán en la realidad como si fueran titulares del poder que la Ley sólo confiere a los que han sido legalmente designados, administrando la sociedad y adoptando resoluciones respecto del patrimonio de la misma, debe asumir, cuando menos, la misma responsabilidad que la Ley establece para los administradores de derecho".

34. Evidencia-se, pois, que o administrador de fato tem a mesma responsabilidade que o administrador de direito. Desse modo, no que se refere ao aspecto de responsabilidade civil haverá equivalência de regimes entre um e outro. Especialmente, no campo da falência, da Lei 6.024/1974 e legislação correlata. Indubitável, ainda, que o administrador de fato responde por infrações administrativas. Mormente no que

24. José Edwaldo Tavares Borba, *Direito Societário*, 8ª ed., p. 399.

25. Ob. cit., pp. 147-148.

concerne a infrações administrativas cujo poder de polícia é exercido pelo Banco Central do Brasil, com base na Lei 4.595/1964,[26] e pela Comissão de Valores Mobiliários, com estribo na Lei 6.385/1976. Porém, deve ficar vincado que as conclusões aqui alcançadas não necessariamente se aplicam ao Direito Penal, ramo do Direito portador de nuanças próprias. Adiante-se, tão-somente, que em países como a Alemanha ou Espanha a doutrina e jurisprudência penais ocupam-se do assunto, não havendo lá unanimidade no que concerne aos contornos do instituto, e as conseqüências jurídicas penais que tem sua presença no sistema de incriminação, como bem dá conta Percy García Cavero.[27]

IX — Conclusão

35. De todo o aqui exposto, forçoso é concluir que: a) o administrador de fato é fenômeno que se encontra nas sociedades comerciais em geral e nas sociedades por ações em particular; b) a figura do administrador de fato surge por intermédio da jurisprudência que procurava coibir a conduta daqueles que não assumiam a condição de administrador para se esquivar das conseqüências que este mister trazia, especialmente na órbita do Direito Falimentar; c) a jurisprudência brasileira apresenta numerosos casos relativos a esta matéria; d) para que alguém possa ser tido como administrador de fato é necessário que este não ocupe formalmente a posição de administrador de direito da sociedade. Além disso, é preciso que o mesmo: (i) realize uma atividade positiva; (ii) de direção, administração ou gestão; (iii) exercida com total independência; e (iv) de modo constante; e) várias são as possibilidades de alguém se tornar administrador de fato, dentre as quais: (i) nulidades na eleição; (ii) nulidades da investidura; (iii) não atendimento do eleito aos requisitos legalmente exigidos; (iv) funcionário de confiança que passa, paulatinamente, a exercer as funções de administrador; e (v) pessoas que, para se esquivar das responsabilidades, vinculam-se à companhia, de modo a não caracterizar, formalmente, sua condição de adminis-

26. No que se refere a este assunto, há um recente acórdão do Conselho de Recursos do Sistema Financeiro Nacional que, conquanto não aplique sanção, visto não comprovada a ocorrência da infração, de certa forma aponta para a imputabilidade do administrador de fato. Trata-se de acórdão proferido no julgamento do recurso 2.778, cujo teor é o seguinte: "Recurso de ofício; Recte.: Banco Central do Brasil; Recdo.: Tov Corretora de Câmbio Ltda. e Fernando Francisco Brochado Heller. *Ementa*: Recurso de ofício. Outorga de procuração a pessoas físicas para a prática de atos de gestão. Administrador de fato. Irregularidade não confirmada. Apelo a que se nega provimento. Acórdão/CRSFN 2693/99: Vistos, relatados e discutidos os presentes autos, decidem os membros do Conselho de Recursos do Sistema Financeiro Nacional, por unanimidade, negar provimento ao recurso de ofício, mantendo a decisão do órgão de primeiro grau no sentido de arquivar o processo em relação aos recorridos Tov Corretora de Câmbio Ltda. e Fernando Francisco Brochado Heller, ante a circunstância de que, promovida análise detalhada de cada ato praticado pelas pessoas cujos poderes foram outorgados via a procuração em causa, verificou-se não ter restado caracterizado o exercício de fato de administrador da instituição por parte dos mandatários".

27. Percy García Cavero, *La Responsabilidad Penal del Administrador de Hecho de la Empresa: Critério de Imputación*, p. 109, *verbis*: "En este sentido, por ejemplo, la jurisprudencia alemana se ha pronunciado sobre diversos supuestos de administración fática y en la doctrina penal especializada se han realizado estudios dirigidos a analizar la relevancia jurídico-penal de la figura del administrador de hecho y las consecuencias penales que tiene su presencia en el sistema de incriminación. No obstante, la mencionada variedad de los casos y la falta de estudios sistemáticos han impedido una solución al problema que cuente con el beneplácito de todos. En el Derecho penal español esta situación de falta de acuerdo sobre la responsabilidad de los órganos fáticos ha pretendido ser zanjada por el nuevo Código Penal. En su artículo 31 que regula el 'actuar en lugar de otro' y en varios otros artículos de la parte especial — concretamente en los denominados delitos societarios —, el Código Penal recoge la dualidad conceptual administrador de fato/administrador de hecho, dándole ambos conceptos, en principio, equivalencia normológica para los supuestos regulados en estas normas. Sin embargo, esta opción legislativa no acaba con las dudas y con las diferencias interpretativas. No solo no se determina con precisión qué se entiende por administrador de hecho, sino tampoco si su contenido ha de se interpretarse siempre en el mismo sentido para todos los delitos".

trador; f) o tema caducidade do mandato, no Brasil, não apresenta muita relevância do estudo do administrador de fato, vez que, a lei prorroga o prazo do mandato, até que empossado os novos administradores; g) o controlador é, de acordo com a lei brasileira, alguém que participa ativamente da vida da companhia. Portanto, esta participação ativa não pode ser tida como atividade própria de administrador, desde que respeitados os limites fixados pela lei; h) no caso de conglomerados, a intervenção do administrador da controladora na gestão da controlada, pode fazer com que este venha a se transformar em um administrador de fato; i) o preposto dos credores, só poderá vir a se considerado administrador de fato, na medida em que deixe de exercer suas funções de simples fiscalização e passe a intervir diretamente na gestão; j) o administrador de fato, na órbita civil e administrativa, tem idêntica responsabilidade que o administrador de direito.

Bibliografia

ABRIANI, Niccolò. *Gli Amministratori di Fatto delle Società di Capitali*. Milão, Dott. A. Giuffrè Editore, 1998.

BONELLI, Franco. *Gli Amministratori di Società per Azioni*. Milão, Giuffrè, 1985.

BRUNETTI, Antonio. *Tratado del Derecho de las Sociedades*. v. II, trad. Felipe de Solá Cañizares, Buenos Aires, Uteha, s/d.

CARVALHOSA, Modesto. *Comentário à Lei das Sociedades Anônimas*. vs. 2 e 3, São Paulo, Saraiva, 1997.

CAVERO, Percy García. *La Responsabilidad Penal del Administrador de Hecho de la Empresa: Critério de Imputación*. Barcelona, Bosch, 1999.

COELHO, Fábio Ulhoa. *Curso de Direito Comercial*. v. 2, 5ª ed., São Paulo, Saraiva, 2002.

COTTINO, Gastone. *Diritto Commerciale*. v. I, Pádua, CEDAM, 1976.

COZIAN, Maurice e VIANDIER Alain. *Droit des Sociétés*. 9ª ed., Paris, Litec, s/d.

ECHEGARAY, José Luis Díaz. *El Administrador de Hecho de las Sociedades*. Navarra, Aranzadi, 2002.

FERRI, Giuseppe. *Le Società*. Torino, Unione Tipografica, s/d.

MARTORELLI, Ernesto Eduardo. *Los Directores de Sociedades Anónimas*. 2ª ed., Buenos Aires, Depalma, 1994.

TAVARES BORBA, José Edwaldo. *Direito Societário*. 8ª ed., Rio de Janeiro, Renovar, 2003.

DEBÊNTURES SUBORDINADAS COM GARANTIA REAL E FALÊNCIA

GUILHERME RIZZIERI DE GODOY FERREIRA

1. Introdução. 2. Debêntures subordinadas e garantia real. 3. A execução dos créditos decorrentes de debêntures subordinadas. 4. Execução de garantias reais na falência. 5. Conclusão.

1. Introdução

Dentre as formas societárias admitidas no direito brasileiro destacam-se as sociedades anônimas de capital aberto, em razão da capacidade que têm de incrementar suas atividades por meio da captação de recursos no mercado de capitais. Tal captação, como se sabe, é feita por meio da emissão, para distribuição pública, de títulos e valores mobiliários, dentre os quais se incluem as debêntures.

As debêntures são valores mobiliários de emissão exclusiva de sociedades anônimas, representativos de frações de um empréstimo cujos termos e condições — definidos na assembléia geral[1] que deliberar sobre a emissão — constam da correspondente escritura de emissão. Cada debênture representa, assim, um crédito contra a sociedade emissora.

A Lei 6.404, de 15 de dezembro de 1976 ("Lei das S/A") faculta à companhia emissora definir, no momento da emissão, se o crédito representado pelas debêntures gozará ou não de garantias e que ocupará na ordem de preferência em caso de falência ou liquidação da companhia. Nos termos do art. 58 da Lei das S/A, quanto à subordinação a outros créditos ou à presença de garantia, as debêntures podem ser de quatro espécies: (i) com garantia real; (ii) com garantia flutuante; (iii) quirografárias; ou (iv) subordinadas, sendo admitida também a acumulação de garantias.

Chamam a atenção, todavia, as denominadas "debêntures subordinadas com garantia real", criação dos agentes de mercado que, aceita pela Comissão de Valores Mobiliários, acabou consagrada em diversas operações. Questões de relevo se colocam sobre esta espécie de debêntures, inclusive sobre a sua admissibilidade à luz da legislação vigente, tendo em vista que § 4º do art. 58 da Lei das S/A[2] dispõe que somente as debêntures sem garantia podem ser subordinadas.

Além disso, e apesar de serem escassas, senão inexistentes, as manifestações do Poder Judiciário sobre o assunto, divergên-

1. Em razão das alterações à Lei das S/A trazidas pela Lei 10.303, de 31 de outubro de 2001, nas companhias abertas, a emissão de debêntures simples, não conversíveis em ações e sem garantia real, pode ser deliberada pelo conselho de administração.

2. Art. 58, § 4º. A debênture que não gozar de garantia poderá conter cláusula de subordinação aos credores quirografários, preferindo apenas aos acionistas no ativo remanescente, se houver, em caso de liquidação da companhia.

cias existem sobre o tratamento a ser dado aos debenturistas e às garantias na hipótese de sobrevir a falência da emissora. Divergem as opiniões quanto à excussão das garantias e utilização dos recursos resultantes, principalmente quanto à ordem de pagamento dos credores.

Finalmente, uma dúvida geral se coloca quanto às debêntures subordinadas, sobre a possibilidade de cobrança dos valores devidos nos termos da escritura de emissão em ação executiva autônoma, e quanto às subordinadas com garantia real, sobre a possibilidade da excussão da garantia antes da declaração da falência.

2. *Debêntures subordinadas e garantia real*

A Lei das S/A distingue quatro espécies de debêntures, que podem ser: (i) com garantia real; (ii) com garantia flutuante; (iii) quirografárias; ou (iv) subordinadas. E o enquadramento da debênture em uma espécie não excluiria, em princípio, a possibilidade de seu enquadramento em outra, já que o legislador utilizou o operador lógico "ou" em sua modalidade conjuntiva, como se depreende do disposto no § 2º do art. 58 da Lei das S/A.[3]

Interessa-nos, por hora, a espécie subordinada, inovação trazida pela Lei das S/A em relação ao regime do Decreto 177-A, de 1893, que autorizava apenas a emissão de debêntures com garantia flutuante, acrescida ou não da garantia real. Esta espécie de debêntures criou uma nova categoria de crédito no direito nacional, não prevista inclusive na Lei de Falências: o crédito subquirografário ou subordinado, que prefere apenas aos acionistas no ativo remanescente, se houver, em caso de liquidação da companhia.

Trata-se, portanto, do crédito mais ordinário do ponto de vista do direito concursal, pois somente será pago, em caso de quebra, após a quitação de todas as demais obrigações da companhia falida. Com efeito, há autores que negam a própria natureza creditória dos direitos que decorrem das debêntures subordinadas, comparando-os ao direito dos acionistas de receberem o saldo do ativo social após a liquidação: "Ficam aqueles desvalidos debenturistas [titulares de debêntures subordinadas] equiparados aos acionistas que, na realidade, não tem qualquer direito de crédito, mas apenas de partilha sobre o espólio da sociedade, no caso da liquidação. Os acionistas não são credores para nenhum efeito. Ainda bem que a Lei de Falências, por força de recentes alterações no Código de Processo Civil, restaurou expressamente o direito dos debenturistas de requererem a falência da companhia emissora, como de resto já o aceitava, sem discussão, a jurisprudência. É o único direito que caberá a estes debenturistas párias. Retira-lhes a lei qualquer direito de recebimento em execução pela preferência de ordem acima referida".[4]

A fragilidade da posição dos debenturistas subordinados é comumente mitigada pela assunção, por parte da companhia emissora, de obrigação de não alienar ou onerar bens do seu ativo, devendo fazer constar a restrição do registro de propriedade de tais bens.[5] Ou pela inclusão de cláusula de garantia real.

Neste último caso, uma primeira questão a ser abordada é a própria possibilidade de serem emitidas debêntures subordinadas com garantia real, uma vez que a Lei das S/A dispõe que pode conter cláusula de subordinação aos credores quirografários "a debênture que não gozar de garantia".

A interpretação direta do texto legal não autoriza um entendimento favorável a

3. Art. 58, § 2º. As garantias poderão ser constituídas cumulativamente.

4. Modesto Carvalhosa, *Comentários à Lei de Sociedades Anônimas*, v. 1, 2ª ed., São Paulo, Saraiva, 1997, p. 571.

5. Alfredo Lamy Filho, *A Lei das S/A*, 2ª ed., Rio de Janeiro, Renovar, 1996, p. 232.

esta tese. Mas uma interpretação que considere os objetivos do legislador e sua preocupação em proteger o mercado de capitais e a poupança popular parece poder.

A Lei das S/A, como um todo, tem premente a proteção aos investidores que adquirem valores mobiliários no mercado, sejam eles acionistas, debenturistas ou titulares de quaisquer outros valores de emissão das sociedades por ações. Limita-se a capacidade das companhias de captarem recursos no mercado quando estas atingem um grau excessivo de alavancagem e sem manter a proporção entre os recursos próprios e os de terceiros,[6] não quando o fazem com o oferecimento de bastantes garantias.

Desta forma, parece não haver justificativa para impedir que a companhia emissora, por ato de vontade, outorgue garantias adicionais aos titulares de suas debêntures, ainda que estes tenham concordado em subordinar o recebimento de seus créditos ao pagamento dos credores quirografários, em caso de liquidação.[7] Aplica-se, todavia, o limite previsto para as emissões de debêntures com garantia real, de 80% do valor dos bens gravados, para que os debenturistas não sejam induzidos a acreditar que gozam da segurança da garantia real quando esta não oferece lastro suficiente para o pagamento da dívida.

Vale ressaltar que a outorga de garantia real em nada se confunde com a assunção, pela companhia emissora, da obrigação de não alienar ou onerar certos bens de seu ativo. Direito real de garantia é o que "confere ao seu titular o privilégio de obter o pagamento de uma dívida com o valor de um bem aplicado exclusivamente à sua satisfação",[8] ou seja, é o direito do credor de utilizar, sozinho, o produto da alienação ou renda do bem dado em garantia para receber seu crédito.

Não é esta a situação dos debenturistas que se valem do § 5º do art. 58 da Lei das S/A em emissão de debêntures subordinada. Não têm eles o direito de utilizar o produto dos bens gravados para serem pagos, apenas o de exigir que não sejam os mesmos alienados ou onerados.

3. A execução dos créditos decorrentes de debêntures subordinadas

Independentemente das eventuais garantias ou proteções que gozem os titulares de debêntures subordinadas, convém entender como farão valer seus direitos em caso de inadimplemento, pela companhia emissora, das obrigações assumidas na escritura de emissão.

Parte importante da doutrina entende que somente poderão os titulares das debêntures subordinadas ser pagos "depois de pagos os outros credores, ou mediante a concordância destes".[9] Tais debenturistas teriam um direito de crédito eventual, semelhante ao do acionista, e ser-lhes-ia vedado cobrar seus créditos mediante ação de execução contra devedor solvente pois tal procedimento desrespeitaria a ordem de preferência estabelecida na Lei das S/A.[10]

Este entendimento não encontra guarida no sistema jurídico pátrio. Aliás, parece que o mesmo decorre, justamente, da aplicação, a nosso ver equivocada, das regras da *subordinated debenture* do direito anglo-saxão.

De fato, nos sistemas de *common law*, subordinar um crédito a outro significa que, na ocorrência de determinados eventos,

6. Nesse sentido a proibição de realizar novos aumentos de capital antes de realizados três quartos, no mínimo, do capital social, ou a limitação das emissões de debêntures ao valor do capital social ou do patrimônio líquido.

7. Este é, também, o entendimento da Comissão de Valores Mobiliários, que tem autorizado, sem maiores questionamentos, a emissão de debêntures subordinadas com garantia real.

8. Orlando Gomes, *Direitos Reais*, 6ª ed., Rio de Janeiro, Forense, 1978, p. 270.

9. Wilson de Souza Campos Batalha, *Comentários à Lei das Sociedades Anônimas*, v. 1, Rio de Janeiro, Forense, 1977, p. 366.

10. Modesto Carvalhosa, ob. cit., p. 571.

denominados *subordination events*, fica o devedor proibido de pagar quaisquer valores ao credor subordinado, que também não pode recebê-los enquanto o crédito subordinador não for pago.

Todavia, o grau de subordinação é livremente acordado entre o credor e o devedor (ou é previsto no momento da constituição do débito, *ab initio*). Assim, a subordinação pode ser completa, isto é, o débito subordinado não pode ser pago até a quitação do crédito subordinador ou, num extremo oposto, aplicável somente em caso de falência do devedor,[11] sendo este o *event of subordination*.

É este último caso o previsto no direito pátrio. A Lei das S/A delimita, desde o início, o grau de subordinação das debêntures, esclarecendo que é aplicável somente na hipótese de liquidação da companhia emissora. E também não há que se falar em subversão da ordem de preferência do direito concursal[12] quando a companhia paga os debenturistas, caso contrário crédito algum poderia ser pago enquanto houvesse outros créditos privilegiados pendentes, o que inviabilizaria o funcionamento das companhias.

É possível, portanto, o pagamento das debêntures subordinadas ainda que a companhia possua outros credores. E faculta aos debenturistas, se assim os aprouver, cobrarem eventuais importâncias devidas por meio da ação executiva, já que as debêntures são, nos termos do art. 585, inc. I do Código de Processo Civil, títulos executivos extrajudiciais.

4. *Execução de garantias reais na falência*

A falência é o procedimento judicial mediante o qual se confrontam, num mesmo processo, um devedor em situação econômica que lhe impede de honrar pontualmente a totalidade de suas obrigações e todos os seus credores. Trata-se, portanto, de procedimento concursal e universal de execução, visando à satisfação, na maior medida possível, da totalidade das obrigações do devedor comerciante ou, modernamente, da empresa, enquanto unidade organizada para a atividade econômica.

Sendo um procedimento de execução, a falência é meio de satisfazer coativamente o direito dos credores, e realiza-se por meio da transferência de bens do patrimônio do devedor para os dos credores no tanto que baste para solverem-se as dívidas. Realiza-se tal transferência por meio da apreensão dos bens do devedor que, em hasta pública, se convertem em dinheiro, destinado a recompor o patrimônio dos credores lesados pelo inadimplemento.[13]

O pagamento dos credores, contudo, observa uma ordem prevista em lei, primordialmente no Decreto-lei 7.661, de 21 de junho de 1945 ("Lei de Falências"), mas também na Consolidação das Leis do Trabalho, no Código Tributário Nacional e em outras leis extravagantes.[14]

Apesar da acirrada discussão doutrinária existente quanto à classificação de determinados créditos (muitas vezes até por divergências quanto à sua natureza, como é o caso das indenizações trabalhistas), é aceita, *grosso modo*, a seguinte classificação:

(i) créditos trabalhistas;

(ii) créditos tributários e assemelhados;

(iii) créditos por encargos da massa;

(iv) créditos por dívidas da massa;

(v) créditos com direitos reais de garantia;

(vi) créditos com privilégio especial;

11. Reade Ryan Jr. e outros, *Subordination of Debt*.

12. V. item 4, abaixo, "Execução de garantias reais na falência".

13. Darcy Bessone, *Instituições de Direito Falimentar*, São Paulo, Saraiva, 1995, p. 7.

14. A própria Lei das S/A introduziu nova classe de créditos, ao permitir a subordinação dos debenturistas aos credores quirografários, quando prevista na escritura de emissão.

(vii) créditos com privilégio geral;

(viii) créditos quirografários;[15] e

(ix) créditos decorrentes de debêntures subordinadas.

Os credores são classificados conforme a natureza de seus créditos e não podem os de uma classe ser pagos até que todos os demais credores de classes que figurem em posição superior na ordem legal o sejam. Porém, dentro de uma mesma classe, concorrem os credores na proporção do valor de seus créditos, de acordo com o princípio da *par conditio creditorum*.

Os direitos de prelação dos credores, que determinam a ordem de pagamento de seus créditos, podem decorrer de privilégios ou de preferências. A rigor, os privilégios são direitos de prelação conferidos por lei a certos créditos, ao passo que as preferências decorrem de atos de vontade.

Os direitos reais de garantia são uma preferência, que decorre de um acordo expresso entre contratantes e aferra-se à coisa, acompanhando-a onde quer que esteja pois, segundo reza o art. 755 do Código Civil atualmente em vigor, "nas dívidas garantidas por penhor, anticrese ou hipoteca, a coisa dada em garantia fica sujeita, por vínculo real, ao cumprimento da obrigação".

Todavia, a força preferencial dos direitos reais de garantia, provinda do direito romano, foi cedendo terreno em face de créditos de outra natureza, como os créditos do erário público e os trabalhistas,[16] bem como as dívidas e encargos da massa falida. Permaneceu, contudo, o vínculo da coisa com a dívida, tanto que cada credor goza de preferência somente até o limite da respectiva garantia.

Assim, antes da promulgação da Lei das S/A, todos os credores titulares de créditos com direitos reais de garantia, "uma vez atendidos os superprivilégios dos trabalhadores e da Fazenda Pública e uma vez descontadas as custas e despesas de arrecadação, administração, venda, depósito ou comissão do síndico [e as dívidas e encargos da massa]", recebiam o produto dos bens que lhes asseguravam o pagamento, até o limite de tais bens.[17] E, se "não forem satisfeitos pelo produto dos bens gravados, concorrerão pelo saldo como quirografários, independentemente de qualquer requerimento ou outra providência".[18]

No entanto, apesar de ainda aplicar-se aos credores com garantia real em geral, tal procedimento não se aplica no caso dos credores titulares de debêntures subordinadas, ainda que gozem de garantia real. No caso destes, duas situações seriam possíveis, que examinaremos a seguir:

Por analogia, poder-se-ia supor que os debenturistas subordinados que gozassem de garantia real receberiam tratamento idêntico ao dos demais credores garantidos, adequando-se apenas o tratamento a ser dado ao saldo remanescente após a execução da garantia, se houver. Assim, os debenturistas receberiam o produto da garantia real juntamente com os demais credores que gozassem deste privilégio e, em havendo saldo, o receberiam somente depois de pagos os credores quirografários.

Esta mecânica desrespeitaria, contudo, o instituto da subordinação, conforme previsto na Lei das S/A. Como vimos acima, nos termos do art. do § 4º do art. 58 daquele diploma, a liquidação da companhia emissora das debêntures é o *event of subordination* por excelência e, como tal, sua simples ocorrência impede os titulares do crédito subordinado de receberem quaisquer pagamentos antes da quitação dos *senior credits*, os créditos em relação aos quais há subordinação.

15. Nelson Abrão, *Curso de Direito Falimentar*, 5ª ed., São Paulo, Ed. Universitária de Direito, 1997, pp. 247 a 260.

16. Rubens Requião, *Curso de Direito Falimentar*, 6ª ed., São Paulo, Saraiva, 1981, p. 288.

17. Wilson de Souza Campos Batalha e Silia Marina Lebate Batalha, *Falências e Concordatas — Comentários à Lei de Falências*, 2ª ed., São Paulo, LTr, 1996, p. 628.

18. Idem, ibidem.

Dessa forma, na ocorrência da falência, incidirá a cláusula de subordinação e ficará a garantia real prejudicada até o pagamento dos *senior credits*, devendo os bens gravados integrar a massa a ser liquidada. Somente assim efetivar-se-á a subordinação do crédito do debenturista, pois a garantia a que tinha direito será utilizada em benefício dos credores mais privilegiados.

Após o pagamento dos *senior credits*, os titulares das debêntures subordinadas com garantia real terão, até o limite dos bens gravados, preferência sobre outros debenturistas subordinados que não tenham tais garantias, concorrendo com estes pelo saldo caso o crédito exceda o valor dos bens onerados. E, por força de lei, terão todos os debenturistas privilégio sobre os acionistas da companhia no recebimento do ativo remanescente, se houver.

5. Conclusão

Como vimos, apesar do disposto no § 4º do art. 58 da Lei das S/A, a interpretação sistemática da mesma lei não nos autoriza a impedir que as debêntures subordinadas gozem de garantia real, tendo em vista a autonomia da vontade da companhia emissora e a proteção adicional que tal prática proporciona aos investidores. Nesse caso, contudo, haverá que se observar, para a emissão, o limite mais rígido previsto no diploma, qual seja, o das emissões de debêntures com garantia real, de 80% do valor dos bens gravados.

Numa tal emissão, o crédito dos titulares das debêntures poderá ser cobrado ainda que a companhia emissora possua outros credores o que, em geral, faz-se regra. Tal cobrança se faz por meio da propositura de ação executiva em caso de *default* e, no curso da referida ação, poderá e deverá o agente fiduciário, a quem cabe a legitimidade processual, excutir as garantias conferidas como forma de satisfazer o crédito dos debenturistas.

Haverá, contudo, subordinação a todas as demais dívidas caso sobrevenha esse o evento de subordinação previsto na Lei das S/A, qual seja, a liquidação da companhia emissora. Nesse caso, incidirá a cláusula de subordinação e ficará a garantia real prejudicada até o pagamento dos demais credores sociais, devendo os bens gravados nos termos da escritura de emissão integrar a massa a ser liquidada.

Pagos os credores quirografários e remanescendo parte do ativo social, os titulares das debêntures subordinadas com garantia real terão, até o limite dos bens gravados, preferência sobre outros debenturistas subordinados que não tenham tais garantias, concorrendo com estes pelo saldo caso o crédito exceda o valor dos bens onerados. No recebimento do restante do ativo, se houver, terão privilégio sobre os acionistas todos os debenturistas subordinados, tenham ou não garantia real.

A TEORIA DA EMPRESA NO NOVO CÓDIGO CIVIL — O FIM DA DISTINÇÃO ENTRE SOCIEDADES CIVIS E COMERCIAIS

THIAGO SPERCEL

I. Introdução. II. As diversas acepções da "empresa" e do "empresário". III. A caracterização do empresário no direito de empresa: III.1 Os profissionais intelectuais; III.2 O empresário rural e o pequeno empresário; III.3 As sociedades. IV. Principais conseqüências: IV.1 O registro das sociedades simples e empresárias — Lei 8.934, de 18.11.1994; IV.2 Valor probante dos livros e fichas de escrituração mercantil; IV.3 Legitimidade para falência e concordata. V. Conclusão.

I. Introdução

Muito embora a noção de comércio enquanto intermediação na relação de troca exista desde a antiguidade, o direito comercial, visto como conjunto de normas jurídicas, usos e costumes especiais, destinado a regular as atividades profissionais dos comerciantes e as relações jurídicas surgidas do exercício do comércio, tem sua origem no final da Idade Média, com o desenvolvimento do comércio marítimo e a crescente utilização da moeda. É nesse período que se dá o surgimento dos mercados e feiras, o fortalecimento das corporações e o aparecimento dos primeiros institutos e títulos comerciais.[1]

Nesse contexto, o direito comercial surge como o direito de amparo ao comerciante, vale dizer, assume o direito comercial o caráter *subjetivo e classista*, aplicável unicamente à classe dos comerciantes reunidos em corporações, independente da natureza das relações jurídicas por eles desempenhadas.

Com o espírito de igualdade defendido pela Revolução Francesa e com abolição dos privilégios de classe, surgiu o *Code de Commerce* francês, de 1807, que passou a definir comerciantes como "os que exercem *atos de comércio* e deles fazem profissão habitual".

Na mesma linha seguiu o Código Comercial brasileiro, de 1850,[2] ao dispor, em seu art. 4º, que "ninguém é reputado comerciante sem que faça da *mercancia* profissão habitual".

Passou o direito comercial, portanto, a assumir o caráter *objetivo* e ser aplicável não mais à classe dos comerciantes, mas aos *atos de comércio* e à *atividade da mercancia*, conceitos esses que todavia não tinham — nem nunca tiveram — definição clara conforme um critério exato ou científico.

1. Como, por exemplo, a letra de câmbio, o câmbio marítimo e o seguro marítimo.

2. Lei 556, de 25 de junho de 1850.

Em certas ocasiões, tanto na França[3] como no Brasil,[4] houve tentativas de definir os atos de comércio por determinação de lei, porém, logo se percebeu que as enumerações legais mostravam-se defeituosas e meramente exemplificativas, ficando a cargo da doutrina e da jurisprudência criar várias teorias que não esclareciam completamente o assunto.

Para a maioria dessas teorias, entendia-se por *atos de comércio* ou *atividade comercial* a série de atos conjuntamente considerados, praticados profissionalmente e com habitualidade, visando a circulação de mercadorias com o intuito de lucro. Em outras palavras, seriam requisitos indispensáveis à qualidade de comerciante e à atividade comercial: (i) a *intermediação*, consistente na atividade de intermediário entre o produtor e consumidor, ou dito de modo diverso, a interposição na efetivação da troca ou venda de mercadorias; (ii) a *especulação*, traduzida na atividade econômica com intuito de lucro; e (iii) a *profissionalidade*, que significa a prática habitual, coordenada e repetida dos atos do comércio.

Em função da referida dificuldade de caracterização e do desenvolvimento da economia moderna, o conceito de direito comercial baseado na figura do comerciante tem sido gradativamente substituído pelo direito empresarial, que regula as atividades das empresas e dos empresários.

Além disso, vale lembrar que o direito comercial e o direito civil são distintos ramos do direito privado, que, todavia, não se confundem. Não obstante, tem havido, nos últimos tempos, diversas tentativas de unificação do direito civil ao direito comercial num só diploma legal, preservando-se, contudo, as normas e princípios autônomos aplicáveis a cada um desses ramos.[5] São exemplos de tentativas de unificação o Projeto de Código de Obrigações, de 1965, e o Projeto de Código Civil, de 1975, sob a supervisão do Professor Miguel Reale, projeto esse convertido na Lei 10.406, promulgada em 10 de janeiro de 2002, a qual nesta exposição chamaremos, para facilidade de referência, "Novo Código Civil". Com a entrada em vigor do Novo Código Civil, foram revogadas a Lei 3.071, de 1 de janeiro de 1916 ("Código Civil de 1916") e a Parte Primeira da Lei 556, de 25 de junho de 1850 ("Código Comercial de 1850"), bem como derrogado o Decreto 3.708, de 10 de janeiro de 1919.

Além de unificar a matéria civil e comercial no mesmo diploma, o Novo Código Civil inovou em substituir o direito comercial e a teoria dos atos de comércio pelo direito de empresa constante em seu Livro II e pela mais moderna "teoria da empresa", já adotada e defendida internacionalmente.

Feitas essas explicações iniciais e sem a pretensão de esgotar o tema, a presente exposição pretende analisar as principais características da mencionada "teoria da empresa" e suas principais conseqüências, especialmente em função do Novo Código Civil, dentre elas o inegável fim da distinção entre as sociedades civis e comerciais.

II. As diversas acepções da "empresa" e do "empresário"

Embora muitos já tenham arriscado estabelecer uma definição precisa sobre o conceito de "empresa",[6] parece-nos ser o

3. *Code du Commerce*, arts. 632 e 633.

4. O art. 19 do Regulamento 737, de 25 de novembro de 1850, dispunha o seguinte: "Considera-se mercancia: § 1º. A compra e venda ou troca de efeitos móveis ou semoventes para os vender por grosso ou a retalho, na mesma espécie ou manufaturados, ou para alugar o seu uso; § 2º. As operações de câmbio, banco ou corretagem; § 3º. As empresas de fábricas, de comissões, de depósitos, de expedição, consignação, e transporte de mercadorias, de espetáculos públicos. § 4º. Os seguros, fretamentos, riscos e quaisquer contratos relativos ao comércio marítimo; e § 5º. A armação e expedição de navios".

5. Fran Martins, *Curso de Direito Comercial*, 23ª ed., Rio de Janeiro, Forense, 1999, p. 26.

6. O Professor italiano Cesare Vivante conceituava empresa como um organismo econômico que sob seu próprio risco recolhe e põe em atuação, sistematicamente, os elementos necessários para obter

Professor Alberto Asquini,[7] em obra traduzida e comentada pelo ilustre Professor Fábio Konder Comparato,[8] quem esclarece o assunto com maior sucesso. Compartilha do mesmo entendimento o Professor Sylvio Marcondes,[9] autor da Exposição de Motivos do Anteprojeto de Código das Obrigações, de 1965.

Segundo tais autores, sob o *aspecto econômico* é de fato possível estabelecer uma definição unitária da empresa, como sendo a organização de trabalho e capital que tem como fim a produção de bens ou serviços para a troca. Porém, sob o *aspecto jurídico*, o conceito de empresa é o conceito de um fenômeno econômico poliédrico, que assume não somente um, mas diversos perfis, segundo o fenômeno econômico e a norma jurídica a qual se refere.

Em primeiro lugar, o vocábulo "*empresa*" pode assumir um perfil *subjetivo*, como decorrência da figura do "*empresário*", titular da empresa, pessoa (física ou jurídica) que exerce, profissionalmente, de modo habitual e sistemático e em nome próprio, uma atividade econômica organizada, tendo por fim a produção ou a troca de bens ou serviços, organizando e coordenando fatores de produção e assumindo o risco técnico e econômico correlato. Nesse sentido, não é empresário quem exerce atividade econômica às custas e sob o risco de terceiros, como é o caso do representante ou do administrador. Também não é empresário quem presta um trabalho de caráter exclusivamente pessoal ou exerce profissão intelectual, a menos que sua atividade seja organizada sob a forma de atividade organizada de empresa.

O vocábulo também pode assumir o perfil *funcional*, enquanto *atividade econômica* destinada à produção ou circulação de bens ou serviços.

Além disso, importante mencionar o perfil *patrimonial* da empresa, que se reporta ao conceito de patrimônio especial e destacado do empresário, constituído pelo complexo de bens que o empresário se vale para o exercício de sua atividade empresária, também chamado de *estabelecimento*.

Também há, por fim, o perfil *corporativo* da empresa, segundo o qual a empresa é uma *instituição*, que se define pela organização de pessoas embasada em relações de hierarquia e cooperação entre seus membros, em função de um escopo comum. A empresa-instituição é formada pelo empresário e pelos empregados e colaboradores (dirigentes, funcionários e operários). Colocado de forma diversa, é uma pluralidade de pessoas ligadas entre si por relações individuais de trabalho com um fim individual, formando, contudo, um núcleo social organizado em função de um fim econômico comum. Nesse sentido, a organização se realiza através da hierarquia das relações entre o empresário, dotado do poder de mando, e seus colaboradores, sujeitos à subordinação e fidelidade em prol do interesse comum. Ressalte-se, contudo, que o reconhecimento de uma organização de pessoas como instituição não necessariamente significa sua personificação.

Como já mencionado anteriormente, o vocábulo "*empresa*", no mundo jurídico,

um produto destinado à troca. A combinação de fatores — natureza, capital e trabalho — que, associados, produzem resultados impossíveis de se obter caso fossem divididos, e o risco, que o empresário assume ao produzir nova riqueza, são segundo ele os requisitos indispensáveis a toda empresa. Já para o Professor Alfredo Rocco, também italiano, somente haveria empresa quando a produção é obtida mediante trabalho dos outros, ou, por outras palavras, quando o empresário recruta trabalho, o organiza, fiscaliza e retribui e o dirige para os fins da produção. Já nas lições de J. X. Carvalho de Mendonça, empresa é a organização técnico-econômica que se propõe a produzir, mediante a combinação dos diversos elementos, natureza, trabalho e capital, bens ou serviços destinados à troca, com a esperança de realizar lucros, correndo os riscos por conta do empresário, isto é, daquele que reúne, coordena e dirige esses elementos sob a sua responsabilidade.

7. Alberto Asquini, "Profili dell'impresa", in *Revista del Diritto Commerciale*, v. 41, I, 1943.

8. Fábio Konder Comparato, "Perfis da empresa", *Revista de Direito Mercantil* 104.

9. Sylvio Marcondes, *Questões de Direito Mercantil*, São Paulo, Saraiva, 1997.

assumirá um dos diversos perfis econômicos, conforme a situação fática e a norma legal a que se refira. A título exemplificativo, para esclarecimento dos conceitos acima reportados, podemos citar:[10]

(a) o art. 2º da Consolidação das Leis do Trabalho, ao estabelecer que "considera-se empregador a empresa individual ou coletiva que, assumindo os riscos da atividade econômica, admite, assalaria e dirige a prestação pessoal de serviços", claramente utilizou o vocábulo empresa sob o perfil do *empresário* empregador, seja ele pessoa física ou jurídica;

(b) o art. 448 da mesma Consolidação, por outro lado, ao estabelecer que "a mudança na propriedade ou na estrutura jurídica da empresa não afetará os contratos de trabalho dos respectivos empregados", utilizou o perfil *patrimonial* da empresa, enquanto estabelecimento; e

(c) o art. 165 da Constituição Federal, que diz que "a Constituição assegura aos trabalhadores: V — integração na vida e no desenvolvimento da empresa, com participação nos lucros e, excepcionalmente, na gestão, segundo for estabelecido em lei", reporta-se ao perfil *corporativo* da empresa, enquanto instituição.

As lições dos Professores Asquini e Comparato nos permitem afirmar que o vocábulo "empresa" não somente assume diversos significados nos diversos diplomas legais, como também entrou no Novo Código Civil com diversos perfis econômicos distintos, cabendo ao intérprete aclarar seu significado específico onde a palavra foi utilizada, por prática de linguagem ou por pobreza de vocabulário, de maneira imprecisa.

Nesse sentido, podemos elencar como exemplos de empresa sob o *perfil subjetivo do empresário* no Novo Código Civil os seguintes artigos, sem destaque no original:

> Art. 966. Considera-se *empresário* quem exerce profissionalmente atividade econômica organizada para a produção ou a circulação de bens ou de serviços. Parágrafo único. Não se considera *empresário* quem exerce profissão intelectual, de natureza científica, literária ou artística, ainda com o concurso de auxiliares ou colaboradores, salvo se o exercício da profissão constituir elemento de empresa; e

> Art. 931. Ressalvados outros casos previstos em lei especial, os *empresários* individuais e as empresas respondem independentemente de culpa pelos danos causados pelos produtos postos em circulação.

Do mesmo modo, exemplificamos casos do *perfil funcional* da empresa enquanto *atividade empresária* no Novo Código Civil, com nossa ênfase:

> Art. 974. Poderá o incapaz, por meio de representante ou devidamente assistido, continuar a *empresa* antes exercida por ele enquanto capaz, por seus pais ou pelo autor de herança. § 1º. Nos casos deste artigo, precederá autorização judicial, após exame das circunstâncias e dos riscos da *empresa*, bem como da conveniência em continuá-la, podendo a autorização ser revogada pelo juiz, ouvidos os pais, tutores ou representantes legais do menor ou do interdito, sem prejuízo dos direitos adquiridos por terceiros. § 2º. Não ficam sujeitos ao resultado da *empresa* os bens que o incapaz já possuía, ao tempo da sucessão ou da interdição, desde que estranhos ao acervo daquela, devendo tais fatos constar do alvará que conceder a autorização;

> Art. 1.085. Ressalvado o disposto no art. 1.030, quando a maioria dos sócios, representativa de mais da metade do capital social, entender que um ou mais sócios estão pondo em risco a continuidade da *empresa*, em virtude de atos de inegável gravidade, poderá excluí-los da sociedade, mediante alteração do contrato social, desde que prevista neste a exclusão por justa causa.

> Art. 1.155. Considera-se nome empresarial a firma ou a denominação adotada, de conformidade com este Capítulo, para o exercício de *empresa*.

10. Sylvio Marcondes, ob. cit.

Art. 1.172. Considera-se gerente o preposto permanente no exercício da *empresa*, na sede desta, ou em sucursal, filial ou agência.

Art. 1.178. Os preponentes são responsáveis pelos atos de quaisquer prepostos, praticados nos seus estabelecimentos e relativos à atividade da *empresa*, ainda que não autorizados por escrito; e

Art. 1.184. No Diário serão lançadas, com individuação, clareza e caracterização do documento respectivo, dia a dia, por escrita direta ou reprodução, todas as operações relativas ao exercício da *empresa*.

Também é possível localizar, no Novo Código Civil, o vocábulo "empresa" sob seu *perfil patrimonial de estabelecimento*, com destaques nossos:

Art. 978. O empresário casado pode, sem necessidade de outorga conjugal, qualquer que seja o regime de bens, alienar os imóveis que integrem o patrimônio da *empresa* ou gravá-los de ônus real.

Pode-se, inclusive, identificar o *perfil corporativo-institucional* da empresa no Novo Código Civil:

Art. 931. Ressalvados outros casos previstos em lei especial, os empresários individuais e as *empresas* respondem independentemente de culpa pelos danos causados pelos produtos postos em circulação.

III. A caracterização do empresário no direito de empresa

Para fins do Direito de Empresa constante no Livro II do Novo Código Civil, assim é caracterizada a figura do empresário:

Art. 966. Considera-se empresário quem exerce *profissionalmente atividade econômica organizada* para a produção ou a circulação de bens ou de serviços.

A definição da figura do empresário, dada em relação ao empresário pessoa física, para nós é importante para entender o conceito básico, e depois aplicar às sociedades, distinguindo-as em empresárias ou não-empresárias.

Em primeiro lugar, trata-se de *atividade econômica*, isto é, atividade referente à criação de riquezas, bens ou serviços, de modo que aquele que exerce qualquer atividade que não seja econômica com o fim de produzir riquezas não é empresário.

Em segundo lugar, deve a atividade ser *organizada*, em outras palavras, atividade em que se coordenam e organizam os diversos fatores da produção: trabalho, natureza e capital.

Finalmente, deve ser uma atividade *profissional*, ou seja, dotada de habitualidade e sistemática em sua prática, e realizada em nome próprio.

III.1 Os profissionais intelectuais

Há, porém, pessoas que exercem profissionalmente uma atividade criadora de bens ou serviços, mas não devem e não podem ser consideradas empresárias. Isto é o que vem disposto no parágrafo único do art. 966 acima citado:

Art. 966, parágrafo único. Não se considera empresário quem exerce *profissão intelectual, de natureza científica, literária ou artística*, ainda com o concurso de auxiliares ou colaboradores, *salvo se o exercício da profissão constituir elemento de empresa*.

Nesse sentido, à atividade do profissional intelectual acima referida falta o elemento de organização de fatores, já que a atividade mental criativa é a base de toda sua atividade. Portanto, não podem, embora sejam profissionais e produzam bens ou serviços, ser considerados empresários, exceto se organizarem os fatores de produção (trabalho, capital e pessoas) em empresa e assumirem a veste de empresários.

Parece um exemplo claro, segundo o Professor Sylvio Marcondes,[11] a posição do médico, que, quando opera, faz diagnóstico ou presta consultas, está prestando um serviço resultante de sua atividade intelec-

11. Sylvio Marcondes, ob. cit.

tual e, por isso, não é empresário. Entretanto, se ele organiza fatores de produção, isto é, une capital, trabalho de outros médicos, enfermeiros e ajudantes, e se utiliza de imóvel e equipamentos para a instalação de um hospital, então o hospital é a empresa e o dono ou titular desse hospital, seja pessoa física ou jurídica, será considerado empresário, porque está organizando fatores de produção para produzir serviços.

III.2 O empresário rural e o pequeno empresário

O Novo Código Civil estabelece o tratamento *facultativo* de empresário ao empreendedor rural, uma vez que, segundo o art. 907, "*pode* o empresário requerer inscrição no Registro Público de Empresas Mercantis da respectiva sede, caso em que ficará equiparado, para todos os efeitos, ao empresário sujeito a registro".

Além disso, considerando a vastidão territorial e as diversidades regionais, entenderam os legisladores pátrios, no art. 970 do Código Civil — 202, destinar tratamento diferenciado ao empresário rural e o pequeno empresário, dispondo que "a lei assegurará tratamento favorecido, diferenciado e simplificado ao empresário rural e ao pequeno empresário, quanto à inscrição e aos efeitos daí decorrentes". Ressalte-se que estamos aqui diante de norma aberta, cuja implementação dependerá de normas jurídicas acessórias a serem emitidas pelo Departamento Nacional de Registro do Comércio — DNRC.

III.3 As sociedades

Chegamos, finalmente, ao ponto central da presente exposição: a nova forma de classificação das sociedades. Para fins de uma melhor compreensão, propomo-nos a classificar as sociedades quanto à forma de organização de sua atividade, em primeiro lugar, e quanto ao seu tipo jurídico, depois. A redação do Novo Código Civil parece utilizar, inadvertidamente, o vocábulo "*sociedade simples*" em ambos os critérios de classificação, como se sinônimos fossem. Para fins desta exposição, entretanto, passaremos a utilizar "*sociedades simples*" para nos referir ao tipo jurídico, e "*sociedades não-empresárias*", para as sociedades que não se organizam sob a forma de empresa.

(a) *quanto à forma de organização da atividade*:

Na vigência do Código Civil de 1916, classificavam-se as sociedades em "*comerciais*" ou "*civis*", conforme realizassem atividades de comércio ou da mercancia, no primeiro caso e, por exclusão, todas as demais atividades no segundo caso, exceção feita às sociedades por ações, que era considerada mercantil independente de seu objeto (art. 2º, § 1º da Lei 6.404, de 15 de dezembro de 1976, conforme posteriormente alterada).

Com a entrada em vigor do Novo Código Civil, ficou extinta a classificação das sociedades entre "*civis*" e "*comerciais*". Nesse sentido, Miguel Reale,[12] na Exposição de Motivos de 1975, afirma que "o tormentoso e jamais claramente determinado conceito de 'ato de comércio', é substituído pelo de 'empresa', assim como a categoria de 'fundo de comércio' cede lugar à de 'estabelecimento'. Fica superada de vez a categoria imprópria, ora vigente, de 'sociedade civil de fins econômicos', pois, no âmbito do Código Civil unificado, são civis tanto as associações como as sociedades, qualquer que seja a forma destas. Distinguem-se apenas as sociedades em simples ou empresárias, de conformidade com o objetivo econômico que tenham em vista e o modo de seu exercício".

Passam as sociedades a serem classificadas, quanto à forma de sua organização, em "*empresárias*" e "*não-empresárias*", independente de seu tipo jurídico,[13] conforme segue com nossos grifos:

12. Miguel Reale, *Exposição de Motivos do Supervisor da Comissão Revisora e Elaboradora do Código Civil*.

13. Miguel Reale, ob. cit.

Art. 982. Salvo as exceções expressas, considera-se *empresária* a sociedade que tem por objeto o *exercício de atividade própria de empresário* sujeito a registro (art. 967); e, *simples, as demais.*

Parágrafo único. Independentemente de seu objeto, considera-se empresária a sociedade por ações; e, simples, a cooperativa.

Percebe-se, portanto, que as noções de "*empresa*", "*atividade empresária*" e "*empresário*" passaram a classificar as sociedades quanto à forma de sua organização em "*empresárias*", de um lado, e "*não-empresárias*", de outro, conforme tenham sua atividade organizada para produção de bens ou serviços, com a coordenação dos fatores da produção, e dotada de habitualidade e sistemática.

Nota-se, também, que além de manter a exceção das sociedades por ações enquanto sociedades empresárias independentes de seu objeto, o Novo Código Civil também excepcionou as sociedades cooperativas, que serão sempre não-empresárias, não importa sua atividade e forma de organização.

(b) *quanto ao tipo jurídico*:

Sob o regramento da Lei anterior, os principais tipos jurídicos adotados pelas sociedades eram a sociedade em nome coletivo, a sociedade em comandita simples, a sociedade de capital e indústria, a sociedades em conta de participação, a sociedade por quotas de responsabilidade limitada, a sociedade anônima, a sociedade em comandita por ações e a sociedade cooperativa, podendo qualquer uma delas, por força do art. 1.364 do Código Civil de 1916, exercer tanto a atividade civil como a comercial, exceção feita às a sociedade anônima e à sociedade em comandita por ações, que assumiam a qualidade de sociedades mercantis independente de sua atividade.

Com o advento do Novo Código Civil, a matéria passou a ser regulada de forma diversa, aqui reproduzida:

Art. 983. A sociedade empresária deve constituir-se segundo um dos tipos regulados nos arts. 1.039 a 1.092; a sociedade simples pode constituir-se de conformidade com um desses tipos, e, não o fazendo, subordina-se às normas que lhe são próprias.

Parágrafo único. Ressalvam-se as disposições concernentes à sociedade em conta de participação e à cooperativa, bem como as constantes de leis especiais que, para o exercício de certas atividades, imponham a constituição da sociedade segundo determinado tipo.

De acordo com o artigo acima reproduzido, a sociedade que exerce atividade empresária pode se revestir dos tipos jurídicos regulados no arts. 1.039 a 1.092, que são, *a sociedade em nome coletivo, a sociedade em comandita simples, a sociedade limitada, a sociedade anônima e a sociedade em comandita por ações.*

De modo diverso, a sociedade não-empresária pode também constituir-se de acordo com um desses tipos jurídicos elencados nos arts. 1.039 a 1.092 (*a sociedade em nome coletivo, a sociedade em comandita simples, a sociedade limitada, a sociedade anônima e a sociedade em comandita por ações*), porém, em não o fazendo, subordinar-se-á às normas de *sociedades de tipo jurídico simples.*

As principais conclusões lógicas a que chegamos diante de tais afirmações são as seguintes:

(a) as sociedades empresárias não podem assumir o tipo jurídico de sociedades simples nem tampouco de cooperativas, sendo-lhes facultados todos os demais tipos;

(b) as sociedades não-empresárias podem adotar qualquer tipo jurídico, incluindo o de sociedade simples e cooperativa; e

(c) as sociedades não-empresárias, ao adotarem os tipos de sociedades por ações ou em comandita por ações, por força de lei, perderão sua característica de não-empresárias e passarão a ser consideradas sociedades empresárias, com as conseqüências daí advindas.

Vale mencionar, também, que não existe mais previsão acerca da sociedade de capital e indústria anteriormente prevista no Código Civil de 1916, sendo lícito, portanto, concluir pela extinção do referido tipo jurídico.

Caso interessante é o das sociedades de advogados, que são sociedades profissionais regidas por lei especial (Lei 8.906, de 4 de junho de 1994) e estatuto próprio, lei essa que estabelece a necessidade de constituição sob o tipo jurídico de sociedade civil de prestação de serviço de advocacia.

Estamos nesse caso diante da exceção prevista no art. 983, parágrafo único, do Novo Código Civil, que ressalva somente o *tipo jurídico* da sociedade, sem se reportar ao objeto, atividade ou forma de organização. É permitido concluir, em princípio, que as sociedades de advogados, muito embora devam conservar seu tipo jurídico previsto na Lei 8.906, poderão — e deverão — ser classificadas como *empresárias* ou *não-empresárias*, conforme tenham sua atividade organizada para produção de bens ou serviços, com a coordenação dos fatores da produção, e dotada de habitualidade e sistemática.

Todavia, mesmo que empresária, por força do disposto no art. 19, §§ 1º e 2º da Lei 8.906, de 4 de junho de 1994, a sociedade de advogados não se vinculará ao Registro de Empresas das Juntas Comerciais ou ao Registro Civil das Pessoas Jurídicas, mas efetuará o registro de seus atos constitutivos no Conselho Seccional da Ordem dos Advogados do Brasil em cuja base territorial tiver sede. Ficará, entretanto, obrigada pelas demais obrigações dos empresários, como, por exemplo, a escrituração e contabilidade e terá, eventualmente, legitimidade para falência, concordata e reorganização judicial, conforme discutido no item IV.3, abaixo.

IV. Principais conseqüências

IV.1 O registro das sociedades simples e empresárias — Lei 8.934, de 18.11.1994

Na vigência do sistema anterior, o registro dos atos constitutivos e demais documentos das *sociedades comerciais*, para garantia da oponibilidade a terceiros, era regulado pela Lei 8.934, de 18 de novembro de 1994, conforme regulamentada pelo Decreto 1.800, de 30 de janeiro de 1996, que determinava que o registro público de empresas mercantis e atividades afins seria exercido pelo *Departamento Nacional de Registro do Comércio* (com funções coordenadora e supervisora) e pelas *Juntas Comerciais* (com função executora).

Apesar de a Lei 8.934 e o Decreto 1.800 terem recepcionado a teoria da empresa ao se referirem não mais ao "*registro do comércio*", mas sim ao "registro público de *empresas mercantis*", tal recepção foi feita de maneira bastante tímida e pouco eficiente,[14] uma vez que ainda fica evidente a necessidade da existência da "*mercancia*" — atividade do comerciante — para se proceder com o registro nos termos daquela Lei e Decreto.

No sentido oposto, ficava a cargo dos Cartórios de Registro de Pessoas Jurídicas o registro das sociedades que desempenhassem atividades "*civis*", ou seja, por exclusão, não-comerciais.[15]

Vem agora o Novo Código Civil dispor de modo diverso, como se lê a seguir:

> Art. 1.150. O *empresário e a sociedade empresária vinculam-se ao Registro Público de Empresas Mercantis a cargo das Juntas Comerciais*, e a *sociedade simples ao Registro Civil das Pessoas Jurídicas*, o qual deverá obedecer às nor-

14. Em que pese a opinião de Jorge Rubem Folena de Oliveira, em "Desenvolvimento da teoria da empresa — Fim da distinção entre sociedades civis e comerciais", in *Revista de Direito Mercantil*, p. 37.

15. Art. 114 da Lei 6.015/1973.

mas fixadas para aquele registro, se a sociedade simples adotar um dos tipos de sociedade empresária.

Fica, portanto, definitivamente esclarecido que não é mais a atividade do comércio que define o órgão competente para efetuar os registros das sociedades, mas sim a *atividade empresária*. Desta maneira, para fins de registros dos documentos societários, não existe mais a distinção entre sociedades civis e comerciais, mas somente entre sociedades empresárias e não-empresárias (ou simples, conforme a terminologia da Lei).

Por oportuno, cumpre-nos esclarecer que a atividade empresária engloba a atividade comercial, mas a ela não se limita. O ato empresarial é muito mais amplo que o ato do comércio por envolver qualquer atividade produtiva relacionada à circulação de bens e serviços de forma organizada e profissional, e não somente a intermediação na compra e venda de mercadorias. Por esse motivo, existe um sem número de sociedades civis, atualmente registradas em Cartórios Civis de Registro de Pessoas Jurídicas, que são organizadas como empresas e que, portanto, deverão passar a manter seus registros perante as Juntas Comerciais. Esse é o caso, por exemplo, de todas as sociedades prestadoras de serviços não regulamentados, incluindo as prestadoras de serviços administrativos para terceiros, de transporte de valores, cargas e passageiros, de administração de cartões de crédito e meios de pagamentos, de beneficiamento de materiais, de processamento de dados, entre muitas outras.

As sociedades civis que tiverem seus atos registrados junto aos Cartórios Civis de Registro de Pessoas Jurídicas, e que se enquadrarem no conceito de empresa acima apresentado, terão o prazo de um ano, a partir da entrada em vigor do Novo Código Civil, para escolher um dos tipos jurídicos empresárias e adaptar seus estatutos e contratos sociais[16] — o que inclui a migração para a Junta Comercial competente.[17] Caso, entretanto, decidam implementar qualquer modificação de seus atos constitutivos ou registrar outro ato societário antes disso, terão de antecipar tal prazo e imediatamente adaptar seus estatutos e contratos sociais, o que inclui a migração para a Junta Comercial competente.[18]

Por fim, somos da opinião de que nem a Lei 8.934/1994 nem o Decreto 1.800 foram revogados com a entrada em vigor do Novo Código Civil. O Novo Código apenas aumentou o espectro de abrangência dos referidos normativos, que continuam vigentes para regular o registro público de todas as empresas — e não somente empresas mercantis — bem como a organização e funcionamento do DNRC e Juntas Comerciais. Nova regulamentação sobre o tema deverá ser emitida pelo DNRC em breve.

IV.2 Valor probante dos livros e fichas de escrituração mercantil

Nos termos do Código Comercial de 1850 e regulamentação correlata, os comerciantes eram obrigados a manter regulares sua escrituração e contabilidade, seguindo certas formalidades prescritas por lei. Obedecidas tais formalidades, os livros e fichas de escrituração mercantil eram dotados de valor probante pleno em favor do comerciante, e merecedores de fé pública.[19]

Agora, a obrigação de escrituração e contabilidade passa a se aplicar a todas as empresas e empresários, nos termos dos

16. Art. 2.031 do Novo Código Civil.

17. A migração dos registros para as Juntas Comerciais implicará na redução de despesas e burocracias, na medida em que nas Juntas Comerciais as taxas de arquivamento são fixas, admitem-se documentos lavrados sob a forma sumária e não se requer o reconhecimento de assinaturas, ao passo em que os Cartórios de Registro Civil das Pessoas Jurídicas cobram suas taxas com base no valor do documento e não admitem documentos lavrados na forma sumária e sem reconhecimento de assinaturas.

18. Art. 2.033 do Novo Código Civil.

19. Art. 23 do Código Comercial de 1850 e art. 8º do Decreto-lei 486, de 3.3.1969.

arts. 1.179 a 1.195 do Novo Código Civil. Não se conservou, todavia, a previsão quanto ao valor probante pleno e a fé pública de tais livros e fichas de escrituração mercantil, cabendo a indagação se a partir de agora o empresário gozará de valor probante e fé pública em seus documentos.

IV.3 Legitimidade para falência e concordata

Para fins da Lei 7.661, de 21 de junho de 1945, que atualmente regula os institutos da falência e das concordatas preventiva e suspensiva, somente podem ser considerados falidos os comerciantes regulares (e pessoas equiparadas por Lei) e os de fato. Por sua vez, somente podem impetrar concordata os comerciantes (e pessoas equiparadas por Lei) que comprovem sua condição de comerciante regular, por meio da exibição dos livros e documentos comerciais, revestidos das formalidades legais de registro. A insolvência das pessoas e sociedades não comerciantes se sujeita ao processo de insolvência civil regulado no Código de Processo Civil (arts. 748 a 786).

Com a nova teoria da empresa do Novo Código Civil, caíram em desuso os conceitos de comerciante e sociedades comerciais, com a substituição pelos conceitos de empresários e empresas, que passaram até mesmo a estar obrigados a manter escrituração e contabilidade dotados de formalidades especiais.

O Projeto de Lei 4.376/1993, com suas emendas e subemendas aglutinativas, pretende recepcionar a teoria da empresa na legislação falimentar, apesar de não estar em completa sintonia com a linguagem do Novo Código Civil.[20] Para o mencionado projeto de lei, aplicar-se-iam a recuperação judicial e a falência às "sociedades comerciais e civis de fins econômicos".

Todavia, o referido Projeto de Lei 4.376/1993 ainda se encontra em processo de discussão e votação no Congresso Nacional, sem previsão para sua promulgação e entrada em vigor. Nesse entretempo, resta à doutrina e jurisprudência definir como se dará a aplicação dos procedimentos falimentares e/ou de insolvência às pessoas e sociedades que exercem atividades empresárias, porém não comerciais. Quanto aos comerciantes, dúvidas não há, continuam seguindo a Lei 7.661, de 21 de junho de 1945. No que diz respeito às pessoas e sociedades não comerciantes, continua a se aplicar a insolvência civil do Código de Processo Civil. No entanto, a situação dos empresários não comerciantes, como é o caso dos prestadores de serviço, aguarda uma definição. Caberá aos operadores do Direito, enquanto nova legislação não entrar em vigor, equiparar o empresário não comerciante ao comerciante para o fim específico da elegibilidade à falência e concordata, com base na teoria da empresa adotada pelo direito privado brasileiro.

V. Conclusão

Em linha com a tendência mundial, veio em bom momento a alteração da legislação brasileira para recepcionar a teoria da empresa no Novo Código Civil, em substituição à já defasada e sempre confusa teoria dos atos de comércio. Como todo processo de mudança, no entanto, tal substituição causará, num momento inicial, dúvidas e incertezas que deverão ser esclarecidas por legislação complementar, bem como pela doutrina e jurisprudência. Acima de tudo, espera-se das autoridades judiciais e administrativas brasileiras e de todos os operadores do Direito bom-senso ao tratar das opiniões ainda não sedimentadas.

20. O Projeto Lei 4.376/1993 utiliza conceitos defasados de *sociedades comerciais* e *civis de fins econômicos*, enquanto deveria utilizar a terminologia de sociedades *empresárias* e *sociedades simples*.

AS DELIBERAÇÕES SOCIAIS NAS SOCIEDADES POR QUOTAS DE RESPONSABILIDADE LIMITADA NO NOVO CÓDIGO CIVIL BRASILEIRO

SERGIO PEREIRA CAVALHEIRO
e
CLAUDIA BACCARELLI D'ELIA

Decreto 3.708/1919. Novo Código Civil. Conclusão. Bibliografia.

Sabido que a atual Lei Civil, seguindo o que há tempos ocorre em Ordenamentos outros (italiano etc.), englobou o "Direito de Empresa" e, ao fazê-lo, instituiu regramentos diversos às sociedades objeto deste trabalho, derrogando, por conseguinte, o Decreto 3.708/1919.

Das mudanças trazidas pela Lei 10.406/2002 às limitadas muito tem se falado, entretanto, cremos que as abordagens têm ocorrido sem foco, não atingindo o cerne dos efetivos problemas contidos na novel legislação. Pontos vitais, que influem crucialmente no dia-a-dia das sociedades por quotas de responsabilidade limitada, como se dá, *v.g.*, na questão das deliberações sociais, acabaram preteridos por questões de somenos.

No que tange a este aspecto (decisões nas sociedades por quota de responsabilidade limitada), o Novo Código Civil trouxe inovações, chegando mesmo a instituir, como veremos ao longo deste trabalho, nova forma de maioria, sendo certo que esta não guarda relação com o capital social.

Para melhor elucidar o tema, faremos breve análise do modo das deliberações sociais sob a égide do Decreto 3.708/1919 e, após, passaremos à apreciação da Lei 10.406/2002.

Decreto 3.708/1919

O Texto de Lei em questão não previa, expressamente, o feitio das deliberações sociais, deixando abertura para que o tema fosse tratado no contrato social.

Cediço, entrementes, que as decisões eram tomadas por maioria, calculada esta sobre o capital social. De resto, esta foi a maneira aclamada na prática, pelos contratos sociais, doutrina, jurisprudência e legislação superveniente (*v.g.*, Lei 8.934/1994, art. 35, VI).

Assim, se deixou de lado, a partir de 1919, as decisões por unanimidade, com o fito não só de atender aos anseios da sociedade, e, ainda, a boa convivência dos quotistas.

Destarte, nos era possível vislumbrar na vigência do Decreto 3.708/1919 duas espécies de maioria (calculadas sempre com base no capital social): (i) *maioria absoluta*, sendo esta a consistente em mais da metade da totalidade do capital; e (ii) *maioria simples*, consubstanciada na maior parte do capital dos quotistas presentes ao ato deliberatório.

Vemos, então, que o tratamento do tema era deveras simplório, ficando a cargo dos interessados, por permissão do legislador, versar sobre a questão como melhor lhes aprouvesse, até porque inexistia determinação legal, estatuindo quórum qualificado para a tomada de decisões sociais. Logo, salvo se os sócios entendessem proveitosa ou necessária outra forma, os atos eram aprovados, sempre, pela metade mais um do capital social.

Novo Código Civil

A recém-chegada Lei Civil, de seu turno, entre os arts. 1.071 e 1.080, nos oferta roupagem diversa às deliberações dos sócios na exata medida em que impede a ampla liberdade até então existente e mencionada no tópico precedente.

Antes de ingressarmos propriamente no tema, abrimos parêntese para dizer que o tipo societário ora tratado passou a ser denominado, no texto vigente, de "sociedades limitadas", em detrimento da terminologia "sociedade por quotas de responsabilidade limitada", em que pese inexistir qualquer mudança concernente à responsabilidade dos sócios, que continua a ser, após a integralização, apenas pelo montante das suas respectivas quotas.

Sobrepondo a questão da nominação empregada, que de resto não importa em quaisquer conseqüências, cumpre mencionar que o *caput* do art. 1.072 estatui que as resoluções serão tomadas em reunião ou assembléia e por maioria de votos, contada esta segundo o valor das quotas dos votantes. Por sua vez, o § 1º do aduzido artigo fixa ser obrigatória a tomada de decisão em assembléia, caso a sociedade limitada tenha mais de 10 (dez) sócios.

Desta feita, temos que, hodiernamente, para sociedade com até 10 (dez) sócios, as deliberações, necessariamente, devem ser feitas por reunião ou assembléia de quotistas (dependendo do que dispuser o contrato). Caso existam 11 (onze) ou mais sócios, impreterivelmente, decidir-se-ão os assuntos sociais em assembléia.

Deixa-se, entretanto, de aplicar o disposto no citado art. 1.072 e respectivo § 1º quando todos os sócios decidirem por escrito sobre a matéria que seria tratada em reunião ou assembléia (art. 1.072, § 3º). Nesta hipótese, o instrumento de alteração do contrato social, assinado por todos os quotistas, viria dispensar a formalidade exigida pelo *caput* e § 1º do dispositivo legal em tela.

Entendemos, contudo, cabível parêntese para afirmar que, a despeito do contido na letra do art. 1.072 e seus §§ 1º e 3º, a interpretação sistemática do Livro II, Título II, Subtítulo II, Capítulo IV, Secção V da Lei 10.406/2002 leva à conclusão que é imprescindível a realização, em todas as sociedades por quotas de responsabilidade limitada, ao menos uma vez por ano, de assembléia de sócios, para o específico fim de: I) tomar a conta dos administradores, deliberar sobre o balanço patrimonial e o de resultado econômico; II) designar, se for o caso, administradores; e III) versar sobre outras matérias por ventura postas em pauta.

Note-se que, por ocasiões, não teremos assembléia anual para tratar sobre as matérias dos aludidos itens II e III supradestacados, entretanto, não há como se escapar da tomada de contas dos administradores, tampouco da deliberação sobre balanço patrimonial e de resultado econômico, da exata maneira que ocorre nas anônimas.

Antes de passarmos a outros aspectos contidos no tema deste trabalho, achamos oportuno sobressaltar que o legislador não foi feliz ao estabelecer obrigatoriedade de deliberações em assembléia nas sociedades com mais de dez sócios.

Fazemos esta assertiva com base na explicação do eminente jurista Miguel Reale, que, na edição de 15 de fevereiro de 2003, p. A2, de *O Estado de São Paulo*, deixou claro, em seu artigo "Invencionices sobre o Código Civil", que a assembléia deve existir nas sociedades de grande porte, vultuosa projeção econômica, posto que estas necessitam de maior controle de seus atos e mais formalidades, tal como ocorre com as sociedades anônimas.

Concessa maxima venia, ousamos discordar do Professor Reale quanto a este aspecto, vez que a quantidade de sócios que integra o quadro social de uma pessoa jurídica não guarda relação, sequer indireta, com sua importância financeira e seu porte.

Aliás, temos que as sociedades por quotas de responsabilidade limitada de largo porte, existentes no Brasil, em sua esmagadora maioria, têm seu quadro societário composto por número inferior ao descrito na lei.

Logo, cediço que o número de sócios de uma sociedade não expressa o poderio econômico da mesma, sendo certo que, notadamente, no mais das vezes, estas são comandadas por poucas pessoas, naturais ou jurídicas, estando o espírito legal dissonante da realidade fática.

Ora, a regra da obrigatoriedade de assembléia anual foi posta, consoante ressaltado, com o único mister de estatuir forma de controle sobre as limitadas de maior força econômica. Cremos que o legislador deveria ter fixado como parâmetro para aferir o porte de citadas sociedades, o faturamento ou mesmo a quantidade de pessoas que emprega, que, a nosso ver, demonstram, mais precisamente, o tamanho de uma empresa e não o número de sócios que compõem o quadro societário.

Demais disso, entendemos que, até para guardar coerência com o espírito da norma, as sociedades limitadas, não consideradas de grande porte, poderiam ter sido escusadas da realização de assembléia anual. Ao que nos parece, hipoteticamente, este deve ter sido o intuito do legislador. Porém, a efetiva redação da lei editada não permitiria aos operadores do direito este tipo de interpretação.

Dizemos isso, com base no teor do art. 1.071, I, face ao conteúdo do art. 1.078, I. Visível que ambos estão a tratar da mesma matéria, qual seja, a tomada de contas da administração. Note-se, contudo, que pela letra do art. 1.072, § 3º, estando todos os sócios presentes ao ato, dispensável seria a realização de assembléia. E mais, caso estivéssemos falando de sociedade com até 10 (dez) sócios, aplicar-se-ia a mesma regra retro ou, não estando todos presentes ao ato, bastaria a realização de reunião de quotistas (art. 1.072, § 2º), em detrimento da assembléia exigida nos moldes do mencionado art. 1.078.

Entrementes, como passaremos a expor, o dito nos dois parágrafos imediatamente anteriores não pode ser aplicado, em razão da interpretação do capítulo das limitadas como um todo e, mormente, face ao teor do *caput* do art. 1.078, cuja redação é muito próxima da contida no art. 132 da Lei das Sociedades Anônimas, que trata da Assembléia Geral Ordinária e, acreditamos, o *animus* do legislador de 2002 foi exatamente instaurar maior forma de controle às sociedade por quotas de responsabilidade limitada e, para tanto, criou o que poderíamos denominar "assembléia geral ordinária das limitadas".

Diferente não poderia ser, posto que, como é de notório conhecimento, o legislador pátrio se inspirou no italiano e adotou a sistemática, há muito utilizada por este último, no direito de empresa nacional. Ora, o Código Civil italiano, assim como o atual brasileiro, dedicou capítulo próprio às sociedades limitadas, no qual, sabiamente, em seu Livro V, Capítulo VII, Seção III, especificou que as deliberações sociais são tomadas em assembléias (ordinárias e extraordinárias), sendo certo que o art. 2.486[1] ape-

1. "2.486. *Deliberazioni dell'assemblea*. Salvo diversa diposizione dell'ato costitutivo, l'assemblea oridinaria delibera col voto favorevole di tanti soci che rappresentino la maggioranza del capitale sociale, e l'assemblea straordinaria delibera col voto favorevole di tanti soci che rappresentino almeno due terzi del capitale sociale.

"Alle assemblee dei soci si applicano le disposizioni degli articoli 2.363, 2.364, 2.365, 2.367, nas estabelece os respectivos quóruns (maioria do capital para as ordinárias e mínimo de dois terços do capital para as extraordinárias). Quanto às matérias de competência de cada assembléia, muito propriamente, o citado artigo remete o interprete da lei às normas reguladoras das sociedades por ação (*società per azioni*).

Ao observarmos o art. 2.364[2] do Código italiano, que versa sobre assembléias ordinárias, verificamos que as matérias a serem tratadas são semelhantes às que nos foram conferidas pelo legislador brasileiro, no art. 1.078 do Código Civil e, ainda que a periodicidade de realização das mesmas é idêntica nos dois ordenamentos (ao menos uma vez por ano). Destarte, vislumbra-se que o espírito do legislador italiano, quanto às assembléias das limitadas, é de controlar as empresas cuja importância econômica se mostra relevante (maior projeção do que sociedades simples e menor projeção do que S/A), visto que se utiliza dos preceitos das sociedades por ação para aquele tipo de empresa. De se ressaltar que a lei itálica vincula o tamanho da sociedade ao valor do capital social, vez que as sociedades de responsabilidade limitada somente poderão ser formadas, nos moldes legais, caso o capital social seja superior a 20.000.000,00 de Liras (vinte milhões de Liras) — atuais 10.000,00 (dez mil) Euros — e as sociedades por ação devem abarcar capital social com, no mínimo, 200.000.000,00 de Liras (duzentos milhões de Liras) — atuais 100.000,00 (cem mil) Euros.

Isso posto, aclarada se torna a idéia do legislador italiano em exercer maior e efetivo controle das empresas de certa relevância, e, uma vez trazida para o novo Código Civil brasileiro, mencionada ideologia deve ser seguida pelos intérpretes da norma, restringindo-se o entendimento de afastabilidade da assembléia anual obrigatória. Logo, não poderíamos compactuar com a idéia de deixar de lado a obrigatoriedade de realização da assembléia prevista no referido art. 1.078. De mais a mais, a interpretação sistemática do capítulo das deliberações dos sócios não dá azo a interpretação em sentido oposto, consoante o explicitado anteriormente.

Assim é, pois a expressão "ao menos uma vez por ano" do art. 1.078 tira a aplicabilidade plena do § 3º do art. 1.072. Logo, a análise conjunta dos dispositivos nos leva a concluir que: I — via de regra, as deliberações dos sócios serão sempre tomadas em reunião ou assembléia, exceto se todos os quotistas decidirem por escrito sobre os temas contidos na ordem do dia, hipótese em que dispensa-se tal formalidade; II — é obrigatória a realização de ao menos uma assembléia anual — ainda que todos os sócios estejam presentes ao ato e reduzam a termo as respectivas decisões — para tratar de matéria específica, qual seja, a contida nos incs. I a III do tão mencionado art. 1.078 da Lei Civil hoje vigente.

Tendo o Novo Código Civil introduzido no Direito brasileiro a metodologia de controle albergada pelo Direito italiano desde 1942, tal como ocorre aqui, desde 11 de janeiro de 2003, na Itália também temos as sociedades simples, as limitadas e as por ações, sendo certo que cada tipo tem regramento brando, moderado e árduo, respectivamente, ficando clara a proporcionalidade direta entre a relevância eco-

2.371, 2.372, 2.373, 2.374, 2.375, 2.377, 2.378 e 2.379. (...)".

2. "2.364. *Assemblea ordinaria*. L'assemblea ordinaria: 1) approva il bilancio (c. 2.423 ss.); 2) nomina gli amministratori (c. 2.383), i sindaci (c. 2.400) e il presidente del collegio sindicale (c. 2.398); 3) determina il compenso degli amministratori (c. 2.389) e dei sindaci (c. 2.402), se non è stabilito nell'atto costitutivo; 4) delibera sugli altri oggetti attinenti alla gestione della società rivesati alla sua competeza dall'atto costitutivo, o sottoposto al suo esame dagli amministratori, nonché sulla responsabilità degli amministratori e dei sindaci (c. 2.390, 2.393). L'assemblea ordinaria deve essere convocata (c. 2.367, 2.368, 2.401, 2.408, 2.409, 2.446, 2.447, 2.449) almeno una volta all'anno, entro quattro mesi dalla chiusura dell'esercizio sociale. L'atto costitutivo può stabilire en termine maggiore, non superiore in ogni caso a sei mesi, quando particolari esigenze lo richiedono (c. 2.486)".

nômica da sociedade e o grau de formalidade deliberativa na legislação estrangeira.

Não obstante, temos em nosso país anomalia no que tange às limitadas. Cediço que em outras nações (EUA, Itália, Alemanha etc.) sociedades de grandeza econômica, via de regra, se constituem sob a forma anônima, até em razão de o mercado bursátil ser consideravelmente desenvolvido. No Brasil, entretanto, encontramos sociedades de imenso poderio econômico com a formatação jurídica de limitada (*v.g.*, Rede Globo Ltda., Volkswagen do Brasil Ltda., Nestlé, dentre outras).

Portanto, em vista do explanado, o legislador de 2002 teve, juntamente com outros objetivos, a intenção de instituir controle mais detido sobre as sociedades limitadas de grande porte, sendo certo que a solução pelo mesmo encontrada foi de todo inadequada, na exata medida em que não conseguiu estabelecer razoável parâmetro para auferir, de modo amplo e sem análise casuística (o que sabemos ser impossível), a grandeza das sociedades e, ao assim agir, acabou por abarcar todas as limitadas (microempresa, empresa de pequeno porte etc.) sob o manto do novo e notadamente mais rígido regramento.

Demonstrada a inconsistência da novidade legislativa quanto à realização de assembléia anual, passamos, mais especificamente, aos *quoruns* estatuídos na novel Lei Civil, para a tomada de decisões nas sociedades limitadas.

O tema é tratado no art. 1.071 (fixador de matérias) c/c o art. 1.076 (fixador de *quorum*). Este último estabelece: I — unanimidade de votos, para designação de administradores não-sócios enquanto o capital não estiver integralizado; II — mínimo de 2/3 de votos, para a designação de administradores não sócios, quando o capital já estiver integralizado; III — mínimo de 2/3 de votos para a destituição de administrador não sócio; IV — mínimo de 3/4 do capital social para modificação do contrato social, incorporação, fusão e dissolução da sociedade ou cessação do estado de liquidação; V — mais da metade do capital social para designação de administradores, quando em ato apartado, destituição de administradores, remuneração destes (quando silente o contrato social) e pedido de concordata; VI — maioria dos votos dos presentes para todos os demais casos previstos em lei ou no contrato (caso esse não exija maioria mais qualificada).

Vislumbra-se, pelo teor do parágrafo precedente, que a liberdade de definição de *quoruns* de votação, outrora existente, foi posta de lado em prol da prevalência da vontade inafastável do legislador, o qual determinou na lei o piso para cada objeto a ser votado, estreitando a livre atuação dos sócios contratantes.

Não obstante a pretensão do legislador de fechar precisamente a matéria com a letra da lei, podemos dizer que o êxito pretendido não foi obtido, sendo certo que o texto, tal como posto, é fonte geradora de controvérsias, como, aliás, se tem observado na doutrina.

Assim é, visto que o inc. III do art. 1.076 traz conceito de maioria discrepante do restante da legislação, qual seja, a maioria de presentes desgarrada do capital social.

Ora, pelo sobredito dispositivo, uma série de questões (todas as não previstas nos incs. I e II do mesmo artigo) pode ser tratada, e aprovada, por votação da metade mais um dos presentes à deliberação, independentemente da participação societária de cada qual. Hipoteticamente, não será impossível vermos situações em que sócio detentor de 90% (noventa por cento) do capital social não verá a preponderância da sua vontade. Para tanto, basta que os remanescentes 10% (dez por cento) do capital estejam distribuídos entre pelo menos duas pessoas e estas votem em conjunto contra o majoritário.

De ser ressaltado que existe patente conflito entre o disposto no art. 1.072 *ca-*

put[3] e a letra do art. 1.076, III.[4] O primeiro fixa que as deliberações dos sócios deverão ser realizadas em obediência ao art. 1.010,[5] maioria de votos computada segundo o valor das quotas, enquanto o último, por sua vez, outorga a figura da maioria de presentes (sem relação com o valor das quotas) para todas as hipóteses previstas em lei ou contrato, à exceção dos incs. II, III, IV, V, VI e VIII do art. 1.071.[6]

Questão que se põe é: qual dos dispositivos supracitados deve prevalecer? Trata-se de problema assaz complicado, na exata medida em que o conflito com o qual nos deparamos estabelece confronto entre dois artigos de lei constantes do mesmo texto normativo, mesmo Livro, Capítulo e Seção. Ora, em tais situações, somente o processo interpretativo sistemático da norma é capaz de nos mostrar o norte a ser trilhado. Segundo o saudoso Carlos Maximiliano[7] deve-se verificar o nexo entre regra e exceção, geral e particular, com escopo de se obter esclarecimentos sobre a prevalência de dado artigo em detrimento de outro.

3. "Art. 1.072. As deliberações dos sócios, obedecido o disposto no art. 1.010, serão tomadas em reunião ou em assembléia, conforme previsto no contrato social, devendo ser convocadas pelos administradores nos casos previstos em lei ou no contrato."

4. "Art. 1.076. Ressalvado o disposto no art. 1.061 e no § 1º do art. 1.063, as deliberações dos sócios serão tomadas: (...) III — pela maioria de votos dos presentes, nos demais casos previstos na lei ou no contrato, se este não exigir maioria mais elevada."

5. "Art. 1.010. Quando, por lei ou pelo contrato social, competir aos sócios decidir sobre os negócios da sociedade, as deliberações serão tomadas por maioria de votos, contados segundo o valor das quotas de cada um."

6. "Art. 1.071. Dependem da deliberação dos sócios, além de outra matéria indicadas na lei ou no contrato: I — a aprovação das contas da administração; II — a designação dos administradores, quando feita em ato separado; III — a destituição dos administradores; IV — o modo de sua remuneração, quando não estabelecido no contrato; V — a modificação do contrato social; VI — a incorporação, a fusão e a dissolução da sociedade, ou a cessação do estado de liquidação; VII — a nomeação e destituição dos liquidantes e o julgamento das suas contas; VIII — o pedido de concordata."

7. 2000, pp. 128 a 130.

Fazendo uso do processo sistemático de interpretação, partindo do geral (art. 1.072) ao particular (art. 1.076, III), concluímos que a melhor saída se subsume à aplicação parcial de ditos dispositivos, de acordo com a situação fática existente quando das deliberações. Senão vejamos.

Segundo o art. 1.072 "As deliberações dos sócios, obedecido o disposto no art. 1.010, serão tomadas em reunião ou assembléia (...)". Denota-se que as decisões deverão ser tomadas por maioria de votos, contados segundo o valor das quotas de cada um dos sócios, ou seja, com relação à participação dos deliberantes no capital social. Não obstante, o § 3º do citado art. 1.072 dispensa, consoante já explanado, ditas reuniões ou assembléias sempre que todos os sócios decidirem por escrito sobre a matéria.

Pela leitura dos artigos em comento, bem como do parágrafo supra, temos que as disposições do art. 1.010 só se aplicam às deliberações tomadas em reunião ou assembléia, sendo certo que, nesta hipótese, não teremos a prevalência dos ditames do inc. III do art. 1.076. Contudo, há que se observar que os incs. I e II deste serão plenamente aplicáveis. Mencionado entendimento advém da preponderância do maior *quorum* exigido na própria lei.

Por outro lado, veremos o inc. III do art. 1.076 eficazmente aplicado quando as decisões forem obtidas nos moldes do § 3º do art. 1.072, ou seja, "reunião ou assembléia tornam-se dispensáveis quando todos os sócios decidirem, por escrito, sobre a matéria que seria objeto delas". Aqui, não incidirá o regramento imposto pelo *caput* do art. 1.072, no que pertine à subserviência às palavras trazidas pelo art. 1.010.

Logo, sinteticamente, temos as seguintes definições: I — para as deliberações feitas em assembléia ou reunião, os *quoruns* são os previstos nos arts. 1.010 e 1.076, I e II; e II — para as deliberações com dispensa de reunião ou assembléia aplica-se o art. 1.076 e respectivos incisos.

Ainda quanto ao inc. III do art. 1.076, impende salientar que traz em seu bojo outra fonte de interpretações conflitantes. Está dito que o *quorum* estatuído é atinente aos "demais casos previstos na lei ou no contrato, se este não exigir maioria mais elevada". Doutrinadores há que afirmam que os "demais casos previstos na lei" são estritamente os incs. I e VII do art. 1.071.

Não podemos, sobremaneira, compactuar com aludida visão. Os "demais casos", a que se refere o artigo em tela, são todos os existentes em texto legal, não se restringindo apenas ao Código Civil, tampouco a dois meros incisos do art. 1.071.

Ademais, para fechar a questão, incumbe sobressaltar que o, inúmeras vezes mencionado, inc. III do art. 1.076 delega regra de proteção às minorias, positivando, assim, juízo há muito defendido pela doutrina e outrora consagrado nas sociedades anônimas.

Concessa maxima venia, a solução contida na nova Lei Civil não foi das mais felizes. Dizemos isso porque se encampou rol por demais vasto de hipóteses, nas quais decisões podem ser tomadas ao completo desapego do capital social. Ora, todos os casos remanescentes previstos em lei ou no contrato social enfeixam um sem número de possibilidades em que se poderá assistir à predominância dos interesses da menor fração do capital (maioria de presentes).

Conclusão

Feitas estas breves ponderações, denota-se que o tema ainda será objeto de calorosas discussões jurídicas até ser pacificado pelos nossos tribunais. Com o mister de contribuir para formação do entendimento na matéria, bem como tocar questão polêmica, afirmamos que deveria ser revisto o modo de classificação do porte das empresas limitadas.

Sugerimos, assim, que o critério que viria, hipoteticamente, a ter melhor aplicação ao pretendido controle das sociedades limitadas de grande porte seria seu faturamento. Tal hipótese, aplicada à legislação ora vigente, tornaria desnecessária a aplicação do art. 1.078 às empresas de médio e pequeno porte, dentre outras formalidades estatuídas.

Bibliografia

MAXIMILIANO, Carlos. *Hermenêutica e Aplicação do Direito*. 18ª ed., Rio de Janeiro, Forense, 2000.

REALE, Miguel. "Invencionices sobre o Código Civil". *O Estado de São Paulo*, de 15 de fevereiro de 2003, p. A2.

NOT@ PROMISSÓRI@

DANIEL CÉSAR BOAVENTURA

I — Introdução. II — A Internet e o direito virtual. III — A metempsicose da nota promissória: 1. Os princípios dos títulos de crédito; 2. Requisitos da nota promissória; 3. A assinatura digital; 4. A celeridade das transações comerciais; 5. Os títulos de crédito no Novo Código Civil. IV — Conclusão. V — Bibliografia.

I — Introdução

A década de 1960 do século XX, nos EUA, é tida como o nascedouro da *Internet*. Naquela época, sob a denominação *Arpanet*,[1] tinha a função de servir como uma rede de intercomunicação de dados, de natureza militar que, pelo seu caráter flexível e descentralizado, possibilitaria a continuidade da comunicação em caso de destruição parcial da estrutura ocasionada por eventual conflito bélico.

Foi, posteriormente, adotada pela comunidade acadêmica e, com o advento da *World Wide Web*,[2] pelo público em geral.

Com a utilização crescente da *Internet* e a conseqüente redução da distância entre seus usuários, a grande rede logo foi adotada para realização das transações comerciais. Estudo da empresa norte-americana de pesquisa e consultoria *Gartner Group* estima que o volume de transações comerciais *on line* atinja, em 2003, US$ 3,17 trilhões contra US$ 75 bilhões em 2000.[3]

Se outrora os títulos de crédito, como fator de mobilização de riquezas, foram colocados como a contribuição do Direito Comercial que mais tipicamente influenciou a economia moderna,[4] cabe, neste novo cenário de transações comerciais a que se costuma chamar "virtual", questionar qual o destino que se lhes reserva.

Tendo em vista a amplitude da matéria, o presente trabalho restringir-se-á, dentre os títulos de crédito típicos, àquele mais utilizado no Brasil: a nota promissória.

Sem pretensões de reproduzir a teoria relativa a referido título de crédito, já exaurida pela doutrina pátria, buscar-se-á neste estudo, a partir da revisão de alguns conceitos aplicáveis e à luz do Novo Código Civil,[5] responder a seguinte questão: "É possível, no ordenamento jurídico vigente, falar-se em nota promissória virtual?".[6]

1. De *Advanced Research Project Agency*, nome da agência de pesquisas norte-americana que a desenvolveu.

2. Em tradução literal: "vasta teia de informação".

3. Lídia Rebouças, "Quem procura acha", *Exame* 677/20-25, edição especial de 15.5.2002.

4. Tullio Ascarelli in Wille Duarte Costa, "Atributos, princípios gerais e teorias dos títulos de crédito: o direito que precisa ser repensado", *Revista da Faculdade de Direito Milton Campos* 4/145-167, Belo Horizonte, Del Rey, 1997.

5. Lei 10.406, de 10.1.2002.

6. Utiliza-se, neste ponto, o seguinte conceito do adjetivo "virtual": "Inform. Que resulta de, ou constitui uma emulação, por programas de computador, de determinado objeto físico ou equipamento, de um dispositivo ou recurso, ou de certos efeitos ou

Dada a espécie do trabalho, não se pretende esgotar o assunto, tampouco apresentar conclusões irrefutáveis, apenas contribuir para o debate.

II — A Internet e o direito virtual

Com o recrudescimento das relações jurídicas na *Internet*, começaram a surgir leis a regulamentá-las e jurisprudência, o que levou a doutrina a defender o surgimento de nova disciplina jurídica à qual se apelidou "Direito do Espaço Virtual", "Direito da Informática" ou, na denominação mais difundida, "Direito Virtual".

Osmar Brina Corrêa-Lima tece as seguintes considerações sobre o tema:[7]

"Quanto ao adjetivo '*virtual*', derivado do latim escolástico '*virtuale*', Aurélio nos aponta três acepções:

"1. Suscetível de se realizar; potencial;

"2. *Filos*. Diz-se do que está predeterminado e contém todas as condições essenciais à sua realização;

"3. Que existe como faculdade, porém sem exercício ou efeito atual.

"Se adotarmos a primeira acepção (*suscetível de se realizar*; *potencial*) o direito será sempre virtual, porque sempre suscetível de se realizar.

"Se adotarmos a segunda acepção (...), deveremos concluir que, para o jusnaturalista, todo o direito é virtual; e que, para o positivista, todo o direito legislado é virtual; (...).

"Se adotarmos a terceira acepção (...), deveremos concluir que o direito subjetivo (*facultas agendi*) é virtual e só deixa de sê-lo quando efetivamente exercido."

Concluindo, sugere aquele autor, como definição de "Direito Virtual", ser ele "o plexo de normas que cuidam de adaptar os princípios e as regras jurídicas às evoluções tecnológicas da Informática".[8]

Não comungamos a tese do surgimento de um novo ramo do Direito. Tal disciplina teria campo de estudo tão vasto quanto as várias divisões do Direito pois abrangeria, por exemplo, relações jurídicas de ordem penal, tributária, civil, comercial.

A se aceitar o "Direito Virtual" como as normas que se referem às evoluções tecnológicas da informática, poderíamos, então, atribuir o adjetivo "virtual" aos ramos já conhecidos do Direito, e, assim, teríamos o "Direito Comercial Virtual", o "Direito Penal Virtual", entre outros.

Esta concepção parece-nos mais adequada. Não é porque se inventou a arma de fogo que se teria que mudar o tipo penal homicídio.[9] De toda a discussão sobre o tema, pode-se extrair, como essência, que a *Internet*, menos que criar novo ramo ou sub-ramos do Direito, veio representar um novo meio onde se realizam ou se poderão realizar as conhecidas relações jurídicas.

A *Internet*, portanto, é meio, assim como o são o papel, o rádio, a televisão, o telefone e outros tantos nos quais se travam relações jurídicas. Por isso, quando Carlos Alberto Rohrmann expressa a dúvida "se teremos uma nova área do Direito ou apenas a aplicação dos paradigmas já existentes à nova realidade que já se apresenta",[10] tendemos à segunda opção.

comportamentos seus" (*Dicionário Aurélio Eletrônico: Século XXI*, versão 3.0, Nova Fronteira e Lexikon Informática Ltda., nov. 1999).

7. "Reflexões sobre o direito virtual", disponível em <http://www.obcl.com.br>, acesso em 3.5.2002.

8. Ob. cit.

9. Afirmação atribuída por Marco Aurelio Greco ao Ministro Sepúlveda Pertence, no Simpósio Internacional de Direito Comercial, realizado em Belo Horizonte/MG, entre os dias 14 e 16 de agosto de 2002.

10. "Introdução ao direito virtual", artigo disponível em <http://www.home.earthlink.net/~lcgems/IntDV.html>, acesso em 4.10.2002.

III — A metempsicose da nota promissória[11]

1. Os princípios dos títulos de crédito

Difícil é tratar de títulos de crédito sem que se faça referência à clássica definição de Vivante, "documento necessário ao exercício do direito literal e autônomo nele mencionado", agora transformada em dispositivo legal pelo art. 887 do Novo Código Civil (NCC),[12] com pequena modificação.[13]

A definição, diz a doutrina, condensaria os princípios norteadores dos títulos de crédito: literalidade, cartularidade e autonomia. Pelo escopo do presente trabalho, far-se-á referência apenas aos dois primeiros.

Em síntese, pode-se dizer que a literalidade refere-se à observância do teor do título, ou seja, do que nele está escrito. Considerando-se que a origem histórica dos títulos de crédito remonta as feiras medievais, a idéia de "escrito", como fixação gráfica de linguagem em veículo apropriado foi inexoravelmente associada a suporte físico.

Tendo em vista que a negociabilidade é a essência dos títulos de crédito, melhor suporte físico não havia àquela época, para propiciar a sua fácil e rápida circulação, que o papel, ou cártula. De inicial vinculação passou-se a verdadeira confusão do direito com seu suporte físico, o que levou à identificação do vocábulo documento com papel, surgindo daí o princípio da cartularidade.

Com a evolução técnica havida cabe, então, revisitar os conceitos citados afim de experimentá-los no ambiente virtual.[14]

Documento, por definição, é o registro de um fato por algum meio. Sobre o tema, bem explica Marcacini que "a característica de um documento é a possibilidade de ser futuramente observado; o documento narra, para o futuro, um fato ou pensamento presente. Daí ser também definido como *prova histórica*. (...). Se esta é a característica marcante do documento, é lícito dizer que, na medida em que a técnica evolui permitindo registro permanente dos fatos sem fixá-lo de modo inseparável em alguma coisa corpórea, tal registro também pode ser considerado documento. A tradicional definição de documento enquanto *coisa* é justificada pela impossibilidade, até então, de registrar fatos de outro modo, que não apegado de modo inseparável a algo tangível".[15]

É fato notório que, nos dias atuais, o ambiente eletrônico,[16] apesar da intangibilidade, representa um veículo inegavelmente apropriado à fixação de linguagem, que é transformada em seqüências numéricas conhecidas como *bytes*. Hodiernamente *softwares* editores de texto como o *Word*, da empresa norte-americana *Microsoft*, são de uso pessoal tão ou mais freqüente que blocos de papel e caneta.

A mudança de paradigma, inclusive, levou à inclusão, no conhecido *Dicionário Aurélio*, de mais uma acepção para o verbete "Documento": "Inform. Qualquer arquivo com dados gerados por um aplicativo, ger. aquele criado em processador de textos".[17]

Neste diapasão, conclui-se que a cartularidade, menos que princípio, representava apenas o único meio que se conhecia para existência do título de crédito. Partindo deste pressuposto, tem-se que no am-

11. A inspiração do título vem da doutrina de Newton De Lucca (*Aspectos da Teoria Geral dos Títulos de Crédito*, São Paulo, Pioneira, 1979, p. 58), que, por sua vez, atribui a autoria da expressão a Philomeno J. Costa.

12. Lei 10.406/2002.

13. Art. 887: "O título de crédito, documento necessário ao exercício do direito literal e autônomo nele contido, somente produz efeito quando preencha os requisitos da lei".

14. Utilizamos o adjetivo virtual segundo conceito exposto na nota de rodapé n. 6.

15. Augusto Tavares Rosa Marcacini, "O documento eletrônico como meio de prova", disponível em <http://advogado.com/internet/zip/tavares.htm>, acesso em 18.6.2002.

16. Entenda-se por ambiente eletrônico o conjunto representado pelo computador, *softwares*, *Internet*.

17. Ob. cit.

biente eletrônico, novo meio disponível, a literalidade e autonomia,[18] verdadeiros princípios dos títulos de crédito, restam incólumes, assim como atualizada continua a clássica definição de Vivante.

2. *Requisitos da nota promissória*

Ultrapassadas as questões principiológicas e conceituais, mister se faz a experimentação dos requisitos legais pertinentes à nota promissória, foco do presente trabalho, no ambiente eletrônico.

Promessa de pagamento, a nota promissória, para produzir os efeitos cambiais, deverá atender aos seguintes requisitos, previstos nos arts. 75 e 76 do Anexo I ao Decreto 57.663/1966, o qual será referido como LUG:[19]

"a) a expressão 'nota promissória', inserta no texto do título, na mesma língua utilizada para sua redação;

"b) a promessa incondicional de pagar quantia determinada;

"c) o nome do tomador;

"d) data do saque e época de pagamento;

"e) lugar do saque, ou menção de um lugar ao lado do nome do emitente;

"f) assinatura de quem passa a nota promissória (subscritor)."

Considerando-se o que foi exposto no tópico anterior, é possível concluir que os cinco primeiros requisitos seriam perfeitamente atendidos por eventual nota promissória virtual.

Maior atenção merece o último requisito elencado, por ser, aparentemente, o ponto nevrálgico da aceitação da nota promissória emitida em outro meio que não a cártula.

Convém, mais uma vez, recorrer-se à conceituação dos termos. Vejamos as seguintes acepções de "assinatura", segundo o Aurélio:[20]

"1. Ato ou efeito de assinar.

"2. O nome escrito; firma.

"3. Estilo, marca ou sinal que permite identificar a autoria de algo: um *tailleur* com a assinatura de Channel; um crime com assinatura da Máfia.

"4. Prop. Certa forma regular e padronizada que, combinando ger. o símbolo-marca e o logotipo de uma empresa ou organização, é us. para identificação institucional em suas mensagens, produtos, papéis de correspondência, formulários, etc. [cf., nesta acepç., logomarca.]

"5. Prop. Numa peça publicitária, identificação do anunciante ou da agência de propaganda."

Pode-se resumir, portanto, o conceito de "assinatura", ao sinal distintivo de determinada pessoa (física ou jurídica). Pelas mesmas razões expostas na parte inicial deste trabalho, pela ausência de outros veículos de suporte do referido sinal pessoal distintivo, a idéia de assinatura foi associada à gravação de caracteres em meio físico. No caso dos títulos de crédito, como também já mencionado, tal meio físico foi o papel.

A essência da "assinatura", entretanto, sempre foi a necessidade de se eliminar qualquer dúvida sobre identidade da pessoa que tenha realizado determinado ato de manifestação de vontade. É a lição de Marcacini: "Ao que me parece, a finalidade de uma 'assinatura' em um documento reside tão-somente em permitir identificar sua autoria. Por isso, independentemente de indagar o significado do vocábulo, temos que, para fins estritamente jurídicos, não há porque distinguir a assinatura manuscrita de qualquer outro distintivo que permita, com

18. Desvinculação do direito creditório mencionado no título da relação negocial que lhe deu causa.

19. O Decreto 57.663/1966 promulgou as "Convenções para Adoção de uma Lei Uniforme em Matéria de Letras de Câmbio e Notas Promissórias", que ficou conhecida como Lei Uniforme de Genebra, ou LUG.

20. Ob. cit.

significativo grau de certeza, a identificação do sujeito que o realizou".[21]

No caso da nota promissória, portanto, o requisito da assinatura é atendido quando se tem certeza sobre a identidade do emitente.

Os Tribunais norte-americanos, de orientação pragmática e costumeira, já ampliaram o antigo conceito de "assinatura", segundo noticia Carlos Alberto Rohrmann,[22] para qualquer coisa que possa razoavelmente permitir identificar o autor e a sua intenção de assumir o escrito como seu e, por conseqüência, de se obrigar por ele.

Contra tais argumentos, poder-se-ia afirmar que a reserva ao art. 2º, Anexo II, Decreto 57.663/1966 (feita pelo art. 1º do referido Decreto) faria vigorar, ainda, o inc. IV do art. 54 do Decreto 2.044/1908, que exigia assinatura de próprio punho do emitente da nota promissória. Entendemos, todavia, que o único efeito de tal reserva foi o de afastar a possibilidade de se prever, no direito brasileiro, o suprimento da falta de assinatura em letra de câmbio e, por conseqüência, nota promissória. Revogado, portanto, está o inc. IV, art. 54, Decreto 2.044/1908 pelo item 7, art. 75, Anexo I do Decreto 57.663/1966.

Se se admitisse, por outro lado, a vigência do referido dispositivo do Decreto 2.044/1908, uma primeira leitura poderia levar à interpretação de que a assinatura a que se refere a lei — "do próprio punho do emitente", seria apenas aquela produzida por caneta (ou lápis ou objeto semelhante) em mãos do emitente, fazendo-se necessária, portanto, a presença de uma base física, o papel. Daí se concluiria que a lei exige que a nota promissória seja feita em papel e, enquanto não se mudar a lei, não seria possível a existência da nota promissória virtual.

Dizer, todavia, que assinatura "do próprio punho" significa exclusivamente aquela proveniente da fixação dos átomos do líquido colorido no papel, em decorrência do atrito causado pela ponta da caneta em movimentação pelas mãos do emitente, parece-nos exacerbado rigor tradicionalista na interpretação da lei.

A expressão "do próprio punho", que se refere à assinatura, mais representa hoje uma figura de linguagem pomposa do alvorecer do século XX, quando se esperava o fim do mundo com a chegada do Cometa Halley, que significa "da própria pessoa", ou seja, feita exclusiva e inequivocamente por ela.

O conceito atual de "assinatura" acima mencionado, portanto, atende bem o requisito legal da nota promissória: algo que permita identificar o respectivo emitente.

Neste contexto surge a "assinatura digital".

3. A assinatura digital

O conceito de "assinatura digital" aproxima-se da essência da "assinatura", ou seja, comprovação da identidade do autor de determinada manifestação de vontade.

John D. Gregory, comentando o *Uniform Commerce Act* elaborado pela Uniform Law Conference of Canada, em 30.2.1999, disse, acerca do tema, que "a pencil *X* on paper may be a valid signature, but few people would accept it on a cheque. Likewise, a name typed on the bottom of an e-mail may be a valid signature, but it may not be trustworthy enough for many people to want to rely on it in practice. What people want in practice will depend on many factors, including the context, the course of dealings of the parties, the use to which the signed document is to be put, and so on".[23]

21. Ob. cit.

22. "Notas promissórias eletrônicas: uma análise do endosso eletrônico", disponível em <http://www.home.earthlink.net/~lcgems/NotasProm.pdf>, acesso em 4.10.2002.

23. "The Uniform Electronic Commerce Act", disponível em <http://www.lex-electronica.org/articles/v6-1/gregory.htm>, acesso em 16.9.2002.

No ambiente eletrônico a idéia de assinatura vincula-se à transferência do documento. O destinatário da mensagem, que poderia ser, por exemplo, eventual nota promissória virtual a ele transferida, deve ter certeza que o emitente é a mesma pessoa que lha remeteu e que a mensagem não foi violada ou teve seu conteúdo alterado.

A bem da verdade, nada diferente da idéia que norteia os títulos de crédito e a maioria das relações jurídicas: segurança.

Em meio eletrônico tal segurança deriva da técnica adequada. A técnica considerada atualmente a mais eficaz baseia-se em ciência milenar, a criptografia.[24]

Justamente por ser matéria técnica de informática, não jurídica, foge aos limites deste estudo a descrição analítica do sistema de criptografia eletrônica.

Pode-se dizer, basicamente, que o sistema considerado mais seguro consiste em se conferir uma chave criptográfica que pertencerá apenas a um indivíduo, denominada *chave privada*, e outra que este indivíduo distribuirá a outros, denominada *chave pública*, de tal sorte que uma mensagem criptografada pela chave privada do indivíduo somente será descriptografada pela sua chave pública, e vice-versa.

Tal sistema, conhecido como "de chave pública" ou "de criptografia assimétrica",[25] permite que o destinatário da mensagem tenha certeza que a mesma se encontra inviolada e inalterada, bem como que foi enviada por quem o diz ter feito.

Forma complementar de se garantir a autenticidade de determinada mensagem eletrônica seria pela certificação a ela conferida por determinadas entidades, públicas ou privadas, conhecidas como "autoridades certificadoras". Exemplo de tal entidade pode ser conferido na Medida Provisória 2.200-2, de 24.8.2001, que institui a Infra-Estrutura de Chaves Públicas Brasileira — ICP-Brasil.

Em se tratando de eventual nota promissória virtual, permite que o portador tenha certeza que ela foi emitida tal como se encontra pela pessoa declarada.

Atendidos estariam, portanto, no ambiente eletrônico, todos os requisitos legais de criação de uma nota promissória.

4. *A celeridade das transações comerciais*

Na prática, a possibilidade de se fraudar uma nota promissória virtual, em razão das avançadas técnicas utilizadas para garantir sua integridade e autenticidade, é muito menor que a de uma nota promissória comum. A falsificação de uma assinatura tradicional, por exemplo, pode ser tão perfeita que apenas perícia grafotécnica a identifique. A falsificação de uma assinatura digital, se possível, é improvável.

A diferença marcante é o costume. Por já estar arraigada na cultura da sociedade a assinatura tradicional, a cobrança de uma nota promissória, em geral, não oferece maiores obstáculos. A menos que tenha sido proveniente de fraude, dificilmente se verifica exames periciais em um processo judicial de cobrança das notas.

Pela novidade que representa o ambiente eletrônico, pairaria sobre o procedimento de cobrança[26] de uma nota promissória virtual o risco de questionamentos sobre sua veracidade, integridade, autenticidade, ainda que todos estes elementos estejam presentes. Para demonstrá-los, se-

24. Uma chave de criptografia pode basear-se desde em uma simples substituição de letras (p. ex., cada letra do alfabeto é substituída pela terceira que lhe seja seqüencial), como em complexas equações matemáticas, sendo esta última a utilizada em meio eletrônico.

25. Pois a chave usada para criptografar difere da que descriptografa, em oposição ao sistema de criptografia "de chave privada" ou "de criptografia simétrica", em que a mesma chave que criptografa serve para descriptografar, o que o torna menos seguro.

26. Considerando as normas atualmente vigentes sobre Processo Civil, que o tornam estritamente vinculado à documentação física, a cobrança judicial da nota promissória virtual exigiria sua impressão prévia.

ria necessária a realização de perícia por especialista em informática. Até que se comprovasse a presença de tais elementos, muito tempo já teria transcorrido, em razão da notória morosidade do Judiciário brasileiro.

Tal panorama é incompatível com a celeridade em que se travam as relações comerciais, o que poderia levar a um desinteresse pela utilização da nota promissória virtual.

Apenas a aceitação generalizada das técnicas que garantem a segurança da relação cambial virtual poderá conferir à nota promissória virtual a garantia de celeridade na sua cobrança. Uma forma ágil de se obter tal aceitação seria pelo reconhecimento legal das referidas técnicas.

Neste sentido, dispõe a Medida Provisória 2.200-2, de 24 de agosto de 2001, em seu art. 10, § 1º: "As declarações constantes dos documentos em forma eletrônica produzidos com a utilização de processo de certificação disponibilizado pela ICP-Brasil presumem-se verdadeiros em relação aos signatários".

Na mesma linha, dispõe o art. 4º do Substitutivo ao Projeto de Lei 4.906, de 2001 (PLS 672, de 1999 — apensados os Projetos de Lei 1.483, de 1999 e 1.589, de 1999):

"Art. 4º. As declarações constantes do documento eletrônico original presumem-se verdadeiras em relação ao signatário, desde que a assinatura digital:

"I — seja única e exclusiva para o documento assinado;

"II — seja passível de verificação pública;

"III — seja gerada com chave privada pertencente ao signatário e mantida sob o seu exclusivo controle;

"IV — esteja ligado ao documento eletrônico de tal modo que se o conteúdo deste se alterar, a assinatura digital estará invalidada;

"V — não tenha sido gerada posteriormente à expiração, revogação ou suspensão das chaves."

5. *Os títulos de crédito no Novo Código Civil*

O Novo Código Civil, *pari passu* com a evolução tecnológica, assim dispõe no seu art. 889, § 3º: "O título poderá ser emitido a partir de caracteres criados em computador ou meio técnico equivalente e que constem da escrituração do emitente, observados os requisitos mínimos previstos neste artigo".

O art. 903 do mesmo diploma legal, por sua vez, prevê que "salvo disposição diversa em lei especial, regem-se os títulos de crédito pelo disposto neste Código". *A contrario sensu*, estabeleceu o Novo Código que, não dispondo a lei especial de determinado título de crédito de modo diverso do que nele (Código) estiver previsto, aplicar-se-ão, a tal título, em caráter complementar, as disposições constantes dos arts. 887 a 926, NCC, que ganham foros de norma geral.

Assim, se a lei de regência de determinado título de crédito não dispuser que ele não poderá ser emitido a partir de caracteres criados por computador ou meio técnico equivalente, a permissão expressa para tanto estará dada pelo citado § 3º, art. 889, NCC.

No que diz respeito à nota promissória, pela ausência de proibição nas disposições legais a ela referentes, como se procurou demonstrar ao longo deste estudo, sua versão "virtual" estará amparada pelo Novo Código Civil.

IV — Conclusão

Mais importante que se discutir se os avanços tecnológicos e a difusão da *Internet* criaram ou não um novo ramo do direito é constatar que surge e se expande um novo meio para realização das relações jurídicas.

Dada a importância dos títulos de crédito para as relações econômicas, mister se faz sua experimentação neste novo meio.

Especificamente quanto à nota promissória, a aceitação de sua versão virtual depende menos de alteração da sua disciplina legal que de uma mudança paradigmática, a partir da atualização de conceitos a ela referentes.

Sob este enfoque, conclui-se que todos os requisitos legais ora existentes no que tange à regulamentação da nota promissória são atendidos no ambiente eletrônico. Portanto, possível falar-se em verdadeira transmigração da nota promissória ou, mais precisamente, de sua "alma" — a promessa de pagamento, do corpo físico, cártula, para o corpo virtual, o ambiente eletrônico. Admissível se nos parece, por isso, a nota promissória virtual.

A grande questão que envolve sua adoção na prática é a aceitação das técnicas que garantem sua autenticidade, inviolabilidade e integridade, enfim, a segurança da relação cambial. A par das modificações culturais que ocorrem gradativamente, o legislador trabalha em prol da validação das mencionadas técnicas.

Quanto ao Novo Código Civil, bem andou o legislador ao prever a emissão de títulos de crédito não só por caracteres criados por computador, mas por meio técnico equivalente.

Considerando-se as constantes evoluções tecnológicas, é mais apropriado deixar em aberto a possibilidade de novos meios virem a ser utilizados para emissão de títulos que dispor taxativamente sobre aqueles conhecidos. No mínimo, a transição de um meio para outro, por não envolver mudanças paradigmáticas como a que por ora se enfrenta, seria mais condizente com a celeridade das relações negociais.

O presente trabalho propositalmente omitiu-se de tratar do endosso e aval, no intuito de não se incorrer em redundâncias que o prolongariam excessivamente. Isto porque, como tais elementos da nota promissória são essencialmente declarações cambiais, originam-se da mesma forma que a emissão do título: pela assinatura do endossante e avalista, respectivamente. Destarte, aplica-se a tais declarações a mesma linha de argumentação dirigida à assinatura do emitente, na nota promissória.

V — Bibliografia

BORGES, João Eunápio. *Títulos de Crédito.* 2ª ed., 3ª tir., Rio de Janeiro, Forense, 1972.

COELHO, Fábio Ulhoa. *Curso de Direito Comercial.* v. 1. 6ª ed. rev. e atual. de acordo com o Novo Código Civil (Lei 10.406, de 10.1.2002). São Paulo, Saraiva, 2002.

CORREA-LIMA, Osmar Brina. "Reflexões sobre o direito virtual", disponível em <http://www.obcl.com.br>, acesso em 3.5.2002.

COSTA, Wille Duarte. "Atributos, princípios gerais e teorias dos títulos de crédito: o direito que precisa ser repensado", *Revista da Faculdade de Direito Milton Campos* 4, Belo Horizonte, Del Rey, 1997.

DE LUCCA, Newton. *Aspectos da Teoria Geral dos Títulos de Crédito.* São Paulo, Livraria Pioneira Editora, 1979.

————. e SIMÃO FILHO, Adalberto (coord. *et al.*). *Direito & Internet: Aspectos Jurídicos Relevantes.* 1ª ed., 1ª reimp., São Paulo, Edipro, 2001.

Dicionário Aurélio Eletrônico: Século XXI, versão 3.0. Nova Fronteira e Lexikon Informática Ltda., nov. 1999.

GANDINI, João Agnaldo Donizeti *et al.* "A segurança dos documentos digitais", *Revista Jurídica* 295/59-71, mai. 2002.

GREGORY, John D. "The Uniform Electronic Commerce Act", disponível em <http://www.lex-electronica.org/articles/v6-1/gregory.htm>, acesso em 16.9.2002.

MARCACINI, Augusto Tavares Rosa. "O documento eletrônico como meio de prova", disponível em <http://advogado.com/internet/zip/tavares.htm>, acesso em 18.6.2002.

REBOUÇAS, Lídia. "Quem procura acha", *Exame*, edição especial n. 766, 15.5.2002.

ROHRMANN, Carlos Alberto. "Introdução ao direito virtual", disponível em <http://www.home.earthlink.net/~lcgems/IntDV.html>, acesso em 4.10.2002.

———. "Notas promissórias eletrônicas: uma análise do endosso eletrônico", disponível em <http://www.home.earthlink.net/~lcgems/NotasProm.pdf>, acesso em 4.10.2002.

———. "O direito comercial virtual — A assinatura digital", *Revista da Faculdade de Direito Milton Campos* 4, Belo Horizonte, Del Rey, 1997.

CLÁUSULA COMPROMISSÓRIA NOS CONTRATOS DE "JOINT VENTURE"*

MARCO AURÉLIO GUMIERI VALÉRIO

Introdução. 1. Origem, definição e características do contrato de "joint venture". 2. Natureza jurídica dos contratos de "joint venture". 3. Classificação dos contratos de "joint venture". 4. Motivação do contrato de "joint venture". 5. Cláusula compromissória nos contratos de "joint venture". 6. Julgamento por eqüidade. Conclusão. Referências bibliográficas.

"Não é possível a existência, hoje, de contrato internacional sério, sem que tenha sido proporcionado por uma convenção de arbitragem." (Jean Robert e Bertrand Moureau na clássica obra *Droit Interne e Droit International de l'Arbitrage*.)

Introdução

Fenômenos em contínua evolução, as relações negociais têm sido modernizadas pelas transações entre empresas localizadas em diferentes países, exigindo-se um dinamismo cada vez maior, diversificando-se formas de produção, investimentos e financiamentos, proliferando, em meio a esse contexto, variados tipos de associações, reguladas pelas necessidades, meios e objetivos almejados.

Entre os contratos internacionais aptos a serem aplicados nessa realidade, destaca-se o de *joint venture*, acordo *sui generis* que pode ser caracterizado como um vínculo, entre dois ou mais partícipes, denominados *co-ventures*, orientado na consecução de um projeto comum.

Não apenas no mundo prático, como também no teórico, nota-se a difusão dessa espécie contratual, bastando averiguar no meio acadêmico, a quantidade de trabalhos, entre dissertações e teses, além de artigos publicados em revistas científicas.

Há, contudo, um nítido distanciamento entre a necessidade de uma rápida solução de conflitos advindos da interpretação ou execução do *joint venture* e o direito, que andam em descompasso, aumentando o anseio e retirando a tranqüilidade dos agentes envolvidos.

Essa talvez seja a principal razão para explicar o extraordinário prestígio da cláusula compromissória nesses contratos. Derivado do termo latino *arbiter*, que pode significar "juiz", "louvado", ou ainda, "jurado", a arbitragem é um meio extrajudicial de resolução de contendas, capaz de dirimir conflitos entre particulares, podendo ser determinada antes, pela cláusula arbitral, ou depois do surgimento da questão controvertida, pelo compromisso arbitral.[1]

No intuito de abordar essa relação, faz-se necessário ilustrar, ainda que brevemen-

* Trabalho de conclusão da disciplina "Contratos Internacionais", ministrada no 1º semestre de 2002, no Curso de Pós-Graduação em Direito na UNESP, pela Profa. Dra. Jete Jane Fiorati.

1. Carlos Alberto Carmona, *A Arbitragem no Processo Civil Brasileiro*, p. 14.

te, elementos geralmente recorrentes em um *joint venture*, assim, serão descritos, sua origem, definição e características, além da conturbada natureza jurídica, passando pela sua classificação e motivação, chegando à cláusula compromissória e ao julgamento por eqüidade, fechando com uma conclusão dos pontos abordados *ex ante*.

1. Origem, definição e características do contrato de "joint venture"

A origem do contrato de *joint venture* está na prática empresarial norte-americana, onde os tribunais, através de sucessivas decisões jurisprudenciais, na segunda metade do século XIX e início do XX, começaram a delineá-lo, apontando para uma identificação das características desse instituto.[2]

Inicialmente, as cortes fizeram uso de duas expressões para evidenciar e descrever o objeto de um acordo com caráter associativo, com ou sem a constituição de uma sociedade distinguindo-as, respectivamente, em *joint venture* e *joint adventure*, juntados posteriormente com o desenvolvimento daquele, em detrimento deste.[3]

Embora a locução *joint venture*, termo em inglês que significa "aventura comum", seja vago e possa significar atualmente quase todas as formas de cooperação em empresas, é usualmente referido como um acordo de parceria visando a consecução de um projeto em conjunto, cuja importância ou complexidade reclamam a integração funcional, sem a qual, dificilmente o empreendimento se concretizaria.

Na lição de Ricardo Lorenzetti: "(...) no hay autor que no señale la ambigüedad del termino *joint venture* en la ciencia jurídica. Ya se ha señalando su extraneidad lingüística, su origen meta jurídico, su flexibilidad, o su renuencia a ajustarse a los moldes normativos clásicos: lo cierto es que ha sido y continua siendo fértil para la indagación jurídica".[4]

Mesmo em seu país de origem, o contrato de *joint venture* não é legalmente delineado tratando-se, por isso, de um instituto de difícil assimilação por parte dos países de tradição romano-germânica, o que não impede, todavia, a sua larga utilização por essas nações, tanto as desenvolvidas, quanto as que estão em vias de desenvolvimento.

Os *joint ventures* aparecem sempre como fórmula de uso apta para diversas atividades, não delimitadas e sem prazo determinado de cooperação empresarial, não necessitando assumir forma jurídica societária com personalidade jurídica autônoma e distinta das empresas.

Na lição do Professor Luiz Olavo Baptista: "Os contratos de *joint venture* são criados a partir de um acordo-base em torno do qual gravitam os contratos satélites, sendo seus objetivos realizados por um órgão de gestão e controle que pode ser uma pessoa física ou jurídica, mandatária, formal como uma sociedade por ações, ou informal, como o gerente de um consórcio".[5]

O acordo-base, também denominado "contrato-mãe", é o instrumento que regulamenta as condições gerais do empreendimento contendo os objetivos, regras administrativas, direitos e obrigações das partes, distribuição de lucros, cláusula de duração e solução de conflitos etc. e os contratos satélites disciplinam algumas particularidades do primeiro, como, por exemplo, o estatuto ou contrato social da pessoa jurídica, quando criada.

2. Andrea Astolfi, "El contrato internacional de *joint venture*", *Revista del Derecho Comercial y de las Obligaciones* 83/3-4. O autor cita exemplos de numerosos precedentes, entre eles, os casos: Bruce *vs.* Hastings (1868); Ross *vs.* Willet (1895); Lobsitz *vs.* E. Lissberger Co. (1915); Reid *vs.* Shaffer (1918); Columbian Laundry *vs.* Henken (1922); e Finney *vs.* Terrel (1925).

3. Luiz Olavo Baptista, "A *joint venture* — Uma perspectiva comparatista", *RDM* 42/39.

4. Ricardo Lorenzetti, "Contratos asociativos y *joint venture*", *RDM* 42/39.

5. José Carlos de Magalhães e Luiz Olavo Baptista, *Arbitragem Comercial*, p. 59.

Com efeito, o êxito desse contrato se deve, em grande parte, à possibilidade de uma contínua adaptação do acordo às peculiaridades do negócio, sem a delimitação da manifestação de vontade dos contratantes podendo, ainda, estabelecer sua duração, seja por prazo determinado, determinável, ou indeterminado.

Com essas características, não é de se estranhar o crescente interesse sobre os contratos de *joint venture* como instrumento para a organização das mais variadas atividades de interesses.

2. *Natureza jurídica dos contratos de "joint venture"*

Ainda hoje, é comum encontrar trabalhos onde os autores, ao se depararem com o contrato de *joint venture*, não se dediquem a um detalhado estudo, evitando-se qualquer debate acerca de sua natureza jurídica tratando-o, em breves comentários limitados a parênteses ou notas de rodapé envolvendo-o, assim, numa densa neblina, atribuindo à expressão ares etéreos, de valor meramente semântico.

Mesmo nos tribunais, numa tentativa de defini-lo, acabou-se por atenuar suas características *sui generis*, sofrendo pela atração de institutos similares.

Segundo Luís Roberto Barroso: "(...) uma das patologias crônicas da hermenêutica brasileira é a interpretação retrospectiva, pela qual se procura interpretar um texto novo de maneira a que ele não inove nada, mas ao revés, fique tão parecido quanto possível com o antigo".[6]

Essa tendência não é apenas dos aplicadores do direito no Brasil, haja vista que, nos EUA, esse contrato perdeu interesse para os agentes, nos anos 1950, devido à crescente tendência da jurisprudência em aproximá-lo de outros institutos, aplicando-se as disciplinas legalmente previstas.

Os contratos de *joint ventures* foram comparados às *partnerships*[7] do direito norte-americano, às filiais comuns, às sociedades de fato, às sociedades por ações, ao consórcio, à associação em conta de participação e, por último, à formas societárias atípicas.[8]

Conforme salientou Agostinho Toffoli Tavolaro, em palestra realizada na XIII Semana Jurídica da UNESP, na verdade, o *joint venture* prima pela simplicidade, até mesmo na constatação de sua natureza jurídica, tratando-se de um instituto meramente contratual, evidenciando o seu caráter funcional para a constituição de uma sociedade, ademais, seu êxito se deve, em grande parte, à possibilidade de uma contínua adaptação do acordo às peculiaridades do negócio.[9]

3. *Classificação dos contratos de "joint venture"*

Não apenas por interesse didático, como também legal, os *joint ventures* podem ser classificados de várias formas, sendo, mais usuais, os que destacam a nacionalidade de seus integrantes, a aquisição de personalidade jurídica autônoma, a forma societária adotada, o maior ou menor risco dos seus partícipes, a sua duração e as atividades que desenvolverão.

Quanto à nacionalidade, esses contratos podem ser classificados em três tipos, a saber: *joint venture* nacional, integrado por empresas de uma mesma nacionalidade; *joint venture* estrangeiro, formado por em-

6. O autor reporta-se, ainda, à lição de Barbosa Moreira: põe-se ênfase das semelhanças, corre-se um véu sobre as diferenças e conclui-se que, à luz daquelas e a despeito destas, a disciplina da matéria, afinal de contas, mudou pouco, se é que na verdade, mudou (Luís Roberto Barroso, "Dez anos da Constituição de 1988", *RTDP* 20/39).

7. Tipo de sociedade de pessoas do direito anglo-saxão, com responsabilidade solidária e ilimitada dos sócios, equivalendo-se, no Brasil, às sociedades irregulares.

8. Astolfi, ob. cit., pp. 8-9.

9. Agostinho Toffoli Tavolaro, "Contratos internacionais de *joint venture*", XIII Semana Jurídica da UNESP, Palestra realizada no dia 29 de agosto de 2001.

presas de diversas nacionalidades, não sendo, nenhuma delas, do país hóspede e, por fim, *joint venture* internacional, onde uma das partes possui a nacionalidade do país onde está localizado o objeto contratual e a outra, não.[10]

Dependendo da forma jurídica adotada, pode-se dividi-lo em dois tipos: *corporate joint ventures*,[11] quando os *co-ventures* resolvem constituir uma sociedade com personalidade jurídica e, *non corporate joint ventures*, onde o desenvolvimento das atividades não dá ensejo a essa constituição.[12]

Em relação ao risco, a distinção se dá entre duas possibilidades: *equity joint venture*, onde existe investimento direto de capital, sujeito aos riscos do empreendimento e a *non equity joint venture*, em que a posição do investidor é a de credor num empréstimo a ser pago, independentemente do resultado do negócio.[13]

No que se refere aos *co-ventures* que as compõem, pode as *joint ventures* ser classificadas de três formas: estatais, quando o empreendimento tenha como partícipes somente pessoas jurídicas de direito público; privadas, formada apenas por particulares, ou mistas, que é a junção dos dois em um projeto comum.

Cabe frisar, por fim, que essas distinções sempre ocorrem em conjunto, assim, um mesmo contrato de *joint venture* pode ser classificado como internacional *equity corporate* misto, ou estrangeiro *non equity non corporate* privado, e assim por diante.

10. Astolfi, ob. cit., p. 2.

11. Marilda Rosado de Sá Ribeiro divide a *corporate joint venture* em *contractual joint venture* e *partnership joint venture*, sendo a primeira, decorrente de acordo, que prevê uma união temporária entre as empresas, enquanto que, a segunda, é aquela com as características da *partnership*, sociedade de pessoas do direito anglo-saxão (*As "Joint Ventures" na Indústria do Petróleo*, p. 96).

12. No Brasil, a prática aponta, como opção, a *corporate joint venture*, adotando-se como forma societária a sociedade por ações e a limitada, além do consórcio, disciplinado no art. 278 da Lei 6.404/1976.

13. Baptista (ob. cit., p. 54).

4. *Motivação do contrato de "joint venture"*

A motivação para cada uma das contratantes não é necessariamente, a mesma, variando caso a caso, assim, enquanto uma empresa pode estar visando lucro, outra poderá estar em busca de novas tecnologias, ou procurando garantir presença num determinado mercado.

Conforme destaca Maristela Basso: "Não escapam às finalidades dos *joint ventures* o estabelecimento de centrais de compras e/ou prestação de serviços, o contorno às restrições legais ao capital estrangeiro, e a possibilidade de financiamentos por entidades de fomento".[14]

De um modo geral, os *joint ventures* sediados em países desenvolvidos tem por meta a realização de concentração empresarial, enquanto que as efetuadas entre empresas de países desenvolvidos e de países em vias de desenvolvimento visam assegurar a presença num mercado e a transferência de conhecimentos técnicos, respectivamente.[15]

Por fim, cabe destacar a motivação financeira, explicada por Rasmussen: "Enquanto nos anos 60 a incorporação, a aquisição, o *take over* ou o investimento em capital de risco em subsidiárias ou filiais eram as ferramentas e estratégias expansionistas, hoje, com o altíssimo custo do dinheiro, o *joint venture* é o método preferido dos administradores para executar seus planos expansionistas, tanto no âmbito nacional quanto no âmbito transnacional (...)".[16]

5. *Cláusula compromissória nos contratos de "joint venture"*

No *joint venture*, é comum a previsão da cláusula compromissória, motivada pe-

14. Maristela Basso, "*Joint Venture*", p. 43.

15. Agostinho Toffoli Tavolaro, "Contratos internacionais de *joint venture*", cit.

16. U. W. Rasmussen, "*Holdings*" e "*Joint Ventures*", p. 21.

las notórias vantagens que um procedimento arbitral pode oferecer na consecução das relações empresariais advindas de um contrato tão característico.

Neste ínterim, cabe esclarecer que cláusula compromissória e compromisso arbitral constituem espécies distintas do gênero "convenção de arbitragem".[17]

César Fiúza bem define a cláusula compromissória: "É o pacto acessório pelo qual as partes convêm em submeter à jurisdição arbitral as disputas que surjam no transcorrer de determinada relação jurídica, em termos genéricos, sem menção à espécie de litígio nem ao nome dos árbitros".[18]

E, Alfredo Buzaid, o compromisso arbitral: "Chama-se compromisso o ato pelo qual as partes capazes de contratar podem louvar-se em árbitros, mediante documento escrito, a fim de que resolvam uma controvérsia".[19]

Resumindo: enquanto a primeira objetiva um litígio futuro e potencial, o segundo é um contrato que tenciona resolver uma contenda presente e concreta.

Mediante a cláusula compromissória, as partes comprometem-se a acatar o procedimento que for instituído para resolver divergências contratuais, constituindo, assim, uma promessa de contratar ou contrato preliminar de arbitragem que fica dependente do conflito, elemento que o torna exigível.

17. Lei Brasileira de Arbitragem 9.307/1996, art. 3º: As partes interessadas podem submeter a solução de seus litígios ao juízo arbitral mediante convenção de arbitragem, assim entendida a cláusula compromissória e o compromisso arbitral; art. 4º: A cláusula compromissória, é a convenção através da qual as partes em um contrato comprometem-se a submeter à arbitragem os litígios que possam vir a surgir relativamente a tal contrato; e art. 9º: O compromisso arbitral é a convenção através da qual as partes submetem um litígio à arbitragem de uma ou mais pessoas, podendo ser judicial ou extrajudicial.

18. César Fiúza, *Teoria Geral da Arbitragem*, pp. 106-107.

19. Alfredo Buzaid, "Do juízo arbitral", *RT* 271/13.

A necessidade leva os *co-ventures* a optarem por procedimentos rápidos, visando favorecer a solução de controvérsias ou ainda evitar seu surgimento, já que podem prejudicar o êxito do empreendimento conjunto, ademais, a cláusula arbitral também é necessária para especificar modalidades de execução de obrigações assumidas pelas partes, além de completar eventuais lacunas contratuais.

Como assinala Andrea Astolfi: "É assim transferida ao árbitro, não tanto a função de órgão jurisdicional, mas sim, em certo sentido, de órgão de integração e gestão do contrato, sendo a ele demandada, contratualmente, a competência para interferir na determinação das modalidades de execução das obrigações singulares quando as partes não concordam sobre seu conteúdo".[20]

Percebe-se que a função assinalada ao árbitro é a de um poder decisório, substitutivo ou integrativo da vontade das partes, assim, os tipos de divergências em que se usa a arbitragem são diversos como, por exemplo, avaliação de bens a serem incorporados à empresa, fixação de remuneração de diretores, estabelecimento dos deveres e obrigações deste, saída ou admissão de dirigentes que devam ser escolhidos de comum acordo pelas partes, distribuição de dividendos, estabelecimento de prioridades na liquidação de fornecimentos, dentre outros.[21]

Acrescente-se a essa lista que todas as decisões políticas da empresa, quando o tipo de acordo-base prevê situação de poder igualitário e de veto, ou não estabelece as áreas em cada qual tem o poder de decisão.[22]

Todas essas razões fazem com que a maioria dos acordos de *joint venture* contenha cláusula arbitral, estabelecendo a realização do procedimento por determinadas pessoas ou instituições.

20. Astolfi, ob. cit., p. 66.

21. Magalhães e Baptista, ob. cit., p. 56.

22. Batista, ob. cit., pp. 321-322.

6. Julgamento por eqüidade

Paralelamente, no que tange à resolução de conflitos entre os contratantes, o árbitro pode atuar na qualidade de *amigable componedor*, aplicando o princípio da eqüidade, que supõe o predomínio da razão embasada na boa-fé, decorrendo, disso, um abrandamento do rigor da lei, face à hipótese verificada no caso concreto.[23]

Para Pontes de Miranda: "O poder de julgar, segundo a eqüidade, constitui poder de apagar a incidência e de aplicar outro direito que aquele que incidiu; portanto, volta à revelação, incidência e aplicação da regra jurídica simultânea".[24]

Em trabalho sobre o tema, Carlos Aurélio Mota de Souza, lembra que compete aos juristas destacar os valores funcionais da eqüidade para o uso desse instrumento como renovação da ordem jurídica, afastar os preconceitos do positivismo jurídico e a desconfiança do legislador em relação ao arbítrio.

O autor reconhece na eqüidade: "Um instrumento jurídico indispensável a ser utilizado pelo intérprete sempre que o direito estrito — *summun jus* — não se adapte às circunstâncias do caso individual, ou se acarretar conseqüências jurídicas indesejáveis, caracterizando a *summa ijuria*, tão temida e execrada pelos romanos".[25]

São notórias as vantagens oferecidas pela arbitragem de eqüidade frente à arbitragem convencional, sobretudo em relações empresariais internacionais, não olvidando que a própria desnacionalização do contrato favorece esse procedimento, o que, por outro lado, constitui a razão das dificuldades de sua aplicação nos contratos de *joint ventures* localizados nos países em vias de desenvolvimento.[26]

Isto não ocorre somente pelas razões gerais que podem motivar a desconfiança das arbitragens internacionais por parte de alguns destes países, além da existência de disciplinas locais de necessária aplicação, mas, também, porque ao contrato internacional de *joint venture* se podem opor tanto instancias privadas quanto públicas.

Na lição de Andrea Astolfi: "O contrato é um instrumento de política econômica do país hóspede, onde nem sempre se encontram o adequado respeito às decisões fundadas sobre a interpretação da vontade das partes à luz de critérios eqüitativos".[27]

Por tais razões e em presença de possíveis valorizações divergentes sobre a noção mesma de eqüidade, a área para uma composição amigável dos conflitos entre os *co-ventures* é restringida e, em conseqüência, mais comum é a entrega ao árbitro da solução legalmente correta segundo o direito aplicável ao contrato.

Conclusão

O Poder Judiciário luta com o dinamismo das rápidas transformações dos negócios tendo, diante de si, uma legislação que, na maioria das vezes, reflete necessidades de décadas atrás.

A globalização da economia, bem como a volatilização das transações empresariais caminham em ritmo tal que a sociedade demanda a formação de alternativas para a solução de controvérsias eficazes para coadjuvar a missão do Estado de distribuir justiça.

23. De Plácido e Silva elucida que a eqüidade funda-se na circunstância especial de cada caso concreto, concernente ao que for justo e razoável (*Vocabulário Jurídico*, p. 180).

24. Pontes de Miranda, *Tratado de Direito Privado*, p. 377.

25. Carlos Aurélio Mota de Souza, *Evolução e Conceito de Eqüidade e sua Influência na Jurisprudência*, p. 184.

26. Cabe lembrar que o justo e o eqüitativo para Aristóteles são a mesma coisa, o eqüitativo é superior, não ao justo em si, mas ao justo formulado em uma lei que, em virtude da sua universalidade, está sujeita ao erro (cf. José Cretella Júnior, "Da arbitragem e seu conceito categorial", *Revista de Informação Legislativa* 98/129).

27. Astolfi, ob. cit., p. 66.

Esse quadro é coerente e vem ao encontro do momento atual de busca pelo livre mercado, com o fortalecimento do princípio da liberdade de iniciativa e da autonomia da vontade, garantidos pela CF/1988.

O empresário dá prevalência aos usos e costumes de cada setor da sua atividade, renunciando a direitos, preferindo estabelecer as normas aplicáveis à questão e indicar seus próprios árbitros para analisar e discutir a controvérsia.

Nessa perspectiva, colocou-se em análise o *joint venture*, sendo aqui delineado em suas formas atuais, partindo-se de sua conceituação, origem histórica e características, passando pela análise de sua natureza jurídica *sui generis*, chegando a sua classificação, extraindo-se os momentos norteadores do feito negocial e, em derradeiro, tratando sucintamente da cláusula arbitral e suas vantagens na resolução de contendas entre os *co-ventures*, compreendendo a razão de sua crescente afirmação nesses contratos.

Claro que o contrato de *joint venture* e a cláusula compromissória possuem outros pontos a serem abordados, aqui atenuados, porém, esse estudo; não se teve a pretensão em esgotar o tema, mas tão-somente contribuir no seu desenvolvimento, suscitando idéias e discussões sobre seus mais variados aspectos.

Referências bibliográficas

ASTOLFI, Andrea. "El contrato internacional de *joint venture*". *Revista del Derecho Comercial y de las Obligaciones* 83/2, Buenos Aires, Depalma, 1981.

BARROSO, Luís Roberto. "Dez anos da Constituição de 1988". *RTDP* 20.

BAPTISTA, Luiz Olavo. "A *joint venture* — Uma perspectiva comparatista". *RDM* 42/39, abr.-jun. 1981.

BASSO, Maristela. "*Joint Venture*". Porto Alegre, Livraria do Advogado, 2002.

BUZAID, Alfredo. "Do juízo arbitral". *RT* 217/7-12, São Paulo, set. 1958.

CARMONA, Carlos Alberto. *A Arbitragem no Processo Civil Brasileiro*. São Paulo, Malheiros Editores, 1993, pp. 14-15.

CRETELLA JÚNIOR, José. "Da arbitragem e seu conceito categorial". *Revista de Informação Legislativa* 98/127-137, Brasília, 1988.

DE PLÁCIDO E SILVA. *Vocabulário Jurídico*. Forense, 1987.

FIÚZA, César. *Teoria Geral da Arbitragem*. Belo Horizonte, Del Rey, 1995.

LORENZETTI, Ricardo. "Contratos asociativos y *joint venture*". *RDM* 42/39, abr.-jun. 1981.

MAGALHÃES, José Carlos de e BAPTISTA, Luiz Olavo. *Arbitragem Comercial*. Rio de Janeiro, Freitas Bastos, 1986.

PONTES DE MIRANDA, Francisco Cavalcante. *Tratado de Direito Privado*. v. 26, Rio de Janeiro, Borsói, 1959, pp. 317-330.

RASMUSSEN, U. W. *"Holdings" e "Joint Ventures"*. São Paulo, Aduaneiras, 1988.

RIBEIRO, Marilda Rosado de Sá. *As "Joint Ventures" na Indústria do Petróleo*. Rio de Janeiro, Renovar, 1997.

SIERRA, Humberto Briseño. *El Arbitraje Comercial*. Ciudad de México, Limusa, 1993.

SOUZA, Carlos Aurélio Mota de. *Evolução e Conceito de Eqüidade e sua Influência na Jurisprudência*. Tese de Doutorado em Direito, Universidade de São Paulo — USP, 1989.

TAVOLARO, Agostinho Toffoli. "Contratos internacionais de *joint venture*". XIII Semana Jurídica da UNESP, Palestra realizada no dia 29 de agosto de 2001.

VALÉRIO, Marco Aurélio Gumieri. "Ainda sobre a constitucionalidade da Lei de Arbitragem". *Revista de Estudos Jurídicos UNESP* 10, jan.-jun. 2000.

————. *Arbitragem no Direito Brasileiro*. São Paulo, LEUD, 2003.

OPONIBILIDADE DOS DIREITOS DE PATENTE A TERCEIROS — NATUREZA JURÍDICA DA CARTA-PATENTE*

Renato Lôbo Guimarães

Nos termos do art. 42 da Lei 9.279/1996, a *patente* "confere ao seu titular o direito de impedir terceiro, sem o seu consentimento, de produzir, usar, colocar à venda, vender ou importar com estes propósitos: I — produto objeto de patente; II — processo ou produto obtido diretamente por processo patenteado".

A efetividade de tais privilégios legais é assegurada pela possibilidade de aforamento, por parte de seus titulares, de medida judicial objetivando a cessação das infirmadas práticas, sob pena de imposição de multa pecuniária diária.

De outro lado, é garantido ao titular da *patente* "o direito de obter indenização pela exploração indevida de seu objeto, inclusive em relação à exploração ocorrida entre data da publicação do pedido e a da concessão da patente", consoante preceitua o art. 44, do aludido Diploma Normativo, *indenização* esta a ser perseguida judicialmente, com arrimo, outrossim, no art. 159 e demais correlatos do Código Civil.

Como se observa, as prerrogativas legais conferidas ao proprietário do invento somente serão oponíveis a terceiros após o deferimento do pedido e respectiva expedição da *carta-patente*,[1] retroagindo seus efeitos à data de sua publicação.

Neste sentido já se manifestou o Professor Lucas Rocha Furtado, atual Procurador-Geral do Ministério Público junto ao Tribunal de Contas da União, em seus *Comentários à Nova Legislação sobre Marcas e Patentes — Lei 9.279, de 14 de maio de 1996*, *verbis*:

"(...)

"*Os direitos do titular da patente somente serão oponíveis a terceiros após a concessão do registro. Enquanto não for concedida a patente, ainda que tenha ocorrido a publicação do seu pedido, descabe ao depositante querer impedir terceiros de praticar qualquer ato relacionado ao objeto de seu depósito. Porém, sendo a patente concedida, os efeitos da concessão retroagem à data da publicação.* (...)" (grifamos).[2]

Segundo o respeitado Procurador-Geral, em caso de exploração realizada por terceiro antes da concessão, mas após a publicação do pedido, poderá o titular da *patente* intentar ação judicial para obter indenização.

No tocante aos atos praticados por terceiros antes da publicação, "somente caberá indenização se o titular provar que o terceiro obteve informações por meios ilícitos (...)".[3]

* Estudo realizado em outubro de 2002, atualizado em maio de 2003.

1. Art. 38 da Lei 9.279/1996.

2. Brasília, Brasília Jurídica, 1996, pp. 53-54.

3. Ob. cit., pp. 53-54.

Com efeito, conclui—se que o registro (*carta-patente*) possui *natureza constitutiva*, não subsistindo, na sua falta, a faculdade de usar, gozar e dispor da invenção, ou seja, de explorá-la em benefício de seu titular, "conferindo-lhe todos os proveitos econômicos, e, sob o aspecto, negativo, a faculdade de impedir que terceiros explorem a invenção patenteada, em decorrência da exclusividade que lhe é transmitida".[4]

Todavia, muitas são as etapas a serem percorridas até a concessão da *carta-patente*.

Após a apresentação do pedido de *patente* perante uma das Delegacias do *Instituto Nacional de Propriedade Intelectual*, é realizado um exame preliminar, previsto no art. 20 da lei de regência, cujo atestado de regularidade ensejará a confirmação da data de seu protocolo como de *depósito*.

O indigitado pedido será mantido em sigilo por 18 (dezoito) meses, contados da data de *depósito*, após o que será publicado, conforme consignado no art. 30, da *Nova Lei de Patentes*.

Vale ressaltar que a data de publicação do pedido é de fundamental importância, eis que, consoante alinhavado, os efeitos da concessão do registro a ela retroagem, possibilitando ao beneficiário a repressão judicial de atos praticados em detrimento às suas prerrogativas legais — caso não tenham esvaído no tempo —, assim como fixando o *dies a quo* dos danos causados, para efeito de reparação civil.[5]

Decorridos 60 (sessenta) dias de sua publicação (parágrafo único, art. 31 da LP), o exame de mérito será iniciado, a pedido do requerente (art. 33), culminando na elaboração de parecer conclusivo acerca da patenteabilidade do invento, cujos requisitos são: *novidade*, *atividade inventiva* e *utilização industrial*.[6]

Em conclusão, para que o depositário de pedido de *patente* possa se valer de medidas judiciais tendentes a impedir que terceiros explorem invento semelhante ao seu, faz-se necessário percorrer todas as etapas acima explicitadas, previstas na Lei 9.279/1996, até a concessão da pretendida *carta-patente*.

Dada a natureza constitutiva da *carta-patente*, propugnada pela mais abalizada doutrina, somente após a sua expedição é que as prerrogativas legais conferidas ao proprietário do invento poderão ser oponíveis a terceiros.

4. Gabriel Di Blasi e outros, *A Propriedade Intelectual*, Rio de Janeiro, Forense, 1997, p. 147.

5. Note-se que, nos termos do § 1º, do art. 30, da Lei de Patentes, a publicação do pedido poderá ser antecipada a requerimento do depositante, proporcionando maior proteção ao requerente em caso de concessão futura do registro (já que o mesmo retroagirá até a referida data). Contudo, tal antecipação não abreviará o prazo contemplado no *caput* do referido dispositivo, de 18 (dezoito) meses.

6. Art. 8º, da Lei de Patentes.

Espaço Discente

A ALIENAÇÃO DE CONTROLE DE COMPANHIA ABERTA E A RECENTE REFORMA DA LEGISLAÇÃO SOCIETÁRIA — EFETIVO AVANÇO?[1]

ANDREA FERNANDES ANDREZO

Introdução. 1. Breve histórico do direito de venda conjunta ("tag along") no Direito brasileiro. 2. Análise das regras atuais. 3. Análise de aspectos polêmicos. Conclusão. Bibliografia.

Introdução

Desde a década de 1930, principalmente a partir da clássica obra de Berle e Means,[2] muito se tem discutido a respeito dos conflitos de interesse decorrentes da separação entre gestão e propriedade (*agency theory*). Em alguns países, tais como Estados Unidos, o foco maior da discussão se refere ao relacionamento entre administradores e acionistas, enquanto em outros, como o Brasil, os conflitos mais relevantes se verificam no relacionamento entre acionista controlador e acionistas não-controladores.

Essas discussões foram, ao longo dos anos, assumindo maior relevância em razão de inúmeros problemas e escândalos ocorridos, até que um movimento ainda mais amplo surgiu na década de 1980, denominado Governança Corporativa. Aqueles que efetivamente conduzem os negócios da companhia (acionista controlador ou administradores) devem visar a maximização de valor para os *acionistas*, de modo que a sociedade consiga atrair capital "paciente", de longo prazo e a um custo baixo e possa estar em constante crescimento, atendendo aos interesses de diferentes grupos (*stakeholders*). Nesse sentido, Governança Corporativa constitui, para La Porta *et. al.*, um conjunto de ferramentas destinadas a evitar a *expropriação*[3] dos acionistas minoritários pelos acionistas controladores e/ou dos acionistas pelos administradores.[4]

O termo *expropriação*, utilizado por diversos autores, principalmente estrangeiros, pode parecer exagerado, mas serve para indicar as vantagens que podem ser obtidas por quem tem o controle da sociedade, em benefício próprio ou de terceiros, e em prejuízo dos demais acionistas (*private be-*

1. Trabalho apresentado em junho de 2002, na Faculdade de Direito da Universidade de São Paulo, para a obtenção de créditos no programa de Mestrado em Direito.

2. A. Berle e G. Means, *The Modern Corporation and Private Property*, Nova York, Macmillan, 1932.

3. O termo *expropriation* foi traduzido, nesse texto, por expropriação, assim como é usual. Cabe comentar que, na doutrina brasileira, não se confunde expropriação com desapropriação, uma vez que, no primeiro caso, não há indenização.

4. Rafael La Porta, Florencio Lopez-de-Silanes, Andrei Shleifer e Robert W. Vishny, *Investor Protection: Origins, Consequences, Reform*, p. 1.

nefits of control), por meio de: salários superiores aos de mercado, uso de bens da sociedade para fins particulares, preços de transferência, benefícios indiretos, empréstimos subsidiados, operações com partes relacionadas ao controlador e em condições desfavoráveis para a sociedade, *insider trading*, entre outros. La Porta *et. al.* defendem que a expropriação sempre tem um custo, que aumenta à medida que há maior proteção aos investidores, podendo chegar ao limite de ser tão alto que tais operações se tornam inviáveis.[5]

Regras sobre proteção dos investidores são fundamentais, portanto, para evitar essa apropriação indevida por parte de administradores e acionistas controladores. Além disso, assumem maior importância na medida em que são relevantes para o desenvolvimento do mercado de capitais. Estudos realizados por La Porta *et. al.*, a partir de dados de 49 países, demonstram que países com menor proteção aos investidores, tomando-se em consideração a legislação e o nível de *enforcement*, apresentam mercados de capitais menos desenvolvidos. Países de direito codificado (*civil law*), de origem romano-germâmica, em geral, asseguram menor proteção aos investidores que os países de direito consuetudinário (*common law*), de origem anglo-saxônica, e têm mercados de capitais menores. Isso se justifica pelo fato de que, quando há maior proteção, os investidores estão mais dispostos a financiar as companhias, por que há menor risco de expropriação por parte de administradores e controladores. As companhias, por sua vez, têm mais incentivos a emitir valores mobiliários quando os investidores estão dispostos a pagar mais por eles. Por outro lado, quando há fraca proteção legal, os investidores exigem desconto maior para adquirir valores mobiliários e as companhias têm, portanto, menos incentivos para emiti-los.[6]

Coffee defende idéia semelhante ao afirmar que, em países de *common law*, os investidores estão dispostos a investir, e efetivamente investem, por que têm a expectativa de serem tratados de forma eqüitativa (como vêm sendo tratados), enquanto em países de *civil law*, eles não fazem investimentos similares ou fazem investimentos com descontos superiores, por que têm a expectativa oposta (e geralmente a experiência oposta também).[7] Cabe ressaltar, todavia, que ele questiona essa generalização com base no sistema legal do país (*civil law* ou *commom law*).[8]

Posteriormente, La Porta *et. al.* procuraram verificar o impacto do nível de proteção dos investidores no valor das companhias, a partir da análise de dados de 371 grandes companhias em 27 países. A conclusão obtida é que uma proteção maior dos investidores está associada a maior cotação das ações. Segundo os autores, isso demonstra a relevância, em termos quantitativos, da expropriação que acionistas não-controladores sofrem em diversos países, bem como a importância da legislação em limitar essa expropriação. Além disso, essa conclusão também ajuda a demonstrar a importância das regras sobre proteção dos investidores para o desenvolvimento do mercado de capitais.[9]

Esses estudos demonstram que países que asseguram maior proteção aos investidores têm mercados de capitais maiores e mais desenvolvidos. Essa constatação assume maior importância na medida em que o desenvolvimento do mercado de capitais tem papel fundamental no crescimento econômico, pois possibilita aumento dos níveis de poupança, transferência de recursos do setor financeiro para o setor real e maior eficiência na alocação de recursos, em ra-

5. Rafael La Porta, *et. al.*, *Investor...*, cit., p. 8.
6. Rafael La Porta, *et. al.*, *Legal Determinants of External Finance*.

7. John Coffee Jr., *Do Norms Matter? A Cross-Country Examination of the Private Benefits of Control*, pp. 6-7.
8. John Coffee Jr., *The Rise of Dispersed Ownership: the Role of Law in the Separation of Ownership and Control*.
9. Rafael La Porta, *et. al.*, *Investor...*, cit.

zão da supervisão dos investidores sob os administradores. Estudo feito com dados de 49 países no período de 1976 a 1993, por Levine e Zervos, levou os autores a concluir que o nível de desenvolvimento do mercado de ações em 1976 é um fator relevante para explicar o crescimento econômico até 1993.[10]

É fundamental, portanto, desenvolver o mercado de capitais. Para Black, há duas condições necessárias, embora não suficientes, para um país ter um mercado de capitais desenvolvido — a legislação e as instituições devem assegurar aos acionistas não-controladores (i) informações adequadas sobre o valor da companhia; e (ii) confiança de que não serão expropriados pelos administradores e/ou controladores.[11]

Diversos países e bolsas de valores estão alterando suas regras com a finalidade de adotar boas práticas de Governança Corporativa. Os Estados Unidos, em especial a Bolsa de Nova York, estão discutindo diversas novas normas aplicáveis às companhias abertas, principalmente após o caso Enron. O México, por sua vez, promoveu, em junho de 2001, uma reforma em sua legislação societária, alterando 80% das regras existentes, com a finalidade de tornar seu mercado de capitais mais atrativo aos investidores. Segundo o vice-presidente da *Comisión Nacional Bancaria y de Valores*, Jorge Familiar, "a principal motivação dessa reforma foi o reconhecimento do movimento global em direção à ampliação dos direitos dos minoritários. Nós nos convencemos que para o mercado de capitais do México se desenvolver, nós precisávamos assegurar maior proteção aos minoritários". Dentre as principais alterações, destacam-se: maior transparência das companhias abertas, participação dos minoritários na escolha dos administradores e do auditor independente, exigência de oferta pública para adquirir mais de 51% das ações da companhia, emissão de ações sem direito a voto limitada a 25% do total de ações, podendo esse limite ter um adicional de até 25%, se esse adicional for representado por ações sem direito a voto conversíveis em ações com direito a voto no prazo de cinco anos, e criminalização de *insider trading*.[12]

O Brasil também está atento a esse movimento global e promoveu, recentemente, uma reforma da legislação societária visando ampliar o nível de transparência das companhias brasileiras, bem como a conferir maior proteção aos acionistas não-controladores, com a finalidade de desenvolver o mercado de capitais nacional, de modo que este venha, efetivamente, contribuir para o crescimento econômico do País. A reforma se baseou na idéia de que o investidor, ao se sentir mais protegido, tenderia a investir mais em companhias brasileiras.

Um dos aspectos mais discutidos e comentados da recente reforma refere-se à reintrodução, em nosso ordenamento jurídico, da obrigatoriedade de realização de oferta pública para aquisição de ações dos acionistas minoritários, no caso de alienação de controle de companhia aberta. Nesse trabalho, procura-se analisar se essa nova regra confere maior proteção aos acionistas não-controladores e se há algo que ainda pode ser feito nesse sentido. Inicialmente, apresenta-se um breve histórico sobre as regras aplicáveis a alienações de controle de companhias abertas. A seguir, procede-se a uma análise mais detalhada das regras atuais e de aspectos polêmicos referentes ao assunto em comento. Por fim, procura-se concluir sobre os eventuais avanços obtidos a partir dessa reforma e alterações que ainda podem ser realizadas.

O enfoque nas alterações sobre as regras aplicáveis a alienações de controle de companhias abertas se justifica pelo fato de

10. R. Levine e S. J. Zervos, "Stock market development and long run growth", *World Bank Economic Review*.

11. Bernard Black, "Strengthening Brazil's securities markets", *RDM* 120/42.

12. *Equal Rights for All*, Latinfinance, set. 2002, pp. 18-19.

que esse problema assume particular relevância no mercado de capitais brasileiro, caracterizado por companhias abertas que, na grande maioria, têm o controle concentrado nas mãos de um único acionista, como mostra a tabela a seguir:

PORCENTAGEM DE AÇÕES ORDINÁRIAS COM ACIONISTAS QUE DETÊM MAIS DE 5% DAS AÇÕES ORDINÁRIAS (dados do Cadastro da CVM)			
	Freqüência	**Porcentagem**	**Porcentagem cumulativa**
De 90% a 100%	483	66,8	66,8
De 80% a 90%	116	16,0	82,8
De 70% a 80%	50	6,9	89,8
De 60% a 70%	33	4,6	94,3
De 50% a 60%	26	3,6	97,9
Até 50%	15	2,1	100,0
Total	723	100,0	
Sem informação	10		

Fonte: Carlos Antonio Rocca, *Soluções para o Desenvolvimento do Mercado de Capitais Brasileiro*. Rio de Janeiro, José Olympio, 2002, p. 67.

Além disso, o sobrepreço pago na aquisição de controle de companhias é, em média, bastante elevado no mercado brasileiro, como mostra a seguinte tabela:

ESTIMATIVA DE PRÊMIOS DE CONTROLE PAGOS NO MERCADO BRASILEIRO EM TRANSAÇÕES RECENTES (PREÇO EM REAIS)					
Empresa	**Setor**	**Data do anúncio**	**Preço pago (ON)**	**Preço em bolsa***	**Prêmio de controle****
Refripar	Eletro-eletrônica	11/01/96	2,83	2,04	39%
CST	Siderurgia	25/04/96	40,85	17,68	131%
Metal Leve	Autopeças	11/06/96	38,43	9,40	308%
Lacta	Alimentos	28/06/96	15,28	2,14	614%
Casa Anglo	Varejo	15/08/96	374,36	43,73	756%
Fertisul	Fertilizantes	31/10/96	5,64	2,52	123%
Arno	Eletro-eletrônica	23/03/97	828,27	225,88	266%
Cofap	Autopeças	16/10/97	30,30	8,25	267%
Varga Freios	Autopeças	23/10/97	177,80	65,12	173%
Ceval	Alimentos	19/11/97	27,35	5,84	368%
Agroceres	Fertilizantes	25/11/97	25,40	15,50	64%
BCN	Banco	02/12/97	19,04	5,13	271%
Multicanal	TV a Cabo	23/12/97	1,40	0,62	125%
Tibras	Química	03/06/98	110,00	18,00	511%
Pão de Açúcar	Alimentos	10/08/99	85,50	38,50	122%
Iven	Energia	26/08/99	2.412,71	200,00	1.106%
Manah	Fertilizantes	12/04/00	215,80	35,92	501%

* Preço da classe da ação da empresa de maior liquidez no dia do anúncio.
** Prêmio sobre o preço da ação em bolsa.
Fonte: *Carta Dynamo* 26, 1º trimestre 2000, p. 2.
Dados: Economática. Estimativas: Dynamo.

Enquanto, no Brasil, o prêmio de controle atinge três e até quatro dígitos, nos Estados Unidos, Choi informa que o prêmio de controle médio entre 1978 e 1982 foi 20,4%, representando o que os controladores obtêm da companhia além dos demais acionistas.[13] Hanouna *et. al.*, após analisarem operações envolvendo blocos de ações de 9.566 companhias abertas dos sete países mais industrializados (G7), no período de 1986 a 2000, concluíram que o prêmio médio de controle foi de 20% a 30% e esse resultado foi consistente ao longo do período analisado.[14]

Por fim, cabe comentar que a maior parte dos autores utiliza o termo *prêmio de controle* para expressar a diferença entre o valor de negociação da ação em bolsa ou no mercado de balcão e o preço pago na negociação que resulta na transferência de controle da companhia. Nesse trabalho, optou-se por referir-se a essa diferença como o ágio ou sobrepreço pago na aquisição do controle, o que contém, dentre seus elementos, o prêmio pelo controle, conforme será mais bem explicado no item 3.

1. Breve histórico do direito de venda conjunta ("tag along") no Direito brasileiro

O Decreto-lei 2.627/1940 nada dispunha a respeito de alienação de controle, pois nem mesmo cogitava da figura do controlador. Somente a partir da Lei 6.404/1976, a legislação passou a dispor sobre o acionista controlador, estabelecendo um conjunto de deveres e responsabilidades para aquele que efetivamente orienta a condução dos negócios da companhia.

Anteriormente à Lei 6.404/1976, o governo manifestou preocupação no sentido de estabelecer tratamento igualitário entre o acionista controlador e os demais acionistas, conforme se extrai da Exposição de Motivos CDE-14, de 25 de junho de 1974, elaborada pelos Ministros da Fazenda e do Planejamento, bem como da orientação do II PND, nas quais se estabeleciam que um dos objetivos da reforma da legislação societária era prever mecanismos que impedissem que cada ação do majoritário possuísse valor de mercado superior ao de cada ação do minoritário.[15]

O projeto original da reforma de 1976 adotou, todavia, orientação oposta, ao estabelecer tratamento igualitário aos acionistas minoritários apenas nas transferências de controle de *companhias abertas que dependessem de autorização do governo para funcionar*. Essa regra específica visava a evitar a repetição de diversas operações envolvendo alienação de controle e incorporação de bancos, que vinham ocorrendo nos últimos anos, nas quais o valor dos intangíveis (carta-patente) era incluído no preço do bloco de controle e não era compartilhado com os acionistas minoritários.[16]

A justificativa apresentada para a adoção dessa regra é transcrita a seguir:

"O Projeto regula a alienação de controle de companhias abertas, a partir das considerações a seguir resumidas:

"a) toda economia de mercado atribui valor econômico ao controle da companhia, independentemente do valor das ações que o asseguram; o valor das ações resulta dos direitos, que conferem, de participação nos lucros e no acervo líquido da companhia, enquanto que o de controle decorre do poder de determinar o destino da empresa, escolher seus administradores e definir suas políticas;

13. Stephen J. Choi, *Law, Finance and Path Dependence: Developing Strong Securities Markets*, p. 5.

14. Paul Hanouna, Atulya Sarin e Alan Shapiro, *Value of Corporate Control: some International Evidence*, p. 20.

15. Modesto Carvalhosa, *A Nova Lei das Sociedades Anônimas*, p. 129.

16. Roberta Nioac Prado, "Da obrigatoriedade por parte do adquirente do controle de sociedade por ações de capital aberto de fazer simultânea oferta pública, em iguais condições, aos acionistas minoritários — Art. 254 da Lei 6.404/1976 e Resolução CMN 401/1976 — É efetivo mecanismo de proteção aos minoritários?", *RDM* 106/85.

"b) a transferência do controle, qualquer que seja o preço de negociação das ações, não acarreta, em princípio, agravo a direito de minoritário, mas se a compra efetivar-se por companhia que, a seguir, promova a incorporação da controlada, do fato pode resultar flagrante prejuízo para a minoria, tanto da incorporada quanto da incorporadora: com a extinção da companhia controlada, deixa de existir o controle adquirido, e os acionistas minoritários da controladora (dependendo das bases da incorporação) suportam parte do custo de aquisição do controle. Mais ainda: em regra, todo o valor do controle da companhia incorporada, ou ao menos parte dela, acresce ao valor do controle da incorporadora, isto é, resulta em benefício do seu acionista controlador;

"c) os exemplos das vendas de controle de instituições financeiras, que apresentam circunstâncias peculiares, não devem servir de justificativa para normas gerais que pretendam negar o valor de mercado do controle; no entanto, é inegável que o critério — muitas vezes adotado entre nós — de considerar o valor dos intangíveis das instituições financeiras como pertencente ao acionista controlador e não a todos os seus acionistas, na proporção da participação no capital social, conflita com os fundamentos do direito societário;

"d) o Projeto reconhece a realidade do poder do acionista controlador, para atribuir-lhe responsabilidades próprias, de que não participam os acionistas minoritários; seria, pois, incoerente se pretendesse, para efeito de transferência desse poder, negar a sua existência ou proibir o mercado de lhe atribuir valor econômico."

Em resumo, a justificativa para a adoção de uma regra específica para alienação de controle de companhias que dependem da autorização do governo para funcionar consistia no fato de que, no preço pago pelo controle de tais sociedades especiais, estava incluído o valor de intangíveis, tais como cartas-patentes de bancos, que pertenciam à sociedade e não exclusivamente a seu controlador, de modo que o valor de tais intangíveis deveria ser partilhado entre todos os acionistas. Além disso, como esse aspecto era específico para esse tipo de sociedade, não se justificava a adoção de uma regra geral que negasse o valor diferenciado do bloco de controle. Carvalhosa discordou da justificativa apresentada por defender que, como as sociedades em geral podem ter diversos tipos de intangíveis, não apenas autorização governamental, o valor dos mesmos deve ser partilhado entre todos os acionistas.[17]

Essa polêmica gerou diversas discussões, principalmente após o Senador Otto Lehmann apresentar Emenda que estendia para todas as companhias abertas a regra de tratamento igualitário para os acionistas minoritários, no caso de alienação de controle, com base na idéia de que o sobrepreço pago pelo controle da companhia deve ser dividido entre o acionista controlador e os acionistas minoritários, proporcionalmente à participação no capital social.

A Emenda Lehmann foi posteriormente aprovada pelo Senado, introduzindo-se na Lei Societária o art. 254. Assim, a Lei 6.404/1976, em sua redação original, estabelecia as seguintes regras para alienação de controle:

a) *Companhias abertas*: segundo o art. 254, a alienação de controle acionário de companhia aberta dependia de prévia autorização da CVM, cabendo a esta zelar para que fosse assegurado tratamento igualitário aos acionistas minoritários, mediante simultânea oferta pública para aquisição de suas ações;

b) *Companhias abertas que dependem de autorização do governo para funcionar*: segundo o art. 255, a alienação de controle dessas companhias dependia (e ainda depende) de prévia autorização do órgão competente para aprovar alterações estatutárias, cabendo a este órgão zelar para que fosse assegurado tratamento eqüitativo aos acio-

17. Modesto Carvalhosa, ob. cit., pp. 134-135.

nistas minoritários, mediante simultânea oferta pública para aquisição de suas ações ou o rateio, por todos os acionistas, dos intangíveis da companhia, inclusive autorização para funcionar.

Nesses dois casos, portanto, a legislação assegurava o direito de acionistas minoritários venderem suas ações ao adquirente de controle de companhia aberta pelo mesmo preço pago por ação integrante do bloco de controle, o que o mercado denomina de direito de venda conjunta (*tag along*). Além disso, procurou-se atribuir à autoridade administrativa o poder de zelar pela adoção de tratamento igualitário para os acionistas minoritários. No primeiro caso, essa atribuição foi conferida apenas à CVM, enquanto, no segundo caso, também ao órgão competente para aprovar alterações estatutárias da companhia, tais como Banco Central e SUSEP.

Sete dias após a promulgação da Lei 6.404/1976 e antes mesmo de esta entrar em vigor, o Conselho Monetário Nacional baixou a Resolução 401/1976, que estabeleceu que o tratamento igualitário, previsto no art. 254 da Lei das S/A, abrangia apenas os titulares de ações com direito a voto. Essa Resolução também tratou da hipótese de controle compartilhado, prevendo que, nesses casos, somente há alienação de controle quando *todas* as pessoas que formam o grupo controlador transferem para terceiro o poder de controle da companhia, mediante venda ou permuta do conjunto das ações de sua propriedade que lhes assegura, de modo permanente, a maioria dos votos nas deliberações da Assembléia Geral e o poder de eleger a maioria dos administradores da companhia.

Grande discussão doutrinária surgiu a partir da Resolução CMN 401/1976. Alguns juristas, como Alfredo Lamy Filho e Bulhões Pedreira,[18] defendiam sua ilegalidade, pois o termo *minoritário*, previsto na legislação, deveria ser entendido em *lato sensu*, de modo a incluir também os titulares de ações sem direito a voto, que, assim como os minoritários titulares de ações ordinárias, não possuem poder de controle. Essa corrente argumentava que o que se deveria proteger era o direito de saída do acionista, em adequadas condições, quando mudasse o controlador da companhia. Outros, todavia, tais como Fábio Konder Comparato e Arnoldo Wald,[19] excluíam os acionistas sem direito a voto do conceito de *minoritário*, por não terem qualquer relação com o controle da companhia, ou seja, defendiam que só poderia ser considerado minoritário quem pudesse votar. Essa corrente baseou-se em uma interpretação literal dos arts. 254 e 255 da Lei das S/A, procurando demonstrar que *minoria* e *maioria* são noções que só fazem sentido quando referidas ao direito de voto, bem como em uma interpretação sistemática, ao demonstrar que, na terminologia adotada pela lei, em momento algum, o titular de ação preferencial sem direito a voto é considerado como acionista majoritário ou minoritário. Essa segunda corrente foi acatada pela jurisprudência.[20] Assim, prevaleceu a obrigatoriedade de realização de oferta pública para aquisição apenas de ações com direito a voto, no caso de alienação de controle de companhia aberta.

Cabe comentar, ainda, que a legislação societária também traz, em seu art. 257, regras sobre aquisição de controle mediante oferta pública. Trata-se, nesse caso, de oferta pública voluntária, visando a tomada do controle da companhia ou a aumento

18. V. Luiz Leonardo Cantidiano, "Alienação e aquisição de controle", *Revista de Direito Mercantil, Industrial, Econômico e Financeiro* 59/64.

19. Arnoldo Wald, "A obrigação de fazer oferta pública e a transferência de controle no direito brasileiro", *Revista Forense* 84/50 e 53, v. 302.

20. Arnoldo Wald, "Considerações sobre a aquisição e alienação de controle societário: o estudo da jurisprudência", *Revista dos Tribunais* 691/22, v. 82; Nelson Eizirik e Aurélio Wander Bastos, *Mercado de Capitais e S/A — Jurisprudência*, Rio de Janeiro, CNBV, 1987, pp. 641, 657 e 666; e Nelson Eizirik, "Sociedades anônimas — Jurisprudência", p. 367, 372, *apud* Nelson Eizirik, *Reforma das S/A e do Mercado de Capitais*, p. 85.

de participação, mediante apelo ao público e tratamento igualitário para todos os acionistas detentores de ações de uma mesma espécie e classe, quer seja controlador ou não da companhia. É, portanto, uma oferta voluntária *para* aquisição de controle, que se diferencia das ofertas públicas previstas nos arts. 254 e 255, que são ofertas obrigatórias *por* aquisição de controle.

Essas regras sobre oferta pública obrigatória no caso de alienação de controle estiveram em vigor até 1997, quando a Lei 9.457/1997 revogou o art. 254 e os §§ do art. 255 da Lei 6.404/1976, mediante a justificativa de que tais regras dificultavam e geravam custos elevados nos processos de reorganização societária. Assim, com a eliminação desse direito dos acionistas minoritários, o governo se apropriou de todo o ágio obtido nas privatizações realizadas a partir de então. Muitos doutrinadores defenderam, todavia, que, para atingir esse objetivo, essa reforma poderia ter se limitado a eliminar a obrigatoriedade de oferta pública apenas nas privatizações. A exclusão do *tag along* acabou por abalar o mercado de capitais nacional, não apenas em razão da eliminação de um dos direitos dos minoritários, mas também em virtude da insegurança jurídica e da percepção de alteração da regra em benefício do governo como acionista controlador.

Embora não ensejasse mais a obrigatoriedade de oferta pública, a alienação de controle jamais deixou de ser considerada hipótese de fato relevante, devendo, portanto, ser imediatamente comunicada ao mercado. Com base nisso e para ampliar o nível de *disclosure* nessas operações, a CVM baixou a Instrução 299/1999, estabelecendo que a operação que resultasse na alienação de controle acionário de companhia aberta deveria ser comunicada de imediato, pelo adquirente do controle, à CVM e às Bolsas de Valores ou entidades do mercado de balcão organizado nas quais os valores mobiliários de emissão da companhia fossem admitidos à negociação, assim como divulgada na imprensa, mediante imediata publicação providenciada pelo adquirente nos jornais utilizados habitualmente pela companhia. Essa comunicação e divulgação deveriam contemplar, no mínimo, as seguintes informações:

I — nome e qualificação do(s) adquirente(s), bem como um breve resumo acerca dos setores de atuação e atividades desenvolvidas pelo(s) mesmo(s);

II — nome e qualificação do(s) alienante(s), inclusive indireto(s), se houver;

III — preço e demais características e condições relevantes do negócio;

IV — objetivo da aquisição;

V — número e percentual de ações adquiridas, por espécie e classe, em relação ao capital votante e total;

VI — informação sobre quaisquer acordos ou contratos regulando o exercício do direito de voto ou a compra e venda de valores mobiliários de emissão da companhia;

VII — declaração, positiva ou negativa, relativamente à intenção de promover o cancelamento do registro de companhia aberta da sociedade envolvida;

VIII — outras informações relevantes referentes a planos futuros na condução dos negócios sociais, notadamente no que se refere a eventos societários específicos que se pretenda promover na companhia.

Além disso, a Instrução também previa que o adquirente do controle devia encaminhar à CVM cópia da documentação relativa à alienação, e a CVM podia exigir outras informações e elementos que considerasse necessários, bem como determinar retificações e aditamentos às informações prestadas.

Assim, a Instrução CVM 299/1999 mitigou parte das dificuldades causadas pela revogação do art. 254 da Lei das S/A, ao permitir ao público investidor amplo conhecimento das condições da operação de alienação de controle, bem como de algumas intenções do novo controlador.

Diante da inexistência de *tag along*, o projeto de reforma da legislação societária previa sua reintrodução no ordenamento jurídico brasileiro, embora parcial, mediante a seguinte justificativa apresentada pelo Deputado Émerson Kapaz em seu parecer: "No art. 254, reconstituindo-o, com alterações, já que em má hora revogado pela Lei 9.457/1997. Em verdade, trata-se de outra alteração feita para desobstruir o PND, mas que chegou mais longe do que pretendia. O dispositivo — no qual mantemos a determinação de não aplicabilidade às empresas em processo de desestatização — representa uma proteção essencial aos minoritários, em regra abandonados a sua própria sorte quando realizados processos de alienação do controle. Por ele, a CVM deverá zelar pelos interesses dos minoritários — e aprovar previamente a venda — e o novo controlador se obrigará a fazer oferta pública aos minoritários ordinários, por, no mínimo, oitenta por cento do valor da ação pago pelo bloco de controle. Assim, mantém-se a valorização estratégica do controle, sem que, contudo, abissais e injustificáveis disparidades se formem entre parcelas iguais do patrimônio da companhia, em prejuízo dos minoritários".

Essa proposta gerou inúmeras discussões e foi objeto de diversas críticas, mas o Congresso Nacional, com base no objetivo da reforma de assegurar maior proteção aos acionistas não-controladores, acabou por restabelecer parcialmente o *tag along*, por meio do art. 254-A, transcrito a seguir:

"Art. 254-A. A alienação, direta ou indireta, do controle de companhia aberta somente poderá ser contratada sob a condição, suspensiva ou resolutiva, de que o adquirente se obrigue a fazer oferta pública de aquisição das ações com direito a voto de propriedade dos demais acionistas da companhia, de modo a lhes assegurar o preço no mínimo igual a 80% (oitenta por cento) do valor pago por ação com direito a voto, integrante do bloco de controle.

"§ 1º. Entende-se como alienação de controle a transferência, de forma direta ou indireta, de ações integrantes do bloco de controle, de ações vinculadas a acordos de acionistas e de valores mobiliários conversíveis em ações com direito a voto, cessão de direitos de subscrição de ações e de outros títulos ou direitos relativos a valores mobiliários conversíveis em ações que venham a resultar na alienação de controle acionário da sociedade.

"§ 2º. A Comissão de Valores Mobiliários autorizará a alienação de controle de que trata o *caput*, desde que verificado que as condições da oferta pública atendem aos requisitos legais.

"§ 3º. Compete à Comissão de Valores Mobiliários estabelecer normas a serem observadas na oferta pública de que trata o *caput*.

"§ 4º. O adquirente do controle acionário de companhia aberta poderá oferecer aos acionistas minoritários a opção de permanecer na companhia, mediante o pagamento de um prêmio equivalente à diferença entre o valor de mercado das ações e o valor pago por ação integrante do bloco de controle.

"§ 5º. (*vetado*)."

Assim, a partir da entrada em vigor da recente reforma da legislação societária, ficou assegurado aos minoritários o direito de vender suas ações com direito a voto para o adquirente de controle de companhia aberta em oferta pública a ser obrigatoriamente realizada por este. Não há, todavia, tratamento igualitário entre acionista controlador e acionistas minoritários, pois o preço mínimo a ser oferecido é igual a 80% do valor pago por ação integrante do bloco de controle. A legislação, portanto, consagra expressamente a diferença de valor entre ações do acionista controlador e dos acionistas não-controladores e estabelece a magnitude dessa diferença.

Cabe destacar, também, que o direito de saída conjunta somente foi assegurado para os titulares de ações com direito a voto. O estatuto da companhia pode, todavia, estender esse direito aos titulares de ações preferenciais sem direito a voto, como uma vantagem patrimonial pela limitação de suas vantagens políticas (art. 17 da Lei das S/A), hipótese em que o dividendo a ser pago a essas ações deve ser, no mínimo, igual ao dividendo atribuído a cada ação com direito a voto.

O projeto também previa, no § 5º do art. 254-A, que as companhias poderiam conceder *tag along* a seus acionistas sem direito de voto em igualdade ou não com as ações com direito a voto, devendo regular no estatuto, com precisão e minúcia, as condições do exercício deste direito. A posterior modificação do estatuto neste caso deveria obedecer ao disposto no § 1º do art. 136 da Lei 6.404/1976, o qual exige, para a eficácia da deliberação, a aprovação por preferencialistas que representem mais da metade das ações preferenciais. Esse parágrafo, todavia, foi vetado pelo Presidente da República, com base na justificativa de que essa possibilidade já consta do art. 17 da Lei das S/A e a ausência de remissão expressa ao art. 137 da referida lei poderia dar margem à interpretação incorreta de inexistência do direito de retirada em virtude dessa alteração estatutária.

A nova lei inova ao prever que o adquirente do controle de companhia aberta pode oferecer aos acionistas minoritários a opção de permanecer na companhia mediante o pagamento de um prêmio equivalente à diferença entre o valor de mercado das ações e o valor pago por ação integrante do bloco de controle (prêmio de permanência).

A partir da nova legislação societária, a CVM baixou a Instrução 361, que dispõe sobre ofertas públicas de aquisição de ações de companhia aberta (denominadas OPAs), dentre as quais está a OPA por alienação de controle. Segundo essa Instrução, essa modalidade de OPA tem por objeto todas as ações de emissão da companhia às quais seja atribuído o *pleno e permanente* direito de voto, por disposição legal ou estatutária. Em relação ao prêmio de permanência, a Instrução prevê que:

a) oferecida tal faculdade, os acionistas podem manifestar, no leilão da OPA, sua opção por receber o prêmio, ao invés de aceitar a OPA;

b) para fins de cálculo do prêmio, entende-se por valor de mercado a cotação média ponderada das ações objeto da oferta nos últimos 60 pregões realizados antes da divulgação do aviso de fato relevante que der notícia da alienação de controle;

c) a requerimento do ofertante, a CVM poderá deferir a oferta de prêmio diverso daquele previsto no § 4º do art. 254-A, desde que:

• permaneça facultada aos destinatários da oferta a aceitação da própria OPA;

• seja concedida aos aceitantes da oferta de prêmio a faculdade de que trata o § 2º do art. 10 da referida Instrução, abatendo-se do preço devido em caso de exercício da faculdade a quantia que já houver sido recebida como pagamento do prêmio; e;

• as condições da oferta de prêmio sejam eqüitativas;

d) todo acionista que não se manifestar no leilão da OPA tem direito ao prêmio de permanência que tiver sido oferecido pelo adquirente do controle.

Cabe comentar, ainda, as regras sobre *tag along* previstas nos Regulamentos do Nível 2 e do Novo Mercado da Bovespa. Uma das exigências para a companhia aderir ao Nível 2 de Práticas Diferenciadas de Governança Corporativa é a extensão para todos os acionistas detentores de ações ordinárias das mesmas condições obtidas pelos controladores quando da venda do controle da companhia e de, no mínimo, 70% deste valor para os detentores de ações preferenciais. No Novo Mercado, por sua vez, exige-se tratamento igualitário também para os detentores de ações preferenciais.

2. *Análise das regras atuais*

Em caso de alienação de controle de companhia aberta, os titulares de ações com direito a voto têm o direito de vender suas ações ao novo controlador por preço igual a, pelo menos, 80% do valor pago por ação integrante do bloco de controle.

Inicialmente, cabe analisar o conceito de alienação de controle previsto no § 1º do art. 254-A da Lei das S/A. Essa definição, embora seja circular, procura abranger diversas hipóteses que foram objeto de controvérsias entre 1976 e 1997, fazendo prevalecer expressamente no texto legal as interpretações da CVM sobre alienação de controle durante esse período. Assim, pela nova lei, é assegurado o direito a *tag along* nos casos de alienação de controle de forma:

a) *direta*: acionista controlador ou acionistas integrantes do bloco de controle transferem o controle da companhia a terceiro, que passa a ser o novo acionista controlador;

b) *indireta*: alienação de controle de sociedade controladora de companhia aberta.

A alienação direta e indireta de controle pode ocorrer em razão dos seguintes negócios jurídicos, realizados de uma única vez ou em etapas:

a) transferência de ações integrantes do bloco de controle;

b) transferência de ações vinculadas a acordo de acionistas;

c) transferência de valores mobiliários conversíveis em ações com direito a voto;

d) cessão de direitos de subscrição de ações;

e) cessão de outros títulos ou direitos relativos a valores mobiliários conversíveis em ações.

Em relação aos casos de transferência de valores mobiliários conversíveis em ações com direito a voto, cessão de direitos de subscrição de ações e de outros títulos ou direitos relativos a valores mobiliários conversíveis em ações, é preciso que haja *exercício* dos direitos conferidos por esses títulos e valores mobiliários, de modo que somente pode-se falar em alienação de controle a partir da aquisição de ações em quantidade que garanta a seu titular o controle da companhia. Portanto, somente no caso de exercício dos direitos e somente a partir desse momento, a OPA torna-se obrigatória, sendo que adquirir o controle potencial de companhia aberta não gera a obrigatoriedade de realização de OPA por alienação de controle.

Para que fique caracterizada a alienação de controle, é fundamental, portanto, que:

a) a companhia tenha um controlador ou um grupo de controle, ou seja, pessoa natural ou jurídica, ou grupo de pessoas vinculadas por acordo de voto, ou sob controle comum, que (i) é titular de direitos de sócio que lhe assegurem, de modo permanente, a maioria dos votos nas deliberações da assembléia geral e o poder de eleger a maioria dos administradores da companhia; e (ii) usa efetivamente seu poder para dirigir as atividades sociais e orientar o funcionamento dos órgãos da companhia (art. 116, Lei 6.404/19);

b) negócio(s) jurídico(s) indicado(s) anteriormente seja(m) realizado(s) entre o controlador ou participante(s) do grupo de controle e o terceiro adquirente do controle;

c) a companhia, no caso de alienação direta de controle, ou a sociedade que a controle, no caso de alienação indireta de controle, passe a ter *novo* controlador ou grupo de controle, em decorrência de negócio jurídico realizado com o controlador ou participante(s) do grupo de controle anterior.

A regra do *tag along*, portanto, só se aplica nas aquisições *derivadas* de controle. Aquele que assume o controle de companhia aberta, sem que, para isso, tenha realizado qualquer dos negócios jurídicos do rol anteriormente apresentado com o controlador ou participante do bloco de controle da companhia, não está obrigado a fazer oferta pública para aquisição das ações dos acionistas minoritários, por se tratar de aquisição *originária* de controle. Exige-se, portanto, alienação do controle.

Há, ainda, a hipótese de aquisição *semi-derivada*. Havendo aquisição de *qual-*

quer quantidade de ações, valores mobiliários conversíveis em ações, direitos de subscrição de ações e outros títulos ou direitos relativos a valores mobiliários conversíveis em ações do acionista controlador ou de integrante(s) do grupo de controle e dessa operação, além de outra(s) operação(ões) realizada(s) entre o adquirente do controle e terceiros, resultar a transferência de controle da companhia, surge a obrigação para o adquirente do controle de realizar oferta pública para adquirir as ações com direito a voto dos acionistas minoritários, pois a legislação não exige a aquisição de *todas* as ações que integram o bloco de controle para caracterizar a alienação de controle.

Não basta para caracterizar a obrigatoriedade da oferta pública, todavia, a mera negociação de ações integrantes do bloco de controle, se não houver transferência de controle, tal como ocorre, por exemplo, no caso de acionista controlador que detém 75% do capital votante e resolve alienar ações que representem 20% desse capital. O acionista controlador, no caso, continua sendo o mesmo. Também não se aplica a regra do *tag along* na hipótese de negociação exclusiva de ações sem direito a voto, pois isso não dá margem à aquisição do controle da companhia. As hipóteses de alienação de ações entre os integrantes do grupo de controle e ingresso de novo ou novos acionistas no grupo não são tão facilmente resolvidas, pois dependem de uma análise casuística da participação do(s) integrante(s) do grupo na condução dos negócios da companhia.

A aquisição de controle também precisa ter ocorrido a título oneroso, caso contrário, não há obrigatoriedade de realização de oferta pública, pois não há qualquer preço a ser oferecido pelas ações dos acionistas minoritários. Hipótese diferente, todavia, é a alienação de controle sem pagamento de qualquer ágio pelo adquirente do controle. Nesse caso, há obrigatoriedade para o adquirente do controle de realizar oferta pública para adquirir as ações dos acionistas minoritários, uma vez que a existência de ágio na operação não é um requisito legal para a obrigatoriedade de oferta pública e também não há, na legislação, qualquer ressalva em relação a essa hipótese. Essa regra é adequada, pois, conforme será apresentado no próximo item deste trabalho, um dos objetivos do direito de venda conjunta é assegurar o direito de saída aos acionistas no caso de transferência do controle da companhia. Assim, mesmo que não haja sobrepreço a ser partilhado com os acionistas não-controladores, estes também devem ter o direito de vender suas ações. Essa hipótese já foi anteriormente apresentada à CVM, que, sob a égide da legislação anterior, entendeu, corretamente a meu ver, que "o fato de não haver um ágio de controle não retira a obrigatoriedade da oferta pública (...) e que, *in casu*, a oferta pública justifica-se inclusive pela perda de liquidez das ações no mercado" (Parecer CVM SJU 79/1983).

Em relação à alienação indireta, cabe comentar que há dificuldade de cálculo do preço a ser pago em razão do *tag along*, sendo necessário estimar-se, a partir de uma avaliação, a participação da companhia controlada no valor total pago pela aquisição de controle da sociedade controladora. Dificuldades de cálculo também existem nos casos de alienação de controle resultante de transferência de valores mobiliários conversíveis em ações com direito a voto e da cessão de direitos de subscrição ou de outros títulos ou direitos relativos a valores mobiliários conversíveis em ações.

Outro aspecto da recente reforma que merece uma análise mais detalhada refere-se ao prêmio de permanência. A maioria dos doutrinadores e a CVM defendem que oferecer esse prêmio é uma faculdade do adquirente do controle que continua, todavia, obrigado a fazer oferta pública para adquirir as ações dos acionistas minoritários. Caso o adquirente do controle decida oferecer esse prêmio, os minoritários podem optar entre vender suas ações ou permanecer como acionista da companhia, recebendo um prêmio por isso.

Além disso, embora a lei estabeleça um critério para o cálculo do prêmio de permanência, alguns doutrinadores, tais como Norma Parente,[21] entendem que nada impede que o acionista minoritário aceite prêmio calculado por critério diverso, ainda que o valor seja inferior ao previsto em lei. Isso se justifica pelo fato de que (i) oferecer o prêmio de permanência é uma faculdade e não uma obrigação do adquirente do controle; e (ii) a Constituição Federal, ao garantir o direito de propriedade, assegura ao minoritário o direito de permanecer como acionista da companhia, mesmo sem receber qualquer prêmio, sendo-lhe, portanto, facultado, aceitar qualquer valor de prêmio de permanência. A Instrução CVM 361/2002 também prevê a possibilidade de valor do prêmio diferente do previsto na lei, conforme apresentado anteriormente. Carvalhosa e Eizirik,[22] todavia, só aceitam prêmio de valor igual ou superior ao previsto na lei.

Há, ainda, outra interpretação sobre o prêmio de permanência, que é defendida por Cantidiano. Para ele, "permite a lei que o adquirente do controle, por decisão unilateral sua, ao invés de apresentar oferta pública de compra das ações ordinárias que são detidas pelos acionistas minoritários, para estender aos referidos acionistas, 80% do preço que tiver sido pago pelas ações integrantes do bloco de controle, possa se limitar a estender aos minoritários o pagamento do prêmio de controle — *que, por definição legal, corresponderá à diferença entre o valor de mercado da ação e o valor que tiver sido pago por cada ação de controle*".[23] Nessa linha de raciocínio, não se admite, entretanto, liberdade na fixação do valor do prêmio, que deve ser, no mínimo, o valor previsto na legislação.

21. Jorge Lobo (coord.), ob. cit., p. 42.

22. Modesto Carvalhosa e Nelson Eizirik, *A nova Lei das S/A*, p. 410.

23. Luiz Leonardo Cantidiano, *Reforma da Lei das S/A Comentada*, p. 248.

3. Análise de aspectos polêmicos

Inicialmente, cabe discutir a razoabilidade da exigência da OPA por alienação de controle de companhia aberta. Pergunta-se se faz sentido exigir que o adquirente do controle faça oferta pública para adquirir as ações dos acionistas minoritários.

Para a análise dessa questão, é fundamental, em um primeiro momento, a compreensão do que compõe o sobrepreço normalmente pago pelo adquirente do controle. O ágio eventualmente pago representa, na verdade, o somatório dos seguintes elementos:

• *prêmio pelo controle*: poder político de eleger a maioria dos administradores, fixar-lhes a remuneração e orientar a condução dos negócios da companhia;

• *expectativa de resultados* a serem obtidos a partir da condução dos negócios pelo novo controlador;

• *ativos* não reconhecidos nas demonstrações contábeis, que pertencem à sociedade e não ao seu acionista controlador, tais como marcas, tecnologias, qualificação dos funcionários, os quais podem ter, para o adquirente do controle, valor superior ao atribuído pelo mercado;

• eventuais expropriações (*private benefits of control*): apropriações indevidas em benefício do controlador ou de terceiros e em detrimento dos acionistas não-controladores da companhia, tais como salários superiores aos de mercado, uso particular de bens da sociedade, empréstimos subsidiados, entre outros, conforme apresentado no início deste trabalho.

O ágio não reflete, portanto, apenas o prêmio de controle. Os fatores que compõem esse sobrepreço estão relacionados também com a contribuição de acionistas não-controladores na formação do capital da companhia e na sua valorização. Acionistas controladores e não-controladores contribuem nas mesmas condições para a capitalização da companhia, pois não há diferença de preço de emissão entre ações a serem subscritas por tais acionistas. Assim, poder-se-ia concluir que todos os acionistas devem participar não só dos riscos do negócio, mas, também, das vantagens pecuniárias que uma cessão de controle possa trazer.

Outro elemento que integra o ágio é a possibilidade de expropriação. Tatiana Nenova estima, a partir de dados sobre companhias brasileiras de 1997, que o valor dos benefícios particulares que o acionista controlador pode obter indevidamente da companhia é bastante elevado — de 13% a 20% do valor de mercado das companhias naquele ano.[24] Segundo La Porta *et. al.*, o controle assume elevado valor quando os direitos dos investidores são fracamente protegidos e a apropriação indevida em grande escala é fácil, por que permite-se aos acionistas controladores expropriar de forma eficiente. Assim, a reputação dos controladores assume particular relevância na captação de recursos em países com fraca proteção a investidores.[25]

Há, dessa forma, a necessidade de análise de um outro aspecto a ser considerado para se concluir sobre a questão inicialmente proposta — o direito de saída dos acionistas não-controladores no caso de transferência de controle da companhia, em razão da potencial alteração na condução dos negócios da sociedade. Em um mercado, como o brasileiro, em que há, na grande maioria dos casos, uma concentração do controle nas mãos de um único acionista, é fundamental que os acionistas não-controladores tenham condições de sair da sociedade quando há transferência do controle. Isso se deve ao fato de que o investidor leva em consideração quem é o controlador da companhia para nela investir, pois este é quem conduz os negócios da sociedade. Pode-se falar, portanto, em *affectio societatis* entre o acionista controlador e os acionistas não-controladores. Essa vontade de permanecer associado e de cooperação pode desaparecer com a transferência de controle para um terceiro, já que este poderá conduzir os negócios de maneira diversa da que vinha sendo realizada anteriormente. O direito de sair da sociedade se torna ainda mais relevante quando aumentam os riscos de expropriação e de prejuízo, tais como nas seguintes situações: aquisição de controle por pessoa com má reputação empresarial ou associada ao crime organizado ou, ainda, por concorrente que pretenda reduzir ou limitar os negócios da companhia, visando a sua extinção.

Não bastaria, todavia, que o direito de saída fosse assegurado. Seria fundamental que o preço a ser pago fosse adequado, ou seja, esse preço deveria refletir eventual ágio que tenha sido pago pelo adquirente do controle, no qual estão incluídos, conforme apresentado anteriormente, não apenas o prêmio de controle, mas também a expectativa de resultado da companhia, seus intangíveis e vantagens decorrentes da expropriação.

Incluir a alienação de controle como uma hipótese que enseje direito de retirada, conforme proposto por diversos doutrinadores, *data venia*, não é solução adequada, uma vez que onera a companhia e pode inviabilizar a operação, caso a sociedade esteja, por exemplo, passando por dificuldades financeiras e não disponha de caixa suficiente para reembolsar todos os acionistas dissidentes que venham a exercer o direito de retirada. Inviabilizar a alienação de controle de uma companhia com dificuldades financeiras pode representar, na verdade, sua extinção, pois perde-se uma oportunidade de eventual recuperação da sociedade pelo novo controlador.

Assim, mesmo reconhecendo-se que o controle da companhia tem um valor econômico pelos poderes que confere, a obrigatoriedade da OPA por alienação de controle pode ser justificada basicamente por dois motivos: (i) direito dos acionistas

24. Tatiana Nenova, *Control Values and Changes in Corporate Law in Brazil*, p. 4.

25. Rafael La Porta, *et. al.*, *Investor...*, cit., pp. 13-14.

não-controladores de participar no sobrepreço pago pelo adquirente do controle; e (ii) direito de saída dos acionistas não-controladores, a preço adequado, em razão da transferência do controle da companhia. Em termos estritamente econômicos, pode-se argumentar que apenas parte do sobrepreço pago pelo adquirente do controle deveria ser partilhado com os acionistas não-controladores, uma vez que um dos elementos que compõem o ágio é o prêmio de controle, que, na verdade, pertence ao controlador ou integrantes do bloco de controle. Haveria, entretanto, grande dificuldade de se obter esse valor no caso concreto.

Ressalte-se que não há, nas diferentes legislações, bem como entre os doutrinadores nacionais e internacionais, consenso a respeito da obrigatoriedade da OPA por alienação de controle, como mostra Roberta Prado,[26] mas, no atual contexto de atribuir-se maior proteção aos investidores, o *tag along* adquiriu maior importância, a fim de ampliar investimentos e desenvolver o mercado de capitais. Black refere-se à importância da oferta pública para aquisição das ações dos acionistas não-controladores, no caso de alienação de controle de companhia, nos seguintes termos: "*A takeout bid requirement.* A mandatory takeout bid rule requires a new controlling shareholder to offer to buy out all other shareholders at a per share price comparable to the price that the controlling shareholder paid to acquire control, unless the minority shareholders waive this right for a particular transaction. These rights give comfort to outside investors that, while they must trust the company's current controlling shareholders, they have an assured exit, at a reasonable price, if control changes hands".[27]

Verifica-se que, em toda a argumentação anteriormente apresentada para defender a obrigatoriedade de OPA por alienação de controle, não há qualquer diferenciação entre acionistas não-controladores titulares de ações com e sem direito a voto. Todos contribuem nas mesmas condições para a capitalização da companhia e para sua valorização, bem como encontram-se igualmente sujeitos à expropriação por parte do acionista controlador. Argumentar que o *tag along* somente deve ser assegurado aos minoritários titulares de ações com direito a voto, pois somente estes têm ligação com o controle da companhia, é distorcer a realidade dos fatos. Sabe-se que esses acionistas, assim como os preferencialistas sem direito a voto, não interferem na condução dos negócios da quase totalidade das companhias abertas brasileiras, em que há concentração do capital votante nas mãos de um único acionista. E mesmo que isso não fosse verdade, o sobrepreço pago pelo adquirente do controle não reflete apenas o prêmio de controle, de modo que deve ser partilhado com todos os acionistas não-controladores. Assim, não há argumentos para justificar o tratamento diferenciado entre acionistas não-controladores com e sem direito a voto no caso de alienação de controle da companhia, como prevê a nossa legislação societária.

A doutrina é praticamente unânime ao fazer críticas nesse mesmo sentido.[28] Black, ao comentar as regras do mercado de capitais nacional, em Palestra proferida na BOVESPA, em agosto de 2000, criticou esse tratamento diferenciado previsto, à época, no projeto de lei para reformar a legislação societária, que deu origem à Lei 10.303/2001.[29] Norma Parente, ao comentar a reforma da legislação societária, também critica essa diferenciação, ao afirmar que "é lamentável que esse direito não tenha sido estendido ao acionista preferen-

26. Roberta Nioac Prado, cit.

27. Bernard Black, "The legal and institutional preconditions for strong securities markets", *UCLA Law Review* 48/814.

28. V. manifestações nesse sentido de Calixto Salomão Filho, Nelson Cândido Motta e Leslie Amendolara em Jorge Lobo (coord.), ob. cit., pp. 493 e 508.

29. Bernard Black, "Strengthening ...", cit., *RDM* 120/48.

cial. Em termos patrimoniais, a sua contribuição tem o mesmo valor que a dos demais acionistas. É injusto que o direito de vender em conjunto com controlador não lhe tenha sido outorgado. Penso que esse direito deveria ter sido partilhado entre minoritários ordinários e preferencialistas".[30] A única diferenciação possível em relação a esses acionistas refere-se ao preço a ser pago por ação com e sem direito a voto, uma vez que conferem direitos diferentes.

Cabe comentar, ainda, em relação aos destinatários da OPA, que a Lei 10.303/2001, que acrescentou o art. 254-A na Lei 6.404/1976 estabeleceu, no caso de alienação de controle de companhia aberta, a obrigatoriedade de realização de oferta pública para aquisição apenas de ações com direito a voto. A Instrução CVM 361/2002, todavia, foi mais restritiva, ao estabelecer que a OPA por alienação de controle se destina apenas à aquisição de ações com direito a voto pleno e permanente. Assim, estariam incluídas nessa oferta as ações ordinárias, mas não estão incluídas as ações preferenciais quando o estatuto não lhes exclui o direito a voto e as ações preferenciais que tenham adquirido direito de voto temporário em razão da não distribuição de dividendos (art. 111, § 1º, Lei das S/A). Carvalhosa e Eizirik consideram essa restrição ilegal, ao afirmarem que "o art. 254-A não estabelece qualquer requisito quanto ao caráter de maior ou menor permanência do direito de voto, não cabendo ao intérprete distinguir onde a lei não o faz".[31]

Outra crítica que pode ser feita à nova regra sobre *tag along* refere-se ao preço mínimo de 80% do preço pago por ação integrante do bloco de controle a ser oferecido pelo adquirente do controle na aquisição de ações dos acionistas minoritários. A legislação, portanto, ao invés de estabelecer um tratamento igualitário entre acionista controlador e demais acionistas titulares de ações com direito a voto, consagra expressamente a diferença de valor entre as ações desses acionistas. Embora, conforme comentado anteriormente, parte do ágio apurado na alienação de controle seja devido ao prêmio de controle, é difícil justificar a adoção de uma regra geral de redução de até 20% em relação ao preço pago por ação do bloco de controle, o que acaba por representar a não distribuição ou a distribuição apenas parcial do ágio pago pelo adquirente do controle, conforme mostra a tabela a seguir:

HIPÓTESES DE ALIENAÇÃO DE CONTROLE DE COMPANHIA				
Cotação média da ação nos 60 dias anteriores	Preço pago por ação do bloco de controle	Ágio (= prêmio de permanência)	Preço mínimo — OPA	Diferença entre preço mínimo — OPA e cotação média
R$ 80,00	R$ 96,00	R$ 16,00 = 20%	R$ 76,80	(R$3,20)/-4%
R$ 80,00	R$100,00	R$ 20,00 = 25%	R$ 80,00	(zero)
R$ 80,00	R$120,00	R$ 40,00 = 50%	R$ 96,00	R$ 16,00/20%
R$ 80,00	R$160,00	R$ 80,00 = 100%	R$128,00	R$ 48,00/60%
R$ 80,00	R$240,00	R$160,00 = 200%	R$192,00	R$112,00/140%
R$ 80,00	R$320,00	R$240,00 = 300%	R$256,00	R$176,00/220%

Assim, somente a partir de um ágio superior a 25% da cotação média da ação objeto da OPA é que o acionista minoritário recebe parte do sobrepreço pago pelo adquirente do controle. Ressalte-se, todavia,

30. Jorge Lobo (coord.), ob. cit., p. 39.

31. Modesto Carvalhosa e Nelson Eizirik, *A Nova Lei das S/A*, p. 392.

que apenas parte do ágio é partilhada com os acionistas minoritários. Por outro lado, essa regra assegura o direito de saída do acionista minoritário na hipótese de transferência de controle da companhia.

Cabe também a análise do prêmio de permanência. Por meio do pagamento desse prêmio, permite-se que o minoritário receba sua participação no ágio pago na alienação de controle, sem que precise deixar de ser acionista da companhia. Além disso, é uma forma de se tentar evitar o enfraquecimento do mercado em razão da queda da liquidez das ações, provável conseqüência da redução da quantidade de ações em circulação no mercado. Assim, desaparecem os dois principais incentivos à venda de ações por parte dos minoritários: única forma de participar do ágio pago pelo adquirente do controle e risco de permanecer com ações de baixa liquidez. Para o adquirente do controle, também pode trazer a vantagem de representar uma necessidade menor de desembolso. Partindo-se da premissa de que é importante desenvolver o mercado de capitais nacional, o prêmio de permanência deveria ser obrigatório.

A interpretação defendida por Cantidiano de que a legislação facultou ao adquirente do controle de companhia aberta oferecer o prêmio de permanência ou realizar a OPA parece, a meu ver, favorável aos acionistas minoritários e ao mercado de capitais, pois permite a participação no ágio sem levar à queda na liquidez. Além disso, é a única interpretação que dá algum sentido à regra prevista no § 4º do art. 254-A da Lei das S/A, pois a interpretação que está prevalecendo transforma essa regra jurídica, na verdade, em uma mera sugestão, o que não cabe ao legislador fazer.

Outro aspecto que divide os doutrinadores refere-se à possibilidade de rateio. O art. 254-A da Lei das S/A não prevê a obrigatoriedade de oferta pública para adquirir a *totalidade* das ações, tal como estabelece o art. 4º, que dispõe sobre a OPA para cancelamento de registro. Assim, é possível que, na OPA por alienação de controle, o adquirente estabeleça um limite máximo de ações que está disposto a comprar na aquisição do controle da companhia, procedendo-se a rateio, que deve abranger inclusive as ações do acionista controlador, caso a quantidade de ações que os acionistas minoritários queiram vender seja superior ao limite por ele estabelecido. Impedir essa possibilidade seria ilegal e poderia inviabilizar operações, em decorrência do excessivo valor do desembolso que o adquirente do controle poderia vir a ser obrigado a efetuar. A OPA por alienação de controle, com previsão de limite de quantidade de ações a serem adquiridas, se assemelharia, na verdade, à OPA para aquisição de controle, prevista no art. 257 da Lei das S/A, com a única diferença de que já teria sido realizada anteriormente a aquisição de ações do acionista controlador, em quantidade condicionada ao resultado da oferta pública para adquirir as ações dos acionistas minoritários.

Não há, todavia, a meu ver, contrariamente ao que alguns defendem, a possibilidade de o adquirente do controle estabelecer um limite na oferta pública com base no valor máximo que está disposto a pagar na aquisição do controle, pois faltaria à oferta um de seus elementos essenciais — o preço. Isso impediria a tomada de decisão por parte dos acionistas não-controladores, que só teriam conhecimento do valor a ser recebido por suas ações ao término do leilão, quando fosse verificada a quantidade de ações vendidas.

Há, ainda, outro aspecto a ser analisado — a obrigatoriedade de oferta pública apenas para os casos de alienação de controle de *companhias abertas*. A doutrina é quase unânime em criticar a inexistência de regra semelhante para as companhias fechadas, sob o argumento de que os acionistas dessas companhias precisariam dessa proteção legal, pois têm ainda mais dificuldade para vender suas ações.[32] Deve-se res-

32. Mauro Rodrigues Penteado, "Apontamentos sobre a alienação de controle de companhias aber-

saltar, entretanto, que, nas companhias fechadas, as ações são eventualmente objeto de negociações privadas, nas quais o investidor pode, antes da aquisição das ações, exigir a inclusão de regra estatutária de *tag along* caso queira assegurar o direito de saída e a participação no ágio no caso de alienação de controle da companhia, o que é permitido no art. 36 da Lei das S/A e se coaduna com a natureza mais contratualista desse tipo de sociedade. Nada impediria, todavia, que o legislador opte por proteger os acionistas não-controladores de todas as companhias, não apenas das companhias abertas.

Conclusão

A legislação societária de 1976 foi bastante avançada para a época, ao exigir tratamento igualitário aos acionistas minoritários no caso de alienação de controle de companhia aberta. Embora muitos doutrinadores defendessem que isso se aplicava tanto para os minoritários titulares de ações ordinárias como para os preferencialistas, a Resolução CMN 401/1976 e a jurisprudência, em sua maioria, acataram o entendimento de que o direito de venda conjunto era assegurado apenas aos titulares de ações com direito a voto.

Longa discussão surgiu na doutrina e na jurisprudência a respeito da natureza do prêmio de controle e de seus beneficiários, sem que se chegasse a um consenso. Essa polêmica perdeu, todavia, sua importância no novo contexto de Governança Corporativa, em que se procura assegurar mais direitos aos acionistas não-controladores, com o objetivo de ampliar investimentos e desenvolver o mercado de capitais.

A mini-reforma da legislação societária, realizada em 1997 com a finalidade de viabilizar privatizações, caminhou em sentido contrário ao que recomendam as boas práticas de Governança Corporativa, ao excluir alguns direitos dos acionistas não-controladores, entre eles, o *tag along*. Tatiana Nenova analisou o impacto dessa mini-reforma no valor do controle de companhias brasileiras e concluiu que esse valor dobrou na segunda metade de 1997, em conseqüência da redução dos direitos dos minoritários.[33]

A eliminação do *tag along* foi objeto de diversas críticas, até que, na reforma da legislação societária, recentemente realizada, esse direito foi parcialmente reestabelecido. A nova regra sobre *tag along* representou um avanço em termos de Governança Corporativa diante da inexistência de qualquer previsão legal nesse sentido desde 1997. Não se pode, todavia, concluir que há efetiva proteção aos acionistas não-controladores, por que:

a) a oferta pública tem por objeto apenas as ações com direito a voto;

b) o preço a ser pago por ação com direito a voto dos acionistas minoritários corresponde, no mínimo, a 80% do preço pago por ação integrante do bloco de controle.

A fim de se assegurar maior proteção aos acionsitas minoritários, o direito de venda conjunta deveria ser estendido a todos os acionistas não-controladores da companhia. Além disso, a legislação deveria exigir tratamento igualitário entre o acionista controlador e os acionistas não-controladores, pois a possibilidade de pagar aos minoritários até 20% a menos do que foi pago por ação do bloco de controle faz com que, na realidade, nenhuma ou apenas uma parcela do ágio seja compartilhada com esses acionistas.

Por fim, com base no mesmo objetivo de se ampliar os direitos dos minoritários, o prêmio de permanência previsto no § 4º do art. 254-A da Lei das S/A deveria ser, assim como a OPA, obrigatório. Dessa for-

tas", *Revista Trimestral de Jurisprudência dos Estados* 64/52, v. 13; Luiz Leonardo Cantidiano, "Alienação...", cit., *RDM* 59/60, v. 24; Roberta Nioac Prado, cit., p. 93.

33. Tatiana Nenova, ob. cit.

ma, os acionistas não-controladores teriam sempre duas opções: vender suas ações ao adquirente do controle pelo mesmo preço pago por ação do bloco de controle ou permanecer na sociedade, recebendo, todavia, parte do prêmio pelo controle. Dessa forma, estariam assegurados os dois objetivos pretendidos nas regras sobre *tag along*: participação dos minoritários no ágio eventualmente pago pelo controle e direito de saída da companhia. Além disso, nesse caso, haveria um incentivo à permanência do acionista minoritário na sociedade e, conseqüentemente, um desincentivo à redução da quantidade de ações em circulação no mercado e provável queda da liquidez das ações e enfraquecimento do mercado de capitais.

Para finalizar esse trabalho, importante ressaltar que o movimento no sentido de se assegurar maior proteção aos acionistas não-controladores é uma tendência mundial e não deve ser interpretado como uma espécie de "perseguição" aos controladores. Pelo contrário, os empreendedores devem ser valorizados, pois criam diversos empregos e contribuem para o desenvolvimento econômico do País. Para isso, todavia, não é preciso ignorar-se a participação dos demais acionistas da companhia, que contribuem para a formação do capital e também são proprietários da sociedade.

Bibliografia

BARROSO, Heller Redo. "A alienação de controle de controle acionário de companhia aberta e o dever de informação ao mercado", *RDM* 116, São Paulo, v. 39, out.-dez. 1999.

BLACK, Bernard. "Strengthening Brazil's securities markets", *RDM* 120, São Paulo, v. 40, out.-dez. 2000.

______. "The legal and institutional preconditions for strong securities markets", *UCLA Law Review*, v. 48, 2001.

CANTIDIANO, Luiz Leonardo. "Alienação e aquisição de controle", *Revista de Direito Mercantil, Industrial, Econômico e Financeiro*. São Paulo, v. 24, n. 59, 1985.

______. *Reforma da Lei das S/A Comentada*. Rio de Janeiro, Renovar, 2002.

CARVALHOSA, Modesto. *Comentários à Lei de Sociedades Anônimas: Lei 6.404, de 15 de dezembro de 1976*. v. 4, t. II, São Paulo, Saraiva, 1998.

______. *A Nova Lei das Sociedades Anônimas*. Rio de Janeiro, Paz e Terra, 1977.

______ e EIZIRIK, Nelson. *A Nova Lei das S/A*. São Paulo, Saraiva, 2002.

CHOI, Stephen J. *Law, Finance and Path Dependence: Developing Strong Securities Markets*. California, SSRN, 2002.

COFFEE JR., John. *Do Norms Matter? A Cross-Country Examination of the Private Benefits of Control*. Nova York, SSRN, 2001.

______. *Privatization and Corporate Governance: the Lessons from Securities Market Failure*. Nova York, SSRN, 1999.

______. *The Rise of Dispersed Ownership: the Role of Law in the Separation of Ownership and Control*. Nova York, SSRN, 2001.

EIZIRIK, Nelson. *Reforma das S/A e do Mercado de Capitais*. Rio de Janeiro, Renovar, 1997.

HANOUNA, Paul; SARIN, Atulya e SHAPIRO, Alan. *Value of Corporate Control: some International Evidence*. SSRN, 2001.

LA PORTA, Rafael; LOPEZ-DE-SILANES, Florencio; SHLEIFER, Andrei e VISHNY, Robert W. *Investor Protection and Corporate Valuation*. Cambridge, NBER, 1999.

______. *Investor Protection: Origins, Consequences, Reform*. Cambridge, NBER, 1999.

______. *Law and Finance*. Cambridge, NBER, 1996.

______. *Legal Determinants of External Finance*. Cambridge, NBER, 1997.

LEVINE, R. e ZERVOS, S. J. "Stock market development and long run growth", *World Bank Economic Review*, mai. 1996.

LIMA, Osmar Brina Côrrea. "Alienação de controle de companhia aberta sujeita a autorização para funcionar", *RT*. São Paulo, v. 78, n. 645, jul. 1989.

LOBO, Jorge (coord.). *Reforma da Lei das Sociedades Anônimas: Inovações e Questões Con-*

trovertidas da Lei 10.303, de 31.10.2001. Rio de Janeiro, Forense, 2002.

MARTINS, Fran. *Comentários à Lei das Sociedades Anônimas: Lei 6.404, de 15 de dezembro de 1976*. v. 3, Rio de Janeiro, Forense, 1978.

MONKS, Robert e MINOW, Nell. *Corporate Governance*. Malden, Blacwell Business, 2001.

MOTTA, Nelson Cândido. "Alienação do poder de controle compartilhado", *Revista de Direito Mercantil, Industrial, Econômico e Financeiro*. São Paulo, v. 32, n. 89, jan.-mar. 1993.

NENOVA, Tatiana. *Control Values and Changes in Corporate Law in Brazil*. World Bank, 2001.

______. *The Value of Corporate Votes and Control Benefits: a Cross-Country Analysis*. Harvard University, 2000.

PENTEADO, Mauro Rodrigues. "Apontamentos sobre a alienação de controle de companhias abertas", *Revista Trimestral de Jurisprudência dos Estados*. São Paulo, v. 13, n. 64, mai. 1989.

______ *et. al. Reforma da Lei das Sociedades por Ações*. São Paulo, Pioneira, 1998.

PRADO, Roberta Nioac. "Da obrigatoriedade por parte do adquirente do controle de sociedade por ações de capital aberto de fazer simultânea oferta pública, em iguais condições, aos acionistas minoritários — Art. 254 da Lei 6.404/1976 e Resolução CMN 401/1976 — É efetivo mecanismo de proteção aos minoritários?", *RDM* 106, São Paulo, v. 36, abr.-jun. 1997.

ROCCA, Carlos Antonio. *Soluções para o Desenvolvimento do Mercado de Capitais Brasileiro*. Rio de Janeiro, José Olympio, 2002.

ROCHA, João Luiz Coelho da. "Fechamento de capital, extinção da oferta pública no *take over* da companhia e outros problemas afetos à proteção das minorias sociais", *RDM* 116, São Paulo, v. 39, out.-dez. 1999.

SALOMÃO FILHO, Calixto e RICHTER JÚNIOR, Mário Stella. "Interesse social e poderes dos administradores na alienação de controle", *Revista de Direito Mercantil, Industrial, Econômico e Financeiro*. São Paulo, v. 32, n. 89, jan.-mar. 1993.

WALD, Arnoldo. "Considerações sobre a aquisição e alienação de controle societário: o estudo da jurisprudência", *RT*. São Paulo, v. 82, n. 691, mai. 1993.

______. "A obrigação de fazer oferta pública e a transferência de controle no direito brasileiro", *Revista Forense*. Rio de Janeiro, v. 84, n. 302, abr.-jun. 1988.

REFLEXÕES SOBRE A GOVERNANÇA CORPORATIVA NO BRASIL*

ALINE DE MENEZES SANTOS

I – INTRODUÇÃO. II – TEORIAS SOBRE A EMPRESA: CONTRATUALISMO, INSTITUCIONALISMO, TEORIA DO CONTRATO, ORGANIZAÇÃO E NOVA ECONOMIA INSTITUCIONAL. III – ORIGENS E DESENVOLVIMENTO DA GOVERNANÇA CORPORATIVA. IV – PRINCIPAIS MODELOS DE GOVERNANÇA CORPORATIVA E FASES HISTÓRICAS DA DISCUSSÃO: IV-I – Década de 1980; IV-II – Década de 1990; IV-III – Meados de 1990 e início de 2000. V – GOVERNANÇA CORPORATIVA NO BRASIL: V-I – Histórico legislativo; V-II – A Lei 10.303/01 e os princípios do "Código de Melhores Práticas de Governança Corporativa" do IBGC: • "Disclosure"; • Tratamento eqüitativo aos acionistas; • "Compliance"; • "Accountability"; • Algumas observações críticas. V-III – Outras iniciativas e atualidades no país: • Novo Mercado; • BNDES – Banco Nacional de Desenvolvimento Econômico e Social; • CVM – Comissão de Valores Mobiliários; • Fundos de pensão; • Outros projetos de reforma. VI – CONCLUSÕES: REFLETINDO SOBRE O PAPEL DA EMPRESA MODERNA. VII – BIBLIOGRAFIA.

I - INTRODUÇÃO

Na última década temos assistido a um intenso debate mundial, propagado de forma uniforme e avassaladora por diversos países, sobre a melhor estrutura organizativa e de controle da empresa moderna. Trata-se da governança corporativa, como foi denominado no Brasil esse movimento.

Governança corporativa diz respeito a um conjunto de instrumentos públicos e privados, incluindo leis, regulamentos e práticas comerciais que organizam e comandam a relação, numa economia de mercado, entre os controladores e administradores de uma empresa, de um lado, e aqueles que nela investem[1] recursos, de outro.

Liderada por organismos internacionais, investidores institucionais, bolsas de valores, administradores de empresas, entre outros agentes envolvidos com o universo corporativo, a governança corporativa prega o aprimoramento do ambiente legal, institucional e regulador das regras pertinentes ao exercício da atividade empresarial.

* Trabalho apresentado no 1º semestre de 2002 no Curso de Pós-Graduação da Faculdade de Direito da Universidade de São Paulo, disciplina "Administração de Sociedades das Sociedades por Ações no Direito Comercial Comparado II – Administração das Sociedades por Ações" (DCO-5842-2), ministrada pelos Professores Rachel Sztajn, Mauro Rodrigues Penteado e Paulo Fernando Campos Salles de Toledo.

1. Aí englobados investimentos em participação acionária (acionistas, quotistas, ou sócios), em capital financeiro (credores, em geral), em mão-de-obra específica (empregados) e em outros bens tangíveis e intangíveis necessários à atividade empresarial.

A idéia de governança corporativa — na tradução mais literal, o governo da empresa — é antiga. A empresa, como de resto qualquer instituição social ou econômica, tem um governo — *Ergo:* vive e é comandada de uma certa forma, seja ela boa ou má, satisfatória ou não. Mas o conceito de governança corporativa, tal como vem sendo usado e entendido hoje, nasceu no bem-sucedido mercado americano e daí se espalhou, apregoando pelo mundo sua cartilha de preceitos — as chamadas "boas práticas de governança corporativa" — que se recomenda sejam obedecidos pelos demais países interessados em alcançar o nível de pujança econômica dos Estados Unidos e de outros países desenvolvidos. A adoção dessas "melhores práticas" é definida como fator central para a atração de investimentos de longo prazo, acesso a capitais mais baratos pelas empresas e fortalecimento de seu desempenho econômico.

Os fundamentos desse movimento encontram-se em nosso país ofuscados pela análise exclusivamente econômica de seus efeitos e pela importação simplória e apriorística de recomendações contidas em "Códigos de Melhores Práticas de Governança Corporativa".

Surgida nos Estados Unidos, fundamentalmente em Chicago, com o artigo pioneiro de Coase "The problem of the social cost", análise econômica do direito é uma nova forma de reflexão jurídico-filosófica que tem se expandido com vigor para o resto do mundo.

Para os teóricos da análise econômica do direito, de inegável importância e peso intelectual, os elementos sociológicos e filosóficos da realidade devem ser postos de lado em favor da maior eficiência. A decisão é sempre econômica como, aliás, nos demonstram todos os dias as decisões humanas mais banais.[2] Parte-se de uma premissa econômica central e todo o raciocínio é permeado por objetivos econômicos.[3] Ao direito é relegada a função de permitir atingir a eficiência econômica com a maior facilidade.

Já surgem hoje não poucas críticas a esse tipo de raciocínio, algumas das quais não se pode deixar de mencionar quando se trata de refletir sobre o direito societário e repensar a empresa. Muito em linha com as considerações feitas anteriormente, são basicamente críticas que resgatam a ciência do direito como um reino de valores, os quais são formados por conjugação de interesses.[4] Dar ao direito o objetivo de cum-

2. "Indeed, I have come to a position that the economic approach is a comprehensive one that is applicable to all human behavior, be it behavior involving money and prices or imputed shadow prices, repeated or unfrequented decisions, large or minor decisions, emotional or mechanical ends, rich or poor persons, men or women, adults or children, brilliant or stupid persons, patients or therapists, businessmen or politicians, teachers or students. The applications of economic approach so conceived are as extensive as the scope of economics in the definition given earlier that emphasized scarce means and competing ends. It is an appropriate approach to go with such a broad and unqualified definition, and with the statement by Shaw that begins this essay ["Economy is the art of making the most of life]". G. Becker. *The Economic Approach to Human Behavior.* The Economic Approach to Human Behavior. Chicago, University of Chicago Press, p. 3, 1976.

3. Os principais objetivos perseguidos são: a) eficiência: assim entendida como maximização da riqueza global que aumentaria o bem-estar social. Não há preocupação com a distribuição dessa riqueza; e b) eliminação dos "empecilhos" jurídicos ao alcance do objetivo da eficiência (Teorema de Coase).

4. "La distinzione di forma e contenuto non riesce appagante, poiché la norma non è un simplice vaso, che attenda di essere riempito, e il atto economico non è grezza matéria, su cui s'imprima la forma del diritto. La norma è gia tutt'uno, forma e contenuto, e vive della sua própria realtà, del su essere come schema típico e classificatório. La norma ci consente di attribuire significato giuridico agli atti economici, cioè di risolvere in atto giuridici e cosi degli schema previsti." N. Irti. "Teoria Generale del Diritto e Problema del Mercato", in *Rivista di Diritto Civile*, jan.-fev./1999, p. 13. O mesmo professor, em outra obra, afirma: "La disciplina giuridica dà sempre risposta a conflitti di interessi, i quali vengono in rilievo nella loro specificità e determinatezza. Non si trata di confliti tra principi, ma tra interessi, come emergono in circostanze e situazione determinate". N. Irti. "Persona e Mercato", in *Rivista di Diritto Civile*, mai.-jun./1995, p. 290.

prir objetivos econômicos para maximizar a riqueza global é subverter a própria idéia do direito como jogo de valores.

Nesse mesmo sentido, estruturas havidas como naturais, espontâneas e inerentes ao próprio sistema econômico, como o mercado, por exemplo, já são hoje tidas como resultado de uma opção política e legislativa e, portanto, como construções jurídicas, artificiais, constituído por relações governadas pelo direito. Ensina-nos o Prof. Natalino Irti: "Questa consapevolezza spinge dunque a configurare il mercato come lócus artificialis, Che la legge costruice e governa, orienta e controlla, non c'è mercato fuori dalla decisione política e dalla scelta legislativa: a anche l'abbandono degli affari al puro gioco degli interesse individuali è una decisione e una sceltasi scopre così l'intrinseca policità del mercato, Che la legge puó modellare e definire secondo principi diverse: ora pregiando la riservatezza, ora l'assoluta e generale visibilità; ora esaltando l'autonomia e la responsabilità dei negozi, ora invece tutelando gli incauti e i disaccorti".[5]

Igualmente muito disseminada é a crítica que defende ser impossível teorizar o conhecimento econômico. Os gráficos, pontos de equilíbrio, previsões de comportamento de consumidores, fornecedores, etc., tão caros à análise econômica não são uma ferramenta válida, pois é impossível prever, com base neles, qual será efetivamente o comportamento e as preferências dos agentes econômicos. O viver em sociedade é um processo de constante descoberta, feito dia-a-dia. Além disso, não parece coerente que se pegue a experiência de um mercado bem-sucedido, como é o caso do americano, teorize-se em cima dele, fixe-se premissas e, ainda, pretenda-se que isso seja aplicado em outros países do mundo. É preciso cautela, sobretudo quando há diferenças econômicas profundas entre os países.

Em nível mais geral, todavia, a governança corporativa desperta-nos a reflexão sobre como o modelo jurídico pode influenciar o exercício, as limitações e as funções do poder dentro da sociedade. Essa elevação de categoria do direito societário não é sem conseqüências.

As discussões sobre governança corporativa podem servir como um excelente instrumento de reflexão sobre o direito societário num país como o nosso, de capitalismo tardio e induzido pelo Estado, onde o estudo sério da estrutura empresarial, sua funcionalidade e potencialidades transformadoras é algo raro de se encontrar.

A despeito disso, a forma panfletária e oportunista como a governança corporativa vem sendo tratada, empobrece ridiculamente as discussões e faz com que o assunto tenha sido muito mal compreendido.

Uma dessas distorções é a que identifica governança com um instrumento de conveniência e defesa de acionistas minoritários,[6] em contraposição aos majoritários. Este é também um assunto importante (descontados, mais uma vez, os sensacionalismos), mas é outro assunto. A verdadeira posição da governança corporativa é em favor da empresa, como um todo, sem distinção ou favorecimento a grupos minoritários ou majoritários.

Para entender melhor o que é governança corporativa (diga-se de passagem uma má tradução de *corporate governance*) é útil ir à origem da expressão. "Corporate" vem de "corporation", que é o equivalente em inglês à nossa sociedade anônima. No caso, podemos simplesmente pensar em empresa. "Governance" vem do latim "gu-

5. N. Irti. "Mercato e Solidarietà", in *Rivista di Diritto Civile*, mar.-abr./1997, p. 186.

6. Mais grave que essa simplificação é a redução do acionista minoritário a uma categoria única, titular de um conjunto homogêneo de interesses praticamente externos à sociedade, tais como interesses patrimoniais, de proteção à sua saída da sociedade (venda de sua participação), ou relacionadas ao seu direito à obtenção de informações. Não há, por exemplo, regras de estímulo à sua participação no poder decisório ou ao seu envolvimento interno.

bernare" e tem a ver com governar. A expressão significa o sistema de governo da empresa.[7] No caso da empresa moderna, considera-se que o principal instrumento de governo é o Conselho de Administração. Acima deste estão os acionistas, que escolhem e monitoram a atuação do Conselho.[8] Abaixo do Conselho está a Diretoria, escolhida e monitorada por este. Um outro eventual órgão da governança, não obrigatório, é o Conselho Fiscal.

Contribui para instigar o debate o caráter multidisciplinar das análises sobre governança corporativa, que combinam conceitos provenientes de outras áreas do conhecimento, como economia, administração, contabilidade e sociologia. Esse apanhado sistêmico[9] enriquece e dá sentido ao estudo da empresa porque a conjuga e ordena em relação ao pano de fundo maior da política econômica, bem como da relação do direito societário com outras áreas jurídicas afins, tais como mercado de capitais e direito concorrencial. Não acreditamos numa concepção pura, neutra e insulada da empresa moderna, mas sim nesta como motor de produção e, assim, também de transformação social.

Ao lado disso, verifica-se uma tendência, nem tão moderna assim, de eliminação das fronteiras entre público e privado, quase como uma "publicização" do direito societário.[10-11] Temos visto essa nova tendência ser designada como direito do desenvolvimento, *in verbis*: "É o direito do desenvolvimento um direito 'eclético' pois utiliza, conforme as necessidades, categorias pertencentes tanto ao direito público quanto ao direito privado, sendo 'inovador' ao 'combinar' as técnicas jurídicas tradicionais tendo em vista a resolução dos problemas específicos que se pretende resolver (...) Seria pois, o direito do desenvolvimento decorrente de uma consideração mais larga e finalista do fenômeno jurídico".[12]

7. A. C. Vidigal, "O Novo Capitalismo e a Governança Corporativa", publicado no *Jornal do Commercio*.

8. A governança corporativa tem ainda hoje seu principal *locus* de discussão no Conselho de Administração e sua matriz teórica focada no chamado "conflito de agência", assunto que abordaremos mais adiante. É muito óbvio que a evolução do movimento nos levará necessariamente à análise de problemas mais fundamentais, como as funções da assembléia geral, centro máximo de poder das companhias, e o comportamento e o exercício do direito de voto dos acionistas em assembléia.

9. Ainda com P. Bonavides: "O moderno pensamento sistêmico, dotado de latitude e fecundidade amplíssima, acena com muitas promessas e esperanças, caracterizando de certa forma o espírito de nossa época". Ob. cit., p. 8, prefácio.

10. De fato, o discurso que ostenta o Direito Privado em geral como ramo separado do Direito Público e da presença do Estado é no mínimo pouco coerente com o sistema em que vivemos, que nos conduziu a uma concepção do fenômeno social largamente misturada nas malhas e confins do direito estatal. Em uma concepção como essa, são muito restritos os espaços do direito reservados à completa autonomia da vontade.

11. Trata-se de uma tendência que nem sempre se manifesta através de leis, de imposição de normas legais. Muitas vezes isso se faz através de estruturas contratuais, que nos permitam construir e impor objetivos comuns aos participantes de uma empresa, proteger e atender a grupos específicos de acionistas com concessão de direitos tais como *tag along*, arbitragem, etc., bem como proteger e tutelar o mercado de capitais. Mais importante que o tipo de instrumento utilizado para essa composição de interesses contrapostos no seio da empresa é a função desse instrumento, que deverá ser pública, institucional, e não privada. Muitas vezes a lei não é capaz de ter uma conformação ideal, dados os inúmeros interesses contrapostos e conflitantes envolvidos, os quais se sobressaem ainda mais no jogo democrático, seja por captura legislativa, seja por atuação de grupos de pressão. Embora instrumento típico de direito privado, o contrato acaba gerando uma estrutura própria, que se rege por interesses e finalidades próprios, tomando mais fluida a organização da estrutura social e diminuindo os custos de "transação" entre os diversos agentes societários (acionistas controladores, não controladores, credores, investidores, trabalhadores, consumidores, comunidade e governo). Todas as mudanças legislativas atuais são tentativas de se buscar uma forma de organização e de criar modos de cooperação entre os agentes societários.

12. O. Yazbek, "Política Econômica, Legislação Societária e Aplicação do Direito da concorrência no Brasil", in *RDM* n. 117, pp. 136-156.

Pretendemos com este trabalho, antes de mais nada, mudar o enfoque com que a governança corporativa vem sendo tratada. Segundo nossa visão, o momento é oportuno para refletirmos sobre a criação de um modelo mais cooperativo de direito societário que, mesmo sendo um microssistema jurídico, pode aspirar a ter algum papel transformador e reequilibrador.

É nesse sentido que devem ser encaradas as conclusões que, sem a pretensão de esgotar o assunto, encerram este trabalho.

II - TEORIAS SOBRE A EMPRESA: CONTRATUALISMO, INSTITUCIONALISMO, TEORIA DO CONTRATO, ORGANIZAÇÃO E NOVA ECONOMIA INSTITUCIONAL

O direito lida precipuamente com o jogo e a contraposição de interesses e valores. Todo ordenamento jurídico diz respeito à tutela de interesses que foram previamente ponderados e tidos como legítimos de ser salvaguardados. Em direito societário, a regra não é diferente: as normas societárias também têm como fundamento a proteção e o estímulo a determinados interesses.

Todavia, a essencialidade da questão do interesse social especificamente para o direito societário está ligada à própria razão de ser das empresas e, dependendo da definição que se adote, restará drasticamente comprometida a interpretação de todo o sistema. A esmagadora maioria das tentativas de definição de interesse social fracassaram e hoje já há ampla convicção de que é muito difícil chegar-se a um denominador comum.

Existem duas correntes principais. A contratualista, que identifica o interesse social ao interesse comum do grupo de sócios; e a institucionalista, que reconhece a existência de um interesse próprio de preservação da empresa, portanto não redutível ao interesse dos acionistas, mas também abrangendo os interesses dos credores, trabalhadores, fornecedores, consumidores, comunidade e do país. O embate entre essas duas posições se arrasta há mais de século, em diversos países e muitas vezes a legislação societária oscila pendularmente entre ambas, modificando-se ao sabor das circunstâncias.[13]

A disciplina brasileira de conflito de interesses consagra as duas hipóteses. Segundo o art. 115 da Lei 6.404/76, "O acionista deve exercer o direito de voto no interesse da companhia". Por outro lado, o art. 116 dispõe em seu parágrafo único que "o controlador deve usar seu poder com o fim de fazer a companhia realizar o seu objeto e cumprir sua função social e tem deveres e responsabilidades com os demais acionistas da empresa, os que nela trabalham e para com a comunidade em que atua, cujos direitos e interesses deve lealmente respeitar e atender".

O controlador pode ser responsabilizado por abuso de poder, nos termos do art. 117, se "orientar a companhia para fim estranho ao objeto social ou lesivo ao interesse nacional" (§1º, alínea "a"); "se promover alteração estatutária, emissão de valores mobiliários, ou adotar políticas e decisões que não tenham por fim o interesse da companhia"; ou se tentar obter vantagem indevida, "em prejuízo dos demais acionistas, dos que trabalham na empresa ou dos investidores em valores mobiliários emitidos pela companhia".

Ou seja, ao mesmo tempo em que reconhece a importância e impõe respeito aos demais interesses atingidos pela atuação da empresa, a lei nomeia o controlador como árbitro e intérprete dos mesmos. Na prática, o interesse social acaba identificado com o interesse do controlador.

13. Comparato já nos adverte que essa teoria foi adotada pela Alemanha do pós-guerra, pela Suíça e pelos Estados Unidos, após a crise de 1929, ou seja, sempre durante e depois de crises econômicas — nos períodos de prosperidade é posta em surdina, o que é bem indicativo de como o direito societário pode de fato prestar-se a um papel transformador da realidade.

Essa conseqüência é ainda reforçada pelo fato de as disposições normativas sobre interesse social serem vagas e genéricas e, por isso, facilmente manipuláveis e instrumentalizáveis de acordo com a conveniência. Essa deficiência é por sua vez reforçada pela ausência de discussão jurisprudencial e doutrinária sobre interesse social.[14] Disso resulta uma situação paradoxal, em que o interesse social é consagrado pela legislação, com vários destinatários, aproximando-se da corrente institucionalista, mas, na prática, essa disposição não produz efeito algum.

Em 1937, o trabalho de Ronald Coase, *The Nature of the Firm,* lançou as bases teóricas para uma nova visão da empresa, pela qual esta é considerada como um feixe de contratos reunidos segundo a lógica da economia dos custos de "transação."[15] A economia dos custos de "transação" baliza os limites entre sua internalização ou externalização à estrutura empresarial.

Custos de "transação" são aqueles incorridos pelas partes no processo negocial. Existem os custos *ex ante,* de estruturar, negociar e salvaguardar um contrato, definir preços, prazos, etc.; e custos *ex poste,* relacionados a assimetrias entre as partes, de renegociação em decorrência de erros, ocorrência de problemas não previstos, lacunas, etc. Ambos possuem uma interdependência estreita. Com relação às transações, existem três dimensões importantes: sua freqüência; grau e espécie de incerteza a que estão sujeitas; e a especificidade dos ativos transacionados.

A empresa se organiza e adota diferentes estruturas de propriedade (e de governança) com vistas a obter a melhor forma de composição dos interesses nela envolvidos.

Aplicando-se essa teoria, o interesse social superpõe-se ao antigo dilema entre contratualismo e institucionalismo e iguala-se ao "interesse à melhor organização possível do feixe de contratos envolvidos pela sociedade", que "poderá tanto traduzir-se no interesse à maximização dos lucros, como no interesse à preservação da empresa, mas não se identificará necessariamente com nenhum deles".[16]

Por último, temos a concepção da chamada Nova Economia Institucional (NEI), que privilegia o papel exercido pelas instituições para o desenvolvimento econômico. O ambiente institucional — isto é, as regras do jogo que guiam e condicionam a ação individual — é o pano de fundo no qual as pessoas e organizações interagem.

Os estudos da NEI são enriquecidos pela interdisciplinariedade, pois consideram elementos de economia, direito, teoria organizacional, ciência política, sociologia e antropologia. A NEI vê a empresa como uma instituição formada por um conjunto de contratos organizados sob a lógica dos custos de "transação". Qualquer "transação", por mais simples que seja, requer uma estrutura de governança mínima que proteja as partes de certos riscos. Instituições fortes e estáveis são excelentes formas de alinhá-los e reduzi-los.

Apesar de conceitualmente próxima à teoria do contrato organização, a grande diferença da análise da NEI é sua abrangência. O instrumental teórico de que se utiliza é mais refinado para analisar a economia brasileira e seus agentes, em especial porque as transformações iniciadas nos

14. Como conclui Calixto Salomão Filho, os efeitos dessa indefinição são inúmeros. Entre os mais sentidos, está a ausência de regras claras para que os administradores possam comportar-se com independência. O problema é agravado quando ocorrem conflitos societários, pois no Brasil os administradores não têm como recorrer à "*business judgment rule*" do direito norte-americano, que funcionam como uma forma de mecanismo de governança corporativa. Salomão Filho, C. "Alienação de Controle: A Nova Disciplina", in *O Novo Direito Societário,* pp. 147 e ss.

15. A palavra está empregada não em seu sentido jurídico, mas econômico.

16. C. Salomão Filho, "Interesse Social: Concepção Clássica e Moderna", in O *Novo Direito Societário,* p. 34.

anos 1990 no Brasil, e ainda em curso, são na sua maioria de natureza institucional.[17]

III - ORIGENS E DESENVOLVIMENTO DA GOVERNANÇA CORPORATIVA

Como dissemos antes, apesar do recente modismo, a governança corporativa não é um assunto novo.[18] Fábio Konder Comparato já nos lembrava ser o controle sobre a riqueza, e não a titularidade sobre ela, o principal problema da economia moderna.[19]

A governança corporativa surgiu na economia em função, principalmente, dos chamados problemas de agência, que trata de conflitos de interesse entre quem tem a propriedade (o acionista) e quem tem controle da organização. A teoria da agência estuda as controvérsias provocadas pela dissociação entre propriedade e gestão empresarial.[20] O principal, titular da propriedade, delega ao agente o poder de decisão sobre essa propriedade.

A partir de então surgem os chamados conflitos de agência, pois os interesses daquele que administra a propriedade nem sempre estão alinhados com os de seu titular. São problemas de assimetria de informações entre agente e principal; preocupações em monitorar o comportamento do agente, garantindo que sua atuação se dará de acordo com os interesses do principal; formas de incentivo de sua atuação, entre outros.

Notadamente na década de 1970 um somatório de fatores funcionou como catalisador do movimento da governança corporativa. Dentre eles: a) a globalização financeira, com livre e rápida circulação de capitais entre fronteiras; b) a diminuição das barreiras comerciais entre países que levam as empresas a enfrentar competição em nível global, aumentando suas necessidades de financiamento e capitalização; c) falhas e escândalos em grandes empresas que expuseram a necessidade de se aperfeiçoar os mecanismos de monitoramento e despertaram atenção para quem controla a empresa; d) o movimento de privatizações em massa ao redor do mundo, com os Estados deixando de atuar diretamente na economia, como agentes econômicos; e) a ascensão dos investidores institucionais cada vez mais preocupados com retornos sobre seus investimentos, que consistirão nas rendas futuras de milhares de aposentados.

Diversos organismos e instituições internacionais começaram a dar ênfase à governança corporativa, relacionando-a a um

17. M. Roe, "Political Preconditions to Separating Ownership from Corporate Control", Columbia Center for Law and Economic Studies, working paper n. 155 (2000) e L. A. Bebchuk e M. J. Roe. "A Theory of Path Dependence in Corporate Governance and Ownership", *Stanford Law Review* n. 127. Trata-se de duas interessantes análises de inspiração institucionalista.

18. O primeiro caso bem documentado de falha de governança é o colapso da South Sea Company, em 1720. CLSA, "Corporate Governance Emerging Markets Equities Research — The Tide's Gone Out, Who's Swimming Naked?", outubro de 2000.

19. *O Poder de Controle na Sociedade Anônima*, 2ª ed., São Paulo, Ed. RT, 1977, p. 4. Mais adiante (p. 96), Comparato decompõe o problema e explica que "Ora, a propriedade dinâmica, ou controle sobre bens de produção, não tem por objetivo a fruição, mas a produção de outros bens ou serviços, e, por isso mesmo, implica, necessariamente, uma relação de poder sobre outros homens, na medida em que a produção sai da fase artesanal para a industrial. *A propriedade dinâmica de bens de produção é a que se realiza sob a forma de empresa. Perante uma propriedade desse tipo, a problemática fundamental não é a de proteção e tutela contra turbações externas, mas sim a de fiscalização e disciplina do seu exercício, a fim de se evitar o abuso ou desvio de poder. O 'controle do controle' como dissemos de início, é o desafio permanente que se apresenta nessa matéria.* O Projeto de Código Civil de 1965 acentuou corretamente a distinção ao enunciar, em seu art. 377, que 'a propriedade, principalmente quando exercida sob a forma de empresa, deve conformar-se às exigências do bem comum, sujeitando-se às disposições legais que limitam seu conteúdo, impõem obrigação e reprimem os abusos'".

20. Jensen, M. C. e Meckling, W. H., "Theory of the firm; managerial behavior, agency costs and ownership structure". *Journal of Financial Economics*, v. 3, n. 4, pp. 305-60, 1976.

ambiente institucional, à política macroeconômica de boa qualidade e, assim, estimulando sua adoção em nível internacional.

O G7, grupo das nações mais ricas do mundo, considera a governança corporativa o mais novo pilar da arquitetura econômica global. A OCDE desenvolveu uma lista de princípios globais e promove periodicamente, em diversos países, mesas de discussão e avaliação do desenvolvimento da governança. Também lançou, junto com o Banco Mundial, em setembro de 1999, o "Global Corporate Governance Forum", com o objetivo de dar abrangência, importância e visibilidade mundial ao tema.[21] Apesar de os debates sobre governança corporativa no Brasil serem recentes, o país assumiu um papel pioneiro no tema e tem liderado iniciativas de destaque. Em abril de 2000 foi realizada aqui, em cooperação com o IBGC — Instituto Brasileiro de Governança Corporativa, Bovespa e Comissão de Valores Mobiliários, a primeira "Latin America Roundtable". Banco Mundial[22] e FMI consideram a governança corporativa parte da recuperação dos mercados mundiais, abatidos por sucessivas crises em seus mercados de capitais. Praticamente em todos os países surgiram instituições dedicadas a promover debates em torno da governança corporativa, nem sempre com a independência que seria desejável.

Atrelado aos fatores acima, veio também um debate mundial sobre a adequação e modernização das leis societárias,[23] de modo a criar formas ágeis, fluidas e uniformes, que não engessassem o desenvolvimento da atividade empresarial nem causassem fuga de capitais.

Uma das questões teóricas envolvendo os sistemas de governança é o seu impacto sobre o desempenho das empresas e das economias nacionais. Como vimos, tornou-se lugar-comum associar-se o desempenho econômico de uma empresa às suas estruturas de governança.

Divulga-se como consenso estabelecido que a capacidade de um país atrair investimentos está associada às estruturas de governança que consagra. Vários estudos procuram ligar a qualidade do mercado de capitais de uma nação às suas regras de governança corporativa (especialmente no tocante à proteção dos investidores e acionistas minoritários).[24]

21. "The role of the Global Corporate Governance Form is to help countries improve standards of governance for their corporations, by fostering the spirit of enterprise and accountability, promoting fairness, transparency and responsibility" — missão estatutária do Global Corporate Governance Forum.

22. "The governance of the corporation is now as important in the world economy as the government of countries" — James Wolfensohn, Presidente do Banco Mundial.

23. Como informa Alfredo Lamy Filho, in "A empresa, os minoritários e o mercado de capitais", *RDM* 117, pp. 55 e 56, a Inglaterra, que tem uma das mais elogiadas leis de companhias, e que mantém comissões especialmente destinadas a estudar a matéria, presididas por juristas ilustres e magistrados, como o "Jenkins Committee", ou o "Cohne Committee", que se lhe seguiu, incumbidos de formular representações ou "reports" ao Parlamento com sugestões que orientam os legisladores. Os Estados Unidos, além de suas leis estaduais, possui, sempre atualizado, o "Model Business Corporation Act", modelo elaborado e sempre revisado pelo "Committee on Corporate Law", instituído pelo órgão profissional dos advogados ("American Bar Association") que inspira as modificações que vão sendo introduzidas nesse campo do direito. A Espanha promoveu uma "Ley de Reforma Parcial y Adaptación de la Legislación Española a las Diretivas de la CEE" em 25.7.1989; a França introduziu a sociedade anônima simplificada (Lei 94-1) e procedeu ao reexame de todo o assunto pertinente às sociedades através de Comissão nomeada pelo Primeiro-Ministro, e presidida por Philippe Marini, como se lê no relatório "La Modernisation du Droit des Societés", Paris, 1996, no qual advoga maior liberdade para as sociedades francesas, em sua constituição e no seu funcionamento, e questiona se o interesse social acusado de transcender ao interesse dos acionistas "não teria se tornado um álibi de um novo despotismo esclarecido". Todavia, os estudos mais acurados têm vindo da Itália, como nos dá conta o último número da *Rivista delle Società* (ano 1000, fasc. 1) no qual o Ministro da Justiça, Giovanni Maria Flick, divulga uma apreciação sobre o problema, juntamente com o relatório da Comissão de Juristas que nomeou o anteprojeto elaborado.

24. Ampla publicidade é dada à pesquisa da McKinsey ("Investors Opinion Survey") onde se apu-

A governança é vista de forma análoga a um contrato de mútuo, que detalha as condições para o empréstimo, taxas de juros, formas de remuneração, de rescisão, etc. O sistema de governança corporativa de uma empresa define os termos do contrato de investimento em seu capital.[25] O preço que o investidor pagará pela ação de uma empresa depende de seu sistema de governança corporativa, ou seja, do contrato que dispõe sobre o investimento em seu capital. Um bom sistema de governança corporativa (i.e., um contrato bem-feito) resulta em ações mais valiosas e menor custo de capital.

IV - PRINCIPAIS MODELOS DE GOVERNANÇA CORPORATIVA E FASES HISTÓRICAS DA DISCUSSÃO

Um sistema de governança corporativa é composto pelo conjunto de instituições, leis, regulamentos e costumes. Por sua vez, as especificidades de cada sistema estão associadas às condições econômicas, históricas e ao estágio de desenvolvimento de determinado país, espelhando suas peculiaridades e prioridades.

Há dois modelos ideais de governança corporativa, cada qual com algumas variações: o anglo-saxão e o nipo-germânico.

No modelo anglo-saxão, as participações acionárias são pulverizadas, evidenciando a separação entre propriedade e controle empresarial, segundo o modelo clássico exposto na obra de Berle e Means.[26] Observa-se a presença de um mercado de capitais forte e ativo, que garante a liquidez dessas participações acionárias por meio de regras rígidas de transparência, divulgação periódica de informações e sanções ao uso de informações privilegiadas, que submetem os administradores da companhia a uma disciplina severa. Não há, pois, necessidade de monitoramento direto: o mercado — ou seja, o acionista futuro, seja ele investidor especulador, rendeiro ou institucional — já se encarrega de fazê-lo.

Nesse modelo os preços de negociação das ações em bolsa transmitem informações que sinalizam o julgamento do mercado sobre a atuação dos administradores e incorporam as perspectivas de performance futura das empresas. A principal forma de monitoramento da atuação dos administradores é o mercado de aquisição de controle acionário que, por essa razão, deve ser estimulado.[27] É o modelo predominante nos Estados Unidos e Inglaterra.

rou que os investidores pagariam entre 18% e 28% a mais por ações de empresas que adotam melhores práticas de administração e transparência. Algumas das conclusões dessa pesquisa: a) os direitos dos acionistas foram classificados como a questão mais importante de governança corporativa da América Latina; b) três quartos dos investidores dizem que as práticas do conselho de administração são pelo menos tão importantes quanto a performance financeira quando estão avaliando companhias para investimentos. Na América Latina, quase metade dos respondentes consideram que as práticas de conselho de administração são mais importantes que a performance financeira; c) na América Latina e na Ásia, onde os relatórios financeiros são limitados e freqüentemente de má qualidade, os investidores preferem não confiar apenas em números. Eles acreditam que seus investimentos estarão mais bem protegidos por companhias com boa governança que respeitem direitos dos acionistas; d) a qualidade da administração da companhia não raro é mais importante do que questões financeiras nas decisões sobre investimentos.

25. R. Gilson, "Transparency, Corporate Governance and Capital Markets".

26. A. A. Berle e G. C. Means, *The Modern Corporation and the Private Property*, 1933.

27. Ainda hoje é acesa a discussão, nos Estados Unidos, sobre a legalidade da adoção, pelos administradores de companhias, de medidas de defesa contra tomadas de controle, apregoadas como ineficientes do ponto de vista econômico pelos partidários da análise econômica do direito. Nos anos 1970 o aumento das tomadas de controle hostis deu ensejo a uma competição por legislações estaduais permissivas desse tipo de tática defensiva, com diversas empresas procurando proteção dessas leis. Os precedentes jurisprudenciais que analisaram a validade dessas legislações estaduais oscilavam, ora dando autonomia aos administradores para proteger-se de tomadas hostis, ora suprimindo-a. Entre as decisões mais importantes, citamos: Edgar *v.* Mite – 457 US 624

No modelo nipo-germânico a propriedade empresarial vem concentrada e bem definida, marcada pela presença de acionistas controladores com largas participações acionárias, de longo prazo. Países com essa estrutura de propriedade geralmente apresentam mercados de capitais frágeis, com padrões mais relaxados de transparência e divulgação de informações. Os acionistas reduzem seu risco colhendo informações necessárias às suas decisões junto às administrações das empresas.

No sistema nipo-germânico tradicional o mercado de aquisição de controle é fraco e pouco atuante como fiscal da performance dos administradores das empresas. Esse monitoramento é feito por mecanismos internos de participação cruzada, detidas por outros agentes econômicos, como instituições financeiras e empresas industriais. Observa-se um estímulo à manutenção da concentração da propriedade acionária em razão da possibilidade de se extrair vantagens dessa posição de controle acionário. É o modelo prevalecente na Alemanha, Japão e maioria dos países da Europa Continental e Latino-americanos. Estes últimos distinguem-se também pela presença de grandes empresas familiares.

Cada um desses modelos de governança persegue um objetivo final para a atividade empresarial, o que nos permite subdividi-los ainda mais especificamente. O modelo anglo-saxão considera os acionistas como proprietários da empresa e, nessa condição, são eles os destinatários dos resultados da atividade empresarial que deve ser desempenhada em seu benefício, destinando-se a aumentar o valor de suas participações.[28] O modelo nipo-germânico tende a equilibrar os interesses dos acionistas com o de outros grupos afetados pela atividade empresarial (empregados, fornecedores, credores, consumidores e a comunidade).

O anglo-saxão é o modelo *shareholder* e o nipo-germânico o *stakeholder*. Além das diferenças antes apontadas, outra marca do modelo *stakeholder* é o peso grande que se atribui ao interesse dos empregados de uma empresa. Outro traço está no quesito prestação de contas (*accountability*). No modelo *shareholder*, a administração responde apenas aos acionistas, ao passo que no *stakeholder* aumenta o grupo de destinatários da prestação. Uma das tendências presente inclusive no direito brasileiro quanto a este último aspecto é a faculdade de publicação, por parte das empresas, do chamado balanço social.

Um mundo cada vez mais competitivo e sem fronteiras tende a provocar a convergência entre esses dois modelos. A esse respeito, opõem-se novamente em lados separados duas correntes. A primeira delas, preconiza a vitória do sistema focado na criação de valor ao acionista.[29] Já outros Autores ponderam que a evolução e o ob-

(1982); CTS *v*. Dynamics Corp of America – 481 US 69 (1987); Paramounts Communications, Inc. *v*. Time, Inc. – 571 A.2d 1140 (Del. 1989); Unocal Corp. *v*. Mesa Petroleum Co. – 493 A.2d 946 (Del. 1985); Revlon, Inc. *v*. Mac Andrews & Forbes Holdings, Inc., 506 A.2d 173 (Del. 1985). V. Ronald Gilson, "Unocal Fifteen Years Later (And What We Can Do About It)", in *Stanford Law and Economics* Olin Working Paper n. 201

28. "One and only (...) social responsibility of business was to increase its profits. The corporation is owned by the shareholders, and shareholders therefore have a right to expect that the managers of their property will, first and foremost, look out for them by making as much money as possible. Insofar as social concerns cause a corporate executive to reduce the corporation's returns to shareholders, the executive is spending their money and, in fact, imposing taxes on shareholders. This is impermissible because property should not be taken for the use of others without the owners' consent. Corporate charitable contributions, for example, are impermissible because the corporation is an instrument of the shareholders who own it (...) and such contributions should be made by the individuals who are the ultimate owners of the property in the society", Milton Friedman, in *Capitalism and Freedom* 133, 1962.

29. H. Hansmann e R. Kraakman, "The End of History for Corporate Law", John M. Olin Center for Law, Economics, and Business, Discussion Paper n. 280 e F. Easterbrook e D. Fischel, *The Economic Structure of Corporate Law*, pp. 4-15.

jetivo final do sistema de governança característico de um país dependerá de uma gama ampla de fatores, entre eles sua estrutura jurídica, trajetória histórica, seu desenvolvimento econômico, seus costumes e seu ambiente legal.[30]

Estudos recentes dedicam-se a tentar explicar as razões de surgimento de um modelo de dispersão ou de concentração acionária.

Alguns defendem tratar-se de uma questão meramente legal *("law mater hypothesis")*,[31] ou seja, um mercado de ações pulverizado depende da existência de proteção legal efetiva aos direitos dos investidores. Indo mais além, os partidários dessa corrente aduzem que países de direito codificado não proporcionam proteção legal adequada a investidores e acionistas minoritários, ao passo que países de direito comum favorecem o surgimento da dispersão. De forma oposta, outra corrente afirma que a lei formal pode ser substituída por mecanismos funcionais — como por exemplo a auto-regulação e a criação de instituições privadas fortes e sérias que imponham padrões de comportamento[32] — que suprem as deficiências legais e, assim, possam ensejar a dispersão acionária.

Vários autores consideram, por razões diversas, não ser possível desenvolver-se mercados de capitais líquidos e fortes em sistemas já caracterizados pela propriedade acionária concentrada. Segundo um grupo, não haveria nestes sistemas proteção legal suficiente para estimular a dispersão acionária.[33] Para outros, adeptos da chamada "tese política", mercados de capitais fortes não são compatíveis com regimes de social-democracia, pois neste a propriedade concentrada e a ausência de regras de transparência são parte de uma estratégia adotada pelos detentores de participação acionária para defender-se de impostos e expropriações.[34] Uma última corrente afirma que os benefícios privados possíveis de ser extraídos a partir de uma situação de controle acionário são tão altos que induzem à retenção do controle e à concentração acionária.[35]

Cabe reconhecer que a crescente importância do mercado financeiro norte-americano como fonte de recursos para empresas do mundo inteiro e a atuação de investidores institucionais no sentido de pressionarem por padrões globais uniformes de transparência nos demonstrativos econômico-financeiros, bem como de estimularem a disseminação de sua cultura institucional em termos de controle corporativo, são forças poderosas a favor da convergência. Em vários países já se observa a adoção progressiva do modelo anglo-saxão, com ele-

30. L. A. Bebchuk. e M. J. Roe, "A Theory of Path Dependence in Corporate Governance and Ownership", *Stanford Law Review* n. 127.

31. Especialmente os trabalhos de La Porta, Lopes-de-Silanez, Shleifer e Vishny. Os autores empreenderam uma pesquisa mundial sobre padrões de propriedade acionária de empresas de diversos países, correlacionando-a com a eficiência e liquidez dos respectivos mercados de capitais. Desenvolveram ainda um "índice de proteção ao acionista" com base na presença de seis variáveis legais (permissão ao *proxy voting*, facilidades de representação em assembléia; voto cumulativo; possibilidade e facilidade de propositura de ações judiciais questionando a conduta dos administradores e as decisões tomadas em assembléia; percentual acessível para convocação de assembléia geral extraordinária; e existência de direito de preferência na subscrição de capital e aquisição de novas ações). "Investor Protection and Corporate Governance", disponível em www.ssrn.com.

32. Certos autores defendem que a auto-regulação e o desenvolvimento de instituições fortes e respeitáveis são mais raros nos países que adotam um sistema de direito codificado, dadas as características mais centralizadoras de produção legislativa e a atuação mais intrusiva do Estado. V. J. C. Coffee Jr. e A. A. Berle, *The Rise of Dispersed Ownership: The Role of Law in The Separation of Ownership and Control* e L. C. Coffee Jr., *Convergence and Its Critics: What Are the Preconditions of The Separation of Ownership and Control.*

33. La Porta *et al.*, ob. cit.

34. M. Roe, "Political Preconditions to Separating Ownership from Corporate Control", Columbia Center for Law and Economic Studies, working paper n. 155 (2000).

35. L. A Bebchuk, "A Rent-Protection Theory of Corporate Ownership and Control", *NBER* Working Paper n. 7203 (1999).

vação do nível de proteção do investidor (inclusive por modificações na legislação societária) e aumento de dispersão acionária, acelerado, em muitos casos, pelo processo de privatizações.

Mesmo nos países anglo-saxões a discussão sobre governança corporativa atravessou três principais fases, todas marcadas pela preocupação com a competitividade, estrutura de poder e com a distribuição dos ganhos da atividade empresarial. São as seguintes.

IV-I Década de 1980

Discute-se com maior ênfase as vantagens competitivas que um sistema de governança pode proporcionar. À época a economia americana atravessava uma fase de perda de competitividade ante as indústrias japonesa e alemã. Apontava-se como um dos fatores da crise o horizonte de curto prazo de certos investidores, que pressionava os administradores para apresentar resultados rápidos.

Os filiados ao sistema nipo-germânico, ao contrário, teriam acesso a financiamentos de longo prazo, concedidos por bancos com participações acionárias significativas em empresas coligadas ou controladas. Os investimentos eram feitos não pensando nos ganhos de capital a curto prazo e as participações acionárias usadas para reforçar os laços comerciais a longo prazo. Chegava-se a defender que os fundos de pensão não poderiam mais ser considerados investidores institucionais, pois trabalhariam com horizontes de tempo e formas de cruzamento de participação que estimulava um comportamento de longo prazo, não lhes permitindo sair de suas posições acionárias com facilidade.

Aos poucos foram surgindo novas categorias de investidores, mais identificadas com os administradores de recursos e preocupados em maximizar retornos sobre uma carteira extensa e diversificada e não sobre uma só empresa. Essa nova realidade reaproximaria o investidor acionista de sua posição de proprietário, cuja função seria "garantir, através de um sistema eficiente de monitoramento e prestação de contas, que os administradores sejam capazes de maximizar a capacidade de criação de riqueza da empresa, integrando objetivos de curto e longo prazos".[36]

IV-II Década de 1990

O grande debate concentra-se na pesquisa de formas que corrigissem a ausência de envolvimento institucional por parte de certos investidores, cuja passividade acentuava o desequilíbrio de poder entre os órgãos societários. Foi uma época marcada por grandes escândalos corporativos, e vários pontos àquela época suscitados permanecem ainda hoje muito questionados.

A idéia central era completar o monitoramento do mercado com uma vigilância institucional mais ativa, estimulando mecanismos internos de alinhamento de interesses entre acionistas e administradores (como, por exemplo, a remuneração variável ou incentivada), identificando e fortalecendo as instâncias societárias que podem efetivamente servir para contestar o poder das administrações (tais como, ilustrativamente, a abertura permanente para ofertas de aquisição de controle hostil, conselhos de administração e investidores institucionais).

Observa-se nos países anglo-saxões a tendência a vincular boa parte da remuneração dos altos executivos ao desempenho das ações das empresas por eles dirigidas, por meio de opções de compra, em condições favorecidas, destas ações. Procura-se assim alinhar os interesses entre administradores e acionistas e estimular a performance daqueles.

A idéia é sem dúvida legítima e bem intencionada, mas foi muito distorcida e

36. P. Drucker, "Reckoning with the pension fund revolution", *Harvard Business Review*, mar./apr. 1991.

acabou por levar-nos à situação oposta: os salários milionários dos altos executivos de empresas americanas, que continuam lucrando mesmo quando as empresas que administram apresentam prejuízos, e até vão à falência, como ocorreu recentemente com a Enron.

Os contratos de remuneração dos altos executivos pecam pelo baixo risco oferecido, proporcionando ganhos extraordinários sem a necessária contrapartida de bom desempenho.[37] Isso acontece principalmente porque os executivos têm muita influência para determinar sua própria remuneração.

Datam também do início dos anos 1990 as discussões pela maior independência dos Conselhos de Administração. No modelo anglo-saxão, a submissão e passividade do Conselho às vontades dos executivos são apontadas como pontos muito vulneráveis do sistema de governança corporativa. As principais propostas de reforma insistem na criação de mecanismos que fortaleçam o poder fiscalizador dos Conselhos, de modo a permitir um monitoramento mais efetivo da atuação dos executivos e cumprir sua função legal de representar os donos da propriedade, os acionistas.

É dessa época o Relatório Cadbury, o primeiro dos Códigos de Boas Práticas de Governança Corporativa, elaborado na Inglaterra em 1992. Entre suas recomendações, estava a de incluir um maior número de Diretores realmente independentes, nomeados colegiadamente pelo Conselho de Administração. O Código afirma clara e diretamente que o conselho deveria manter um controle total e efetivo sobre a companhia, eliminando dessa forma a situação personalizada na qual um só indivíduo detém plenos poderes de decisão.

Por último, várias mudanças estão contribuindo para incentivar os investidores institucionais a assumir uma postura mais ativa. Entre eles, o aumento de participação dos fundos nas empresas, que passa a estimular e compensar os custos de um monitoramento mais ativo.

IV-III Meados de 1990 e início de 2000

Em reação às demissões provocadas pelas reestruturações societárias e pelo processo de concentração empresarial, de um lado, e, de outro, passa-se a questionar o esquema de criação de valor apenas para o acionista e também a própria administração, os altos salários dos executivos e a contribuição desses fatores para a ampliação das desigualdades sociais.

No Japão e em certos países da Europa ganha força a idéia de que a empresa não deveria pautar suas atividades apenas pelos interesses dos acionistas, mas também pelo de outros grupos — tais como os empregados, fornecedores, clientes, o Estado e a comunidade em geral (os *stakeholders*) — que também sofrem o impacto das decisões tomadas pela empresa.

O sistema *stakeholder* apresenta inegáveis vantagens ante o sistema *shareholder*, com destaque quanto à qualidade dos empregados, ao ambiente na empresa, ao nível dos investimentos e ao monitoramento dos administradores por parte de acionistas.

Todavia, independente dos benefícios que possa proporcionar, a tendência hoje, como já dissemos, é de convergência em direção ao modelo de retornos crescentes

37. "(...) a remuneração com opções, por exemplo, nunca expõe o executivo ao mesmo tipo de risco enfrentado pelos acionistas: ao contrário destes, ele não arrisca seu próprio capital, limitando-se a, na pior das hipóteses, deixar de ganhar. Nesse último caso, o impacto sofrido dependerá também do valor absoluto da parte não variável de sua remuneração. (...) Mesmo no caso de opções com cláusulas de desempenho, as metas estipuladas em termos de preço e prazos são consideradas pouco ambiciosas na maioria dos casos. (...) Em alguns casos, o sistema de opções pode ser manipulado para efetivamente compensar o fracasso, na prática do chamado *repricing*. Quando o valor de mercado das ações cai abaixo do preço de emissão das opções, este preço pode simplesmente ser rebaixado com o exercício das opções proporcionando um ganho para o executivo, mesmo se o preço de emissão original nunca for alcançado."

para os acionistas, mesmo nos países nipo-germânicos, tradicionais devotos do sistema *stakeholder*.

Na Alemanha, as maiores empresas, buscando aumentar sua competitividade em mercados globais, estão sendo obrigadas a se reestruturar, reduzir custos e buscar fontes de financiamento no mercado internacional de capitais. Os laços entre os grandes bancos e as empresas, outro importante pilar desse sistema, também estão sofrendo abalos na Alemanha. Os bancos estão flexibilizando seus investimentos e reduzindo suas participações dominantes e as empresas estão aumentando a participação de fundos de investimento em seu capital. O Japão, por sua vez, está revendo seu sistema de emprego vitalício para diminuir o número de empregados beneficiados. Dentro dos *keiretsu*, os grandes grupos de sociedade japoneses, os lucros estão sendo priorizados em detrimento do relacionamento intragrupal. Participações acionárias cruzadas também vêm sendo liquidadas para fazer frente a compromissos financeiros.

V - GOVERNANÇA CORPORATIVA NO BRASIL

V-I Histórico legislativo

É sabido que a Lei 6.404/76 foi estruturada com base em um paradigma altamente concentrador, sob os auspícios dos Planos Nacionais de Desenvolvimento, que buscavam fortalecer a grande empresa nacional.[38] Os traços concentracionistas se revelam em diversas passagens de nossa lei, como por exemplo na estrutura tríplice orgânica da sociedade anônima, no predomínio incontrastável da figura do acionista controlador, na disciplina dos grupos de sociedade, bem como em outras disposições esparsas.

Por seu turno, a reforma introduzida pela Lei 9.457/97 teve o escopo de facilitar o processo de privatizações e ajuste na estrutura acionária das empresas do sistema financeiro, o que implica também, em última análise, fortalecimento do papel do acionista controlador e novas formas de concentração empresarial.

Fica, assim, evidenciada uma contradição entre os dois objetivos que fundamentaram a vigente legislação societária: fortalecer a grande empresa que tem condições de recorrer ao mercado de capitais, o que significa inclinar-se para o controlador e, ao mesmo tempo, fortalecer o mercado de capitais de risco, atraindo a poupança popular por meio de medidas que assegurem os direitos e os investimentos dos acionistas minoritários.

V-II A Lei 10.303/01 e os princípios do "Código de Melhores Práticas de Governança Corporativa" do IBGC

Os anos 1990 marcam o início no Brasil de um processo de importantes mudanças institucionais. Destacadamente em termos econômicos, temos hoje um ambiente completamente reformulado. O processo de abertura comercial introduziu novos padrões de consumo e produção. A partir de 1994, a implantação do Plano Real alcança a estabilidade monetária e aumenta a atratividade da economia nacional. Paralelamente, um cenário mundial de profundas transformações, notadamente quanto à rapidez e mobilidade dos fluxos de capital, que retornam à economia brasileira após o Plano Real.

Outro dado relevante foi a redefinição do papel do Estado, que deixa de atuar diretamente como agente econômico no se-

38. Segundo a exposição de motivos do projeto que resultou na Lei 6.404/76, esta "visou basicamente criar a estrutura jurídica necessária ao fortalecimento do mercado de capitais de risco no país, imprescindível à sobrevivência da empresa privada na fase atual da economia brasileira. A mobilização da poupança popular e o seu encaminhamento voluntário para o setor empresarial exigem, contudo, o estabelecimento de uma sistemática que assegure ao acionista minoritário o respeito a regras definidas e eqüitativas, as quais, sem imobilizar empresário em suas iniciativas, ofereça, atrativos suficientes de segurança e rentabilidade".

tor industrial e na área de serviços após o processo de privatizações. O programa de privatizações ampliou as possibilidades de investimento de capitais nacionais e estrangeiros. Foi também o responsável pelo surgimento das situações de controle compartilhado ou contratado. Nas empresas privatizadas, tornou-se comum que o controle seja exercido conjuntamente pelas empresas integrantes dos consórcios vencedores e disciplinado por meio de acordos de acionistas.

A pouca abertura da economia brasileira antes de todas essas mudanças estruturais protegia as empresas nacionais da concorrência das estrangeiras. Com a mudança de cenário, as empresas nacionais que sobreviveram à abertura comercial — e não foram adquiridas por grupos estrangeiros — encontram-se hoje sob pressão para estabelecer uma adequada estrutura de capital.

Houve uma mudança do perfil das empresas nacionais, que antes adotavam em sua maioria modelos de gestão familiares. Hoje, muitas companhias têm seu controle partilhado por diferentes grupos e, por isso, precisam adotar gestões profissionais. Além disso, os investidores estrangeiros, que cada vez têm uma participação maior nas empresas brasileiras, são exigentes quanto à transparência, respeito aos minoritários e, em geral, às chamadas boas práticas de governança corporativa.

Além dos fatores antes citados, mais recentemente, a negociação de títulos de empresas brasileiras nos mercados dos Estados Unidos, a crescente participação de investidores estrangeiros nos mercados de valores mobiliários no Brasil, e a importância ascendente dos investidores institucionais,[39] fomentaram por aqui as preocupações com a governança corporativa.

A incapacidade de nosso mercado de capitais de cumprir seu papel como alternativa de financiamento de longo prazo para as empresas, contribuiu para as reflexões sobre a governança corporativa.[40] Os sinais da crise estão por todos os lados: número cada vez menor de empresas de capital aberto; muitas empresas fechando o capital; reduzido número de ações com liquidez diária na bolsa; elevada concentração do volume negociado; e baixo número de emissões primárias.

A Lei 10.303/01 alterou profundamente a legislação societária e teve como principal objetivo fortalecer o mercado de capitais brasileiro, com a intenção de impor padrões mais elevados de governança corporativa às empresas brasileiras e de fomentar o desenvolvimento do mercado de capitais nacional.

Na concepção dos autores do projeto que veio a ser aprovado, um mercado acionário nesses moldes, verdadeiramente democratizado e desenvolvendo toda sua potencialidade de alavancagem econômica, depende de que os investidores, especialmente os pequenos e médios, sintam-se protegidos e vejam seus interesses defendidos.

O processo de negociação política exigido para a aprovação da nova lei fez com que, em alguns pontos, suas inovações fi-

39. Os fundos de pensão brasileiros deram viabilidade financeira a diversos consórcios formados para concorrer aos leilões de privatização de empresas estatais.

40. Ressalte-se que a visão da Comissão de Valores Mobiliários (CVM) é coincidente com a exposta nos trabalhos de La Porta, Lopes-de-Silanez, Shleifer e Vishny. Trata-se da corrente que vê a proteção legal como alternativas imprescindíveis ao desenvolvimento do mercado de capitais. "O grau de proteção aos investidores é fator determinante no desenvolvimento do mercado de capitais. Quando a lei oferece proteção efetiva, os investidores estão mais dispostos a financiar as companhias e o mercado de capitais é maior e mais valorizado. Quanto maior a proteção aos investidores, maior será o preço que eles estarão dispostos a pagar pelas ações porque, com maior proteção, estes reconhecem que o retorno das companhias também será usufruído por eles, tanto quanto pelos controladores, isto permite aos empresários financiar seus empreendimentos, fazendo do mercado de capitais uma real alternativa de capitalização das empresas". Material de divulgação institucional da CVM.

cassem muito aquém do que se poderia esperar, quando não pioraram e deformaram o conjunto de princípios da Lei societária de 1976. O teste prático de sua utilização dirá se foi possível atender a premissas iniciais.

Como enunciamos a princípio, faremos uma análise das principais alterações da Lei 10.303/01 diante dos princípios de *disclosure*, tratamento eqüitativo, *compliance* e *accountability* consagrados pelo Código de Melhores Práticas de Governança Corporativa do Instituto Brasileiro de Governança Corporativa – IBGC. Lançado em 1999, o Código passou por sua primeira revisão em 2001, tendo sido ampliado para abranger, além do Conselho de Administração (tema principal de sua primeira edição), outras matérias fundamentais para a boa governança corporativa: a propriedade, gestão, auditoria, fiscalização, conflitos de interesse e ética.

Acreditamos que a discussão é relevante dado o alto índice de penetração e cumprimento espontâneo dos códigos de auto-regulamentação em matéria de direito societário e mercado de capitais.

• *Disclosure*

Houve um aumento substancial na quantidade de informações a ser prestadas pelo controlador e administradores:

(i) Informação das modificações das participações acionárias dos controladores de companhias abertas, bem como dos acionistas ou grupo de acionistas que elegerem membro para o Conselho de Administração (art. 116-A).

(ii) Informações sobre os documentos da administração apresentados em assembléia (art. 133).

(iii) Declarações dos administradores sobre os valores mobiliários de que são titulares (art. 157, § 6º).

• Tratamento eqüitativo aos acionistas

Grande parte das mudanças da lei pretende atender a esse propósito. A "proteção ao acionista minoritário" era um dos motes da reforma. Dentre as mudanças mais significativas temos:

(i) Alteração na proporção do capital social (art. 15). O número de ações preferenciais não pode ultrapassar 50% do total das ações emitidas. Esta nova proporção aplicar-se-á de imediato às companhias novas e, no momento em que decidirem abrir o seu capital, às companhias fechadas existentes.

(ii) Modificação das vantagens das ações preferenciais (art. 17);

(iii) Direitos patrimoniais de proteção à saída do minoritário, tais como:

a) Direito de recesso (art. 137). Haverá direito de recesso na cisão da companhia, quando esta importar em redução do dividendo obrigatório, em participação em grupos de sociedades ou em mudança de objeto social, salvo quando, na última hipótese, o patrimônio cindido for vertido para sociedade cuja atividade preponderante coincida com a decorrente do objeto social da sociedade cindida.

b) Oferta pública de aquisição de ações (art. 254-A). Institui *tag along* de 80% a favor dos ordinaristas nas hipóteses de alienação de controle acionário. Pode-se defender a posição contrária, de que o redutor fere o tratamento eqüitativo, pois eqüitativo é o tratamento igual, que estendesse aos ordinaristas não controladores 100% do preço pago.

c) Fechamento de capital (art. 4º). Mudança das normas de fechamento de capital, que doravante ocorrerá mediante oferta pública formulada pela própria companhia ou pelo acionista controlador com vistas a adquirir a totalidade das ações em circulação da companhia. O preço desta oferta deve ser baseado em diversos critérios, especificados na Lei.

d) Mudanças na composição do Conselho (arts. 140 e seguintes, 160 e seguintes) Estabelece a possibilidade de representação dos ordinaristas não controladores (detentores de 15%, no mínimo, do capital votante) e dos preferencialistas (detentores de no mínimo 10% de participação) no Conselho de Administração. Além disso, e de forma não cumulativa com a faculdade anteriormente comentada, preferencialistas que representem no mínimo 10% do capital social de companhia aberta elegerão e poderão destituir, em votação em separado, um membro do Conselho de Administração. Deve ser provada a titularidade ininterrupta das ações pelo período mínimo de três meses.

Dentre as mudanças na composição, destacam-se ainda a obrigação de o estatuto social estipular a forma de escolha do Presidente do Conselho de Administração da companhia — se pelo próprio Conselho de Administração ou se pela Assembléia da Companhia. Essa alteração também favorece ao princípio da transparência, pois deixa desde logo explícito para os investidores os processos de escolha dentro da companhia.

Outra mudança que ressaltamos é a que faculta às companhias estabelecer regras sobre a participação, no conselho de administração, de representante dos empregados, a ser escolhido em eleição direta, que deve ser organizada pela companhia em conjunto com as entidades sindicais. Pensamos que essa mudança poderá ainda oferecer maior diversidade ao conselho, quebrando a homogeneidade de opiniões, o que favorece a discussão do interesse social *interna corporis*.

• *Compliance*

A tipificação de condutas antes tidas apenas como ilícitos administrativos é medida de fortalecimento do *compliance*. São três os novos crimes contra o mercado financeiro instituídos pela nova Lei:

(i) Crime de manipulação do mercado, definido como realizar operações simuladas ou executar outras manobras fraudulentas com a finalidade de alterar artificialmente o regular funcionamento dos mercados de valores mobiliários em bolsa de valores, de mercadorias e de futuros, no mercado de balcão, ou no mercado de balcão organizado, com o fim de obter vantagem indevida ou lucro, para si ou para outrem, ou causar dano a terceiro.

(ii) Crime de uso indevido de informação privilegiada, definido como utilizar informação relevante ainda não divulgada no mercado, de que tenha conhecimento e da qual deva manter sigilo, capaz de propiciar, para si ou para outrem, vantagem indevida, mediante negociação, em nome próprio ou de terceiro, com valores mobiliários.

(iii) O crime de exercício irregular de cargo, profissão, atividade ou função, definido como atuar, ainda que a título gratuito, no mercado de valores mobiliários, como instituição integrante do sistema de distribuição, administrador de carteira coletiva ou individual, agente autônomo de investimento, auditor independente, analista de valores mobiliários, agente fiduciário ou exercer qualquer cargo, profissão, atividade ou função, sem estar, para esse fim, autorizado ou registrado junto à autoridade administrativa competente, quando exigido por lei ou regulamento.

• *Accountability*

O termo *accountability* deverá ser entendido no sentido em que é utilizado no Código, de prestação de contas por parte dos administradores, membros do Conselho Fiscal e auditores aos acionistas que os elegeram.

Nesse sentido, a eleição de um representante dos minoritários e preferencialistas no Conselho de Administração (arts. 160 e seguintes, antes citados), é medida que favorece a *accountability*, pois proporciona maior fiscalização dos diretores. Também fortalece a *accountability* os poderes individuais de fiscalização conferidos aos Conselheiros Fiscais (art. 163). Essas alterações nas competências individuais dos Conselheiros Fiscais favorecem também a um maior *compliance*, uma vez que, anteriormente à reforma, os conselheiros eleitos pelos acionistas não controladores tinham maior dificuldade em exercer suas funções fiscalizadoras.

As condutas e votos dos administradores devem ser doravante explicitamente motivados para evitar abuso de poder tanto das minorias quanto das maiorias. É o caso da consignação de voto em separado do voto discordante do conselheiro fiscal (que tem a função dúplice de cientificar aos acionistas a discordância, de modo a que estes possam melhor formar sua vontade e, por outro lado, tornar a conduta do conselheiro fiscal mais responsável).

Esse problema foi parcialmente tratado com a possibilidade de eleição de administradores por parte dos ordinaristas minoritários e preferencialistas, mas apenas relativamente, já que esta é uma possibilidade limitada às minorias institucionais (requer, respectivamente, 10% e 15% de percentual acionário).

Também no aspecto dos requisitos de eleição e investidura dos Diretores (art. 143) e Administradores (art. 146) das companhias, pensamos que a lei representou um avanço, embora mais tímido do que o desejável, rumo à profissionalização.

• Algumas observações críticas

É difícil atender aos princípios de boa governança diante de um modelo orgânico pobre como o nosso e extremamente concentrado e submisso às vontades e interesses dos controladores, como é o caso do brasileiro. A Diretoria é mera executora das deliberações tomadas pelo Conselho de Administração e este, por sua vez, é a *longa manus* do controlador. Assim, por inferência, a Diretoria serve ao controlador. As decisões societárias mais importantes estão afastadas da Assembléia Geral, o que faz com que o pequeno acionista que eventualmente se interesse por participar da mesma não tenha nenhuma voz. É preciso tentar atingir um equilíbrio maior entre os interesses envolvidos na companhia, criando centros de poder paralelos ao controlador.

Não é possível transportar para o Brasil a estrutura societária e, conseqüentemente, as práticas de governança corporativas de outros países de instituições e estágios de desenvolvimento diferente dos nossos, sejam eles anglo-saxões ou nipo-germânicos. A realidade empresarial brasileira é de concentração.[41] Aqui, o conflito de agência não deve ser visto entre administradores e proprietários do capital, mas sim entre acionistas controladores e não-controladores.

Assim, não adianta estruturar um direito societário a partir de regras de informação completa aos acionistas, uma solução típica de mercado, característica do sistema anglo-saxão, em que o mercado é elemento suficiente para organização das relações societárias, garantindo a autonomia dos administradores e promovendo a cooperação entre os sócios.

É preciso criar centros de equilíbrio de poder social. Os mecanismos de controle e limite da atuação dos administradores devem equivaler-se, em função, àqueles existentes em sistemas onde a propriedade acionária é diluída o que, como nos ensina o Prof. Calixto Salomão Filho,[42] pode ser feito por meio da ativa participação de acionistas institucionais. Diferentemente dos acionistas especuladores, que não podem ser bons fiscalizadores externos da conduta dos administradores, pois compram as ações da empresa já para sair em um futuro próximo, os acionistas institucionais representam um valor societário indiscutível para a participação interna.

41. Pesquisa conduzida pela McKinsey e Korn Ferry entre 174 empresas brasileiras (públicas ou privadas, com receita mínima de US$ 250 milhões e Conselho de Administração) apurou que mais da metade das ações ordinárias (61%) pertence a um único acionista. Considerando-se os três maiores acionistas, o número eleva-se para 85%.

42. "Organização Interna: Estrutura Orgânica Tríplice". *O Novo Direito Societário*, p. 73, Malheiros Editores, 23ª ed., reformulada, 2002.

V-III. Outras iniciativas e atualidades no país

• Novo Mercado

O desenvolvimento do mercado de capitais está na raiz da expansão de economias saudáveis. Um mercado de capitais forte significa mais crescimento econômico. É nele que empresas encontram uma alternativa viável para financiar sua expansão. Nos últimos anos, menos de 10% dos investimentos feitos por companhias de capital aberto no Brasil foram tomados no mercado acionário. O restante veio de empréstimos bancários ou foi suportado com capital próprio, gerado pelos lucros obtidos com a atividade empresarial. O fortalecimento do mercado de capitais tem relação direta com a retomada do ciclo de crescimento no país, com aumento do investimento e criação de empregos diretos e indiretos.

O mercado acionário brasileiro é hoje uma pálida sombra do que poderia representar em termos de financiamento da produção e incentivo a novos investimentos. A falta de transparência na gestão e a ausência de instrumentos adequados de supervisão das companhias são apontadas como principais causas desse cenário. Trata-se de um ambiente que facilita a multiplicação de riscos.

O Novo Mercado foi instituído pela Bovespa com o objetivo de fortalecer o mercado de capitais nacional e atender aos anseios dos investidores por maior transparência de informações com relação aos atos praticados pelos controladores e administradores da companhia.

Inspirado em parte no Neuer Markt Alemão, criado em 1997, o Novo Mercado é um segmento da Bovespa, com regras de listagem diferenciadas, destinado à negociação de ações emitidas por empresas que se comprometem, voluntariamente, com a adoção de práticas de governança corporativa e transparência adicionais e de vanguarda em relação ao que é exigido pela legislação.

Trata-se de fatores determinantes para avaliação do grau de proteção do investidor e que por isso influenciam sua percepção de risco e o custo de capital das empresas. O Novo Mercado pretende conferir maior credibilidade aos investimentos realizados em Bolsa, pois reúne ações de companhias que, em princípio, oferecem um nível de risco inferior ao das demais.

Ao lado das listadas no Novo Mercado, as companhias podem ser distinguidas como de Nível 1 ou Nível 2, dependendo do grau de compromisso assumido em relação às práticas de boa governança. São os chamados "Níveis Diferenciados de Governança Corporativa" da Bovespa, criados com a finalidade de incentivar e preparar gradativamente as companhias a aderirem ao Novo Mercado, e que proporcionam maior destaque aos esforços da empresa na melhoria da relação com investidores, elevando o potencial de valorização dos seus ativos.

Companhias listadas

A entrada de uma empresa no Novo Mercado significa a adesão a um conjunto de regras societárias mais rígidas do que as presentes na legislação brasileira. Essas regras, consolidadas no Regulamento de Listagem, ampliam os direitos dos acionistas, melhoram a qualidade das informações usualmente prestadas pelas companhias e, ao determinar a resolução dos conflitos por meio de uma Câmara de Arbitragem, oferecem aos investidores maior segurança jurídica quanto à obediência aos compromissos firmados, com uma alternativa mais ágil e especializada.

Não há restrições quanto ao porte ou setor de atuação da empresa. Qualquer empresa que implemente as boas práticas de Governança Corporativa fixadas no Regulamento de Listagem pode ter suas ações negociadas nesse segmento.

Resumidamente, a companhia aberta participante do Novo Mercado tem como obrigações:

(i) emissão exclusivamente de ações ordinárias, tendo todos os acionistas o direito ao voto;

(ii) realização de ofertas públicas de colocação de ações por meio de mecanismos que favoreçam a dispersão do capital;

(iii) manutenção em circulação de uma parcela mínima de ações representando 25% do capital;

(iv) extensão para todos os acionistas das mesmas condições obtidas pelos controladores quando da venda do controle da companhia;

(v) estabelecimento de um mandato unificado de um ano para todo o Conselho de Administração;

(vi) balanço anual seguindo as normas US GAAP ou do IASB; introdução de melhorias nas informações prestadas trimestralmente, entre as quais a exigência de consolidação e de apresentação do fluxo de caixa;

(vii) obrigatoriedade de realização de oferta de compra de todas as ações em circulação, pelo valor econômico, nas hipóteses de fechamento do capital ou cancelamento do registro de negociação no Novo Mercado;

(viii) divulgação de negociações envolvendo ativos de emissão da companhia por parte de acionistas controladores ou administradores da empresa;

(ix) não deve ter partes beneficiárias em circulação, vedando expressamente a sua emissão (agora também proibida pela lei societária recém-aprovada).

Além de presentes no Regulamento de Listagem, alguns desses compromissos deverão ser aprovados em Assembléias Gerais e incluídos no Estatuto Social da companhia. Um contrato assinado entre a Bovespa e a empresa, com a participação de controladores e administradores, fortalece a exigibilidade do seu cumprimento.

Selo Nível 1 da Bovespa

As companhias Nível 1 se comprometem, principalmente, com melhorias na prestação de informações ao mercado e com a dispersão acionária. Assim, as principais práticas agrupadas no Nível 1 são:

(i) manutenção em circulação de uma parcela mínima de ações, representando 25% do capital;

(ii) realização de ofertas públicas de colocação de ações por meio de mecanismos que favoreçam a dispersão do capital;

(iii) melhoria nas informações prestadas trimestralmente, entre as quais a exigência de consolidação e de demonstração de fluxo de caixa;

(iv) divulgação de operações envolvendo ativos de emissão da companhia por parte de acionistas controladores ou administradores da empresa;

(v) divulgação de informações sobre contratos com partes relacionadas;

(vi) divulgação de acordos de acionistas e programas de *stock options*;

(vii) disponibilização de um calendário anual de eventos corporativos.

Selo Nível 2 da Bovespa

Para a classificação como Companhia Nível 2, além da aceitação das obrigações contidas no Nível 1, a empresa e seus controladores adotam um conjunto bem mais amplo de práticas de governança e de direitos adicionais para os acionistas minoritários. Resumidamente, os critérios de listagem de Companhias Nível 2 são:

(i) mandato unificado de um ano para todo o Conselho de Administração;

(ii) disponibilização de balanço anual seguindo as normas US GAAP ou do IASB;

(iii) extensão para todos os acionistas detentores de ações ordinárias das mesmas condições obtidas pelos controladores quando da venda do controle da companhia e de, no mínimo, 70% deste valor para os detentores de ações preferenciais;

(iv) direito de voto às ações preferenciais em algumas matérias, como transformação, incorporação, cisão e fusão da companhia e aprovação de contratos entre a companhia e empresas do mesmo grupo;

(v) obrigatoriedade de realização de oferta de compra de todas as ações em circulação, pelo valor econômico, nas hipóteses de fechamento do capital ou cancelamento do registro de negociação neste Nível;

(vi) adesão à Câmara de Arbitragem para resolução de conflitos societários.

• BNDES — Banco Nacional de Desenvolvimento Econômico e Social

O desenvolvimento do mercado de capitais brasileiro foi eleito uma das prioridades do BNDES — Banco Nacional de Desenvolvimento Econômico e Social. Em atendimento a este objetivo, o Banco lançou, em outubro de 2000, o "Programa de Apoio às Novas Sociedades Anônimas", almejando auxiliar pequenas e médias empresas por meio de operações de capital de risco e estimular a adoção pelas mesmas de práticas adequadas de governança corporativa.

A participação do BNDES nessas empresas dá-se pela subscrição de ações ou debêntures conversíveis em ações, no percentual máximo de 35% (trinta e cinco por cento) no capital futuro da companhia. São as seguintes as condições para participação no programa:

(i) abertura do capital da empresa deverá ser feita mediante oferta pública inicial com emissão de ações ordinárias, forma que deverá ser seguida a partir daí nas novas emissões;

(ii) conselho de Administração com mandato unificado e prazo de gestão não superior a 1 (um) ano, permitida a reeleição;

(iii) no segundo ano após a abertura de seu capital a empresa deverá apresentar suas demonstrações financeiras também de acordo com os padrões IASC ou US GAAP;

(iv) a alienação do controle ou de participação relevante no capital da companhia somente poderá ser contratada sob a condição de que o adquirente se obrigue a realizar oferta pública de aquisição das ações pertencentes aos acionistas minoritários, nas mesmas condições de pagamento ofertadas ao(s) acionista(s) controlador(es), sendo total a oferta das ações da companhia, no caso de alienação de controle, e proporcional, no caso de aquisição de participação relevante;

(v) adoção da arbitragem como forma de resolução dos conflitos entre os acionistas e a companhia ou entre os acionistas controladores e os acionistas minoritários;

(vi) implantação de um plano de opção de compra de ações para empregados;

(vii) nos casos de fechamento de capital ou de reembolso das ações de acionistas dissidentes, deverá ser utilizado o valor econômico da companhia, apurado por empresa especializada, como único parâmetro para definição do preço das ações de sua emissão. Esse requisito foi agora também acolhido pela nova lei societária.

As potenciais candidatas ao recebimento dessa linha de crédito são empresas que possuam faturamento líquido anual de até R$ 60 milhões no último exercício, atuem em nichos de mercado atraentes, detenham vantagens competitivas em seu mercado, com perspectiva de rápido crescimento e elevada rentabilidade e apresentem gestão idônea e eficiente. Não serão admitidas empresas pertencentes a grupo econômico com patrimônio líquido consolidado superior a R$ 120 milhões.

• CVM — Comissão de Valores Mobiliários

No mês de junho de 2002 a CVM — Comissão de Valores Mobiliários lançou sua "Cartilha de Governança ou Recomendações da CVM sobre Governança Corporativa". A CVM pretende exigir a inclusão, nas informações anuais das companhias abertas, de indicação do nível de adesão às práticas recomendadas, na forma "pratique ou explique", isto é, ao não adotar uma recomendação, a companhia poderá explicar suas razões.

A cartilha elege princípios básicos similares aos do Código de Melhores Práticas do IBGC: transparência, eqüidade de tratamento aos acionistas, proteção aos minoritários e clareza nas demonstrações financeiras. Há ainda pontos de menor importância, tais como facilitar o acesso às assembléias, marcando data e horário com antecedência; detalhamento da pauta da assembléia; divulgação de acordo de acionistas; e submissão aos padrões internacionais de contabilidade, etc.

A CVM é filiada ao modelo anglo-saxão de governança e ao sistema *shareholder*: seu objetivo é o aumento do valor da companhia, pois boas práticas de governança corporativa repercutem na redução de seu custo de capital, o que aumenta a viabilidade do mercado de capitais como alternativa de capitalização.

Juntamente com a cartilha saiu a Instrução 367, de 29 de maio de 2002, que dispõe sobre o membro do conselho de administração de companhia aberta, regulamentando o § 4º do art. 147 da Lei 6.404/76, modificado pela Lei 10.303/01.

• Fundos de pensão

O Conselho Monetário Nacional editou a Resolução 2.829, de 6 de abril de 2001, permitindo que as entidades fechadas de previdência privada pudessem investir um percentual maior em ações de emissão de companhias que observem regras de melhor Governança Corporativa. O anexo I dessa Resolução adota como regras de boa governança aquelas estabelecidas pela Bovespa nos Níveis 1 e 2 e no Novo Mercado.

• Outros projetos de reforma

Entre as iniciativas de reforma legislativa que afetam a governança corporativa das empresas, merece ser destacado o Projeto de Lei 3.741/00, de iniciativa do Poder Executivo, que tem como enfoque principal a modernização e harmonização dos princípios da Lei Societária com os princípios fundamentais e melhores práticas contábeis internacionais, buscando corrigir impropriedades e erros nela remanescentes, desde sua edição, em 1976, bem como adaptá-la às mudanças sociais e econômicas decorrentes da evolução dos usos e costumes mercantis, mediante a implementação de princípios, normas e padrões de contabilidade e auditoria reconhecidos internacionalmente.

VI - CONCLUSÕES: REFLETINDO SOBRE O PAPEL DA EMPRESA MODERNA

Nas abordagens tradicionais do direito societário, mesmo em seus níveis mais básicos, as discussões a respeito do papel da empresa na sociedade, quando levantadas, limitam-se a um papel periférico e de segundo plano. O direito societário é ensinado, básica e primeiramente, como uma teia de relações entre acionistas, administradores, diretores e credores. Só raramente uma análise típica de direito societário dedicará um tempo minimamente decente para considerar, ainda que não de forma ampla, a posição e papel da empresa diante da sociedade como um todo.

O desprezo do ensino tradicional por esse tipo de análise é no mínimo estranho, já que o direito societário, como de resto todos os demais campos do direito, só são compreensíveis dentro de um contexto político e social. Em última instância, a teoria sobre a empresa — a teoria de por que a empresa existe — está fortemente ligada a considerações sobre seu papel transformador na sociedade.

Sem esse tipo de reflexão será impossível pensar e discutir com seriedade pontos aparentemente óbvios, como, por exemplo, o porquê de a empresa moderna ser tão importante e bem-sucedida como organização capaz de criar riqueza e, ao mesmo tempo, tão ineficiente no uso e distribuição dessa riqueza, adotando comportamentos oportunistas, tirando partido de situações injustas, podendo inclusive representar um perigo social real se exclusivamente focada em suas finalidades lucrativas e piorando o bem-estar econômico e político da sociedade como um todo.

Estas são algumas considerações políticas e econômicas centrais e prementes dos dias de hoje. Sem esse estudo, estaremos prisioneiros de uma análise exclusivamente econômica e laxista, divorciada da realidade, muito empobrecida e, o que é pior, de todo inútil para as necessidades e problemas que nos desafiam. Citamos abaixo alguns dados que, por se referirem justamente ao modelo americano de capitalismo, o mais acabado e difundido, têm especial significado:

"Corporate profits are at an all time high, and wage rales for workers are falling.

"Corporations enjoyed double-digit profit increases for five years in a row from 1993 through 1997. Meanwhile, hourly wages fell for the bottom 80% of workers over the last 10 years. Indeed, the hourly earnings of the typical US production worker, in constant dollars, was over $1 less in 1997 than it was in 1973.

"The stock market has been booming over the last few years, but 42.5% of the gains have gone to the richest 1% of the population, and 85.8% have gone to the richest 10%. Typical Americans, meanwhile, are working more hours for less, and losing ground. The typical American family is probably worse off at the end of the 1990s than it was at the end of the 1980s or 1970s.

"And this is not because they are not working hard. Worker productivity has risen about 1% per year over the last 20 years. But almost 30% of workers earn wages that do not lift them out of poverty. And this percentage is going up, not going down. Indeed, in America over 70% of the poor work for a living.

"The difference between the workers and management is growing as well. Twenty years ago, pay for corporate chief executive officers was less than 30 times that of the average worker. Now, the typical CEO makes over 400 times that of the average worker. CEO compensation doubled between 1989 and 1997. In 1965, it took a CEO two and a half weeks to earn a worker's annual pay. In 1997, a CEO worked half a week to earn what an average worker earned in 52 weeks. Now, it takes a CEO less than a day.

"Income inequality is worsening, and stands at historically high levels. Bill Gates, alone, has personal wealth equal to the poorest 40% of Americans. The wealthiest 1% of the US population has 39% of the nation's personal wealth. This is more than the poorest 95% of us combined. Since the early 1980s, by the way, the richest 1% has seen their share grow from less than 34% of the nation's wealth to over 39%. The poorest 95% of us have seen our share fall. Income inequality is at its highest level since the Census Bureau began tracking these data in 1947.

"These economic trends occur in a context in which Wall Street praises companies that cut jobs, because cuts are seen as evidence that the management is slashing unnecessary costs. The day Sears announced it was cutting 50,000 jobs its stock price climbed four percent; when Xerox said it would prune 10,000 jobs, its stock shot up 7%. These companies may well have been more valuable the day after these cuts were made than they were the day before from the perspective of the shareholders and of Wall Street. But they were probably not more valuable from the perspective of those who lost their jobs. Between 1991 and 1995, nearly 2.5 million Americans lost their jobs because of corporate restructuring; and even in a so-called boom economy only about a third of those who lose their jobs find replacement work that pays at least as well. (...)

"Students might be surprised to hear that the U.S. has the highest overall poverty rate among the 16 advanced economies in a recent study, and among these countries only the United Kingdom has an inequality rate that comes close to America's. The poverty rate for children in France is 7%; the poverty rate for children in the United States is 25%. In fact, US inequality is so severe that poor families in the U.S. are worse off than poor families in all other advanced countries for which data exist. Other countries also do a better job of providing opportunities to move up the economic ladder".[43]

No caso de um país economicamente atrasado como o Brasil, beira o inócuo qualquer discussão sobre desigualdade social que não aborde também a consideração da empresa enquanto poder; ou um debate sobre as taxas de desemprego que não se debruce sobre a interpretação e concretização dos princípios constitucionais a que se deve curvar o direito societário e que não questione os postulados liberais da autonomia da vontade e liberdade de contratar; ou, ainda, um estudo sobre as razões da míngua de nosso mercado de capitais que não se debruce sobre os problemas de nossa atual lei societária e sobre a própria função social dos bens de produção (em geral) e da empresa (em particular).

A empresa dos dias de hoje não pode mais ser considerada apenas como meio de exercício da atividade empresarial, mera produtora e transformadora de bens que lança no mercado. Empresa é, antes de mais nada, um poder, de força e influência muito mais profundos do que o de muitos países ao redor do mundo.[44]

43. Greenfield, K., "There's a forest in those trees: teaching about the role of corporations in society", *University of Georgia School of Law Conference on Teaching Corporate Law,* Outubro, 1999.

44. Calcula-se que um grupo de 100 grandes empresas transnacionais seja responsável hoje pela metade do comércio mundial, sendo que as dez maiores corporações industriais possuem fàturamento anual superior a 1 trilhão de dólares, número bem maior que o PIB do Brasil, a 9ª economia mais industrializada do mundo. *Revista Veja,* de 7.7.1999, p. 136.

Adotar no Brasil um sistema de governança corporativa focado em retornos crescentes ao acionista é estimular diretamente o aumento da desigualdade e das disparidades na distribuição de renda entre classes. Se esse tipo de raciocínio já causa efeitos perversos nos países de capitalismo avançado, tanto piores serão as conseqüências em nações subdesenvolvidas.

Modelos societários correspondem a modelos de capitalismo. A inadequação de nosso direito societário é fruto do atraso econômico e de nossa dependência externa. Para superá-los, é preciso criar modelos alternativos próprios, com características específicas e redistributivas. Defendemos a implantação de instrumentos internos que obriguem o controlador a ter em conta os vários interesses atingidos por uma sociedade anônima, limitando seu poder de forma mais mandatória, de modo a que não fiquemos reféns de interpretações de conveniência.

A governança corporativa das empresas deve levar em conta o princípio cooperativo, que encontra plena base legal no ordenamento brasileiro. Não acreditamos que ações redistributivas partam espontaneamente das empresas. Deve haver políticas públicas e regras claras, por exemplo, de estímulo à participação dos trabalhadores nos lucros das empresas; estabelecimento de políticas de garantia a emprego, especialmente a empregados mais idosos, que se especializaram e desenvolveram habilidades específicas à sua função e que encontrarão dificuldades em encontrar uma recolocação no mercado de trabalho; políticas de respeito e atendimento a interesses da comunidade em que a empresa atua; políticas de estímulo à dispersão acionária e de monitoramento à atuação dos fundos de pensão.

Esses mecanismos legais podem ser muito mais eficazes do que as campanhas que estimulam a responsabilidade social empresarial (assim entendida a adoção, por parte das empresas, de objetivos econômicos, ambientais e sociais, além daquele de dar lucro a seus acionistas) por meio de adesão a programas de voluntariado, publicação de balanço social, incentivo à ética empresarial, participação empresarial no processo de desenvolvimento auto-sustentado do país.

É preciso constatar que o *glamour* em torno da "empresa cidadã", além de ter alcance e resultados limitados, está longe de poder ser tido como desinteressado. Partindo da premissa no mínimo discutível de que as falhas do capitalismo e as desigualdades sociais não são bem atendidas por políticas públicas, promovidas por um Estado que se revelou fraco e incapaz (o que, segundo pregam, pode ser atestado após o colapso das economias socialistas), a campanha de cidadania empresarial atrai para as empresas privadas a responsabilidade pela execução desse papel.

Trabalhos recentes defendem a tese de que, na verdade, essa política de responsabilidade social é uma estratégia de reforço do capitalismo, um escudo sob o qual a empresa se esconde na mesma busca por lucros de antes.[45] Mesmo correndo o risco da obviedade, é bom recordar que o objetivo primordial da empresa capitalista é produzir lucros, o que influencia, logicamente, na sua avaliação e definição das metas sociais, econômicas e ambientais a ser perseguidas.

Pensamos que a imposição legal de regras redistributivas claras é também um bom estímulo à construção da cidadania, pois estimula o envolvimento da sociedade como um todo em questões privadas e, por assim dizer, dá mais legitimidade ao direito societário.

Muitas vezes, antes de reformar leis, a principal questão é definir, classificar e sistematizar os conceitos, sendo importante chamarmos atenção à capacidade do próprio ordenamento de se completar e se conformar, acolhendo os fenômenos, ainda que com um pequeno desvio da forma natural e típica como os mesmos deveriam se apresentar.

Finalizando, é evidente que a empresa moderna não pode ser repensada, no sentido que queremos fazer sem uma menção, rápida e filosófica, mas ao nosso ver indispensável, sobre o poder de decisão empresarial, sobre o controle desse poder, o que nos leva ao próprio sentido do capitalismo. Trata-se, sobretudo, de lição de humildade que a reflexão sobre os princípios gerais podem imprimir à cotidiana e laboriosa indagação do jurista.

VII - BIBLIOGRAFIA

ALCHIAN, Armen A. e DEMSETZ, Harold. "Production, Information Costs, and Economic Organization", *American Economic Review* n. 62, pp. 777-795.

BAUMS, Theodor. *Corporate Govemance in Germany – System and Currents Developments.*

45. Henderson, David, in "Misguised Virtue: False Notions of Corporate Social Responsability", Hobart paper, Institute of Economic Affairs. "The problem", adverte-nos o Autor, ex- economista chefe da OCDE, "is not merely that the fade for corporate responsibility is intelectually wrong, or that it poison opinion against market capitalism, it also promotes policies that are directly welfare reducing, applying principles of corporate responsibility raises costs and prices. Whether it also reduces profits depends on market conditions. Adopting new systems of social and environmental accounting imposes further burdens. If companies succeed in persuading or forcing their partners and suppliers to do the same, costs rises still further". "Good corporate citizenship does not come cheap — and the cost is borne by society at large, not necessarily by the managers or owners of the firms in question. The marriage of corporate responsibility and global Salvationist is especially pernicious. It favors additional regulation (which is no less harmful for coming, in the first instance, at firms', rather than governments', behest). When the firms set themselves up as 'good corporate citizens', the next step is to demand common international standards on labor practices, pollution, and what have you. In a profound non-uniform world, uniform standards are a bad idea, especially for the poorest countries, which may be unable to support then economically. In seeking a level regulatory playing-field based on their ethical insights, rich-country 'good corporate citizens' limit competition, worsening the performance of the global economy as a whole and putting developing countries at a particular disadvantage."

BEBCHUK, Lucian Ayre; FERRELL, Allen. "A New Approach to Takeover Law and Regulatory Competition", Discussion Paper n. 309, 12 (2000), disponível em The Harvard John M. Olin Discussion Paper Series, http://www.law.harvard.edulprograms/olin_center/ SSRN_ID 257505_code 010130520

__________. "A Rent Protection Theory of Corporate Ownership and Control", Working Paper 7203, disponível em http://www.nber.org/papers/w7203, 99070910.

__________. *A Theory of Path Dependence in Corporate Governance and Ownership.*

BENSTON, George. "Required disclosure and the Stock Market: An Evaluation of the Securities Exchange Act of 1934", *The American Economic Review*, vol. 63, n. 1.

BERLE, Adolf A. e COFFEE JR., John. *The future as History: The Prospects of Global Convergence in Corporate Governance and its Implications.*

CHARNY, David. *The German corporate governance system.*

COFFEE JR., John C. "Do Norms Matter?: A Cross-Country Exarnination of the Private Benefits of Control", Columbia Law School, The Center for Law and Economics Studies, disponível em http://papers.ssrn.com/paper.taf?abstract_id=257613. SSRN_ID 257613_code 010126520

__________. "The coming competition of securities markets: what strategies will dominate?" 283822_code010925520

__________ e BERLE, Adolf A. "The future as History: The Prospects of Global Convergence in Corporate Governance and its Implications" – 991020101.

__________. "Privitization and Corporate Governance: The Lessons from Securities Market Failure", *Journal of Corporation Law*, vol. 25,1999, pp.1-39. 991022410.

CLSA. "Corporate governance Emerging Markets Equities Research — The Tide's Gone Out, Who's Swimming Naked?", outubro de 2000.

DINH, Viet D. "Codetermination and Corporate Governance in a Multinational Business Enterprise", *Journal of Corporate Law*, vol. 24, n. 4, 1999. 99092001.

DODD, Peter e LEFTWICH, Richard. *The market for Corporate Charters: "Unhealthy Competition" vs. Federal Regulation, Economics of Corporation Law and Securities Regulation, Fiduciary Law and the "Competition in Laxity"*, pp. 100 a 117.

FISCHEL, Daniel R. "Efficient Capital Market Theory, the Market for Corporate Control, and the Regulation of Cash Tender Offers", *Texas Law Review* n. 57, pp. 1-46.

GILSON, Ronald J. "Globalizing Corporate Governance: Convergence of Form or Function", Stanford Law School, John M. Olin Program in Law and Economics, working paper n. 192, maio de 2000. 00522315.

__________; BLACK, Bernard S. Venture "Capital and the Structure of Capital Markets: Banks *versus* Stock Markets", 1997, disponível em www.ssrn.com. 9711262

GREENFIELD, Kent. "From Metaphor to Reality in Corporate Law", dezembro de 2000, disponível em www.ssrn.com. SSRN_ID 254117_code001227510

HANSMANN, Henry e KRAAKMAN, Reinier. "The End of History for Corporate Law", John M. Olin Center for Law, Economics, and Business, Discussion Paper n. 280, disponível em www.law.harvard.edu/programs/olin_center. 000205204

JENSEN, Michael C. "The Modern Industrial Revolution, Exit, and the Failure of Internal Control Systems, 1993, disponível em www.ssrn.com. 99050910

__________; e MECKLING, William H. "Theory of the Firm: Managerial Behavior, Agency Costs and Ownership Sttucture", *Journal of Financial Economics*, 1976, n. 3, pp. 305 a 360.

JOHNSON, Simon e SHLEIFER, Andrei. "Coase v. the Coasians", MIT e Harvard University, november 1999, disponível em www.ssrn.com. 991115303

LEFTWICH, Richard e DODD, Peter. *The market for Corporate Charters: "Unhealthy Competition" vs. Federal Regulation, Economics of Corporation Law and Securities Regulation, Fiduciary Law and the "Competition in Laxity"*, pp. 100 a 117.

LA PORTA, Rafael; LOPES-DE-SILANEZ, Florencio; SHLEIFER Andrei e VISHNY,

Robert. "Investor protection and corporate valuation", outubro de 1999, disponível em www.ssrn.com. 991104301

MIWA, Yoshiro; RAMSEYER, J. Mark. "The Fable of Kereitsu", Discussion Paper n. 316 3 (2001), disponível em http://www.law.harvard.edu/programs/olin_center/.SSRN_ID 263979_code 010320520

__________ ; RAMSEYER, J. Mark. "Does Ownership Matter? Evidence from the Zabaitsu Dissolution Program", Discussion Paper n. 314 2/2001, disponível em http://www.law.harvard.edu/programs/olin_center/. SSRN_ID 262440_code 010306520.

ROE, Mark J. "The Quality of Corporate Law Argument and its Limits" – 260582 code – 010305520.

ROMANO, Roberta. "Mechanism of Corporate Governance. Less is More: Making Shareholder Activism a Valued Program for Studies in Law", Yale Law School, Economics, and Public Policy, Working Paper n. 241. 000601600.

WILLIAMSON, Oliver E. "Why Law, Economics, and Organization?" UC Berkeley School of Law, Public Law and Legal Theory, Working Paper n. 37, 2000. SSRN_ID255624_code010108520.

A SOCIEDADE LIMITADA NO NOVO CÓDIGO CIVIL*

JOSÉ VIRGÍLIO VITA NETO

1. Introdução. 2. O contratualismo e a sociedade simples: 2.1 O contratualismo; 2.2 A sociedade simples. 3. O institucionalismo e a sociedade anônima: 3.1 O institucionalismo; 3.2 Voto: poder funcional ou direito subjetivo; 3.3 A sociedade anônima. 4. Sociedade limitada no Novo Código Civil: 4.1 O interesse societário e a administração na sociedade limitada "contratualista"; 4.2 O interesse societário e a administração na sociedade limitada "institucionalista"; 4.3 O direito de retirada; 4.4 Conclusões sobre o regramento da sociedade limitada. 5. O direito de escolha do regramento completante. 6. Conclusão. 7. Referências bibliográficas.

1. Introdução

Propõe-se nesse trabalho uma digressão sobre o novo regramento concernente às sociedades por quotas de responsabilidade limitada, trazido pelo Novo Código Civil. Procuraremos demonstrar a melhor interpretação para as regras aplicáveis a tais sociedades, bem como a influência que exerce a definição do interesse societário sobre a interpretação e aplicação de tais regras.

O Novo Código Civil trata as sociedades por quotas de responsabilidade limitada, às quais chama simplesmente de *sociedades limitadas*, estrutural e funcionalmente como um modelo híbrido entre sociedades de pessoas e sociedades de capital. Assim, para uma interpretação satisfatória das regras trazidas pelo Novo Código Civil, será necessário que analisemos as concepções teóricas e doutrinárias que fundamentam, no direito brasileiro, especialmente considerando-se a sistemática trazida pelo Novo Código Civil, as sociedades de pessoas e as sociedades de capital.

O regramento das sociedades de pessoas encontra-se disposto no Novo Código Civil, por meio do novo tipo societário criado, a "sociedade simples", o qual representa o regramento fundamental de todas as sociedades de pessoas no Novo Código Civil — o regramento da sociedade simples completa o regramento específico de todas as demais sociedades de pessoas (sociedades em comum e em conta de participação, sociedades em nome coletivo e sociedades em comandita simples), e representa uma concretização dos princípios da concepção societária contratualista.

O regramento das sociedades de capital é disposto pela Lei 6.404/1976, que disciplina as sociedades por ações, a qual, por sua vez, representa a concretização dos princípios da concepção societária institucionalista, principalmente no que se refere à regra de conflito de interesses e à estrutura orgânica da sociedade.

* Trabalho final de curso, apresentado no 2º semestre de 2002 ao Professor Calixto Salomão Filho.

Assim, no direito brasileiro, a dualidade do regramento das sociedades de pessoas — sociedade de capital é ainda reforçada pela contraposição entre os princípios imanentes contratualismo e institucionalismo.

A sociedade limitada encontra-se no limiar de ambas as concepções, classificando-se como modelo híbrido, de forma que, para entendê-la, teremos de estudar a dualidade dos regramentos societários existentes no direito brasileiro, acima exposta.

O estudo das regras das sociedades simples e das sociedades anônimas tem, ainda, para o nosso trabalho sobre as sociedades limitadas, uma relevância especial: além de apresentar-nos a base legislativa para a concretização dos princípios do contratualismo e do institucionalismo, o Novo Código Civil, ao tratar das sociedades limitadas, trouxe um regramento largo e genérico, que precisa ser completado, sendo certo que as regras completantes serão aquelas correspondentes à sociedade simples ou à sociedade anônima, uma vez que aos sócios de uma sociedade limitada é dado estipular, no contrato de sociedade, o regramento completante como sendo aquele da sociedade anônima (no silêncio, será o regramento da sociedade simples, cf. art. 1.053).

Portanto, revelar a concepção societária que se encontra por detrás das regras da sociedade simples e das regras da sociedade anônima significa revelar a concepção societária que completará o regramento das sociedades limitadas e, portanto, influenciar-lhes-á diretamente.

Considerando as características desse trabalho, procuraremos tratar apenas dos problemas diretamente relacionados com o nosso objetivo, sem nos aprofundarmos nas questões laterais (que são muitas) e limitaremos as referências e citações bibliográficas apenas às obras que serviram de inspiração direta para o desenvolvimento de nosso raciocínio.

2. O contratualismo e a sociedade simples

2.1 O contratualismo

A concepção societária mais tradicional é a concepção contratualista, a qual sustenta que o fenômeno societário resume-se ao regulamento, que decorre do contrato de sociedade, dos interesses dos sócios naquela sociedade.

Segundo tal concepção, a sociedade tem por único fito satisfazer os interesses dos sócios que a compõem,[1] e esses seriam obrigados, uns perante os outros, a adimplirem os seus deveres decorrentes do contrato de sociedade, principalmente efetuar as contribuições devidas à sociedade, e respeitar a pessoa e o patrimônio dos outros sócios — nesse sentido, a concepção doutrinária de que o contrato de sociedade deveria ser adimplido de boa-fé (em sentido objetivo) pelos sócios.[2]

Portanto, a teoria contratualista clássica tem por princípio a assunção de que fenômeno societário não transcende a pessoa e o interesse dos sócios que compõem a sociedade, revelando-se a sociedade como um mero instrumento para a satisfação egoística dos interesses de cada sócio, sendo certo que a interpretação e a aplicação das regras do direito societário são orientadas conforme esse princípio fundamental.

O Novo Código Civil deu características fortemente contratualistas ao regramento das sociedades de pessoas. Vejamos como.

2.2 A sociedade simples

A sociedade simples é concebida no Novo Código Civil como uma típica socie-

1. Cf., nesse sentido, P. G. Jaeger: "La qualifica contrattuale della società indica che solo gli interessi dei soci assumono rilevanza nella disciplina, e che la disciplina stessa è dettata a tutela di tali interessi" (*L'Interesse Sociale*, p. 179).

2. Nesse sentido, cf. P. G. Jaeger, ob. cit. (v. nota 1), pp. 188 e ss.

dade de pessoas, construindo as relações societárias com fundamento na identidade e na individualidade de cada sócio — as relações societárias são de caráter personalíssimo, acentuando-se, fortemente, a *affectio societatis* entre os sócios — e concretizando, por meio do seu regramento estrutural e funcional, o princípio fundamental da teoria contratualista, acima exposto.

Com relação às regras de estrutura, a predominância contratualística revela-se na previsão de que o ato de constituição, e o conjunto de regras que regem a vida da sociedade, estruturam-se como contratos, e como contratos devem ser alterados. Dessa forma, a alteração do contrato de sociedade, em seus aspectos essenciais, tais como objeto da sociedade, prazo, denominação, responsabilidade subsidiária ou solidária dos sócios com a sociedade, participação de cada sócio nos lucros ou nas perdas societárias, e, principalmente, a admissão de novos sócios na sociedade, dependerão sempre do consentimento de todos os sócios, expresso em aditamento a esse contrato de sociedade. Também, a retirada dos sócios é regida por princípios contratuais, aplicáveis aos institutos da denúncia e da resilição dos contratos (cf. *infra* 4.3, sobre a exposição da regra de retirada dos sócios na sociedade simples).

Com relação aos aspectos funcionais da sociedade simples, ou seja, com relação às regras que regem a forma pela qual a sociedade busca seus objetivos, o caráter contratualístico revela-se fortemente presente no ponto central dessas regras: a definição do interesse societário; tal definição funcionalizará a atuação dos sócios enquanto membros da sociedade, bem como funcionalizará a atuação da administração da sociedade, e, portanto, influenciará diretamente toda a atividade societária, de forma que as características e a natureza do aspecto funcional de uma sociedade dependerão da caracterização do interesse societário relevante.

O Novo Código Civil define, de forma indireta, por meio da combinação de duas regras distintas, o interesse societário na sociedade simples: a primeira das regras, contida no art. 1.013, § 2º, dispõe que responderá por perdas e danos o administrador que praticar ato em desacordo com a maioria dos sócios.

Como é certo que o administrador deve desempenhar sua função de modo que o interesse societário seja atingido, ou seja, o atuar dos administradores deverão sempre estar funcionalizado para buscar satisfazer o interesse societário relevante, a regra acima exposta, ao vincular a atividade do administrador ao interesse da maioria dos sócios, define, por conseqüência, indiretamente, o interesse societário nas sociedades simples como correspondendo ao interesse da maioria dos sócios. E, como a maioria dos sócios determina-se segundo a participação de cada um no capital societário, o interesse societário identifica-se, em última análise, ao interesse do controlador.

A segunda regra da qual decorre a definição do interesse societário na sociedade simples é a regra do art. 1.010, § 3º, que, por meio da previsão do suporte fáctico e das conseqüências do conflito de interesses, complementa aquela primeira regra acima mencionada, corroborando, de forma indiscutível, o caráter contratualista do interesse societário. Esse artigo reza, *in verbis*: "responde por perdas e danos o sócio que, tendo em alguma operação interesse contrário ao da sociedade, participar da deliberação que a aprove graças ao seu voto".

Portanto, como se percebe, o suporte fáctico da regra de conflito de interesses para a sociedade simples é eminentemente material, ou seja, faz-se necessário que haja uma contradição efetiva entre o que o dispositivo legal qualifica de "interesse da sociedade" e o interesse do sócio controlador. O ponto crucial para a interpretação desse dispositivo legal funda-se na definição do que seja "interesse da sociedade".

A interpretação simplesmente literal poderia levar a uma contradição com a regra do art. 1.013, § 2º, que acima foi referida, pois se admitir a existência de um "interesse da sociedade" (entendida essa como o grupo de sócios) significaria admitir a existência de um interesse típico, distinto do interesse dos sócios, e, dessa forma, distinto do interesse do controlador. Tal interpretação, entretanto, apesar de literalmente aceitável, é sistematicamente errônea.

Considerando a estrutura contratualista da sociedade simples, bem como o primeiro dispositivo legal acima mencionado, que define o interesse societário a ser buscado pela administração como o interesse do sócio controlador, renunciando, portanto, conforme a mais extrema posição contratualista,[3] a qualquer definição de um interesse societário típico, deve-se interpretar a locução "interesse da sociedade" constante do art. 1.010, § 3º, como "interesse de cada sócio", individualmente considerado, que compõe a sociedade. Assim, o conflito de interesses deve ser apurado comparando-se o interesse do controlador naquela operação específica com o interesse de cada um dos sócios, individualmente considerados, naquela mesma operação.

A regra do conflito de interesses material, tal como constante do dispositivo legal aqui analisado, é concretização do princípio geral contratualístico de que os sócios devem adimplir, de boa-fé (em sentido objetivo) o contrato de sociedade, sendo certo que tal adimplemento dá-se pelo exercício do direito (aqui direito subjetivo no sentido clássico) do voto. Quando algum sócio abusar de seu direito ao voto, ou seja, exercê-lo de forma que acarrete a qualquer outro sócio algum prejuízo, responderá perante esse, com base na relação existente entre os sócios decorrente do contrato de sociedade. Portanto, nessa concepção, não é possível falar-se de prejuízo acarretado pelo controlador à sociedade, pois o interesse societário relevante identifica-se com o interesse desse sócio; este apenas é obrigado a indenizar o minoritário — não por ter acarretado um prejuízo à sociedade — mas por ter violado seu dever de cumprir, de boa-fé, o contrato de sociedade.

Essa conclusão se corrobora ao analisarmos que a única conseqüência acarretada pela atuação em conflito de interesses é o dever de indenizar o sócio minoritário dos prejuízos que lhe tenham sido acarretados; porém, a deliberação que prejudica a sociedade não resta invalidada, nem perde seus efeitos, e, ainda, deverá ser cumprida pelos administradores, pois corresponde à vontade da maioria. Assim, o controlador deverá apenas indenizar o minoritário, sendo que a sociedade continuará a experimentar os prejuízos acarretados por aquela deliberação. Também, nos casos em que haja uma deliberação por unanimidade que decida sobre a realização de uma operação que claramente é prejudicial ao patrimônio societário, não haverá dever de indenizar pelo sócio controlador, pois a deliberação, por ter sido aprovada por unanimidade, mostrou-se conforme ao interesse de todos os sócios.[4]

A questão que não é resolvida pelo Novo Código Civil é a determinação do interesse dos sócios minoritários que será relevante para a aplicação da regra de conflito de interesses. O Novo Código Civil, ao recusar-se dar caráter típico a qualquer interesse refletido na sociedade, relega tal determinação a simples matéria probatória, sendo certo que a determinação do interesse do minoritário naquela sociedade deve-

3. Sobre a tipicidade do interesse societário, e sua identificação com o institucionalismo, cf. P. G. Jaeger: "A questo punto, tuttavia, sembra legittimo chiedersi se sia opportuno, o possibile, distinguire la particulare concezione della quale si è apena fatto cenno (a definição de um interesse societário típico) dalle teoria istituzionaliste. (...) Come si vede, in questo modo l'interesse colletivo dei soci non potrebbe neppure essere distinto dall'interesse dell'impresa, e la tesis ora esposta verrebbe a coincidere anche con la teoria dell'impresa in sè" (P. G. Jaeger, ob. cit. (v. nota 1), p. 89).

4. Cf., nesse sentido, cf. P. G. Jaeger, ob. cit. (v. nota 1), p. 174.

rá ser feita caso a caso. Pode ocorrer que os minoritários tenham interesse simplesmente no lucro da sociedade; ou que o interesse seja na manutenção daquela determinada estrutura societária, ou, ainda, daquele determinado objeto societário. A definição dos interesses dos sócios minoritários, portanto, deverá ser feita em cada caso específico, considerando-se todas as circunstâncias envolvidas.

Ressalte-se que a aplicação dessa regra apenas é possível dada a característica de nas sociedades de pessoas existirem, em regra, poucos sócios, permitindo a aferição e a comparação do interesse de cada um deles com relação àquela determinada operação societária. Em uma sociedade composta por um número grande de sócios (como ocorre muitas vezes nas sociedades anônimas de capital aberto) a aplicação de tal regra simplesmente não seria possível.

A combinação de ambas as regras acima expostas leva-nos à conclusão de que o Novo Código Civil, nas sociedades de pessoas, definiu como interesse societário relevante o interesse do sócio controlador, e, portanto, um interesse mutável, que se concretiza de acordo com o interesse do controlador naquele específico momento, renunciando, previamente, à definição de um interesse societário típico e constante.[5]

O regramento típico da sociedade de pessoas, no Novo Código Civil, nos seus aspectos estrutural e funcional, identifica-se com a doutrina contratualística extrema, tratando a sociedade como "coisa dos sócios", sobre a qual estes têm plena e total disposição. A sociedade é, portanto, uma comunhão dos sócios sobre o patrimônio societário, ou seja, apenas uma forma pela qual aquele patrimônio será gerido. O reconhecimento da sociedade simples como "coisa dos sócios" reflete-se diretamente na regra da responsabilização desses pelas obrigações da sociedade. Os sócios, nas sociedades de pessoas no Novo Código Civil, por serem autorizados a tratá-las como "coisa sua", responderão no mínimo subsidiariamente pelas obrigações da sociedade, devendo o contrato de sociedade estabelecer se tal responsabilidade é subsidiária ou solidária (art. 997, VIII). Assim, a contrapartida legislativa para a permissão dada aos sócios para gerirem a sociedade de acordo com seus interesses pessoais é a sua responsabilidade pessoal pelas obrigações assumidas.

Nesse sentido, a personificação das sociedades de pessoas aproxima-se largamente da concepção de F. Galgano,[6] segundo a qual a personalidade jurídica é apenas uma fórmula lingüística pela qual se resumem todas as relações de propriedade referentes ao fenômeno societário. Se essa construção doutrinária encontra graves problemas ao tratar de pessoas jurídicas cuja base é claramente institucionalista (fundações, associações), chegando ao absurdo de dizer que nas fundações o patrimônio é de propriedade dos administradores,[7] ela é claramente aplicável às sociedades tratadas como "coisa dos sócios" (como é o caso da sociedade simples), pois estes continuam

5. Sobre a mutabilidade do interesse societário, cf. P. G. Jaeger, ob. cit. (v. nota 1), p. 96. Não é possível sequer identificar o interesse societário com o interesse dos sócios na valorização da sociedade, como o faz a doutrina contratualística moderna (cf., nesse sentido, P. G. Jaeger, "L'interesse sociale rivisitato (quarent'anni dopo)", in *Rivista Giurisprudenza Commerciale*, p. 803).

6. A posição de F. Galgano sobre o conceito de pessoa jurídica pode ser resumida na seguinte passagem: "Si coglie, in tal modo, la vera natura, la natura linguistica del fenomeno delle persone giuridiche. (...) La persona giuridica cessa di presentarsi come un 'schermo' che il diritto ha interposto tra i membri del gruppo ed i terzi e che solo l'equità consente, in casi eccezionali, di eliminare; uno schermo di fronte al quale debba arrestarsi, inerme, l'interprete che debe giudicare secondo il diritto. Essa cessa di apparire quale realtà del mondo giuridico — quale entità che occupi, in esso, la medesima posizione dell'uomo — per ripresentarsi come uno strumento del linguaggio giuridico, utile per riassumere — insostituible, anzi, in questa sua funzione semantica — una complessa disciplina normativa di rapporti intercorrenti tra persone fisiche" (F. Galgano, *Delle Persone Giuriche*, pp. 22 a 24).

7. Idem, pp. 68 e ss.

com total disposição sobre o patrimônio societário.

Revelado, assim, o conteúdo do regramento das sociedades de pessoas segundo o Novo Código Civil e os princípios que o informam, e antes de analisarmos como esse poderá influenciar o regramento das sociedades limitadas, façamos uma breve exposição sobre a concepção institucionalista do fenômeno societário.

3. *O institucionalismo e a sociedade anônima*

3.1 O institucionalismo

A concepção institucionalista confere ao fenômeno societário uma dimensão que transcende o contrato de sociedade, ou seja, a sociedade é vista como mais do que simples eficácia de um contrato entre os sócios: ela é, na realidade, o reconhecimento de um fenômeno social, constituído pelo contrato de sociedade, pelo ordenamento jurídico.

A concepção institucionalista funda-se no reconhecimento de que existem organizações sociais que se põem entre o indivíduo e o Estado. Não há a tradicional separação kantiana entre a realidade social e o fenômeno jurídico (no caso o fenômeno societário): a pessoa jurídica não é mais vista como uma criação ideal, uma ficção normativa (dever-ser), oposta à realidade fáctica, social (ser); o fenômeno societário encontra-se inserido na realidade social, influenciando todas as demais relações que integram tal realidade e por elas sendo influenciado. Dessa forma, o fundamento filosófico do institucionalismo aproxima-se da concepção hegeliana, afastando-se daquela concepção kantiana que fundamenta a concepção contratualista.

Ainda, na base da concepção societária institucionalista, encontra-se a teoria das instituições, a qual as descrevem como organizações sociais formadas por indivíduos, às quais correspondem ordenamentos jurídicos autônomos, postos pelas próprias instituições e reconhecidos pelo ordenamento jurídico estatal, que regem as relações entre os membros da instituição e a própria instituição.[8] Portanto, a sociedade caracterizar-se-ia como uma instituição não apenas por ser uma organização social, mas também por dispor regras próprias, cuja aplicação é gerida por órgãos da própria sociedade, ou da pessoa jurídica por ela integrada, como veremos adiante (nesse ponto, o fundamento organicista do institucionalismo), e que regem as relações existentes entre a própria instituição e os seus membros.

No campo societário, a concepção institucionalista tem seu grande impulso com a consagração, na Alemanha, da teoria da "empresa em si", a qual reconhecia na empresa (e não na sociedade) a instituição social relevante,[9] conferindo à empresa interesses que transcendem aos interesses da comunidade de sócios (sociedade) que desenvolve tal atividade empresarial. Tal concepção, inclusive, em seu grau mais extremo, leva a reconhecer a existência de "órgãos da empresa", em oposição aos "órgãos da sociedade", ou seja, enquanto os primeiros estariam direcionados ao desenvolvimento da atividade empresarial, e comprometidos com os interesses desta, os segundos direcionar-se-iam à satisfação dos interesses dos sócios, e estariam comprometidos em realizar os fins egoísticos destes. Assim, os órgãos de administração seriam tipicamente "órgãos da empresa";

8. Nesse sentido, cf. F. Messineo, que define a instituição como "organizzazione sociale, che persegue date finalità e si dà um ordinamento, sotto il domínio di una voluntà superiore". Sobre o ordenamento institucional, Messineo escreve que põe normas "fra due o più soggetti, in virtù della quali, futuri loro comportamenti saranno regolatti in modo pretabilito da essi medesimi. Si è dinanzi ad uma attività creatrice di norme, com carattere di generalità e con funzione derogatrice, rispetto alla norme statale" (F. Messineo, *Manuale di Diritto Civile e Commerciale*, vs. 1 e 3).

9. Apesar de uma vertente muito ilustre do institucionalismo, representada por O. v. Gierke, e conhecida como a corrente da *Person an sich*, pôr o acento na sociedade. Cf., a esse respeito, P. G. Jaeger, ob. cit. (v. nota 1), p. 35.

enquanto que a assembléia geral, "órgão da sociedade".

A teoria da "empresa em si", assim como a concepção institucionalista como um todo, esteve em voga nos regimes totalitários da primeira metade do século XX, principalmente o nazismo, no qual tal concepção era utilizada a fim de permitir a ingerência estatal sobre as organizações sociais que representavam os interesses dos indivíduos, trazendo, consigo, o controle estatal sobre as atividades desenvolvidas por tais indivíduos a fim de alcançarem esses interesses. No campo societário, o Estado, com a planificação econômica típica dos regimes totalitaristas, tem na teoria da "empresa em si" seu grande argumento para intervir na célula de produção social: a empresa.[10]

No entanto, a concepção institucionalista ultrapassa a sua deturpação ideológica, e traz grandes contribuições ao desenvolvimento teórico do direito societário, sendo que as duas mais relevantes são o reconhecimento, no fenômeno societário, de um interesse típico, cujo titular seria a própria empresa, e que não se confunde com o interesse dos sócios (considerados esses como grupo, ou individualmente), apesar de, em algumas situações, a este equivaler;[11] e o aumento dos poderes dados à administração da sociedade, a qual passa a ser independente do grupo de sócios (*Führerprinzip*).[12]

Entretanto, a ênfase dada pela primeira formulação da teoria institucionalista ao fenômeno empresarial, considerando a "empresa" como instituição social, revela-se teoricamente insatisfatória, diante da incapacidade da doutrina da "empresa em si" de definir, juridicamente, o conceito de empresa.[13]

Com a definição legislativa, principalmente aquela trazida pelo Código Civil italiano, do conceito de empresa (a qual o Novo Código Civil simplesmente traduziu) como atividade econômica produtiva, desenvolvida pelo empresário, perde-se o fundamento da teoria da "empresa em si", uma vez que não é possível atribuir-se a uma atividade interesses próprios: tais interesses devem ser atribuídos a quem desenvolve tal atividade, ou, em outras palavras, a quem a organiza.

Transmuda-se o ponto de partida da teoria: o pressuposto deixa de ser a empresa (agora definida legislativamente como atividade), e passa a ser a organização empresa, ou seja, a organização de meios de produção (e trabalho) dedicados ao desenvolvimento daquela atividade econômica. Assim, a teoria institucionalista abandona os pontos de partida da teoria da "empresa em si" e concentra-se sobre um campo de análise muito mais profícuo: a organização da empresa (*Unternehmensverfassung* ou *Unternehmensordnung*).[14] A teoria da or-

10. Sobre a influência política da teoria da empresa em si, cf. P. G. Jaeger, ob. cit. (v. nota 1), p. 41. Nas palavras de W. Flume: "dem Staat als dem Vertreter der Allgemeinheit ein stärkerer Einfluâ auf die Aktienunternehmungen eingeräumt werden" (W. Flume, *Allgemeiner Teil des Bürgerlichen Rechts*, v. 1, t. 2 — *Die Juristiche Person*, p. 41).

11. O grande ápice da doutrina institucionalista, levando à quase total separação entre os fenômenos societário e empresarial, dá-se nas discussões das regras de co-gestão, com o movimento teórico cujo mote é: "do direito societário ao direito empresarial" ("*Vom Gesellschaftsrecht zum Unternehmensrecht!*"), defendendo que o desenvolvimento do direito societário apenas poderia ser feito através do direito empresarial ("*Das 'Gesellschaftsrecht' ist demgegenüber ein unzulängliches Recht. Es bedarf der 'Fortentwicklung' des Gesellschaftsrechts zum 'Unternehmensrecht'*") (todas as citações são de W. Flume, ob. cit. (v. nota 10), p. 51).

12. Sobre o *Führerprinzip*, cf. W. Flume, ob. cit. (v. nota 10) pp. 37 e ss.

13. F. Kübler nos dá uma boa demonstração da dificuldade de definição, no direito alemão, do sentido jurídico de empresa (*Unternehmen*): "was die Rechtsordnung als Unternehmen versteht, ist sehr viel weniger eindeutig; der Inhalt dieses Begriffes schwankt; er hängt von dem jeweiligen Regelungszusammenhang ab, in dem an das Unternehmen angeknüpft wird" (F. Kübler, *Gesellschaftsrecht*, 2ª ed., p. 39).

14. Nesse sentido, o grande desenvolvimento doutrinário de H. Wiedemann, que dá grande ênfase ao estudo da organização empresarial a partir do pró-

ganização da empresa inaugura o que hoje é conhecido por institucionalismo integracionista, trazendo para dentro dos fenômenos societário e empresarial os interesses de todos os grupos afetados por aquela empresa específica, buscando superar as contradições entre eles existentes e integrá-los em uma concepção dogmática una.[15]

A vertente tradicional do institucionalismo integracionista define a sociedade como ponto de confluência de todos os interesses afetados por aquela empresa. Assim, tais interesses integrar-se-iam na sociedade, funcionalizando a atuação dos sócios e dos demais órgãos societários à satisfação desses interesses. Entretanto, tal concepção encontra graves dificuldades em construir o fenômeno societário como uma unidade conceitual, quando, empiricamente, são levadas a reconhecer que nas diferentes sociedades, e nas diferentes deliberações de cada sociedade, a funcionalização dos órgãos societários dá-se de forma distinta, apresentando-se mais acentuada em algumas sociedades, e mais branda em outras, existindo casos, inclusive, nas quais não há a funcionalização para interesses estranhos aos interesses do grupo de sócios. Para superar tais contradições e dificuldades, os representantes dessa concepção são forçados a introduzir em suas exposições conceitos vagos, como o conceito de "grande empresa" (*Groâunternehmen*), a fim de poderem ter um medida diferenciadora das sociedades e, assim, justificar as diferenças percebidas quanto à funcionalização de tais sociedades.[16] Entretanto, a utilização desses conceitos de apoio, de conteúdo vago, cria uma ruptura no sistema construído por tais autores, por não permitir o estabelecimento de uma unidade dogmática para o fenômeno societário.

Como superação de tais contradições e dificuldades dogmáticas, entendemos por correto o pensamento de W. Flume, que integra os interesses contraditórios afetados pela atividade empresarial não mais na sociedade, mas, sim, na pessoa jurídica que a desenvolve. Assim, o conceito de pessoa jurídica passa a ser uma "unidade de efeitos" (*Wirkungseinheit*), uma totalidade ideal (*idealen Ganzen*) que concentra em si, superando-as, todas as contradições presentes nos fenômenos societário e empresarial[17] — contradições entre trabalho e capital, atividade empresária e meio ambien-

prio direito societário, definindo-a como "Organisationsstatut einer privaten Leitungs- und Wirtschaftseinheit" (H. Wiedemann, *Gesesllschaftsrecht*, p. 307). Já W. Flume põe a ênfase na organização empresarial a partir do conceito de pessoa jurídica (W. Flume, ob. cit. (v. nota 10), p. 48).

15. Sobre o institucionalismo integracionista, cf. C. Salomão Filho, *O Novo Direito Societário*, 2ª ed., pp. 32 e ss. Na definição de W. Flume, o interesse da empresa, no institucionalismo integracionista, passa a ser: "nicht die bloâe Resultante der verschieden beteiligten Interessen. Das Unternehmensinteresse bestimmt vielmehr, 'welches der haufig divergierenden Interessen der Unternehmensbeteiligten und wie weit es im Einzelfall zur Geltung kommen sollte', und diese Funktion kann das Unternehmensinteresse eben nur erfüllen, wenn es nicht aus den beteiligten Einzelinteressen abgeleitet wird, sonder diesen vorgeordnet ist" (W. Flume, ob. cit. (v. nota 10), p. 58). Também, sobre os interesses afetados pela empresa, cf. H. Wiedemann, ob. cit. (v. nota 14), pp. 84 e ss.

16. Como representante dessa forma de construir o fenômeno societário, apoiando-se no conceito de grande empresa, cf. H. Wiedemann, ob. cit. (v. nota 14), pp. 318 e ss.

17. Sobre a conceituação de pessoa jurídica como unidade ideal, cf. W. Flume: "Die Köperschaftliche juristiche Person ist nicht 'ein Fall der Zuordnung von Gegenständen an eine Personmehrheit' vielmehr gehören sie beide zu dem 'idealem Ganzen' der Wirkungseinheit oder Organisationseinheit juristiche Person (...) Mit dem Begriff der juristischen Person werden als Abstraktionsbegriff die unterschiedlichen Wirkungseiheiten, erfaßt, denen nach unserer Rechtsordnung die Eigenschaft der juristichen Person zukommt" (W. Flume, ob. cit. (v. nota 10), p. 30). A posição de Larenz/Wolf, apesar de partir de uma concepção jurídico-filosófica distinta, é muito semelhante àquela aqui defendida, devido ao caráter hegeliano do pensamento desse jurista. A definição de pessoa jurídica por Larenz/Wolf é a seguinte: "Deshalb läât sich die juristiche Person als eine zum rechtlichen Zuordnungssubjekt verselbständigte soziale Einheit erklären, welcher das Handeln und Wissen ihrer Organe ebenso zugerechnet wird wie die für sie begründeten Rechte und die ihr zugedachten Pflichten" (K. Larenz e M. Wolf, *Algemeiner Teil des Bürgerlichen Rechts*, 8ª ed., p. 170).

te, sociedade e consumidores —, identificando-se, inclusive com a própria empresa,[18] criando, dessa forma, hegelianamente, uma síntese, representada em um supraconceito que permite à dogmática jurídica superar tais contradições e integrá-las em um único fenômeno jurídico.[19-19a] A sociedade não é mais substrato da pessoa jurídica, mas integra-se nesta, da mesma forma em que nesta se integram os demais grupos de interesse, representando os interesses dos sócios — que, tipicamente, são a obtenção de lucro e a valorização de sua participação na sociedade.[20] Nessa construção, o direito societário passa a ser visto apenas como regulador das relações entre os sócios, ou entre os sócios e a pessoa jurídica. O direito societário, portanto, é um dos pólos de interesse, uma das linhas de força, que atuará sobre a unidade ideal a que corresponde a pessoa jurídica.

Dessa forma, superam-se os extremismos das tradicionais concepções contratualistas (ênfase apenas na sociedade) e institucionalistas (ênfase apenas na empresa), criando-se uma nova forma de concepção societária: o integracionismo, centrado agora na organização da empresa e, dessa forma, no supraconceito de pessoa jurídica. Com o integracionismo, o cerne da concepção societária deixa de ser a separação entre os interesses dos sócios e os interesses da empresa, e passa a ser a forma pela qual os diversos interesses se integram na pessoa jurídica. Como, entretanto, a doutrina integracionista parte dos fundamentos teóricos do institucionalismo, reconhecendo a existência de uma organização social auto-regradora de suas relações com seus membros (a pessoa jurídica), bem como portadora de interesses diversos dos interesses desses, continuaremos, homenageando a tradição, a referir-nos à concepção integracionista como o atual estágio da concepção institucionalista do fenômeno societário; assim, quando nos referirmos ao institucionalismo nesse trabalho, na verdade estaremos nos referindo não à concepção institucionalista clássica, mas à concepção integracionista.

Há também a superação da grande importância dada à distinção entre direito societário e direito empresarial, uma vez que a ênfase teórica é posta sobre o ponto de confluência dos dois regramentos: a pessoa jurídica — o direito societário regula os pressupostos para a atribuição da perso-

18. Sobre a identificação de pessoa jurídica e empresa, cf. W. Flume: "Eine ganz andere Frage ist es aber, ob das Unternehumen nicht mit der juristischen Person, weil es ihr zugehörig ist, identifiziert werden kann. Diese frage ist zu bejahen" (W. Flume, ob. cit. (v. nota 10), p. 48).

19. A noção de supraconceito encontramos, ainda, em W. Flume: "Wie das Rechtsgeschäft ist auch die juristiche Person überhaupt kein Geschöpf. Wie der Begriff des Rechtsgeschäft ist der Begriff der juristichen Person ein Abstraktionsbegriff. (...) Mit dem Begriff der juristischen Person werden als Abstraktionsbegriff die unterschiedlichen Wirkungseinheiten erfaât" (W. Flume, ob. cit. (v. nota 10), p. 26).

19a. O institucionalismo fundado na pessoa jurídica, por nós aqui defendido, não precisa se socorrer de conceitos vagos para manter a unidade sistemática do fenômeno societário, uma vez que as diferentes formas pelas quais se dá a funcionalização dos fenômenos societário e empresarial concentram-se não mais na sociedade, mas sim na pessoa jurídica por ela integrada, cuja conformação efetiva dependerá dos demais interesses que nela se integram. Assim, a unidade do fenômeno societário é mantida, pois este se refere tão-somente aos interesses dos sócios, sendo que a variabilidade de estrutura dá-se no conceito de pessoa jurídica, o qual, conforme acima já foi exposto, é um conceito abstrato, que compreende uma unidade ideal. Parece-nos, portanto, uma posição dogmaticamente mais coerente, apesar de enfrentar certos problemas em situações muito específicas (empresas desenvolvidas pelo Estado, p.ex., as quais não é possível identificar-se com a pessoa jurídica estatal).

20. Sobre a concepção da sociedade constituindo o substrato da pessoa jurídica, cf. W. Flume: "Nun hat schon Savigny, wie Gierke gesagt hat, der gemeinrechtlichen und vernunftrechtlichen Lehre, welche die juristiche Person mit der Gesamtheit ihrer Miglieder als universitas ipsa gleichsetzte, den Todesstoâ verstetzt. Zwar gehoren zur körperschaftlichen juristichen Person per definitionem der Körperschaft Personen als Mitglieder. Deshalb sind aber nicht diese Personen um auch nicht ihre Vereinigung als substrat die Realität der juristischen Person" (W. Flume, ob. cit. (v. nota 10), p. 29).

nalidade jurídica, enquanto que o direito empresarial dispõe sobre a finalidade que dá sentido a toda e qualquer organização societária, disciplinando a atividade que por esta será desenvolvida.

Os interesses que têm o seu ponto de referência na pessoa jurídica são os interesses de todos os grupos afetados pela atividade empresarial, como, p.ex., trabalhadores, credores, investidores e, também, os próprios sócios. Esses interesses funcionalizam a organização da empresa, a qual deve ser dirigida não apenas no interesse exclusivo dos sócios, mas de forma que busque satisfazer adequadamente todos os interesses por ela afetados.

Assente o ponto de que a nova doutrina integracionista põe ênfase na pessoa jurídica, desviando-se dos fenômenos societário e empresarial, interessa cuidar das relações entre a pessoa jurídica e a sociedade que a integra. Essas relações podem ser concebidas de várias formas, conforme os interesses que integrem a organização daquela pessoa jurídica. Assim, as pessoas jurídicas com grau máximo de institucionalização, que no direito brasileiro decorrem da personificação de sociedades anônimas e das associações, superam totalmente o fenômeno societário que lhe deu origem, acarretando o exaurimento do contrato de sociedade (ou do acordo ou contrato associativo), de forma que não existirão mais relações diretas entre os sócios; há apenas relações entre a instituição (pessoa jurídica) e seus membros.[21]

Por outro lado, conforme decresce o grau de institucionalização, aumentam as relações contratuais que perduram entre os sócios, mesmo após a personificação da sociedade. Em um grau intermédio de institucionalização encontram-se as sociedades limitadas, cuja personificação substitui quase que inteiramente o contrato de sociedade, restando, entretanto, um mínimo de eficácia deste contrato de sociedade, vinculando os sócios a cumpri-lo de boa-fé (art. 1.080).[21a] Já nas sociedades simples, que representam o grau mínimo de institucionalização, a personificação em nada substitui as relações entre os sócios decorrentes do contrato de sociedade; este continua com plenos efeitos durante a existência da sociedade, de forma que podemos dizer que a personificação, nessas sociedades, corresponde apenas a um expediente para autonomização patrimonial e que, na realidade, o fenômeno societário não transcende a eficácia contratual, conforme expusemos com relação à sociedade simples.

3.2 Voto: poder funcional ou direito subjetivo

Como já foi visto ao tratarmos das sociedades simples, a definição do interesse societário dá-se muitas vezes indiretamente, com o apoio nas regras de conflito de interesses e na definição do poder dos sócios em determinar a estratégia da atividade societária. Assim, a definição do interesse societário encontra-se diretamente ligada à natureza jurídica que é atribuída ao direito (ou poder) de voto que cabe a

21. Nesse sentido, cf. W. Flume, ob. cit. (v. nota 10), pp. 258 e ss. Em contra, H. Wiedemann defende que os sócios estarão vinculados entre si sempre por uma relação de boa-fé, porém, é obrigado a concluir que, nas grandes sociedades, tal relação é em muito diluída ("Die Gesellschaftspflichten des Anlage- oder Kleinaktionärs können allerdings auf den Maâtab des § 242 BGB schrumpfen, weil den Inhaber einer na der Börse erworbenen Aktie keine intensiven Treuepflichten treffen" (H. Wiedemann, ob. cit. (v. nota 14), p. 95). Dessa forma, preferimos a posição de W. Flume, que entendemos sistematicamente mais correta com os princípios do institucionalismo.

21a. W. Flume não faz tal distinção para as limitadas, defendendo que nessas sociedades também há total superação das relações entre os sócios pelas relações entre sócios e pessoas jurídicas. Entretanto, tal conclusão não pode ser tomada no direito brasileiro haja vista a expressa regra do art. 1.080 do Novo Código Civil, o qual, ao repetir o art. 16 do Decreto 3.709/1919, confirma a tradição existente no direito brasileiro com relação ao regramento das relações existentes entre os sócios mesmo após a personificação.

cada sócio, de forma que faremos um breve excurso sobre a influência que têm as concepções societárias institucionalista ou contratualista para a caracterização jurídica do voto, a fim de melhor demonstrar como tais concepções influem na definição do interesse societário relevante.

Adotar-se uma concepção institucionalista dos fenômenos societário e empresarial significa admitir-se a existência de uma organização social, centrada na pessoa jurídica, que regra de forma autônoma as relações entre os seus membros e a própria instituição, e que tem em suas bases a criação de situações de comunhão de vida entre os seus membros, a qual exige de seus membros que cooperem reciprocamente, a fim de permitir o pleno desenvolvimento da personalidade de cada um deles. Pense-se na instituição familiar que restará claro como a comunidade de vida existente entre os membros da família propicia o pleno desenvolvimento da personalidade de todos.

Portanto, entre os membros de uma instituição há mais do que uma simples troca econômica; a relação que os une é mais intensa do que a cooperação contratual: existe entre esses membros uma verdadeira relação de solidariedade, a qual muitas vezes exige o sacrifício do interesse próprio em prol da instituição. Claro está, entretanto, que tal relação de solidariedade varia de intensidade conforme varia a intensidade da comunhão de vida que a instituição gera: a comunhão de vida familiar é muito mais intensa do que a comunhão de vida entre os sócios, de forma que o dever de solidariedade nas famílias será muito mais acentuado do que nas sociedades.

Porém, não nos interessa discutir aqui extensamente o dever de solidariedade acarretado pela pertinência a uma instituição, mas sim a sua conseqüência na esfera jurídica dos membros da instituição, ou, em outras palavras, a posição jurídica subjetiva que tal relação de solidariedade faz nascer na esfera jurídica dos membros da instituição.

A posição jurídica típica, que a pertinência a uma instituição traz para os seus membros, é o poder funcional (que a doutrina tradicional chama de direito-dever), que se caracteriza por ser uma fusão entre uma posição ativa (o poder) e uma posição passiva (a obrigação de exercê-lo no interesse alheio). Se pensarmos no pátrio poder, facilmente entenderemos as características do poder funcional: o pátrio poder é conferido aos pais, que o exercerão sobre a pessoa dos seus filhos. Ou seja, os pais têm o poder, ao qual os filhos estão sujeitos, de determinar qual a melhor forma de educação a que sujeitarão o filho. Entretanto, esse poder paterno deve ser exercido no interesse exclusivo do filho, ou seja, ao se deparar com uma escolha entre duas alternativas possíveis, os pais devem sempre eleger a que seja mais benéfica para o filho, ainda que tal eleição signifique um prejuízo ao interesse próprio do pai.

Concebida como uma instituição, a pessoa jurídica cria entre os seus membros uma relação de solidariedade, conferindo à esfera jurídica de cada um deles o poder funcional de construir a "vontade" da instituição. Assim, o voto, em uma estrutura institucional não se revela como um direito subjetivo decorrente de um contrato plurilateral, mas sim como um poder funcional decorrente da pertinência a uma instituição.[22] Mais uma vez, ressalte-se que a funcionalização do voto é menor nas sociedades se comparada à funcionalização do pátrio poder nas famílias, sendo certo que essa diferença resulta da menor intensidade da comunhão de vida existente entre os sócios se comparada com aquela existente entre os familiares.

Segundo o grau de institucionalização da pessoa jurídica, os interesses por essa buscados podem resumir-se apenas aos interesses da coletividade dos sócios, ou podem a esses transcender, alcançado também

22. Sobre a caracterização do voto como poder funcional, cf. P. G. Jaeger, ob. cit. (v. nota 1), pp. 100 e ss.

interesses da comunidade afetada por aquela pessoa jurídica. De toda forma, os interesses a serem alcançados pela pessoa jurídica sempre transcenderão o interesse individual de cada membro seu. Em conclusão, o poder de voto conferido a cada sócio será limitado intrinsecamente, em seu conteúdo, pela consideração dos interesses que transcendem ao seu interesse individual. O poder de voto apenas poderá ser exercido para satisfazer aos interesses aos quais está funcionalizado, sendo vedado ao seu titular exercê-lo para perseguir qualquer outro interesse.

Já, adotar-se uma concepção contratualista significa admitir que o fenômeno societário não ultrapassa a eficácia do contrato de sociedade. Todas as posições jurídicas, ativas e passivas, atribuídas aos sócios por força daquela sociedade decorrem diretamente do contrato de sociedade, e os sócios são unidos, vinculados entre si, por um dever de cooperação comum a todas as relações contratuais, que se exprime pelo princípio da boa-fé objetiva.[23] Nessas sociedades, o voto é visto como um direito dos sócios de participar da formulação da vontade da "sociedade", a fim de assegurar que os interesses de cada sócio serão por ela buscados. Exercer o direito de voto, e permitir que os outros sócios também o exerçam, é considerado adimplemento do contrato de sociedade.[24]

Portanto, o voto é o meio pelo qual o sócio dirige a vontade social para realizar o seu interesse naquela sociedade, e será exercido por cada sócio da maneira que melhor lhe aprouver, sendo vedado, tão-somente, exercê-lo em prejuízo do outro sócio ou em abuso de direito. Assim, as limitações ao direito de voto, trazidas pela consideração de interesses diversos do interesse do sócio que vota, são vistas pela teoria contratualista como limitações externas, extrínsecas ao conteúdo do direito e aplicáveis apenas à forma de seu exercício, ou seja, o direito de voto é conferido ao sócio de forma ilimitada e o exercício desse direito poderá sofrer, posteriormente, limitações, que se fundarão na tutela, pelo ordenamento jurídico, de interesses de terceiros que poderão ser afetados pelo exercício daquele direito. O voto dado em desconsideração desses interesses deve ser considerado existente, pois o conteúdo do direito de voto permitia ao seu titular exercê-lo daquela forma, porém, constituirá ato ilícito absoluto, por infração à boa-fé.

A caracterização da natureza jurídica do voto nas sociedades explica a regra de conflito de interesses a ser aplicada. No caso da concepção institucionalista, a regra de conflito de interesses deverá ser de caráter formal, uma vez que basta que exista um interesse particular do sócio naquela deliberação para viciar a sua vontade, pois há o risco de esta não exprimir os interesses da instituição. Não importa a definição dos interesses da instituição: basta que o sócio possa não os buscar, por ser pessoalmente interessado na deliberação, para que seja suspenso, pelo ordenamento jurídico, o seu poder de votar, pois as limitações são intrínsecas ao conteúdo desse poder.

Assim, a regra de conflito de interesses formal, completada pela sanção da suspensão do direito de voto concretiza, em todos os aspectos, a teoria do voto como poder funcional que desenvolvemos até agora.

Por outro lado, a caracterização do voto como direito subjetivo, e, portanto, como limitado apenas extrinsecamente, dá outras características à regra de conflito de interesses. Como todo direito subjetivo, o limite põe-se ao exercício do direito, e não ao seu próprio conteúdo. Veda-se que o direito seja exercido contra interesse de terceiro protegido pelo ordenamento jurídico, de forma que, para a determinação do limite será necessária a definição do interesse do terceiro que é tutelado.

23. Sobre o dever de cooperação existente entre os sócios, e decorrente do contrato de sociedade, cf. P. G. Jaeger, ob. cit. (v. nota 1), p. 188.

24. Sobre essa concepção, cf. P. G. Jaeger, ob. cit. (v. nota 1), p. 193.

Assim, a regra de conflito de interesses terá configuração de conflito material, uma vez que será necessário que se defina qual o interesse tutelado naquela sociedade naquela deliberação específica — o interesse de cada um dos demais sócios (concepção contratualista extrema) ou o interesse do grupo de sócios (concepção contratualista mais moderada) — para que se possa determinar qual o limite do direito de voto.

Também, as conseqüências para o voto em conflito de interesses são compatíveis com a natureza jurídica do voto como direito subjetivo. O exercício abusivo do direito, em regra, caracteriza-se como ato ilícito absoluto e não suspende nem priva o titular de seu direito, mas apenas o obriga a indenizar o interesse tutelado que foi lesado.

Feito esse pequeno excurso, e antes de aplicar suas conclusões às regras das sociedades limitadas, vejamos algumas regras concernentes às sociedades anônimas, que serão relevantes quando o regramento completante das sociedades limitadas for o aplicável às sociedades por ações.

3.3 A sociedade anônima

A sociedade anônima, tratada como a estrutura típica das sociedades de capital no direito brasileiro, é concebida, estrutural e funcionalmente, como uma sociedade institucionalista.

Assim, as sociedades anônimas integrarão uma pessoa jurídica, juntamente com os interesses de todos os demais grupos afetados por aquela atividade empresarial. Dessa forma, o poder dos sócios com relação àquela pessoa jurídica, em especial o poder do sócio controlador, está voltado para atingir interesses que transcendem aos interesses dos próprios sócios, tais como interesses dos trabalhadores e interesses da comunidade na qual se localiza a sociedade (art. 116 da Lei 6.404/1976). Por outro lado, a atividade da administração não está funcionalizada para a satisfação da vontade dos sócios (ou do sócio controlador, como já vimos na sociedade simples), mas sim para a satisfação dos interesses da pessoa jurídica, os quais, como já vimos, transcendem aos interesses dos sócios. Desse modo, a sociedade anônima, por integrar uma pessoa jurídica de caráter institucional, não pode ser vista como "coisa dos sócios"; esses, ainda que agindo por unanimidade, não têm livre e total disposição sobre o destino da sociedade, uma vez que deverão observar os demais interesses integrados na pessoa jurídica da qual ela também faz parte.

No que tange ao escopo deste trabalho, a concretização da concepção institucionalista no regramento das pessoas jurídicas integradas pelas sociedades anônimas nos interessa em dois âmbitos: um deles diz respeito à regra de conflito de interesses (e, conseqüentemente, ao direito de voto); e o segundo, à estruturação orgânica da pessoa jurídica.

A regra de conflito de interesses, consagrada no art. 115, § 1º, da Lei 6.404/1976, baseia seu suporte fáctico no conflito de interesses formal, e tem por conseqüência a suspensão do poder de voto do sócio que detenha interesse pessoal naquela deliberação.

Concretizando, assim, o princípio institucionalista, a proibição do exercício do voto pelo sócio que se encontra em situação de conflito de interesses impede, por força da anulabilidade da deliberação,[25] que o voto de tal sócio possa prejudicar a pessoa jurídica, ainda que o patrimônio dos demais sócios permaneça incólume. Lembremos que, com relação à sociedade simples, a

25. A sanção que sofrerá a deliberação tomada com base no voto de um sócio que se encontrava em conflito de interesses é muito discutida, opinando alguns autores pela anulabilidade, outros pela nulidade e, ainda, alguns, pela inexistência da deliberação. Apesar de, na nossa opinião, a sanção sistematicamente mais adequada ser a de inexistência, pois foi computado, para a formação da vontade societária, voto de sócio que não podia votar, *legem habemus*, cominando expressamente a sanção de anulabilidade (cf. art. 115, § 3º, da Lei 6.404/1976).

regra se encontra invertida, pois nessas sociedades o sócio controlador pode tomar deliberações que a prejudiquem, desde que mantenha indene o patrimônio do sócio minoritário.

Dessa forma, o suporte fáctico e a conseqüência da regra do conflito de interesses concretizam o princípio institucionalista que rege a sociedade anônima no direito brasileiro, com relação ao poder dos sócios.

O segundo âmbito ao qual nos referimos acima diz respeito à organização interna da pessoa jurídica, o que refletirá largamente na sua administração. Existem nas pessoas jurídicas integradas por sociedade anônima até quatro órgãos distintos, com competências legalmente predefinidas as quais, em princípio, não podem ser delegadas de um órgão para o outro.

A administração, bem como a orientação geral dos negócios, está afeita aos órgãos de administração, a saber, o conselho de administração e a diretoria, cujo funcionamento é independente dos interesses dos membros da instituição.[26] Os sócios, que participam da estrutura orgânica por meio da assembléia geral, têm pouca ou nenhuma ingerência sobre a condução dos negócios, limitando-se a eleger os administradores e a tomar parte apenas nas decisões que influenciem a estrutura da pessoa jurídica e as relações entre essa e os seus membros, tais como alterações estatutárias, cisões, incorporações, fusões, distribuições de dividendos.

Se compararmos a forma de administração das sociedades anônimas (mais institucionalizadas) com a forma de administração das sociedades de pessoas (menos institucionalizadas), veremos que nestas os sócios têm grande influência sobre a condução dos negócios societários, indicando à administração como conduzir os negócios societários, sendo certo que, em regra, os próprios sócios são os administradores da sociedade.[27]

Concretizando o princípio de administração das sociedades de capital, acima exposto, o art. 154 da Lei 6.404/1976 funcionaliza a atividade da administração para atender os fins e interesses da pessoa jurídica integrada pela sociedade anônima, bem como o art. 159 confere a essa pessoa jurídica, contra os administradores, legitimidade para a propositura da ação de responsabilidade (a legitimidade dos sócios para promover a ação de responsabilidade é apenas subsidiária, existindo como um soldado de reserva, para evitar abusos). Também, o art. 154, § 6º, prevê a exclusão da responsabilidade do administrador caso este, ainda que tenha acarretado algum prejuízo com o seu atuar, "tenha agido visando ao interesse da companhia".

Portanto, podemos concluir que, quanto maior o grau de institucionalização da pessoa jurídica integrada pela sociedade, e proporcional enrijecimento da regra de conflito de interesses, menor o poder de disposição conferido aos sócios com relação ao patrimônio e à atividade daquela, e maior os poderes conferidos à administração.[28] Vejamos em que ponto dessa escala encontram-se as sociedades limitadas.

26. Sobre a administração das sociedades de capital, cf. H. Wiedemann: "Um eine ständige Zweckverfolgung unabhängig von der Vielzahl wechselnder Mitglieder zu gewährleisten, werden die ausführenden Organe von Einzelweisungen freigestellt, so daâ die Mitglieder lediglich bei der Wahl der Organe und bei Satzungs- und Strutkturanderung Einfluâ nehmen konnen" (H. Wiedemann, ob. cit. (v. nota 14), p. 92).

27. Cf. H. Wiedemann: "Es sind die Teilhaber selbst, die verbindlich festlegen, welche Ziele mit welchen Mitteln vefolgt werden sollen. Diese Ziele sind in der Regel mit einer Gewinnzierlung jedenfalls kompatibel. Die Unternehmensverfassung entspricht dem liberalen Grundmodell der Einheit von Eigentum, Geschäftsleitung, Kontrolle und Haftung" (H. Wiedemann, ob. cit. (v. nota 14), p. 297). Cf., tb., idem, p. 343.

28. Dessa forma, a influência do *Führerprinzip* será tão maior quanto mais institucionalizado forem os fenômenos societário e empresarial a que ele se refere.

4. Sociedade limitada no Novo Código Civil

Retomando o tema inicial, vejamos como se estrutura o regramento das sociedades limitadas no Novo Código Civil.

O Novo Código Civil elenca diversas regras aplicáveis, direta e ineludivelmente, às sociedades limitadas, que apresentam, em geral, a característica de regras estruturais, definindo a estrutura orgânica da sociedade e as relações entre os sócios, as quais pouco são afetadas pelo regramento completante — exceto as regras pertinentes ao direito de retirada, que mais abaixo serão expostas. O Novo Código Civil deixa à autonomia privada dos sócios, por meio do contrato de sociedade e, especialmente, por meio da eleição do regramento completante, definirem o conteúdo funcional da sociedade limitada.

As regras estruturais aplicáveis às sociedades limitadas revelam a concepção legislativa dessas sociedades como um modelo híbrido entre sociedade de capital e sociedade de pessoas (e, conseqüentemente, como um modelo híbrido entre as concepções institucionalista e contratualista). De uma forma geral, podemos dizer que as regras que definem a estrutura orgânica das sociedades limitadas caracterizam-se como regras tipicamente institucionalistas; enquanto que as regras que definem as relações entre sociedade e seus sócios, e dos sócios entre si, como tipicamente contratualistas.

Assim, veremos grandes traços institucionalistas nas regras que prevêem a alteração do contrato de sociedade sem que seja necessário o consentimento de todos os sócios (art. 1.071 c/c art. 1.076); a existência de órgãos societários com competências delimitadas (assembléia geral, administração, conselho fiscal); e, principalmente, na regra de conflito de interesses (art. 1.074, § 2º), cujo caráter formal caracteriza o poder de voto atribuído aos sócios como poder funcional, aplicando-se, portanto, todo o regramento sobre conflito de interesses, de cunho institucionalista, já acima exposto.

Por outro lado, veremos traços contratualistas nas regras que prevêem a continuidade da relação contratual entre os sócios, mesmo após a personificação da sociedade limitada (art. 1.080); outorgam amplas matérias para serem definidas no contrato de sociedade, pela autonomia privada dos sócios, como, p.ex., da participação de cada sócios nos resultados (positivos e negativos) societários (art. 997); prevêem a possibilidade de um grupo de sócios (um quarto dos sócios) impedir a transferência das quotas do patrimônio societário para terceiros estranhos à sociedade, reconhecendo um resquício de *affectio societatis* na sociedade limitada (art. 1.057).

Agora, a disciplina funcional da sociedade limitada, ou seja, a disciplina dos interesses que a sociedade deverá buscar satisfazer, bem como da forma pela qual perseguirá seus objetivos societários, ou, em outras palavras, da forma do exercício, pelos sócios e pela administração, de seus poderes perante a sociedade, não são objeto das regras específicas para as sociedades limitadas trazidas pelo Novo Código Civil.

Nesse ponto a escolha do regramento completante terá grande influência no regramento aplicável à sociedade limitada. Vejamos como.

4.1 O interesse societário e a administração na sociedade limitada "contratualista"

Conforme vimos acima, o Novo Código Civil, ao tratar das sociedades simples, definiu, de acordo com a doutrina contratualista extrema, como interesse societário relevante, para o qual deverá estar funcionalizada a atividade da administração, o interesse da maioria dos sócios, ou, ainda melhor, do controlador. Tal definição faz com que a sociedade simples seja vista como "coisa dos sócios", e, mais especificamente, como instrumento para atuação do sócio controlador, cabendo ao minoritário simplesmente uma indenização, quando o seu patrimônio for desfalcado por uma decisão tomada por aquele.

Quando na sociedade limitada o regramento completante aplicável é o regramento da sociedade simples, vem à tona a definição de interesse societário acima exposta, ou seja, o interesse relevante na sociedade limitada seria, em princípio, o interesse da maioria dos sócios. Entretanto, o Novo Código Civil dispõe, para as sociedades limitadas, uma regra específica para o conflito de interesses (art. 1.074, § 2º), que traz em seu suporte fáctico a previsão de um conflito de interesses formal, de matiz institucionalista.

Essa regra de conflito de interesses formal reduz o extremismo da definição do interesse societário; este não pode ser qualificado como puro interesse do sócio controlador, pois tal sócio não pode votar visando exclusivamente aos seus interesses; o seu voto agora está funcionalizado à satisfação de interesses alheios, sendo certo que, se o sócio tiver qualquer interesse particular naquela deliberação, será impedido de exercer seu poder de voto.

Entretanto, a regra de conflito de interesses formal não é suficiente para fazer adentrar, na sociedade limitada "contratualista", interesses que não sejam os interesses dos sócios. Além de não haver fundamento legal para se definir o interesse societário como transcendente ao interesse dos sócios, uma tal definição chocar-se-ia frontalmente com o espírito contratualista da sociedade simples e, portanto, com o regramento da sociedade limitada. A proteção de interesses estranhos aos interesses dos sócios, nas sociedades limitadas, é feita tão-somente por regras específicas de publicidade e de responsabilidade pessoal dos sócios e dos administradores pelas contas da administração e pelos lucros distribuídos ilicitamente.

Dessa forma, a combinação das regras contidas nos arts. 1.010, § 3º e 1.074, § 2º, leva-nos a definir o interesse societário relevante na sociedade limitada "contratualista" como o interesse dos sócios (considerados como grupo), revelando-se como um interesse típico, que pertencerá a todo e qualquer sócio, que já participe da sociedade, ou que dela venha a participar.[29-29a]

Tal interesse desdobra-se em dois âmbitos: o primeiro deles diz respeito à relação dos sócios entre si, e tem por conteúdo o interesse de cada sócio em que os demais cumpram estritamente o contrato de sociedade (cf. art. 1.080), tomando decisões e providenciando todos os meios necessários para que a sociedade cumpra os seus objetivos; o segundo deles, diz respeito à relação entre sócios e sociedade (pessoa jurídica) e refere-se ao interesse dos sócios em que a atividade societária (empresa) gere lucros, os quais serão a eles distribuídos. Um outro aspecto do interesse típico dos sócios pode ser ressaltado: o interesse no aumento do valor atribuído à sociedade em si, ou o que se denomina, o aumento do *shareholder value*. Entretanto, para as sociedades limitadas nas quais, em regra, o

29. Cf. W. Flume: "Wenn auch das Unternehmen als Wirkungseinheit in der GmbH als juristischer Person verselbständigt ist, bestimmen doch wie bei der Personengesellschaft die Gesellschafter nach ihren Interessen über das Unternehmensinteresse. Ihrer Entscheidung vorgegeben ist nur die gesetzliche Regelung über die Erhaltung des Stammkapitals. Zwar dürfen die einzelnen Gesellschafter nicht entgegen ihren Mitgesellschaftern zum Nachteil der Gesellschaft eigennützige Interessen verfolgen" (W. Flume, ob. cit. (v. nota 10), p. 61). Nessa passagem, o grande autor praticamente sintetiza as idéias lançadas nesse trabalho. Cabe ressaltar que a forma incisiva pela qual o autor escreve decorre da impossibilidade de alteração do regramento da sociedade limitada (GmbH) na Alemanha. Como no novo ordenamento jurídico brasileiro haverá tal liberdade, a lição do autor aplica-se tão-somente para as limitadas cujo regramento é completado pelas regras da sociedade simples, e, conforme veremos, às sociedades limitadas às quais se aplicam as regras das sociedades anônimas, corresponderão outros princípios, que modelarão, de forma diversa, o regramento das sociedades limitadas.

29a. Cf., sobre a caracterização de um interesse societário típico em um regramento contratualista, P. G. Jaeger, ob. cit. (v. nota 1), pp. 87 e 88.

número de sócios é limitado, e a circulabilidade das quotas é restrita, sendo raros os sócios que adquirem participação em sociedades limitadas para depois aliená-las com lucro, o aspecto do interesse societário como aumento do *shareholder value* não tem grande relevância nessas sociedades.

Como conseqüência dessa definição de interesse societário, podemos concluir que a pessoa jurídica que corresponde à sociedade limitada "contratualista" não se caracteriza como a pessoa jurídica institucional, na qual se integram interesses contraditórios (inclusive os dos sócios), nem como uma simples figura de linguagem que disciplina a administração do patrimônio. Referida pessoa jurídica é reconhecida como realidade distinta da sociedade, com estrutura orgânica própria, e os poderes outorgados aos sócios e administradores encontram-se funcionalizados a interesses que não se confundem com os interesses individuais de cada um dos sócios, mas apresentam-se como interesses típicos do grupo de sócios; por outro lado, essa pessoa jurídica é integrada apenas pela sociedade limitada, sem ser influenciada por interesses diferentes daqueles correspondentes ao grupo dos sócios da sociedade limitada, revelando-se, tal pessoa jurídica, como uma forma de melhor organizar o patrimônio e a administração da atividade empresarial.[30]

No que diz respeito à administração dessa sociedade limitada, podemos afirmar que a atividade dos administradores está voltada e funcionalizada para a satisfação do interesse do grupo de sócios de que a sociedade gere o máximo de lucros, para serem distribuídos, ou seja, os deveres de diligência e cuidado dos administradores referem-se ao patrimônio da sociedade e como aplicá-lo na atividade societária da forma mais lucrativa possível.

Concretizando um pouco o raciocínio, podemos pensar como deveria se comportar a administração da sociedade limitada aqui referida no caso de haver uma atividade-meio paralela que gere mais lucros que a atividade-fim da sociedade. Pensemos, p.ex., em um país que apresente altos índices de inflação e, dessa forma, investimentos nos mercados financeiros é a atividade que traz mais lucro na economia daquele país. Poucos questionariam a decisão de um administrador de reduzir os investimentos realizados na atividade-fim da sociedade para aumentar os investimentos realizados no mercado financeiro, a fim de obter mais lucros para os sócios, ainda que a redução dos investimentos na atividade-fim acarrete demissão de empregados e recessão no setor de atuação daquela sociedade, pois, conforme foi exposto, a atividade da administração está funcionalizada ao interesse típico dos sócios.

Cumpre ressaltar, ainda, que a funcionalização da atividade da administração ao interesse dos sócios conferirá, a estes, grande ingerência sobre a administração societária, definindo diretamente todas as políticas estratégicas da sociedade, bem como deliberando sobre negócios específicos a serem realizados pela sociedade, vinculando, tais deliberações, a atividade dos administradores. Dessa forma, a regra do art. 1.010, que se aplicará às sociedades limitadas se o regramento completante destas for aquele das sociedades simples, concretizando o princípio jurídico pelo qual o ordenamento jurídico garante aos sócios que os seus interesses serão buscados pela atividade da administração, permite aos sócios deliberarem sobre a condução dos negócios societários. Por essa razão, é impossível conceber-se, em uma tal sociedade limitada, a existência de um conselho de administração, uma vez que a estrutura trazida por lei para as sociedades limitadas "contratualistas" impede, por princípio, que os sócios sejam afastados da atividade da admi-

30. Aproxima-se, portanto, da concepção de H. Wiedemann, que se define como: "Die juristiche Person ist also eine vom Gesetz verselbständigte Zuordnungs- und Zurechnungseinheit. Schlagwortartig kann man sie als eine *mitgliedsunabhängige Sondervermögensordnung* charaktisieren" (H. Wiedemann, ob. cit. (v. nota 14), p. 196).

nistração, ou, em outras palavras, que exista algum órgão societário que medeie o relacionamento entre os sócios e a administração.[31]

4.2 O interesse societário e a administração na sociedade limitada "institucionalista"

Por outro lado, caso os sócios elejam como regramento completante para a sociedade limitada o regramento das sociedades anônimas, o interesse societário transcenderá ao interesse do grupo de sócios.

A regra do art. 1.013, § 2º, será afastada, aplicando-se, em seu lugar, a regra do art. 116 da Lei 6.404/1976, o qual faz com que se integrem na pessoa jurídica não só os interesses do grupo de sócios (como ocorre na sociedade limitada "contratualista"), mas também os interesses de todos os demais grupos que são afetados por aquela atividade empresarial.

Portanto, a pessoa jurídica integrada pela sociedade limitada "institucionalista" concebe-se da mesma forma da pessoa jurídica integrada por uma sociedade anônima. A grande diferença estrutural entre a sociedade anônima e a sociedade limitada "institucionalista" decorre do fato de que nesta o contrato de sociedade mantém ainda um mínimo de eficácia, mesmo após a personificação da sociedade; enquanto que, naquela, a personificação exaure totalmente a relação contratual existente entre os sócios. Tal diferenciação funda-se no maior âmbito outorgado à autonomia privada dos sócios das sociedades limitadas, no que toca à conformação do contrato de sociedade, se comparada com a autonomia privada dos sócios de uma sociedade por ações. Nas sociedades anônimas, as disposições contratuais postas à disposição dos sócios são *numerus clausus*, sendo dado aos sócios apenas escolherem entre as diversas opções outorgadas pela lei, não podendo estes desviarem-se, principalmente no tocante às relações entre os sócios, dos esquemas predefinidos pela lei das sociedades anônimas; nas sociedades limitadas, é reconhecida aos sócios maior liberdade, permitindo-os conformar de acordo com sua autonomia privada não só a estrutura orgânica da pessoa jurídica, como também relações entre os sócios (p.ex., a participação de cada sócio nos lucros e perdas societárias; a possibilidade de alienação das quotas; a possibilidade de nomeação de administrador no contrato de sociedade; a possibilidade de se proibir que existam administradores não sócios). Assim, como as próprias relações entre os sócios fundam-se no contrato de sociedade, a lei reconhece, por meio do art. 1.080, já várias vezes citado, a permanência, com um mínimo de eficácia, da relação decorrente do contrato de sociedade, que continua a vincular os sócios ao cumprimento, de boa-fé, desse contrato.

Assim, a sociedade, e a pessoa jurídica por ela integrada, não são mais apenas instrumentos para gerar lucros que serão distribuídos aos sócios, mas sim para realizar o fim social a que se destina. As decisões dos sócios, primordialmente as decisões do controlador, devem buscar satisfazer, ao máximo todos os interesses que se integram naquela pessoa jurídica, havendo plena aplicação de todos os princípios institucionalistas já acima expostos.

No que toca à administração dessa sociedade limitada, os administradores não têm mais deveres para com os sócios, mas, sim, para com a própria pessoa jurídica, voltada para a satisfação, no maior grau

31. Nesse sentido, cf. W. Flume: "Anders als bei der Aktiengesellschaft ist nach der gesetzlichen Regelung die Rechtslage bei der GmbH. Die Geschäftsführer der GmbH haben als der Vorstand der AG keine selbständige Position gegenüber den Gesellschaftern, sonder sind deren Weisungen unterworfen" (W. Flume, ob. cit. (v. nota 10), p. 61). Cf., tb., Wiedemann/Frey: "Die gesellschaftversammlung ist befugt, dem Geschäftsführer jederzeit und in jeder Hinsicht Weisungen zu erteilen, sofern nicht das Gesetz entgegensteht. In der AG sind dagegen die Zuständigkeiten zwingend aufgeteilt und der Vorstand erledigt die Geschäftsführung selbständig" (H. Wiedemann e K. Frey, *Gesellschaftsrecht*, 6ª ed., p. 317).

possível, de todos os interesses que se integram naquela pessoa jurídica.[32]

Retomando o nosso exemplo acima, o administrador de uma sociedade limitada "institucionalista", que decidisse reduzir os investimentos na atividade-fim societária, a fim de investir no mercado financeiro para simplesmente gerar mais lucros para os sócios, poderia ter sua atuação questionada, uma vez que a própria atividade-fim societária é lucrativa, apenas não tão lucrativa quanto o investimento no mercado financeiro. Assim, uma melhor solução para todos os interesses envolvidos seria a manutenção dos investimentos na atividade-fim, mantendo-se não só o emprego dos trabalhadores, mas, também, fazendo crescer o mercado no qual atua a sociedade e, portanto, agregando grande valor à economia local.

Como se vê, também, há um maior distanciamento entre os sócios e a atividade dos administradores. Esta não está funcionalizada ao interesse daqueles, e, portanto, não há nenhum princípio jurídico que busque assegurar aos sócios que os seus interesses serão satisfeitos pela atividade da administração. Nesse ponto, é possível pensar-se, para essa sociedade limitada, a existência de um conselho de administração, o qual mediaria as relações entre sócios e diretoria e seria responsável pela resolução das questões que dizem respeito à condução dos negócios societários. Ressalte-se que a atividade dos conselheiros, como integrantes da administração da sociedade, também estará funcionalizada aos interesses da empresa, e não apenas aos interesses dos sócios.

4.3 O direito de retirada

Por fim, gostaríamos de analisar, com um pouco mais de cuidado, o regramento do direito de retirada do sócio, o qual é um dos únicos pontos estruturais no qual a eleição do regramento completante terá influência direta.

Se pensarmos na sociedade simples, as relações entre os sócios fundam-se no contrato de sociedade, e, portanto, a elas são aplicáveis os princípios contratuais de caráter geral. Dessa forma, o Novo Código Civil consagra expressamente, em dois dispositivos legais (arts. 1.029 e 1.031), dois princípios de direito contratual, que serão o centro da disciplina do direito de retirada.

O primeiro desses dispositivos concretiza, no campo societário, o princípio que confere ao contratante direito de denúncia da relação contratual quando o contrato tiver sido celebrado por tempo indeterminado. Ou seja, como a relação contratual não é, por essência e natureza, relação de

32. Nesse sentido, com respeito às sociedades anônimas, porém, no regramento brasileiro, plenamente aplicável às sociedades limitadas regidas pelas regras daquelas, cf. W. Flume: "Der Vorstand hat in Eigenverantwortung ausschlieâlich nach dem Unternehmensinteresse zu entscheiden. (...) Bei der Aktiengesellschaft wird das verhalten von Vorstand und Aufsichtsrat in Hinsicht auf das Unternehmensinteresse durch ihr pflichtgemäßes Ermessen bestimmt, und zwar gilt für jedes einzelne Mitglied des Vorstands oder Aufsichtsrats sein eigenes pflichtgemäßes Ermessen, dessen Betätigung nicht durch die Satzung oder Mehrheitsbeschlüsse der Organe eingeschränkt werden kann" (W. Flume, ob. cit. (v. nota 10), pp. 60 e ss.). Tb., H. Wiedemann, após ressaltar o dever de lealdade existente entre os sócios e a administração — do qual discordamos, uma vez que entendemos que os deveres da administração são apenas para com a pessoa jurídica e não para com os seus membros — defende que a atividade da administração está funcionalizada a interesses que transcendem os dos sócios, contrapondo o que denomina de *unternehmenspolitisches Mandat* da administração, o qual se refere apenas ao interesse do grupo de sócios, a um *wirtschaftspolitisches Mandat*, que caberia à administração das grandes empresas, funcionalizando a atividade desta ao bem-comum (*Gemeinwohl*). Assim, apesar de mais restritiva — devido ao posicionamento do autor de manter, no fenômeno societário, a integração dos interesses diversos que afetam aquela empresa, ao invés de integrá-los em um supraconceito (pessoa jurídica), que transcende inclusive ao direito societário e permite um maior grau de institucionalização desses interesses — a posição de H. Wiedemann não é contrária àquela aqui adotada, qual seja: a atividade da administração de sociedades regidas pelos princípios institucionalistas transcende o interesse do grupo de sócios dessas sociedades (cf. H. Wiedemann, ob. cit. (v. nota 14), pp. 318 e ss.).

caráter permanente (como é o casamento, p.ex.), as partes contratuais não podem ser compelidas a permanecer vinculadas indefinidamente a um contrato, cabendo-lhes sempre o direito de denunciá-lo. Assim, aplicando-se esse princípio ao campo societário, quando o contrato de sociedade for por tempo indeterminado, o sócio poderá retirar da sociedade a qualquer tempo, mediante notificação aos demais sócios com uma certa antecedência.

O segundo dispositivo legal refere-se a outro princípio contratual, qual seja, o princípio da pré-liquidação dos prejuízos. No campo contratual, esse princípio encontra larga concretização no regramento das cláusulas penais e das arras. No campo societário, se pusermos a ênfase sobre a expressão "salvo disposição em contrário", contida no meio do citado artigo de lei, fica permitido aos sócios estipularem no contrato de sociedade não só outra forma de calcular o valor da quota do sócio que se retira, mas também já prefixar um determinado valor para essa quota, pré-liquidando o valor pecuniário da posição contratual daquele sócio, e, assim, estipulando o valor que o sócio deverá receber por força de sua retirada.

Esses dispositivos legais têm plena aplicação às sociedades limitadas, quando o regramento completante dessas forem as regras das sociedades simples, uma vez que as características estruturais institucionalistas que são impingidas diretamente às sociedades limitadas não alcançam referido direito de denúncia dos sócios, uma vez que na sociedade limitada "contratualista" a relação contratual existente entre os sócios é de grande relevância.

Entretanto, ambos os princípios são frontalmente contrários ao institucionalismo. É característica das instituições serem permanentes e, dessa forma, o ordenamento jurídico principiologicamente protege a continuidade das instituições. Portanto, o princípio da continuidade das instituições supera o princípio da autonomia privada, e aos membros da instituição não é dado dela retirarem-se a seu exclusivo critério (pense-se nas hipóteses fechadas de alteração do *status* familiar, ou do *status* de cidadão, p.ex.). Também, é característica das instituições o dever de solidariedade entre os seus membros, o que impede a pré-liquidação da posição dos sócios, uma vez que esta não tem características puramente patrimoniais.

Assim, se o regramento completante das sociedades limitadas for o regramento institucionalista das sociedades anônimas, não será conferido aos sócios das sociedades limitadas, ainda que estas não tenham prazo definido de duração, o direito de retirada a qualquer tempo, uma vez que a institucionalização das sociedades limitadas, acarretada pela aplicação das regras da sociedade anônima, diminuem a relevância da relação contratual existente entre os sócios ainda depois da personificação. Assim, no que se refere ao direito de retirada, a relação institucionalista relevante não será a relação contratual entre os sócios, mas sim a relação entre a pessoa jurídica e seus membros, funcionalizada à preservação da existência dessa.

4.4 Conclusões sobre o regramento da sociedade limitada

Por óbvio, existem algumas outras diferenças trazidas pela escolha do regramento completante das sociedades limitadas, as quais, contudo, são de menor significado: poder-se-á discutir quanto à possível diferenciação das formas de participação no capital das sociedades limitadas, ou quanto às formas de investimento nessas, quando estas adotem o regramento completante das sociedades anônimas: assim, se poderá haver classes distintas de quotas, atribuindo a algumas vantagens especiais, ou que excluam, ainda, o poder de voto, ou se poderá haver a emissão de debêntures. Entendemos, entretanto, que tais discussões são discussões marginais à essência da sociedade limitada e, portanto, não nos alongaremos nessas análises.

Em conclusão, a definição do regramento completante concretiza o interesse societário relevante para aquela sociedade limitada, o qual, por sua vez, preencherá e funcionalizará todas as estruturas societárias. A estrutura vazia trazida pelo Novo Código Civil para as sociedades limitadas será preenchida de acordo com a eleição do regramento completante. Por esse motivo, vimos desde o início referindo-nos ao que o Novo Código Civil chama de "regramento subsidiário" como "regramento completante", pois as regras próprias das sociedades limitadas são flagrantemente incompletas, e carecem de ser completadas, em aspectos centrais (como, p.ex., a definição do interesse societário ao qual estará funcionalizada a atividade da administração). Assim, o regramento das sociedades simples, ou das sociedades anônimas não encontrará aplicação eventual e de forma marginal (subsidiária), mas influenciará questões centrais relativas às sociedades limitadas, verdadeiramente completando as regras próprias dessas.

De todo o exposto, revela-se o grande significado atribuído à escolha do regramento completante, pois este, ao definir características centrais da sociedade limitada, influenciará diretamente a principal forma pela qual se organiza a atividade empresária no Brasil.

Assim, a escolha do ordenamento completante mostra-se tão importante que podemos inclusive questionar se esta, em todas as hipóteses, permanecerá afeita à autonomia privada dos sócios, ou, se existem casos nos quais o ordenamento jurídico subtraia da autonomia privada dos sócios a eleição do regramento completante, compelindo-os a adotar este ou aquele regramento. Vejamos como essa discussão pode ser desenvolvida.

5. O direito de escolha do regramento completante

De tudo o que até agora foi exposto, podemos concluir que a escolha do regramento completante da sociedade limitada influencia de forma direta a forma pela qual serão desempenhadas as funções acometidas à estrutura dessa sociedade: eleito o regramento completante pela sociedade simples, a sociedade limitada ganhará características eminentemente contratualistas, sendo certo que os interesses a serem levados em consideração na atividade societária são apenas os interesses dos sócios naquela sociedade; eleito o regramento das sociedades anônimas, a sociedade limitada ganhará características eminentemente institucionalistas, e imiscuir-se-ão na pessoa jurídica por ela integrada outros interesses, além dos interesses dos sócios, que deverão ser levados em consideração pelos sócios e pela administração da sociedade.

As características contratualistas adequam-se às pequenas sociedades, as quais dificilmente influenciará, de forma decisiva, a comunidade ou os demais grupos de interesse nelas envolvidos. São sociedades eminentemente familiares, de poucos empregados, nas quais os sócios são diretamente os seus administradores e estão em contato direto com o exercício das atividades sociais.

Por outro lado, as características institucionalistas adequam-se às sociedades limitadas que integram pessoas jurídicas com grande influência sobre os grupos de interesses por ela afetados, e que, portanto, facticamente constituem instituições sociais. São sociedades com grande número de empregados e administração profissional, nas quais os sócios são, na realidade, investidores de capital, limitando-se, muitas vezes a simplesmente eleger os administradores. As decisões tomadas pelos sócios e pela administração terão grandes repercussões em todos os grupos afetados por aquela atividade empresarial (credores, consumidores, trabalhadores, empregados), de forma que o regramento institucionalista, para essas hipóteses, é o mais adequado para ser aplicado.

Assim, poder-se-ia chegar à seguinte conclusão: nas hipóteses de sociedades limitadas "facticamente institucionalistas", o ordenamento jurídico retira da autonomia privada dos sócios a eleição do regramento completante, impingindo-lhes que tal regramento seja o aplicável às sociedades anônimas, e, portanto, também de matiz institucionalista, pois não é razoável que os sócios elejam, apenas para proteger seus próprios interesses, um regramento contratualista para tais sociedades, caracterizando-se, portanto, essa eleição como contrária ao princípio da boa-fé (em sentido objetivo).

Em conclusão, a posição aqui defendida é que, nas sociedades limitadas "facticamente institucionalistas", a eleição de um regramento completante de matiz contratualista seria abusiva, e, portanto, nula ou, no mínimo, ineficaz.

6. Conclusão

Em conclusão, gostaríamos apenas de ressaltar que esse trabalho teve por objetivo expor os aspectos essenciais do novo regramento será aplicável à sociedade limitada após a entrada em vigor do Novo Código Civil.

Entretanto, uma grande objeção, de ordem prática, poderia ser oposta a tudo o que aqui foi exposto: não há no direito brasileiro aplicação estrita dos princípios institucionalistas trazidos pela lei das sociedades anônimas, de modo que praticamente será indiferente o regramento completante que se eleja. Efetivamente, tais princípios institucionalistas não têm sido aplicados por nossos tribunais, apesar do texto expresso da lei que os consagra. Esperamos, contudo, que, com a entrada no Novo Código Civil em vigor, e com a antinomia que será causada entre o regramento puramente contratualista da sociedade simples, e o regramento institucionalista da sociedade anônima, os tribunais passem a ver tais questões com outros olhos e, dessa forma, passem a simplesmente aplicar a lei.

Outra grande objeção que temos percebido decorre do entendimento que a nova estrutura das sociedades limitadas apresenta-se como uma estrutura extremamente burocrática, que atravancará o desempenho da atividade empresarial pelas sociedades limitadas.

No nosso entender, entretanto, o maior formalismo previsto pelo novo regramento estrutural das sociedades limitadas destina-se à proteção de todos os grupos de credores da sociedade (investidores, mutuantes, trabalhadores, consumidores), que muitas vezes se vêem prejudicados, e impossibilitados de receber o que lhes é devido, dada a existência da limitação da responsabilidade.

Uma estrutura mais formal, que exija assembléias de aprovação de contas, a publicação de reduções do capital, e cuja regra de conflito de interesses tenha matiz formal, trará maior segurança a tais credores. E nunca devemos perder de vista que existe à disposição dos empresários que não quiserem se submeter a tais formalidades, os tipos societários sem limitação de responsabilidade, que lhes outorgam toda a flexibilidade que desejarem na estrutura.

Com o novo regramento, antigas distorções (p.ex., a aplicação indiscriminada da desconsideração da personalidade jurídica), criadas pelas grandes fraudes acarretadas por meio de limitadas, poderão ser corrigidas, permitindo a reconstrução do sistema jurídico societário brasileiro de forma mais ordenada e coerente.

A conclusão de que a escolha do regramento completante efetivamente influenciará na forma em que a atividade societária será conduzida, somada à limitação, pelo princípio da boa-fé objetiva, da possibilidade de eleição de escolha do regramento completante, quando a sociedade for facticamente institucionalista, dão ao ordenamento jurídico societário brasileiro, conforme reestruturado pelo Novo Código Civil, uma grande possibilidade de adaptação às diversas formas pelas será desenvolvida a atividade econômica, sem que se esqueçam dos princípios de proteção dos demais interesses afetados por tal atividade, como os interesses dos trabalhadores, consumidores e demais credores da sociedade.

7. *Referências bibliográficas*

FLUME, Werner. *Allgemeiner Teil des Bürgerlichen Rechts*. v. 1, t. 2, *Die Juristiche Person*, Berlim-Heidelberg-Nova York-Tóquio, Springer, 1983.

GALGANO, Francesco. *Delle Persone Giuriche*. Bolonha, Zanichelli, 1969.

JAEGER, Pier Giusto. *L'Interesse Sociale*. Reimp., Milão, Giuffrè, 1972.

______. "L'interesse sociale rivisitato (quarent'anni dopo)", in *Rivista Giurisprudenza Commerciale*, Milão, Giuffrè, 2000, I Parte.

KÜBLER, Friedrich. *Gesellschaftsrecht*. 2ª ed., Heidelberg, CF Muller, 1986.

LARENZ, Karl e WOLF, Manfred. *Algemeiner Teil des Bürgerlichen Rechts*. 8ª ed., Munique, CH Beck, 1997.

MESSINEO, Francesco. *Manuale di Diritto Civile e Commerciale*. vs. 1 e 3, Milão, Giuffrè, 1957 e 1959.

SALOMÃO FILHO, Calixto. *O Novo Direito Societário*. 2ª ed., São Paulo, Malheiros Editores, 2002.

WIEDEMANN, Herbert. *Gesesllschaftsrecht*. Munique, CH Beck, 1980.

WIEDEMANN, Herbert e FREY, Kaspar. *Gesellschaftsrecht*. 6ª ed., Munique, CH Beck, 2002.

O CONTRATO PRELIMINAR

JULIANA KRUEGER PELA

I. Introdução. II. Contrato preliminar: II.1 Estrutura e função; II.2 Tratamento atribuído ao contrato preliminar pela Lei 10.406, de 10.1.2002 (Novo Código Civil). III. Aplicação da análise econômica do direito contratual ao contrato preliminar: III.1 Contrato preliminar como contrato incompleto; III.2 Medidas passíveis de aplicação em caso de inadimplemento do contrato preliminar. IV. Conclusão.

I. Introdução

O presente trabalho[1] propõe uma aplicação dos princípios que informam a chamada análise econômica do direito contratual (*economic analysis of contract law*), em especial a teoria do inadimplemento eficiente (*theory of the efficient breach*), à disciplina do contrato preliminar, tal como estabelecida pela Lei 10.406, de 10 de janeiro de 2001.

Para esse fim, a exposição está dividida em 3 (três) partes. A primeira parte (seção II) é dedicada ao estudo do contrato preliminar, enquanto *fattispecie*. Nesse particular, será dado destaque, ainda que breve, para a compreensão de sua estrutura e função no âmbito do direito obrigacional (seção II.1), bem como à sua disciplina no ordenamento vigente (seção II.2).

A segunda parte do trabalho (seção III), por sua vez, visa a submeter a compreensão do contrato preliminar, desenvolvida na primeira parte, às categorias próprias da análise econômica do direito contratual, com especial atenção à noção de contrato incompleto (seção III.1). Em tal âmbito, as regras aplicáveis em caso de descumprimento serão enfocadas também sob a ótica de sua eficiência na orientação do comportamento dos agentes envolvidos (seção III.2).

Por fim, na terceira e conclusiva parte (seção IV), será feita uma comparação entre, de um lado, a disciplina legislativa do contrato preliminar e, de outro lado, o resultado da aplicação dos princípios da análise econômica do direito contratual, obtido a partir das análises conduzidas na segunda parte.

II. Contrato preliminar

II.1 Estrutura e função

O contrato preliminar pode ser definido como um contrato que obriga as partes a concluir, no futuro, um outro contrato, por essa razão tido por definitivo. A figura, por-

1. Este trabalho foi apresentado, em junho de 2003, como avaliação final da disciplina "Condições Gerais de Negócio e Contratos por Adesão", ministrada no Curso de Pós-Graduação da Faculdade de Direito da Universidade de São Paulo, pelos Professores Dra. Rachel Sztajn e Dr. Milton Barossi. A avaliação final consistiu em uma dissertação sobre a aplicação da análise econômica do direito contratual ao contrato preliminar.

tanto, tem por objeto imediato a conclusão do contrato definitivo, e por objeto mediato a própria prestação principal, devida por força do contrato definitivo.

Note-se que, embora o contrato preliminar e o contrato definitivo sejam contratos distintos, encontram-se seqüencialmente ligados, formando uma operação econômica unitária. A estrutura dúplice, sob essa perspectiva, revela-se articulada em favor de uma mesma função econômico-social típica.

Segundo Vicenzo Roppo (*Il Contratto*, Milão, Giuffrè, 2002, pp. 651 e 678), a principal função do contrato preliminar consiste em controlar, durante um determinado lapso de tempo, a conformidade do bem ou da prestação ao programa contratual pretendido pelas partes. Com efeito, a segmentação entre contrato preliminar e contrato definitivo confere às partes intervalo de tempo adicional para garantir que o bem não apresentará vícios intrínsecos ou que a prestação não será atingida por eventos supervenientes, incompatíveis com o adimplemento. Tal intervalo de tempo adicional pode ainda permitir às partes a própria obtenção do objeto da prestação devida no contrato definitivo, como, por exemplo, os recursos para pagamento do preço em um contrato de compra e venda.

Na prática contratual brasileira, o contrato preliminar é particularmente usual nos negócios translativos de direito de propriedade sobre bens imóveis, nos quais as partes costumam se vincular, inicialmente, por promessas de compra e venda do bem. A partir da assinatura do contrato preliminar, dá-se início, em geral, a uma operação de financiamento do bem, ao cabo da qual, em se aperfeiçoando o adimplemento pelo promitente comprador, é enfim celebrado o contrato principal, com vistas à efetiva transferência da propriedade sobre o imóvel. Outras hipóteses, naturalmente, existem. Costumam ser realizadas em etapas, da mesma forma, as operações de transferência de controle sobre sociedades empresárias, cuja complexidade normalmente demanda uma formação progressiva do vínculo contratual definitivo. Nesses casos, pode-se dizer, de modo geral, que a fase pré-contratual tem o escopo principal de mitigar a assimetria de informação que se verifica entre a ponta vendedora e a ponta compradora da operação. Daí a realização de auditorias, a apresentação e análise de diversas demonstrações financeiras e outras providências preliminares, que se destinam a auxiliar as partes, sobretudo o comprador, na conformação de um juízo o mais completo possível sobre as qualidades do bem adquirido e a adequação do respectivo preço. Tudo isso entre a assinatura de um contrato preliminar e a celebração do contrato definitivo.

A respeito da disciplina jurídica do contrato preliminar, merece especial destaque o tratamento conferido às hipóteses de inadimplemento absoluto, vale dizer, aos casos em que não ocorre a conclusão do contrato definitivo. Em geral, a parte lesada pelo inadimplemento tem duas alternativas: resolver o contrato preliminar ou promover sua execução específica.

A resolução do contrato preliminar é, de seu lado, freqüentemente acompanhada do pagamento, pela parte inadimplente, de multa compensatória. Conforme se analisará no item III.2, *infra*, é dada à parte inadimplente a possibilidade de escolher, de acordo com seu senso de conveniência e oportunidade, entre cumprir o contrato preliminar e pagar a multa estipulada.

No que toca à execução específica, trata-se de constituir, por sentença judicial ou por laudo arbitral, os efeitos do contrato definitivo, a despeito da recalcitrância de um dos contratantes.

II.2 Tratamento atribuído ao contrato preliminar pela Lei 10.406, de 10.1.2002 (Novo Código Civil)

A legislação brasileira anterior a janeiro de 2002 não disciplinava expressamente o contrato preliminar, que, por essa razão, era regido pelas normas aplicáveis a quaisquer espécies contratuais.

Em que pese o silêncio da lei, o contrato preliminar constitui há tempos instrumento bastante utilizado pelos agentes econômicos na formalização de seus negócios, tendo sido, por esse motivo, objeto de amplo tratamento por parte dos tribunais brasileiros.

O caso talvez mais conhecido nessa matéria, e que pode ser considerado verdadeiro *leading case*, é o chamado "caso Disco", julgado de forma definitiva pelo Supremo Tribunal Federal (RE 88.716-RJ). Discutiu-se, na espécie, a qualificação jurídica do contrato celebrado entre Supermercados Pão de Açúcar S/A e os acionistas da Distribuidora de Comestíveis Disco S/A, que tinha por objeto a transferência do controle acionário da segunda sociedade.

O Ministro Moreira Alves, Relator do processo, argumentou pela inexistência de contrato preliminar e, conseqüentemente, pela impossibilidade de execução específica no caso. Seu voto, que foi seguido pela maioria dos Ministros do Supremo Tribunal Federal, define o contrato preliminar como aquele que já contém *todos* os elementos do contrato definitivo, sem que se faça distinção entre elementos essenciais e acidentais. *In verbis*: "no Direito Comercial brasileiro, só se forma o vínculo contratual (preliminar ou definitivo) quando todas as partes chegam a acordo sobre todas as cláusulas que devem constar no contrato, sejam elas relativas aos denominados elementos essenciais, sejam elas referentes aos chamados elementos acidentais, ambos objetivamente considerados" (voto citado em "Formação de contrato preliminar suscetível de adjudicação compulsória", in *RDM* 80/88, São Paulo, Ed. RT, out.-dez. 1990).

A menção a esse precedente jurisprudencial mostra-se relevante pois parece ter sido reproduzida, ao menos em parte, no art. 462 da Lei 10.406, de 10 de janeiro de 2002 (Novo Código Civil). Com efeito, esse dispositivo prevê que o contrato preliminar deve conter todos os "requisitos essenciais" ao contrato a ser celebrado.

Note-se, porém, que embora esse artigo tenha distinguido os elementos essenciais dos elementos acidentais do negócio jurídico, não qualificou propriamente o contrato preliminar, vez que não o diferenciou, em substância, do contrato definitivo. De fato, nos termos do mencionado art. 462, as partes somente podem celebrar um contrato preliminar quando presentes todas as condições essenciais para assinatura de um contrato definitivo. Ora, ocorre que a razão de se celebrar um contrato preliminar tende a ser, justamente, a de consolidar uma oportunidade negocial mesmo na ausência de todos os elementos necessários à formação do vínculo definitivo. Ao sujeitar a caracterização dos contratos preliminares à presença de todos os elementos essenciais do negócio jurídico em questão, a lei amputa em larga medida o leque de utilidades que os agentes econômicos podem atribuir ao mencionado instituto. A lei de 2002, desse modo, operou uma séria restrição ao âmbito de aplicação do contrato preliminar.

Além disso, os arts. 463 a 465 da mesma Lei, ao disciplinarem os efeitos do inadimplemento do contrato preliminar, dispõem que:

(i) caso o referido contrato não contenha cláusula de arrependimento, qualquer das partes tem o direito de exigir, da outra parte e em determinado prazo, a celebração do contrato definitivo;

(ii) se o contrato não for concluído no prazo fixado, o juiz poderá suprir a vontade da parte inadimplente, conferindo caráter definitivo ao próprio contrato preliminar (essa regra assemelha-se àquela prevista no art. 461 do Código de Processo Civil brasileiro);

(iii) por fim, se uma das partes não cumprir o contrato preliminar, a outra poderá, alternativamente, resolvê-lo e pleitear o pagamento de perdas e danos.

Feita essa breve introdução acerca do contrato preliminar e do tratamento a ele dispensado pela legislação brasileira vigente, cumpre verificar como o interpretariam a análise econômica do direito contratual e, mais especificamente, a teoria do inadimplemento eficiente.

III. Aplicação da análise econômica do direito contratual ao contrato preliminar

III.1 Contrato preliminar como contrato incompleto

Para uma adequada aplicação dos princípios da análise econômica do direito contratual, principalmente da chamada teoria do inadimplemento eficiente, ao contrato preliminar deve-se, de início, situar tal instituto nas categorias próprias daquelas teorias.

Nesse sentido, pode-se afirmar que o contrato preliminar é, por definição, um contrato incompleto, entendido como tal aquele que não prevê especificamente todas as condições ou eventos passíveis de verificação no transcurso da relação contratual (cf. Shavell, Steven, "Economic analysis of contract law", *paper* disponível em <www.nber.org/papers/w9696>, consultado em maio de 2003).

Conforme mencionado acima, as partes optam por celebrar um contrato preliminar em vez de um contrato definitivo, justamente porque não podem prever, naquele momento, todas as condições que deverão reger o programa contratual. A impossibilidade de previsão apresenta diversas causas, dentre as quais os elevados custos incorridos com a prospecção de informações e a própria negociação dos detalhes do acordo.

Dessa forma, qualificando-se o contrato preliminar como um contrato incompleto, deve-se verificar, de acordo com os princípios e o enfoque da análise econômica do direito contratual, a adequação das medidas previstas na legislação para os casos de inadimplemento do contrato preliminar.

III.2 Medidas passíveis de aplicação em caso de inadimplemento do contrato preliminar

Como visto acima, duas são as medidas aplicáveis em caso de inadimplemento do contrato preliminar: (i) resolução com pagamento de multa compensatória; ou (ii) execução específica do contrato preliminar, sendo a vontade da parte inadimplente suprida pelo juiz por meio de sentença constitutiva.

De acordo com Shavell, no primeiro caso, por se tratar de um contrato incompleto, a previsão de multa compensatória nem sempre favorecerá o adimplemento ou será benéfica para as partes — no sentido de que proporcionará a elas a maior utilidade que se pode extrair da situação em apreço.

Com efeito, demonstra Shavell que, nos casos de contratos incompletos, a previsão de multas compensatórias muito elevadas, sob o pretexto de induzir o adimplemento, gera para as partes custos adicionais, que são repassados ao valor das prestações, inflando-as em grau maior do que o estritamente compatível com o porte da operação e deturpando as informações que o preço do bem indica para o mercado a respeito das variáveis de oferta e procura.

Ao contrário, a previsão de multas compensatórias moderadas permite o inadimplemento quando o cumprimento da obrigação representar um custo muito elevado para uma das partes e, por outro lado, induz o adimplemento nos casos em que os custos não se revelem excessivos.

No contrato preliminar, embora os custos decorrentes do cumprimento da obrigação de contratar não possam ser facilmente determinados, a inserção de multa compensatória para os casos de inadimplemento confere às partes uma opção na definição do comportamento contratual a ser adotado, i.é., a parte pode escolher entre adimplir o contrato preliminar e, conseqüentemente, celebrar o contrato definitivo, ou simplesmente pagar a multa compensatória e desvencilhar-se do contrato definitivo.

Essa liberdade de opção, se considerada exclusivamente sob o ponto de vista da teoria contratual clássica, traz em si algo de imoral, visto que trata com naturalidade a possibilidade de uma das partes adotar comportamento oportunista e não honrar a palavra dada, em desrespeito à máxima *pacta sunt servanda*.

É preciso, no entanto, ceder espaço às premissas da análise econômica para perceber que, se levada sempre às últimas conseqüências, essa máxima pode se caracterizar como entrave à alocação eficiente dos recursos e causar uma diminuição do bem-estar coletivo.

Em realidade, não se pode dizer que a lei seja capaz de predizer, para todas as situações, qual será o arranjo mais eficiente no desenlace de um determinado conflito de interesses contratuais. Os agentes econômicos, por outro lado, têm capacidade de fazer esse juízo, sendo razoável facultar-lhes a escolha entre o cumprimento e descumprimento do contrato preliminar segundo as circunstâncias concretas.

Um exemplo citado por Richard Craswell em seu "Contract remedies, renegotiation and the theory of efficient breach" (*Southern California Law Review*, mar. 1988) é particularmente elucidativo a esse respeito. Um vendedor, que celebrou contrato de compra e venda de certo bem com determinado comprador, recebe outra proposta de um segundo pretendente a comprador. Considerando-se os critérios de eficiência na alocação dos recursos, não resta dúvida de que o bem deve ser atribuído ao comprador que lhe conferir maior utilidade e valor. No entanto, cabe ao vendedor, ao decidir entre cumprir o primeiro contrato de compra e venda e descumpri-lo, pagando ao primeiro comprador a multa pactuada, realizar tal atribuição. Note-se que a decisão do vendedor dependerá de diversas variáveis, dentre as quais, por exemplo, o valor da multa compensatória em contraposição ao preço oferecido pelo segundo comprador.

Sob essa perspectiva, vê-se que, na impossibilidade de indicar — para todos e quaisquer casos — a solução mais adequada sob a ótica da maximização de bem-estar, a lei deve manter-se aberta ao juízo concreto dos agentes econômicos acerca dos arranjos mais eficientes. No exemplo acima relatado, é desejável que se permita ao vendedor ter a chance de comparar, de um lado, os custos decorrentes do descumprimento e do pagamento da multa prevista no contrato preliminar e, de outro lado, os benefícios decorrentes do recebimento do preço oferecido pelo segundo pretendente a comprador. Uma multa compensatória excessiva, em tal contexto, desencorajaria por demais o descumprimento, tolhendo desnecessariamente a configuração de cenários mais eficientes em termos alocativos.

A lei brasileira, no entanto, não permite às partes contratantes verem-se livres do cumprimento contratual caso avaliem que, diante das circunstâncias, o inadimplemento se mostra mais vantajoso. De fato, mesmo após a opção pelo descumprimento, a parte que assim escolheu permanece sujeita ao adimplemento compulsório, caso a parte prejudicada venha a pleitear judicialmente a execução específica prevista no art. 464 do Novo Código Civil. Assim, no caso específico do contrato preliminar, à parte inadimplente não é facultado simplesmente optar pelo descumprimento do contrato, com pagamento de multa, ou pela celebração do contrato definitivo. Isso porque a lei assegura à parte lesada o direito de pleitear a execução específica do contrato.

Segundo Shavell, à semelhança do que ocorre com as multas compensatórias excessivas, a execução específica de contratos incompletos, como é o caso do contrato preliminar, mostra-se certamente indesejável para as partes. De fato, a possibilidade de uma das partes vir a pleitear a execução específica do contrato gera para outra parte custos adicionais, já que essa última terá que cumprir sua obrigação de celebrar o contrato definitivo ainda que tal cumprimento se revele excessivamente oneroso.

A existência desses custos adicionais, diz Shavell, diminui o valor e a utilidade do contrato para ambas as partes.

Além disso, a possibilidade de execução específica de um contrato incompleto pode engendrar uma distribuição de riscos inadequada aos propósitos das partes. Tomando-se por base a hipótese mais comum da compra e venda, a possibilidade de execução específica, se pender de forma permanente sobre a cabeça do vendedor, como ocorre na lei brasileira vigente, traz para esse último uma assunção excessiva de riscos. De fato, se custo de cumprir o contrato elevar-se de modo substancial a partir do momento da celebração da avença, a alocação respectiva se dará em prejuízo exclusivo do vendedor, que tenderá, assim, a cobrar do comprador uma contraprestação maior por conta de tal circunstância.

IV. Conclusão

Diante do exposto nas seções II e III, *supra*, o que se constata é que, em função da disciplina dispensada pelo Novo Código Civil ao fenômeno do contrato preliminar, a tendência mais provável é a de que sua utilização na praxe contratual brasileira esvaeça.

Em primeiro lugar, a exigência de que o contrato preliminar, para que seja tratado como tal, contenha todos os requisitos essenciais do contrato definitivo significa, em certa medida, um contra-senso estrutural diante das funções que o mecanismo em tese visa desempenhar no trato econômico-social. Como salientado acima, o contrato preliminar tem sua especial serventia na possibilidade de consolidar uma oportunidade negocial em um cenário de informação assimétrica ou incompleta, que impede as partes de dar ensejo à celebração do contrato definitivo. Sob essa perspectiva, a disciplina do Novo Código Civil esteriliza parte relevante da utilidade desse instrumento contratual, cerceando sem motivo plausível o grau de autonomia dos agentes econômicos.

Em segundo lugar, a circunstância de a execução específica poder ser livremente escolhida pela parte prejudicada pelo inadimplemento do contrato preliminar também representa uma intervenção desnecessária na esfera da autonomia privada. Sob as premissas da análise econômica do direito contratual, a lei teria feito melhor se deixasse ao juízo das partes contratantes a escolha entre o cumprimento e não cumprimento da obrigação de concluir o contrato definitivo. Ao impor, sempre que assim quiser o credor insatisfeito, a execução específica da prestação, a lei impede que se submeta a decisão sobre a celebração do contrato definitivo a uma avaliação de custo-benefício. Com isso, ficam diminuídas as possibilidades de obtenção, pelos próprios agentes econômicos, de arranjos alocativamente mais eficientes, em prejuízo do bem-estar coletivo.

Os resultados aqui alcançados, logicamente, não têm o caráter de profecias ou sentenças de morte à disciplina do contrato preliminar no Novo Código Civil. Como explicava Pontes de Miranda (*Comentários à Constituição de 1967*, t. I, São Paulo, Ed. RT, 1967, pp. 3 a 26), não se conhece uma lei senão após sua contínua aplicação. O direito ganha existência a cada ato de subsunção e há ainda a esperança que a aplicação de tal regramento contrarie as previsões pouco otimistas que foram aqui alcançadas.

Jurisprudência Comentada

CHEQUE ADMINISTRATIVO — POSSIBILIDADE DE A INSTITUIÇÃO FINANCEIRA ACOLHER OPOSIÇÃO FEITA PELO ENDOSSANTE

Comentários de
PAULO GUILHERME DE MENDONÇA LOPES e CHARLES ISIDORO GRUENBERG
ao acórdão do recurso especial 16.713-0/MS

REsp 16.713-0/MS — 4ª T. do STJ

Rel: O Exmo. Sr. Ministro Athos Carneiro

Recte.: Banco Itaú S/A

Recdo.: José Juvino de Lima

Advs.: Niza Ramos e Outros
Joseph Georges Slieman e Outro

***Ementa**: Cheque administrativo — Sustação pelo banco do pagamento ao endossatário, em decorrência de oposição do endossante. Exegese do art. 36 da Lei 7.357/1985 — Procedência dos embargos à execução, apresentados pelo banco.*

A circunstância de tratar-se de cheque "administrativo", sacado pelo estabelecimento bancário contra sua própria caixa (art. 9º, III, da Lei 7.357/1985), não afasta a aplicação do instituto da oposição motivada, nos termos do art. 36 da mesma lei, oposição no caso apresentada pelo favorecido e endossante do cheque sob invocação ao negócio subjacente ao endosso.

Em conseqüência, fica o banco exonerado do compromisso de honrar o cheque de sua emissão, ressalvadas as pretensões, cambiárias ou não, que possa assistir ao endossatário frente ao endossante.

Recurso especial conhecido e provido.

ACÓRDÃO

Vistos e relatados os autos em que são partes as acima indicadas.

Decide a 4ª T. do STJ, por unanimidade, conhecer do recurso e dar-lhe provimento, na forma do relatório e notas taquigráficas precedentes que integram o presente julgado. Participaram do julgamento, além do signatário, os Srs. Ministros Fontes de Alencar, Sálvio de Figueiredo, Barros Monteiro e Bueno de Souza.

Custas, como de lei.

Brasília-DF, 26 de abril de 1993 (data do julgamento).

Ministro Athos Carneiro, Presidente e Relator.

RELATÓRIO

O Exmo. Sr. Ministro Athos Carneiro: Apreciando o recurso especial manifestado por Banco Itaú S/A, o eminente Vice-Presidente do Tribunal de Justiça do Mato Grasso do Sul, ao negar seguimento ao apelo, interposto pela letra *a* do permissivo constitucional, assim narrou a espécie:

> Banco Itaú S/A, inconformado com o acórdão que manteve a decisão de 1º

grau que julgou improcedentes os embargos ofertados contra José Juvino de Lima, interpõe recurso especial ao Superior Tribunal de Justiça, com fulcro no art. 105, III, *a*, da Constituição Federal.

Na gênese deste recurso depara-se com os seguintes fatos: em 6.12.1989, Armando Marques, cliente do recorrente, requereu a emissão de uma ordem de pagamento em seu próprio favor, no valor de NCz$ 1.000.000,00, para ser cumprida na agência de Campo Grande. Neste mesmo dia, esse cliente resgatou a ordem, mediante a emissão de dois cheques administrativos nos valores de NCz$ 550.000,00 e NCz 450.000,00, nominativos a ele próprio. No momento seguinte, ainda no mesmo dia, endossou dois cheques a José Juvino de Lima, que, por sua vez, os depositou em sua conta corrente, junto ao Bamerindus do Brasil S/A, em Campo Grande. No dia 7.12.1989, o Sr. Armando Marques solicitou a sustação do pagamento dos títulos, oferecendo oposição estrita, alegando que a transação comercial que lhes dera origem houvera sido cancelada. Diante disto, o ora recorrente devolveu os cheques recebidos, através da compensação, sem o pagamento, pela alínea "c" (contra-ordem/oposição). Inconformado com a devolução dos títulos, o ora recorrido propôs ação de execução.

Opostos embargos, estes foram julgados improcedentes, sob argumento de que o cliente Armando Marques, tomador originário dos cheques, não tinha legitimidade para oferecer oposição e que cabia ao ora recorrente tê-la rejeitado e pago os títulos emitidos.

Irresignado, o recorrente apelou para este Egrégio Tribunal de Justiça, tendo a 2ª Turma Cível proferido decisão unânime resumida na seguinte ementa:

"Embargos de devedor — Cheque administrativo — Contra-ordem do endossante — Impossibilidade — Recurso improvido.

"Se o cheque administrativo foi lançado à circulação, não pode o banco recusar seu pagamento mediante simples pedido de sustação do endossante."

Argúi o recorrente que o acórdão impugnado viola flagrantemente o art. 36 da Lei 7.357/1985, bem como os arts. 586 e 618 do CPC. (Fls.117/118).

Negado seguimento ao recurso, foi manifestado agravo de instrumento pelo Banco Itaú, agravo este provido para melhor exame.

Com as contra-razões (fls. 109/113), veio o processo a este Superior Tribunal.

É o relatório.

VOTO

O Exmo. Sr. Ministro Athos Carneiro (Relator): O v. acórdão recorrido, de relatoria da Desa. Dagma Paulino dos Reis, contém fundamentação nos seguintes termos:

> (...) o cerne da questão em debate é saber se uma pessoa, que transfere a outrem, por endosso, um cheque emitido a seu favor pelo banco (cheque administrativo ou comprado), pode dar a este uma ordem para que suste seu pagamento.
>
> Já entendeu o Supremo Tribunal Federal, no julgamento do recurso extraordinário 77.167, de 10.12.1973 (in *JB* 55/55), que: "Uma vez lançado à circulação, não pode o sacador-sacado recusar seu pagamento a pretexto de contra-ordem de terceiro, que lhe solicitou a emissão".
>
> É bem verdade que o art. 6º da Lei 2.591, de 1912, já admitia a contra-ordem do pagamento do cheque, feita pelo emitente, desde que legalmente motivada e independentemente do prazo para apresentação em face da adesão à Convenção de Genebra, e que a nova lei permite ao emitente a revogação do cheque (v. arts. 35 e 36 da Lei 7.357), mediante as razões motivadoras do ato e oposição feita pelo emitente ou pelo portador.
>
> Nada esclarece a lei a respeito de oposição manifestada por terceiro, no caso o comprador do cheque administrativo responsável por sua criação e circulação.
>
> Por isso, cabia ao cliente, como terceiro interessado na sustação do cheque,

obter uma ordem judicial para que o banco emitente deixasse de pagá-lo, pois o banco não poderia, mediante uma simples carta contendo a afirmação de que houve cancelamento de transação irregular, sustar o pagamento do cheque já em mãos de terceiro, sob pena de comprometimento do próprio instituto do cheque, título autônomo e de fácil e corrente circulação.

Se a lei não autoriza a revogação pura e simples do cheque e se o endossante de cheque administrativo necessita impedir seu pagamento, deverá procurar meio judicial célere para veicular sua pretensão, pois, conforme foi dito no voto do eminente Ministro Xavier de Albuquerque (in *JB* 55/55):

"A pessoa que entregou o dinheiro ao Banco e pediu que fosse emitido um cheque a favor do terceiro, nada mais tem com o título, que corre sob a responsabilidade do Banco emitente. Daí concluir-se que a agência sacada não pode atender a contra-ordem de quem extraiu o cheque, porque a contra-ordem só pode ser dada pelo emitente e este é o próprio Banco. Desta maneira, o cancelamento destes cheques, a pedido de quem solicitou emissão, só é possível se eles ainda estiverem em seu poder. Do contrário, o banco será obrigado a pagar o cheque, se lhe for apresentado por portador de boa-fé, não podendo, sob pena de protesto, recusar o pagamento do cheque apresentado por endossatário que o adquiriu de boa-fé."

No caso em exame nem sequer se cogitou da má-fé do endossatário na cobrança dos cheques em questão e a solução dada ao caso parece ter sido a que melhor atende à natureza da controvérsia discutida nestes autos. (Fls. 77/78).

Diga-se que os autores de nomeada dão amparo a tal orientação.

Assim, Paulo Restiffe Neto, em douta monografia sobre a Lei Uniforme de Genebra relativa ao cheque (3ª ed., Ed. RT, p. 106), traz à balha o aresto do Excelso Pretório, já citado, proferido no RE 77.167, e afirma que em se tratando "de cheque bancário, não se admite, por incompatibilidade, a revogação ou contra-ordem.

O emitente, que é também o banco sacado, é o único que teria legitimidade para contra-ordenar o pagamento. Entretanto, posto em circulação com a entrega do cheque bancário ao seu tomador, que constituiu a provisão junto ao primeiro, ao emitente só resta cumprir a obrigação de pagamento do seu valor ao portador legitimado, seja o tomador, seja outro beneficiário.

Sérgio Carlos Covello lembra o magistério de mestre Valdemar Ferreira, em seu *Tratado de Direito Comercial*, no sentido da equiparação do cheque administrativo, ou "cheque bancário", a uma "autêntica nota promissória bancária, de cheque denominada"; e deste asserto extrai a conclusão de que impossível a revogação de tais cheques, a não ser por meios judiciais (*Contratos Bancários*, 2ª ed., Saraiva, 1991, pp. 144-145).

Igualmente Mauro Brandão Lopes, escrevendo ainda sob a vigência da Lei Uniforme, exclui a possibilidade de contra-ordem ao pagamento do cheque bancário, pois em seu entendimento a expressão "regular-se-ão, *em tudo o mais*, pela Lei do Cheque" (grifo nosso), constante do Decreto 24.777, de 14.7.1934 — que expressamente legitimou o costume de os bancos emitirem cheques contra as próprias caixas — tal expressão excluiria "a contra-ordem, já que esta é privativa do cheque de estrutura típica, em que sacador ordena a sacado, que é diferente pessoa, o pagamento da soma constante do cheque (*omissis*) ao cheque típico, que tem a estrutura tradicional, na qual emitente e sacado são pessoas distintas, aplica-se no Brasil a norma que se contém no art. 6º do Decreto 2.591, porque possível ordem de revogação de um a outro; mas ao cheque que um banco emite contra ele próprio não se pode aplicar aquela norma, porque impossível ordem que dê uma pessoa a si mesma" (*Natureza e Regime Legal do Cheque Bancário*, Ed. RT, 1978, n. 3, pp. 13-14).

Não obstante tão ponderáveis considerações, a polêmica questão deve ser encarada, e solucionada, à luz do direito vigente, ou seja, da Lei 7.357/1985.

Em primeiro lugar, vale sublinhar que a lei em vigor encara o chamado "cheque bancário" como uma das modalidades normais de cheque, como está no art. 9º, *verbis*:

Art. 9º. O cheque pode ser emitido:

I — à ordem do próprio sacador;

II — por conta de terceiro;

III — contra o próprio banco sacador, desde que não ao portador.

De outra parte, a lei vigente, art. 35, prevê expressamente os casos de contra-ordem ou revogação, privativa do "emitente do cheque pagável no Brasil" e que só produz efeito após expirado o prazo de apresentação, e os casos de oposição, pela qual

> Art. 36. Mesmo durante o prazo de apresentação, o emitente e o portador legitimado podem fazer sustar o pagamento, manifestando ao sacado, por escrito, oposição fundada em relevante razão de direito.
>
> § 1º. A oposição do emitente e a revogação ou contra-ordem se excluem reciprocamente.
>
> § 2º. Não cabe ao sacado julgar da relevância da razão invocada pelo oponente.

Portanto, ficou expressamente facultado ao emitente e ao portador legitimado o invocar perante o banco emissor a oposição, dês que fundada em "relevante razão de direito"; ou melhor, desde que invocada pelo oponente uma razão relevante de direito. Como está na norma, não caberá ao Banco perquirir ou julgar da veracidade das razões invocadas, e sim apenas verificar que não se cuida de oposição imotivada, ou sob pretexto evidentemente fútil. A responsabilidade pelas conseqüências de oposição infundada, ou de má-fé, repousará portanto sobre aquele que a apresentou.

A respeito, a didática manifestação de Egberto Lacerda Teixeira:

"A oposição deve ser fundada, diz a lei, em relevante razão de direito. caberá, assim, à prudência do julgador dizer se há, ou não, no caso concreto, relevante razão do direito a justificar a oposição. Os casos mais comuns de oposição serão os de perda, extravio, furto, roubo, apropriação indébita, cancelamento do negócio que deu origem à criação ou transferência do cheque etc.

"A oposição requer forma escrita, judicial ou extrajudicial ou mesmo epistolar.

"A lei não esclarece qual deve ser o comportamento do banco sacado quanto ao destino da provisão. Diz, apenas, que não cabe ao sacado julgar da relevância da oposição, o que significa, na prática, que ele deve acatar sempre, e sem discutir, o pedido de oposição" (*A Nova Lei Brasileira de Cheque*, 3ª ed., Saraiva, n. 101, p. 73).

Também Pedro Sampaio considera "como relevantes o inadimplemento contratual do beneficiário, em relação ao emitente, ou do endossatário ou portador, em referência ao endossante (Cód. Civil, art. 1.092, alínea 1ª) (...)" (*A Lei de Cheques*, Forense, 1988, n. 93, pp. 160-161). E acrescenta o ilustre mestre baiano que:

"Ao banco sacado não foi reconhecida a prerrogativa de apreciar, muito menos julgar, se a razão invocada pelo opoente é, ou não, relevante, se pertinente ou não. Enfim, o banco sacado deverá abster-se de apreciar a razão exposta pelo opoente ao realizar a oposição. Numa palavra, não é dado à entidade bancária substituir o Poder Judiciário, pois a este compete julgar a relevância do motivo apresentado pelo opoente para fazer sustar o pagamento do cheque" (ob. cit., n. 95, p. 162).

Pergunta-se, então, e aqui o ponto nodal da lide: perante a vigente legislação brasileira haverá algum fundamento jurídico capaz de impedir a oposição ao pagamento também dos cheques bancários? A resposta será, com a vênia dos que em contrário se têm manifestado, negativa.

Por certo a oposição não pode ser apresentada pelo emitente do cheque, pois emitente será o próprio banco que assumiu o compromisso de pagá-lo. Mas ao portador legitimado, argüindo relevante razão de direito, assistirá em princípio a faculdade de manifestar oposição, forte na norma do art. 36 da lei chéquica em vigor.

A doutrina não é esclarecedora sobre quem o "portador legitimado" do cheque, capacitado a sustar-lhe o pagamento. Não será, por certo, aquela pessoa que aparece cambiariamente, pelo endosso, como titular do crédito, pois a esta pessoa, na posse do cheque, interessa é receber o respectivo pagamento, não sustá-lo. Interessado na oposição será pois, em tese, aquele que foi o portador legitimado, e que com razão jurídica relevante opõe-se a que o sucessivo portador venha a receber a pecúnia, e isso inclusive argüindo razão ligada ao negócio subjacente ao endosso cambiário.

Não se argumente que tal exegese da lei poderia resultar em detrimento de portadores legítimos e de boa-fé dos cheques, e em favor de endossantes de má-fé ou leviano proceder. Ao adotar o instituto da "oposição motivada", o legislador de 1985 exerceu uma opção entre os vários sistemas a esse respeito encontrados em direito comparado (Egberto Lacerda Teixeira, ob. cit., n. 98; Cunha Peixoto, *O Cheque*, Forense, ns. 147 e ss.), e quaisquer argumentos de conveniência adversos à oposição relativamente ao "cheque bancário", seriam igualmente válidos relativamente às demais modalidades de cheque. Ao final da contas, endossar um cheque administrativo a alguém equivale emitir um cheque em favor dessa mesma pessoa; e nesta hipótese nunca se duvidou da possibilidade fundada de oposição ao pagamento, com a conseqüente exoneração (ao menos temporária) d banco sacado. A simples circunstância de no cheque administrativo ser o banco ao mesmo tempo sacador em favor de um seu depositante, e sacado, não altera a equação jurídica. O cheque administrativo serve a acautelar seu portador contra o risco da falta de fundo; no mais, é um cheque como os demais.

Ante o exposto, e tendo Armando Marques, o "favorecido" pelo cheque administrativo, apresentado ao banco emitente uma relevante razão de direito — "cancelamento de transação comercial irregular", fls. 28 — para sustar-lhe o pagamento, agiu licitamente o recorrente Banco Itaú no atender tal oposição, ficando naturalmente ressalvadas as pretensões cambiárias ou não, que possam assistir ao endossatário, ora recorrido, contra o endossante Armando Marques.

Pelo exposto, conheço do recurso especial, por contrariado o art. 36 da Lei 7.357/1985, e ao mesmo dou provimento, a fim de julgar procedentes os embargos à execução, invertidos os ônus da sucumbência e fixada a verba honorária no percentual de 10% sobre o valor atualizado da ação de execução.

É o voto.

VOTO-VISTA

O Exmo. Sr. Ministro Fontes de Alencar: Senhor Presidente, versa a causa sobre um cheque administrativo emitido pelo estabelecimento de crédito e entregue a quem o provocou, e este portador endossou o título a terceiro em virtude de um contrato. Posteriormente, aquele provocador do nascimento do título manifestou sua oposição ao pagamento, argüindo a não concretização do contrato que motivara o endosso.

Realmente, num primeiro instante, assaltou-me certa perplexidade, porquanto o art. 36 da Lei do Cheque admite essa oposição ou contra-ordem formulada pelo portador legitimado, e aquele que dera causa ao nascimento do cheque já não o portava mais, visto que o transferira, por endosso, a terceiro. Foi exatamente este aspecto que me levou a pedir vista. Vou ler um pequeno trecho do voto do Eminente Ministro Athos Carneiro:

> A doutrina não é esclarecedora sobre quem o "portador legitimado" do cheque, capacitado a sustar-lhe o pagamento. Não será, por certo, aquela pessoa que aparece cambiariamente, pelo endosso,

como titular do crédito, pois a esta pessoa, na posse do cheque, interessa é receber o respectivo pagamento, não sustá-lo. Interessado na oposição será pois, em tese, aquele que foi o portador legitimado, e que com razão jurídica relevante opõe-se a que o sucessivo portador venha a receber a pecúnia (...).

E assim é, e a interpretação manifestada pelo Douto Relator, acentuando que o interessado na oposição há de ser aquele que foi o portador legitimado e não aquele que é, porque a este interessa receber, interessa que a ordem de pagamento seja cumprida. É uma situação que faz relembrar a expressão vinda dos Doutos – Carlos Maximiliano, inclusive: "a angústia expressional da lei"; e o Eminente Relator a corrige, dizendo quem é o portador legitimado.

Acompanho o Eminente Ministro-Relator.

Comentários de

Paulo Guilherme de Mendonça Lopes e Charles Isidoro Gruenberg

1. Cuida o V. Acórdão, da lavra do Il. Ministro Athos Carneiro, do E. Superior Tribunal de Justiça (REsp 16.713-0/MS), da possibilidade de a instituição financeira acolher oposição ao pagamento de cheque administrativo.

É sabido que o cheque, regulado em nosso ordenamento jurídico pela Lei 7.357/1985, constitui, em qualquer de suas modalidades, ordem de pagamento, à vista, incondicionada, dada a um banco ou instituição assemelhada, por alguém que disponha de fundos disponíveis no mesmo, em favor próprio ou de terceiro.[1] O emitente do cheque garante o seu pagamento (art. 15 da Lei 7.357/1985). O cheque possui a função típica de um instrumento de pagamento.[2]

1. Fran Martins, *Títulos de Crédito*, v. II, Rio de Janeiro, Forense, 2000, p. 3; G. F. Campobasso, *Diritto Commerciale*, v. 3, Turim, UTET, 1992, p. 277.

2. G.F. Campobasso, ob. e loc. cits.

Coisa diversa se verifica, entretanto, quando se esteja diante do chamado "cheque administrativo", pois, "contrastando com a própria configuração da ordem, de pagamento à vista, o cheque administrativo, também intitulado de cheque de caixa ou bancário, desperta especial atenção, descortinando um horizonte diverso impregnado de relações jurídicas provenientes da autonomia cartular e a própria oneração direta do sacado".[3]

Justifica-se a distinção proposta, em vista de confundirem-se, na mesma pessoa, as figuras do emitente e do sacado do título, o que implica dizer que inexiste, nesta modalidade de cheque, propriamente uma estrutura de saque e de ordem de pagamento, posto que o título é emitido pela instituição financeira contra a sua própria caixa.

E é precisamente por este motivo que se costuma dizer, consoante adverte Fábio Konder Comparato,[4] já que seria de todo incoerente considerar uma ordem dada pelo banco a ele mesmo, que o cheque administrativo ostenta perfil tipicamente de uma promessa de pagamento (garantida), com natureza de autêntica nota promissória.

2. Todavia, tal fato, por si só, não se mostra bastante para desqualificar o cheque administrativo como espécie do gênero "cheque", pelo que se submete ele ao disposto na Lei 7.357/1985 e, mais do que isto, aos demais princípios que são inerentes aos títulos sob análise, a exemplo do chamado princípio da "*abstração*", princípio pelo qual — conforme nos ensina Pontes de Miranda[5] — desvincula-se a obrigação ensejadora da emissão do título da ordem de pagamento nele contida (obrigação cambiária), visto que "*as obrigações são autônomas e independentes umas das outras*".

3. Carlos Henrique Abrão, *Contra-Ordem e Oposição no Cheque*, 4ª ed., São Paulo, Leud, 2003, pp. 123-124.

4. *Ensaios e Pareceres de Direito Empresarial*, Rio de Janeiro, Forense, 1978, p. 288.

5. *Tratado de Direito Cambiário*, v. IV, São Paulo, Max Limonad, 1955, p. 126.

Deve-se observar, outrossim, que o conceito de abstração é ambíguo, tanto podendo indicar que a existência do direito documentado não está subordinada à eficácia da relação causal correspondente ("não acessoriedade"), como, também, querer dizer que o direito documentado não se refere exclusivamente a um tipo contratual concreto ("atipicidade"). Às vezes pode ocorrer que ambas as qualidades dêem-se conjuntamente, como, por exemplo, na hipótese do cheque.[6]

A função da abstração "consiste em fortalecer a posição jurídica do detentor do título",[7] e ela se mostra de grande importância quando o detentor do cheque seja terceiro frente ao negócio causal, posto que, aí, não lhe poderão ser opostas as exceções procedentes do negócio causal.[8]

3. Os cheques podem circular através de endosso (art. 17 da Lei 7.357/1985). Através do endosso e da entrega do título, se transmite não só a propriedade como, também, o direito incorporado nele.[9] O endosso implica transferência de todos os direitos creditórios que irradiam do título (art. 20 da Lei 7.357/1985).

4. Inicialmente, cumpre-nos afastar a possibilidade de vir o pagamento do cheque administrativo a ser impedido por "contra-ordem" de seu eminente, "isto porque, o delineamento do cheque administrativo, traz como corolário inarredável, a inviabilidade da revogação do título, porquanto promessa do pagamento que se estampa, onde a recusa deve ser manifestada pelo devedor principal. Confundindo-se sacador e sacado, diante da unicidade da instituição financeira, seria de todo ilógico pensar na contra-ordem, uma vez que desnaturaria a figura modelar do cheque bancário, além de gerar verdadeira instabilidade na relação creditícia".[10]

Note-se, por demais, estar esta conclusão em estrita harmonia com o disposto na Carta-Circular 2.683, do Banco Central do Brasil, que estabelece "que é vedada a de volução de cheques administrativos pelo motivo 21 — contra-ordem (ou revogação) ou oposição (ou sustação) ao pagamento pelo emitente ou pelo portador, por iniciativa da própria instituição emitente".

5. Descartada, então, a contra-ordem de pagamento, fruto de sua inadequação aos cheques administrativos, cumpre-nos analisar, em continuação, a chamada "oposição" ao pagamento, de que trata o art. 36, da Lei 7.357/1985.

Com efeito, dispõe o citado dispositivo legal:

> Art. 36. Mesmo durante o prazo de apresentação, o emitente e o portador legitimado podem fazer sustar o pagamento, manifestando ao sacado, por escrito, oposição fundada em relevante razão de direito.
>
> (...).
>
> § 2º. Não cabe ao sacado julgar da relevância da razão invocada pelo opoente.

Sem embargo, colhe-se da disposição do artigo transcrito que ao emitente e ao portador legitimado do título é dada a prerrogativa de opor-se ao seu pagamento, sem que ao sacado seja dado julgar da relevância de suas razões. Contudo, como sacador e sacado confundem-se no cheque administrativo, poder-se-ia, desde logo, descartar a figura da oposição do emitente. Todavia, o emitente pode fazer oposição ao pagamento de cheque administrativo em face do portador de má-fé dele, tendo em vista que o art. 25 da Lei 7.357/1985 expressamente excluiu do rol das exceções causais de que trata, e veda a utilização, aquela relativa ao portador do título que o adquiriu em consciente detrimento do devedor (no caso, a própria instituição financeira).

6. Assim: A. Hueck; C.-W. Canaris, *Derecho de Los Títulos-Valor*, trad. esp., Barcelona, Ariel, 1988, p. 35.

7. Assim: A. Hueck; C.-W. Canaris, ob. cit., p. 36.

8. Assim: A. Hueck; C.-W. Canaris, ob. e loc. cits.

9. Assim: A. Hueck; C.-W. Canaris, ob. cit., p. 110.

10. Carlos Henrique Abrão, ob. cit., p. 125.

Confira-se, neste passo, acórdão do E. Tribunal de Alçada de Minas Gerais que trata da possibilidade de obstar o banco o pagamento de cheque administrativo nos casos de má-fé de seu portador:

> *Apelação cível — Execução por título extrajudicial — Cheque administrativo — Sustação do pagamento — Fraude — Falsificação de assinatura — Embargos do devedor — Prova pericial — Fraude comprovada — Exceção pessoal oposta pelo devedor — Exceção de dolo.* Se a causa "debendi" provém de meios ilícitos ou inidôneos, desaparecem os motivos do rigorismo do direito cambial, em defesa da circulação dos títulos e do terceiro de boa-fé (apelação civil 0303551-0, 6ª C. Cível, Rel. Juiz Belizário de Lacerda, j. 31.8.2000).

Para o mesmo norte, interpretando-se a decisão abaixo transcrita *a contrario sensu*, aponta a jurisprudência do E. 1º Tribunal de Alçada Civil de São Paulo, *in verbis*:

> *Cambial — Cheque administrativo — Título regularmente emitido — Sustação indevida — Má-fé do portador não configurada — Recusa pelo banco emitente incabível — Aplicação dos arts. 9º, III, 24 e 25 da Lei 7.357/1985 — Declaratória e cautelar improcedentes — Recurso provido para esse fim* (apelação 0801506-7, 1ª C., Rel. Silva Russo, j. 21.8.2000).

6. Resta-nos, agora, analisar a chamada oposição do portador legitimado, justamente a hipótese tratada no V. Acórdão sob comento.

O art. 24, da Lei 7.357/1985, estabelece que "*desapossado alguém de um cheque, em virtude de qualquer evento, o novo portador legitimado não está obrigado a restituí-lo se não o adquiriu de má-fé*".

Aqui, novamente, nos deparamos com o princípio da abstração do cheque e da função consagrada a este princípio, tornando-se desnecessário, por conseguinte, repetir tudo quanto exposto acima. Todavia, questão interessante salta-nos aos olhos ao confrontarmos as disposições dos transcritos arts. 36 e 24 do diploma legal em análise, já que, respectivamente, tratam os citados artigos do *portador legitimado* e do *desapossado do título*.

Quanto a este último, devemos considerar apenas aqueles que tenham sido desapossados por má-fé do novo portador, já que, se assim não fosse, enfrentar-se-iam os problemas decorrentes das exceções fundadas no princípio da abstração e do portador de boa-fé.

Com efeito, não pairam dúvidas de que mesmo o portador desapossado, conquanto não ostente ele mais a posição de portador, poderá valer-se do procedimento previsto no citado art. 36 para opor-se ao pagamento de determinado cheque administrativo. São os casos típicos do extravio, furto, roubo do título etc. que não podem, em qualquer hipótese, ser coroados. A interpretação harmônica dos arts. 36 e 24 não deixam dúvidas a respeito, mesmo porque formalismo legal algum deveria ser observado em prol de qualquer ilícito, apropriação indébita, enriquecimento sem causa ou coisa que o valha.

Nesta esteira, cabe analisar a hipótese da oposição motivada formulada por pessoa que, a despeito de já ter figurado como portadora legítima do cheque, endossou-o a terceira pessoa (= deixou de ser portador) em virtude de negócio por ela realizado — é dizer, qual a extensão que se poderia outorgar à expressão "portador de legitimado" do art. 36 da Lei 7.357.

Os Tribunais Pátrios controverteram a respeito da matéria, tendo, todavia, chegado, nos dias atuais, a entendimento dominante, pelo qual se tem outorgado interpretação extensiva aos termos do citado art. 36 da Lei 7.357/1985. A jurisprudência que se está formando tem entendido que a expressão "*portador legitimado*", inserta no art. 36 do diploma legal em comento, deve ser interpretada de maneira mais ampla de forma a incluir dentro de seu âmbito o endossante do título, que havia solicitado ao banco a sua emissão. Nesse sentido têm-se, também, o V. Acórdão da lavra do Il.

Ministro Pádua Ribeiro, que ostenta a seguinte ementa:

Cheque administrativo — Sustação pelo banco do pagamento ao endossatário, em decorrência da oposição do endossante — Lei 7.357/1985, art. 36 — Interpretação.

I — Não afasta a aplicação do instituto da oposição motivada, nos termos do art. 36 da Lei 7.357/1985, a circunstância de tratar-se de cheque administrativo sacado pelo estabelecimento bancário contra a sua própria caixa, no caso de oposição apresentada pelo favorecido e endossante do cheque sob a invocação do negócio subjacente do endosso. Neste caso, fica o banco exonerado do compromisso de honrar o cheque de sua emissão, ressalvadas as pretensões cambiárias ou não, que possam assistir ao endossatário frente ao endossante.

II — Recurso especial conhecido e provido (3ª T., REsp 130.428/PR, j. 25.9.2000).

7. Como se vê, a recente jurisprudência de nossos Tribunais têm convergido no sentido de admitir que o banco emitente de um cheque administrativo venha a acolher pedido de oposição motivado, obstando o pagamento de um determinado título, ainda que tal pleito tenha sido formulado pelo endossante da cártula, que não mais se acha em sua posse, por força de negócio jurídico realizado com outrem.

Ademais, a teor do disposto no § 2º do art. 36 da Lei 7.357/1985, não cabe à instituição financeira julgar das razões que motivaram o pedido de oposição, as quais, entretanto, deverão ser fundadas em relevante razão de direito.

Forçoso é se concluir, portanto, que o cheque administrativo teria a *precípua função de assegurar ao portador do cheque a existência de fundos*,[11] estando, tal como os demais cheques, sujeito à oposição ao seu pagamento, nas hipóteses já indicadas.

11. Consulte-se: Giuseppe Gualtieri, *I Titoli di Credito*, Turim, UTET, 1953, p. 327; G. F. Campobasso, ob. cit., p. 283.

Pareceres

ARRENDAMENTO MERCANTIL. O PRINCÍPIO DA LIBERDADE DAS CONVENÇÕES. ELEMENTOS ESTRUTURAIS E FUNCIONAIS DO "LEASING". CLÁUSULA DE CORREÇÃO CAMBIAL COMO "MOEDA DE CONTA". REPASSE DE MOEDA ESTRANGEIRA. PRESCRIÇÃO DAS AÇÕES POR ENRIQUECIMENTO SEM CAUSA

HAROLDO MALHEIROS DUCLERC VERÇOSA

Parecer. Introdução. I. O quadro operacional da Empresa A. II. Dos fatos sob apreciação. Dos termos do Parecer. III. Do princípio constitucional da liberdade das convenções, expressão de manifestação da autonomia da vontade: III.1 A autonomia privada sob o aspecto estrutural; III.2 A autonomia privada sob o aspecto funcional. IV. A natureza jurídica das operações da Empresa A. Diferença em relação ao arrendamento mercantil ("leasing"): IV.1 Elementos estruturais; IV.2 Elementos funcionais; IV.3 Natureza e efeitos jurídicos dos contratos da Empresa A. V. Da validade da cláusula de correção cambial na forma de "moeda de conta": V.1 A legislação em vigor ao tempo dos contratos celebrados entre as partes. VI. A "moeda de conta" e a posição da jurisprudência. VII. A validade e a eficácia do repasse de moeda estrangeira pela Empresa B para a Empresa A. VIII. Inexistência de enriquecimento sem causa nas operações da Empresa A. IX. A prescrição de ações fundadas no enriquecimento sem causa, "ad argumentandum". Conclusões.

Parecer

Introdução

Solicita-me a Empresa A Locação de Bens Ltda. (Empresa A) Parecer sobre algumas questões jurídicas relacionadas com a atividade que vem exercendo a alguns anos, da qual surgiram controvérsias no âmbito do Judiciário, havendo a possibilidade do ajuizamento de novas ações. Dessa forma, no presente trabalho, serão sustentados alguns pontos relevantes e decisivos para o interesse da Empresa A, que passo a desenvolver.

I. O quadro operacional da Empresa A

De acordo com as informações que me foram prestadas, a Empresa A tem por objeto social a locação de bens móveis. Para esse efeito, seu capital de giro é obtido mediante repasse de empréstimos externos levantados por outra empresa do mesmo grupo — a Empresa B. Esta intermediação, juridicamente desnecessária — uma vez que a Empresa A poderia tomar diretamente tais recursos no exterior — torna-se economicamente interessante do ponto de vista da economia de escala, uma vez que a Empresa B levanta recursos também em benefício de outras empresas do grupo. De posse desses recursos, a Empresa A tem efetuado operações de locação de bens móveis, de acordo com o seguinte procedimento básico:

a) o cliente escolhe o bem junto a um fornecedor, indicando-o à Empresa A;

b) a Empresa A adquire o bem indicado em seu próprio nome e em seguida o aluga ao cliente por um período determinado;

c) O seguro dos riscos da operação, dos bens em si mesmos, bem como despesas de manutenção, revisão e assistência técnica dos bens, peças de reposição, testes e colocação em funcionamento são de responsabilidade do locatário, cedida a este a garantia do fabricante;

d) As prestações, em Real, são corrigidas anualmente pelo IGPM apurado no período;

e) É expressamente prevista a cessão dos direitos do contrato de locação pela Empresa A a terceiro, a qualquer tempo e independentemente de pré-aviso. Essa cessão tem se dado somente em favor de outra empresa do mesmo grupo — Empresa B, dentro do esquema de captação de recursos acima mencionado.

No mesmo dia da assinatura do contrato de locação ou em data imediatamente subsequente, são concluídos dois outros instrumentos entre as partes, Empresa A e locatário dos quais constam as seguintes possibilidades consensualmente estabelecidas:

f) opção de Compra e Venda dos bens objeto da locação, a ser exercida pelo locatário pelo preço de mercado, correndo o risco da obsolescência à conta da Empresa A;

g) a cessão da opção de compra pelo locatário a terceiro, findo o contrato e cumpridas todas as obrigações por parte do locatário;

h) a prorrogação do prazo de vigência do contrato;

i) a devolução do bem à Empresa A. Neste caso, a possibilidade de recolocação no mercado pela locadora varia de caso a caso, dependendo do tipo do equipamento locado; e

g) a estipulação do reajuste do preço das prestações da locação pela variação cambial do Dólar norte-americano, utilizando-se a cotação da modalidade PTAX-800, anunciada pelo Banco Central do Brasil.

II. Dos fatos sob apreciação

A Empresa A celebrou contratos de locação de bens com inúmeros clientes, alguns dos quais, apesar de liquidados pelos Locatários, deram origem a demandas judiciais contra a locadora. Existe o risco de novas ações judiciais contra aquela empresa, servindo este Parecer para fornecer subsídios jurídicos com o objetivo de situar adequadamente suas operações no plano do direito, justificando as cláusulas do contrato original e dos instrumentos subseqüentes, por ela ajustados com seus cientes.

Observe-se que os contratos originais foram modificados em algumas cláusulas por meio de aditivos contratuais, dos primeiros deles tendo resultado alteração da forma de pagamento da locação. Em seguida, por meio de novos aditivos contratuais, o preço, *a ser pago em Reais*, veio a sofrer reajuste com base na variação cambial do Dólar norte-americano, segundo as bases estabelecidas naquelas oportunidades.

Observe-se que, recentemente, em sentença de primeira instância relativamente a ação ajuizada pela Empresa C Transportes Ltda. contra a Empresa A, pelas mesmas razões consideradas neste Parecer (proc. 03.033183-8, da 16ª V. Cível de São Paulo — Foro Central), o douto Juiz de Direito, reportando-se a precedentes do STJ adiante examinados, entendeu ser legítimo o pacto celebrado em moeda estrangeira, *desde que o pagamento se efetive pela conversão na moeda nacional.*

Dessa forma, diante das controvérsias já levantadas sobre as operações em foco e de outras que ainda poderão surgir, o presente Parecer sustentará, em plena concordância com os pontos das defesas que a Empresa A tem apresentado nos processos nos quais é ré, de maneira geral, que: (i) o contrato original e seus aditivos foram regularmente celebrados no exercício do princípio constitucional da liberdade das convenções; (ii) trata-se de contrato de locação de bens móveis, com os efeitos jurídicos correspondentes; (iii) a estipulação do reajuste do preço com base na variação cambial revelou-se perfeitamente lícita por não contrariar a legislação vigente — na medida em que se trata tão-somente de *moeda de conta* —, fundada, da mesma forma, no princípio da autonomia da vontade; (iv) era perfeitamente lícita a realização de cessão de recursos em moeda estrangeira pela Empresa B em benefício da Empresa A; (v) não se verificou situação de enriquecimento sem causa por parte da Empresa A em relação aos locatários nos contratos sob exame; e (vi) ainda que tal enriquecimento tivesse ocorrido, *ad argumentandum*, o prazo de prescrição para o ajuizamento das ações correspondentes já ocorreu.

Dos termos do Parecer

III. Do princípio constitucional da liberdade das convenções, expressão de manifestação da autonomia da vontade

Todas as pessoas afeitas aos princípios jurídicos sabem muito bem que o fundamento constitucional da autonomia privada é resguardado na Magna Carta, no *plano individual*, no art. 5º, *caput* e no seu inc. II, conhecido como *princípio da reserva legal*:

"Todos os brasileiros são iguais perante a lei, sem distinção de qualquer natureza, garantindo-se aos brasileiros e aos estrangeiros residentes no País *a inviolabilidade do direito* à vida, *à liberdade,* à igualdade, à segurança e à propriedade, nos termos seguintes:

"(...)

"*II — ninguém será obrigado a fazer ou deixar de fazer alguma coisa senão em virtude de lei*" (destaques nossos).

No plano do exercício das atividades econômicas, o princípio basilar da autonomia privada funda-se no *caput* do art. 170 da Constituição Federal, onde se lê: "A ordem econômica, fundada na valorização do trabalho humano *e na livre iniciativa*, tem por fim assegurar a todos existência digna, conforme os ditames da justiça social (...)".

Na sua liberdade negocial, a empresa deverá atentar, entre outros limites constitucionais, para os da defesa da propriedade privada, da função social da propriedade, da livre concorrência, da defesa do consumidor, da defesa do meio ambiente etc., podendo realizar quaisquer negócios do seu interesse, ficando também expressamente vedado "*o abuso de poder econômico que vise à dominação dos mercados, à eliminação da concorrência e ao aumento arbitrário dos lucros*" (CF, art. 173, § 4º).

A autonomia privada é expressão da livre vontade dos interessados, os quais dessa forma regulam os seus próprios interesses. É fenômeno que se diferencia da chamada *regulamentação heterônoma ou externa*, proveniente da lei, do ato administrativo ou do ato judicial, a determinar condutas aos particulares.[1] Portanto, no exercício da autonomia privada, constitucionalmente tutelada, o operador econômico do direito tem a faculdade de definir a função econômica que pretende atribuir aos contratos que celebra, de forma livre.

1. Cf. Antunes Varella, *Direito das Obrigações*, v. I, Rio de Janeiro, Forense, 1977, n. 37, p. 123.

Concede o legislador constitucional aos particulares, como se verifica, um poder de autodeterminação o qual, além de tornar possível a modificação dos modelos legalmente previstos, vai além desse limite, permitindo a configuração, pelo interessado, do âmbito daquilo que entende juridicamente relevante, ou seja, o fato pressuposto da circulação dos bens.[2] Ao exercer sua liberdade contratual, não pode o operador econômico do direito ser obstado pelo Estado na realização de objetivos legítimos traçados por aquele, destinados a fechar o ciclo econômico de suas operações.

Sob esse aspecto, Eros Roberto Grau, ao lado da liberdade de concorrência, coloca em primeiro lugar a liberdade de comércio e indústria, ou seja, a faculdade de criar e explorar uma atividade econômica a título privado e a não sujeição do agente a qualquer restrição estatal (inclusive por parte do Judiciário, eu acrescentaria), a não ser em virtude de lei.[3]

E, conforme se verificará adiante, a negociação celebrada pela Empresa A com seus clientes locatários sempre se revestiu de plena legalidade.

No campo da celebração de contratos — aquele que precisamente ora nos interessa — a autonomia privada se expressa em dois planos, o *estrutural* e o *funcional*.

III.1 A autonomia privada sob o aspecto estrutural

Nesse campo do direito, do ponto de vista *estrutural*, a autonomia privada transparece na *liberdade contratual* no sentido amplo que, por sua vez, desdobra-se em três aspectos (i) *liberdade de contratar*, ou seja, a faculdade de concluir ou não concluir contratos e, se for o caso de concluí-los, liberdade de escolher o momento adequado; (ii) *liberdade de escolha da contraparte*, que somente encontra limites nas circunstâncias econômicas ou no ordenamento jurídico expresso, quando é possível, de um lado, encontrar-se a parte diante de um monopólio e, de outro, impedida de não vender ou de não prestar determinado serviço; e (iii) *liberdade da fixação do conteúdo do contrato*, correspondente ao poder que o ordenamento jurídico outorga às partes, nos limites legais, para fixação dos direitos, obrigações, responsabilidades, condições ou outros temas específicos no atendimento dos seus interesses. Essa liberdade é essencial ao operador econômico do sistema capitalista, inclusive pela possibilidade da criação de novos contratos.[4]

No exercício de sua liberdade contratual, a Empresa A, portanto, entendeu ser conveniente estruturar o seu objetivo econômico pela fixação de certas cláusulas e de acordos complementares, cuja finalidade e necessidade tinham em vista, justamente, proporcionar que pudesse manter o seu equilíbrio econômico, de maneira a manter-se em atuação no mercado.[5]

Ora, o exame das operações praticadas pela Empresa A comprovou, de forma muito clara, que elas foram realizadas com fundamento no exercício da autonomia privada e dentro dos limites legais estabelecidos, de forma a preencher plenamente as três formas de liberdade contratual acima referidas, como será aqui demonstrado do ponto de vista do direito.

III.2 A autonomia privada sob o aspecto funcional

Esse momento da autonomia privada nos remete para a chamada *força vinculante*

2. Cf. Pietro Barcelona, *Formazione e Sviluppo del Diritto Privado Moderno*, Nápoles, Jovene, 1987, p. 274 e Rachel Sztajn, *Contrato e Inovação Financeira*, ob. cit., p. 150.

3. *A Ordem Econômica da Constituição de 1988. Interpretação e Crítica*, São Paulo, Malheiros Editores, 2003, p. 184.

4. Cf. Enzo Roppo, *O Contrato*, Coimbra, Almedina, 1988, pp. 132 e ss.

5. A "*conveniência econômica da contratação*" é justamente uma das formas pelas quais se expressa a autonomia privada, conforme afirma Enzo Roppo, ob. cit., pp. 127 e ss.

do contrato, ou seja, o impedimento ao exercício da liberdade contratual para descontratar de forma unilateral aquilo que foi estabelecido entre as partes. Nesse sentido, já reconheciam os antigos que *pacta sunt servanda*.

A celebração de um contrato é estabelecida sobre duas bases principais, a subjetiva e a objetiva.

No tocante *à base subjetiva*, ela tem em vista as pessoas das partes, que irão envolver-se em um relacionamento que será tão importante quanto o forem as prestações a serem cumpridas ao longo da fase de execução do acordo. Sob esse aspecto, a confiança recíproca representa um papel extremamente relevante.

No entanto, interessa muito mais para o desenvolvimento do presente Parecer o tema da *base objetiva*, referida por Karl Larenz, conforme exposta por esse autor na tradução espanhola de sua obra:[6] "Cada contrato crea o regula determinadas relaciones entre las partes, relaciones que, a su vez, son, en mayor o menor medida, una manifestación de las circunstancias sociales existentes y, hasta cierto grado, las presuponen. El que concluye un contrato piensa y obra partiendo de una situación dada, que no es preciso que se represente claramente, que, tal vez, ni siquiera estaba en condiciones de abarcar, pero cuyos sedimentos penetran en el contrato en forma de presuposiciones inmanentes. La interpretación de un contrato no depende, pues, exclusivamente de las palabras usadas y de su significación inteligible para las partes, sino también de las circunstancias en las que fue concluido y a las que aquéllas se acomodaron. Si posteriormente se realiza una *transformación fundamental de las circunstancias*, posibilidad en que no habían pensado las partes contratantes y que de ningún modo habían tenido en cuenta al ponderar sus intereses y al distribuir los riesgos, puede ocurrir que lo contrato, de ejecutar-se en las mismas condiciones, pierda por completo su sentido originario y tenga consecuencias totalmente distintas de las que las partes habían proyectado o debieran razonablemente proyectar" (destaques meus).

Dessa forma, no momento em que se celebra um contrato como fruto da liberdade das convenções — que pressupõe sua validade tão-somente na medida em que o acordo mantenha-se no plano da licitude — o direito deve garantir a permanência da base objetiva sobre a qual foi fundado, sob pena de ferir de forma mais ou menos grave o equilíbrio que as partes haviam aceitado estabelecer. É nesse sentido que se defende o direito do recurso à variação cambial, uma vez que os contratos sob exame faziam parte de um esquema negocial mais complexo, a cujo respeito as contrapartes não poderiam alegar ignorância e ao qual livremente aderiram, esquema esse que tinha como uma de suas "pontas", a origem externa dos recursos utilizados na compra dos bens que lhe foram posteriormente dados em locação.

Considerando-se que os recursos utilizados pela Empresa A eram provenientes do exterior, a base objetiva do negócio estava inexoravelmente vinculada ao pagamento das obrigações assumidas pelos locatários segundo a variação cambial pois, caso o preço da moeda estrangeira a ser paga no exterior viesse a elevar-se de forma significativa — como efetivamente ocorreu com o Real em relação ao Dólar — a Empresa A passaria a experimentar prejuízos relevantes sucessivos, os quais poderiam causar a sua quebra.

É notório o fato de serem necessários recursos externos para operações da espécie, pois o crédito bancário interno no Brasil é caro, escasso e concedido apenas para operações de curto ou médio prazo (de 30 a 360 dias, no máximo). Dessa maneira, a base objetiva do negócio indubitavelmente era conhecida de ambas as partes, locador e locatários, estes últimos empresas atuantes no mercado.

6. *Base del Negocio Jurídico y Cumplimiento de los Contratos"*, Madri, Ed. Revista de Derecho Privado, 1956, pp. 97 a 98.

Dessa forma, nenhuma irregularidade pode ser apontada nas avenças celebradas pelas partes, ambas exercendo prerrogativas decorrentes da autonomia privada de que são titulares, por meio de contrato de locação de bens, tipificado de longa data em nosso direito positivo e cujos efeitos, como tais contratados, devem ser resguardados pelo direito em sua integridade.

A licitude dos negócios de que se trata passa a ser demonstrada cabalmente nos próximos tópicos.

IV. A natureza jurídica das operações da Empresa A. Diferença em relação ao arrendamento mercantil ("leasing")

Deve-se enfatizar, de plano, que as operações realizadas pela Empresa A colocam-se no campo da locação e não do arrendamento mercantil (*leasing*), conforme poder-se-ia erroneamente entender.

Torna-se necessário colecionar alguns conceitos doutrinários do arrendamento mercantil, para o fim do estabelecimento dos seus elementos estruturais e funcionais, objetivando confrontar o instituto com o da locação.

Arnoldo Wald, um dos primeiros doutrinadores a cuidar do arrendamento mercantil, afirmou tratar-se de "um contrato pelo qual uma empresa, desejando utilizar determinado equipamento, ou um certo imóvel, consegue que uma instituição financeira adquira o referido bem, alugando-o ao interessado por prazo certo, admitindo-se que, terminado o prazo locativo, o locatário possa optar entre a devolução do bem, a renovação da locação, ou a compra pelo preço residual fixado no momento inicial do contrato".[7]

P. R. Tavares Paes, por sua vez, conceituou — quase de forma idêntica — o *leasing* como "um contrato mediante o qual uma pessoa jurídica que necessite utilizar determinado bem ou equipamento, por determinado trato de tempo, o faz por intermédio de uma sociedade de financiamento que adquire o mencionado bem e lhe aluga. Findo o prazo de locação, passa a optar entre a devolução do bem, a renovação da locação ou a aquisição pelo prazo residual, fixado inicialmente".[8]

Fran Martins, por sua vez, afirma tratar-se o arrendamento mercantil do "contrato segundo o qual uma pessoa jurídica arrenda a uma pessoa física ou jurídica, por tempo determinado, um bem comprado pela primeira de acordo com as indicações da segunda, cabendo ao arrendatário a opção de adquirir o bem findo o contrato, mediante um preço residual previamente fixado".[9]

Nesta lista de definições basta, para os propósitos em vista, trazer ainda a contribuição de Maria Helena Diniz, para quem o "arrendamento mercantil é o contrato pelo qual uma pessoa jurídica ou física, pretendendo utilizar determinado equipamento comercial ou industrial, ou um certo imóvel, consegue que uma instituição financeira o adquira, arrendando-o ao interessado por tempo determinado, possibilitando-se ao arrendatário, findo tal prazo, optar entre a devolução do arrendamento, ou a aquisição do bem arrendado mediante um preço residual previamente fixado no contrato, isto é, o que fica após a dedução das despesas até então pagas".[10]

Importante é estabelecer a comparação entre as definições acima e aquela encontrada na legislação vigente, ou seja, a Lei 6.099, de 12.9.1974 e suas alterações posteriores. Nesse sentido, conjugando-se o parágrafo único do art. 1º da lei citada, com o seu art. 5º, temos que, elencados os

7. "A introdução do *leasing* no Brasil", in *RT* 415/10.

8. "Arrendamento mercantil (*leasing*)", in *Enciclopédia Saraiva do Direito*, v. 8, coord. Rubens Limongi França, Saraiva, São Paulo, 1978, p. 89.

9. *Contratos e Obrigações Comerciais*, 10ª ed., Rio de Janeiro, Forense, 1990, p. 535.

10. *Tratado Teórico e Prático dos Contratos*, 2ª ed. ampl. e atualiz., São Paulo, Saraiva, 1998, p. 389.

elementos essenciais: "considera-se arrendamento mercantil a operação realizada entre pessoas jurídicas, que tenha por objeto o arrendamento de bens adquiridos a terceiros pela arrendadora, para fins de uso próprio da arrendatária e que atendam às especificações desta, presentes a opção de compra ou renovação do contrato, como faculdade do arrendatário, bem como a fixação do preço para a opção de compra ou critério para sua fixação, quando for estipulada esta cláusula".

O parágrafo único do art. 1º da Lei 6.099/1974 foi alterado pela Lei 7.132, de 26.10.1983, tendo passado a vigorar com a seguinte redação, mantidos os demais elementos: "Considera-se arredamento mercantil, para os efeitos desta lei, o negócio jurídico realizado entre pessoa jurídica, na qualidade de arrendadora, e pessoa física ou jurídica, na qualidade de arrendatária, e que tenha por objeto o arrendamento de bens adquiridos pela arrendadora, segundo especificações da arrendatária e para uso próprio desta".

Esta nova redação mostra-se tecnicamente defeituosa porque omitiu elementos essenciais do contrato, presentes nas definições acima citadas, como sejam, as opções de compra ou de renovação, bem como a fixação do preço ou o estabelecimento do critério para tal. Da forma como restou conceituado o instituto, ele teria passado a confundir-se totalmente com o velho contrato de arrendamento, cuja prática teria sido destinada somente às entidades autorizadas para tanto pelo Banco Central. O contrato de arrendamento, como se sabe, apresenta as mesmas características do contrato de locação, ou seja, a utilização de um bem pelo arrendatário por prazo determinado, mediante retribuição.[11]

A interpretação acima se revela absolutamente despida de razoabilidade porque ela não apresenta qualquer sentido, já que o contrato de arrendamento ou de locação como um gênero, não passou a ser prerrogativa exclusiva de entidades autorizadas pelo Banco Central e este órgão, além disso, no seu comportamento, nunca deu sinais de que o mercado tradicional de arrendamento ou de locação de bens móveis teria passado a ser uma atividade inteiramente sujeita ao seu poder de polícia.

Extravasando, portanto, flagrantemente a delegação de competência que lhe havia sido outorgada pela Lei 6.099/1974, o Conselho Monetário Nacional (CMN) ousou indevidamente conceituar uma nova modalidade de arrendamento mercantil, a par do financeiro, ou seja, o operacional, conforme os termos dos arts. 5º e 6º do Regulamento anexo à Resolução 2.309, de 28.8.1996, da seguinte forma:

"Art. 5º. Considera-se arrendamento mercantil financeiro a modalidade em que:

"I — as contraprestações e demais pagamentos previstos no contrato, devidos pela arrendatária, sejam normalmente suficientes para que a arrendadora recupere o custo de bem arrendado durante o prazo contratual da operação e, adicionalmente, obtenha um retorno sobre os recursos investidos;

"II — o preço, para o exercício da opção de compra seja livremente pactuado, podendo ser, inclusive, o valor de mercado do bem arrendado.

"Art. 6º. Considera-se arrendamento mercantil operacional a modalidade em que:

"I — as contraprestações a serem pagas pela arrendatária contemplem o custo de arrendamento do bem e os serviços inerentes a sua colocação a disposição da arrendatária, não podendo o valor presente dos pagamentos ultrapassar 90% (noventa por cento) do custo do bem;

"II — o prazo contratual seja inferior a 75% (setenta e cinco por cento) do prazo de vida útil econômica do bem;

"III — o preço para o exercício da opção de compra seja o valor de mercado do bem arrendado;

11. Cf. Arnaldo Rizzardo, *"Leasing": Arrendamento Mercantil no Direito Brasileiro*, 2ª ed. rev. e atualiz., São Paulo, Ed. RT, 1996, p. 174.

"IV — não haja previsão de pagamento de valor residual garantido"

"(...)

"§ 2º. No cálculo do valor presente dos pagamentos deverá ser utilizada a taxa equivalente aos encargos financeiros constantes do contrato;

"§ 3º. A manutenção, a assistência técnica e os serviços correlatos à operacionalidade do bem arrendado podem ser de responsabilidade da arrendadora ou da arrendatária."[12]

A falta de base legal para a fixação dos conceitos acima transcritos, quanto ao CMN, pode ser claramente observada pela observação das competências que lhe foram delegadas pela Lei 6.099/1974, a saber:

a) art. 2º, § 1º — competência para regulamentação dos casos de coligação ou interdependência entre pessoas jurídicas;

b) art. 5º, parágrafo único (com a nova redação dada pela Lei 7.132, de 26.10.1983) — competência para estabelecer que as contraprestações sejam estipuladas por períodos superiores aos previstos na alínea *b* do referido artigo.

c) art. 6º — competência para estabelecer índices máximos para a soma das contraprestações;

d) art. 7º — competência para estabelecer as normas de controle e fiscalização das operações de arrendamento mercantil, tarefas a serem realizadas pelo Banco Central do Brasil;

e) art. 8º — competência para baixar resolução disciplinando as condições segundo as quais as instituições financeiras poderão financiar suas coligadas ou interdependentes, que se especializarem em operações de arrendamento mercantil.

f) art. 9º, parágrafo único (com a nova redação dada pela Lei 7.132/1983) — competência para o estabelecimento das condições para a realização de operações de arrendamento mercantil celebradas com o próprio vendedor do bem ou com pessoas jurídicas a ele vinculadas;

g) art. 10 — competência para enumeração de bens de produção estrangeira que possam ser objeto de arrendamento mercantil;

h) art. 16, § 1º — competência para o estabelecimento de normas para a concessão do registro de operações de arrendamento mercantil celebrados com entidades com sede no exterior;

i) art. 23, *a* — competência para baixar normas que visem a estabelecer mecanismos reguladores das atividades de arrendamento mercantil, *inclusive excluir modalidades de operações do tratamento previsto na Lei 6.099/1974* (destaques meus) ou proibir sua prática por determinadas categorias de pessoas físicas ou jurídicas; e de enumerar restritamente os bens que não poderão ser objeto de arrendamento mercantil, tendo em vista a política econômico-financeira do País.

j) art. 24 (com a nova redação dada pela Lei 7.132/1983) — competência estabelecer normas segundo as quais o Banco Central do Brasil poderá para autorizar previamente a cessão de contratos de arrendamento mercantil a entidades domiciliadas no exterior.

k) art. 3º da Lei 7.132/1983 — competência para regular a tributação de remessas para o exterior, referentes a contratos de arrendamento mercantil. Como se verifica, o CMN não tem competência delegada para regular o arrendamento operacional na condição de atividade exclusiva de entidades para tanto a serem autorizadas pelo Banco Central do Brasil.

A par disso, se fosse o caso de aceitar-se tal competência, verifica-se uma distinção bem clara entre este chamado arrendamento operacional e a locação clássica, conforme bem explica José Francisco Lopes de Miranda Leão: "A previsão destes limites, porém, é claro indicativo de que não se cuida, aqui, de contrato semelhante à

12. Com a nova redação dada pela Resolução 2.465/1998, do CMN, de 19.2.1998.

simples locação mercantil — como poderia parecer. Muito embora a modalidade 'operacional' exija do arrendador uma organização estrutural mais complexa (posto que terá de desincumbir-se de preocupações com a manutenção, assistência técnica e operacionalidade do bem, assim como da revenda do mesmo no mercado secundário, findo o prazo contratual), continua esse arrendador a ser uma empresa do sistema financeiro (ou nem mesmo estaria sujeito às regras emanadas do Conselho Monetário), sendo inarredável a preocupação com o retorno integral do investimento feito na aquisição do bem; o preço do arrendamento continuará a obedecer a uma equação financeira (que apenas estará limitada, na totalização das parcelas, a 90% do custo de aquisição do bem e, no prazo, a 75% do tempo de vida útil deste), e não a qualquer oscilação do mercado de oferta e procura de bens para alugar".[13]

IV.1 Elementos estruturais

O exame dos elementos estruturais do contrato de arrendamento mercantil e aqueles presentes nas operações realizadas pela Empresa A apresentam grande aproximação:

a) a encomenda de um bem pelo futuro arrendatário ao futuro arrendador;

b) a compra do bem pelo futuro arrendador a terceiro, segundo as especificações do futuro arrendatário;

c) a conclusão do contrato entre arrendador e arrendatário, previstos prazo certo, preço determinado, opção de compra e preço para a realização da opção.

Daí poder-se-ia entender tratar-se, no caso, das operações da Empresa A, de arrendamento mercantil, situação em que esta empresa encontrar-se-ia em situação irregular.

No entanto, mesmo no plano estrutural existem diferenças significativas que as retiram do campo do arrendamento, ligadas à sua "causa" específica, que será vista adiante.

Verifica-se que, sob o aspecto temporal, a celebração da opção de compra no caso das operações da Empresa A ocorreu sempre em momento posterior à do contrato de locação propriamente dito. Esse marco temporal é extremamente importante porque revela a vontade das partes na celebração de um negócio diverso do arrendamento mercantil, do qual a opção de compra ou de renovação do acordo faria parte integrante.

Além do mais, *estão presentes nas operações da Empresa A duas situações novas, diferentemente do que ocorre no contrato de arrendamento mercantil: (i) a não previsão de valor residual garantido (VRG); e (ii) a presença do direito do arrendatário de ceder a opção de compra independentemente de autorização expressa do arrendador.*

(i) *O VRG como elemento necessário do arrendamento mercantil*

A Resolução 2.309, de 28.8.1996, do CMN, relaciona no art. 7º as especificações mínimas que devem estar presentes no contrato de arrendamento mercantil. Entre elas, estabelece o inc. VII, *b* que o contrato de arrendamento mercantil deve apresentar cláusula em que se preveja o reajuste do preço estabelecido para a opção de compra *e o valor residual garantido*. Ou seja, tanto na modalidade financeira, quanto na operacional, trata-se de cláusula obrigatória.

Examinando-se os contratos de locação celebrados pele Empresa A, verifica-se que essa cláusula neles não existe.

Conforme já se afirmou acima, a opção de compra — celebrada por instrumento em separado e em momento ulterior ao contrato de locação — prevê tão-somente que, uma vez exercida, *o arrendatário pagará ao arrendador tão-somente o preço de mercado do bem.*

Não se fala em qualquer momento de valor residual garantido. Portanto, é um ele-

13. In *Tutela Jurisdicional do Arrendamento Mercantil*, Tese de Doutoramento defendida na Faculdade de Direito da USP, jun. 2003, p. 25.

mento essencial a contratos de arrendamento mercantil que não consta dos contratos de locação da Empresa A.

E também não se trata de VRG maquiado, pois tal eventual suposição não é suportada pelo exame das operações efetuadas pela Empresa A.

(ii) *Direito de cessão em aberto, concedido à arrendatária*

Conforme dispõe o inc. XII da mesma Resolução 2.398/1996, deve constar do contrato de arrendamento mercantil cláusula no sentido de que a arrendatária tem a faculdade de transferir os seus direitos e obrigações decorrentes do contrato a terceiros no País, com ou sem co-responsabilidade solidária.

Comparando-se com o contrato de locação celebrado pela Empresa A com seus clientes arrendatários, verifica-se que é prevista a cessão pela locatária a terceiros — mais uma vez em instrumento separado do contrato original de locação e ajustado em momento posterior — *tão-somente do direito de aquisição do bem* pelo preço de mercado, uma vez cumpridas todas as suas obrigações contratuais.

Não se trata, como no contrato de arrendamento mercantil, de uma cessão em aberto, quanto a direitos e obrigações em geral. Ademais disso, não é necessária a autorização expressa da Empresa A para tal cessão, como ocorre no contrato de arrendamento mercantil.

Observe-se, por outro lado que, considerando-se que um dos objetivos do arrendatário no contrato de arrendamento mercantil é gozar dos benefícios fiscais próprios, quando se trata de terceiro não arrendatário a realizar a opção de compra, este, evidentemente, não os alcançará, ficando frustrado o exercício daqueles direitos. Isto porque, segundo Hiromi Higuchi e Celso Hiroyuki Higuchi, "Na cessão do contrato de arrendamento mercantil financeiro, em razão do ínfimo valor residual para opção de compra, a cessionária terá que pagar um valor à cedente para obter a cessão do contrato. Para a cessionária, o valor pago é aplicação de capital ativável, enquanto para a cedente representa receita tributável. Com isso, diminui a vantagem fiscal para a cessionária".[14]

Dessas colocações somente se pode concluir que existe substancial diferença entre as operações da Empresa A — que se colocam num plano de uma locação de bens móveis diferenciada — e o contrato de arrendamento mercantil.

IV.2 Elementos funcionais

Também no campo dos elementos funcionais — ou seja, ligados à sua causa — mostra-se clara a distinção que este Parecer vem demonstrando existir.

A causa, no contrato de arrendamento mercantil, é complexa, conforme salientado pelos autores que estudam essa modalidade contratual.

Sob esse aspecto, o contrato de arrendamento mercantil apresenta como elementos funcionais a utilização de um bem por parte do arrendatário durante determinado espaço de tempo, mediante retribuição financeira, correndo o arrendador o risco da obsolescência, cabendo ao final do contrato ao primeiro optar pela devolução do bem, pela renovação do contrato ou pelo exercício da opção de compra pelo valor residual.

Quanto ao preço a ser pago, caso a opção de compra venha a ser efetuada, ele será marginal, ou seja, insignificante em relação ao valor histórico do bem, uma vez que, ao longo do contrato, o arrendatário pagou uma importância na verdade ainda maior, a qual foi composta — numa simplificação didática — pelo preço total do bem, pelo custo da obsolescência e pelo lucro do arrendador. A equação torna-se interessante para o arrendatário porque ele utiliza-se dos benefícios fiscais atribuídos pelo legislador tal tipo de negócio.

14. *Imposto de Renda das Empresas*, 27ª ed., São Paulo, Atlas, 2002, pp. 255-256.

Estão presentes no arrendamento mercantil, sob o aspecto funcional, portanto, elementos econômicos relacionados com o uso de bem de terceiro, por parte do arrendatário; com o financiamento da sua atividade operacional, eventualmente completado com o financiamento da compra de bens dos quais ele ainda terá necessidade no final do contrato. Não se pode esquecer, ainda, dos benefícios fiscais, que tornam a operação favorável ao arrendatário. Todos esses aspectos são inseparáveis, situados em uma mesma operação de natureza complexa, conforme dito acima.

Ora, no caso das operações da Empresa A, a causa primordial está na locação de bens móveis. Neste caso, ao final do contrato, eles serão devolvidos ao locador. A opção de compra surge num momento seguinte — como poderia não acontecer caso uma das partes não desejasse assinar acordo nesse sentido —, representando um acréscimo negocial. Da mesma forma ocorre com a autorização para cessão da opção de compra a terceiro, concedida ao arrendatário desde que cumpridas todas as obrigações do contrato original.

Finalmente, quanto aos efeitos tributários, eles são os que normalmente ocorrem em contratos de locação, não tendo as partes, portanto, se valido daqueles próprios ao arrendamento mercantil, na forma da legislação em vigor. Dessa maneira, inclusive, fica cabalmente afastada qualquer idéia de simulação nas operações em causa, como um intérprete menos avisado poderia concluir.

Não há, portanto, como deixar de reconhecer que, sob o aspecto da causa, embora haja uma aparente similitude entre o contrato de arrendamento mercantil e as operações da Empresa A, trata-se de negócios completamente distintos, não podendo estes últimos ser reduzidos àqueles. A esse respeito, assim manifestou-se Emilio Betti: "Basta, pois, lançar um simples olhar comparativo às várias configurações dos negócios, para reconhecer que eles podem, perfeitamente, ter o mesmo objecto e, todavia, diferem sempre quanto à causa para que servem".[15]

IV.3 Natureza e efeitos jurídicos dos contratos da Empresa A

Dessa maneira, verifica-se que as operações da Empresa A remanescem no campo da locação de bens móveis e que as estipulações de opção de compra e de autorização para cessão, pelo locatário, dos direitos decorrentes do contrato não o desnaturam como tal, pelo contrário o confirmam.

A presença da opção de compra, estipulada separadamente do contrato de locação insere-se no plano da liberdade das convenções e não faz parte intrínseca da locação, como fica demonstrado pelo direito que tem o locatário de cedê-la livremente a terceiro.

V. Da validade da cláusula de correção cambial na forma de "moeda de conta"

A fim de ficar demonstrada a validade do reajuste segundo a variação cambial, conforme celebrado pelas partes, insta levantar o regime jurídico ao qual tal cláusula encontra-se submetida.

V.1 A legislação em vigor ao tempo dos contratos celebrados entre as partes

(a) Decreto-lei 857, de 11.9.1969

Buscando determinar a garantia do curso legal da moeda brasileira, o texto acima determinou, em seu art. 1º, que "São nulos de pleno direito os contratos, títulos e quaisquer documentos, bem como as obrigações que, exeqüíveis no Brasil", *estipulem pagamento* em ouro, em moeda estrangeira, ou, por qualquer forma, *restrinjam ou recusem, nos seus efeitos, o curso legal do cruzeiro*" (leia-se Real).

15. *Teoria Geral do Negócio Jurídico*, t. I, Coimbra, Coimbra Ed., 1969, p. 350.

Ora, é muito evidente no texto legal em apreço que as proibições ali objetivadas são duas, basicamente:

1ª) a estipulação de *pagamento* em moeda que não seja a nacional.

Dessa forma, não existe qualquer impedimento legal quando se trata da chamada "*moeda de conta*", ou seja, um mero instrumento intermediário para achar-se o valor da moeda de pagamento efetiva. E, efetivamente, os termos do ajuste celebrado entre as partes no caso sob exame indica que o Dólar norte-americano ali foi estipulado tão-somente como "moeda de conta".

2ª) a *restrição ou recusa do curso legal* da moeda nacional.

Como se verifica pelo texto do acordo celebrado entre as partes e na medida em que o pagamento liberatório do devedor deveria ser feito em moeda nacional, nenhuma contrariedade à lei pôde ser notada no caso sob exame.

Nota-se, ainda, que o Decreto-lei 857/1969 trata diferentemente dos contratos internos e dos internacionais e de ajustes destes derivados. Nesse sentido, o art. 2º exclui de sua incidência operações internacionais ali relacionadas:

"Não se aplicam as disposições do artigo anterior:

"I — aos contratos e títulos referentes a importação ou exportação de mercadorias;

"II — aos contratos de financiamento ou de prestação de garantias relativos às operações de exportação de bens de produção nacional, vendidos a crédito para o exterior;

"III — aos contratos de compra e venda de câmbio em geral;

"IV — aos empréstimos e quaisquer outras obrigações cujo credor ou devedor seja pessoa residente e domiciliada no exterior, excetuados os contratos de locação de imóveis situados no território nacional;

"V — *aos contratos que tenham por objeto a cessão, transferência, delegação, assunção ou modificação das obrigações referidas no item anterior, ainda que ambas as partes contratantes sejam pessoas residentes ou domiciliadas no país*" (destaquei).

Como se verifica, segundo o esquema operacional da Empresa A, estamos diante de negócios complexos em relação aos quais apresentam-se duas situações previstas nos dispositivos acima, analisadas do ponto de vista da circulação econômica dos bens em jogo, e das quais surge uma terceira situação, vinculada necessariamente às anteriores:

1ª) uma das partes — o credor do empréstimo tomado pela Empresa B — é pessoa residente ou domiciliada no exterior (no caso concreto, em razão de empréstimos tomado no exterior, conforme o inc. IV do dispositivo acima referido);

2ª) em conseqüência da cessão de recursos feita pela Empresa B à Empresa A (inc. V, retro), no fechamento do ciclo econômico das operações deverá ser feito um pagamento ou uma remessa internacional;

3ª) por meio da cessão de recursos e da compra e conseqüente locação de bens, houve mudança na pessoa do devedor originário do empréstimo externo, disso resultando que as novas partes são residentes e domiciliadas no País (inc. V, acima).

Tenha-se em conta que — em um primeiro plano — se está fazendo uma análise econômica das operações. Num segundo momento, se está verificando as implicações jurídicas dos mesmos negócios.

Tornando-se cessionária de recursos tomados no exterior, a serem aplicados no Brasil em Real, surge uma equação que necessita obrigatoriamente ser fechada, ou seja, o equilíbrio financeiro interno de todas as operações feitas no território nacional a partir da cessão de recursos pela Empresa B à Empresa A somente pode dar-se na medida em que, *as obrigações correspondentes venham a ser adimplidas pelo equivalente em moeda estrangeira que a Empresa B, por sua vez, vier a pagar ao seu credor no exterior.*

Considerando-se que, como visto acima, tratar-se de uma operação lícita e fruto do exercício do princípio constitucional da liberdade de convenções, como expressão da autonomia da vontade das partes, permitida pelo legislador expressamente a cessão de empréstimo externo, disso decorre, naturalmente, que é igualmente permitida a transferência do ônus a terceiro do pagamento de uma obrigação em moeda estrangeira a credor externo, por parte da Empresa A. Isto se fez, validamente, por meio de aditivos contratual nos quais foi estipulada a correção cambial das prestações a cargo dos devedores.

Permitir-se a cessão de direitos e obrigações de contratos internacionais a pessoa residente e domiciliada no Brasil, de um lado, e impedir que o cessionário possa restabelecer o seu equilíbrio financeiro interno seria dar com uma mão e tirar com a outra. Inadmissível, logicamente. Nesse sentido, assim se manifesta Rachel Sztajn:[16] "Se o ingresso de divisas e seu repasse internamente são legais, também deve ser legal a imposição da variação do câmbio a qualquer parte que integre essa cadeia ou se interponha no fluxo de fundos, consumidores ou fornecedores, profissionais ou leigos".

Essa cadeia econômica está unificada e representada por diversos contratos em sucessão, com partes distintas.

(b) Lei 8.880, de 27.5.1994

De sua parte, essa lei, ao dispor sobre o Programa de Estabilização Econômica e o Sistema Monetário Nacional, instituiu a Unidade Real de Valor (URV), tendo disposto em seu art. 6º: "É nula de pleno direito a contratação de reajuste vinculado á variação cambial, *exceto quando expressamente autorizado por lei federal* e nos contratos de arrendamento mercantil celebrados entre pessoas residentes e domiciliadas no País, com base em captação de recursos provenientes do exterior".

Ora, não se caracterizando as operações da Empresa A como de arrendamento mercantil, o reajuste vinculado à variação cambial por ela celebrado com os locatários encontra-se claramente agasalhado pela norma acima, que se remete, por sua vez, à lei federal autorizadora, que somente pode ser o Decreto-lei 857/1969, de que acima se falou.

Dessa forma, para o caso da Empresa A, retornamos ao esquema do Decreto-lei 857/1969, que se aplica inteiramente às suas operações.

(c) Lei 9.069, de 29.6.1995

Com o advento do Plano Real, instituído pela lei acima, o seu art. 27, ao tratar da correção monetária, devida em virtude de disposição legal ou *estipulação de negócio jurídico*, esta somente poderia dar-se pela variação acumulada no Índice de Preços ao Consumidor, Série IPC-5. Mas o § 1º, inc. I do mesmo artigo excetuava expressamente para tal efeito as operações e contratos de que tratam o Decreto-lei 857/1969, de maneira que sempre se volta ao ponto de partida.

Vale lembrar, finalmente, a Lei 10.192, de 14.2.2001, a qual é posterior aos ajustes celebrados entre a Empresa A e a Empresa D. Dessa forma, ela não pode atingir tais contratos, em vista da regra regedora do negócio jurídico perfeito, ou seja, sua subordinação à legislação então vigente. A lei em causa teria alterado o sistema até então adotado, com a revogação do art. 1º do Decreto-lei 857/1969 — mas mantendo o seu sistema básico — e proibindo de maneira expressa que qualquer unidade monetária viesse a ser utilizada como moeda de conta:

"Art. 1º. As estipulações de pagamento de obrigações pecuniárias exeqüíveis no território nacional deverão ser feitas em Real, pelo seu valor nominal.

16. "Notas em matéria de *leasing* cambial", in *RDM* 120/71.

"Parágrafo único. São vedadas, sob pena de nulidade, quaisquer estipulações de:

"I — pagamento expressas em, ou vinculadas a ouro ou moeda estrangeira, ressalvado o disposto nos arts. 2º e 3º do Decreto-lei 857, de 11 de setembro de 1969, e na parte final do art. 6º da Lei 8.880, de 27 de maio de 1994;

"*II — reajuste ou correção monetária expressas em, ou vinculadas a unidade monetária de conta de qualquer natureza*;

"III — correção monetária ou de reajuste por índices de preços gerais, setoriais ou que reflitam a variação dos custos de produção ou dos insumos utilizados, ressalvado o disposto no artigo seguinte.

"*Art. 2º. É admitida estipulação de correção monetária ou de reajuste por índices de preços gerais, setoriais ou que reflitam a variação dos custos de produção ou dos insumos utilizados nos contratos de prazo de duração igual ou superior a um ano.*

"§ 1º. É nula de pleno direito qualquer estipulação de reajuste ou correção monetária de periodicidade inferior a um ano.

"§ 2º. Em caso de revisão contratual, o termo inicial do período de correção monetária ou reajuste, ou de nova revisão, será a data em que a anterior revisão tiver ocorrido.

"*§ 3º. Ressalvado o disposto no § 7º do art. 28 da Lei 9.069, de 29 de junho de 1995, e no parágrafo seguinte, são nulos de pleno direito quaisquer expedientes que, na apuração do índice de reajuste, produzam efeitos financeiros equivalentes aos de reajuste de periodicidade inferior à anual*" (destaquei).

É importantíssimo observar que, *se foi necessário à Lei 10.192/2001 proibir a utilização de moedas de conta é porque até então essa prática — não vedada por quaisquer textos legais anteriores — era permitida.*

Note-se, a propósito, uma substancial contradição do legislador. De um lado ele permite que as empresas busquem recursos no mercado internacional para utilização no Brasil, fato que, inclusive, resulta de política econômica e cambial do Governo, diante da extrema necessidade de divisas para que possamos honrar nossos compromissos externos. No entanto, de outro lado, devendo os devedores pagar suas obrigações de volta em moeda estrangeira, tirante as exceções legais expressas, somente poderiam aplicar tais recursos no País em moeda nacional. Daí a quebra do equilíbrio dos negócios que nascem no exterior e apresentam um braço em nosso mercado interno. O resultado de tudo isso é que as operações externas dessa natureza simplesmente desapareceram do mercado, com enorme prejuízo para o mercado consumidor.

Ademais disso, não se pode dizer que variação de preço segundo uma moeda de conta corresponda a correção monetária porque, em tese, a moeda tomada como parâmetro pode variar negativamente em relação à moeda de pagamento.

Conforme bem lembrado por Eros Roberto Grau, nesse tipo de operação estamos diante de uma situação de *paridade cambial* e não de *indexação*. Nesta última, considerada a instabilidade verificada em uma determinada economia, cuja característica mais acentuada costuma ser a elevação dos preços, os participantes de operações cuja execução se dá ao longo do tempo, recorrem aos índices admitidos por lei para o fim de que tais ajustem venham a refletir-se no preço no momento do cumprimento da obrigação, de maneira que, pela utilização das importâncias assim corrigidas, possa-se adquirir a mesma quantidade de bens ou de serviços.[17]

Por sua vez, na paridade cambial, segundo o mesmo autor, prevalece a relação entre duas moedas e não a possibilidade do exercício de direitos subjetivos relaciona-

17. "Indexação e paridade cambial: *leasing* contratado com cláusula de paridade cambial", in *RDM* 117/89.

da a certo estoque de bens ou serviços numa determinada sociedade.[18] A variabilidade dessa relação nada tem a ver com a oscilação do poder de compra de uma ou outra moedas porque pode derivar, entre outros fatores, de alterações na política econômica ou monetária dos Estados de cada uma das moedas da relação, para não se falar de mudanças políticas em si mesmas.

VI. A "moeda de conta" e a posição da jurisprudência

Concordando com a posição da doutrina acima exposta, o reconhecimento da validade do recurso a moeda estrangeira como "moeda de conta" de pagamentos internos tem sido observada nas Cortes brasileiras, conforme se verificará em seguida.

Dessa forma, de maneira geral, o Superior Tribunal de Justiça assentou o entendimento no sentido de que: "A jurisprudência da Corte já assentou a melhor interpretação do art. 1º do Decreto-lei 857/1969, *admitindo a contratação em moeda estrangeira, desde que o pagamento seja realizado pela conversão em moeda nacional*" (REsp 194.629/SP, Rel. Min. Carlos Alberto Menezes Direito, *DJ* 22.5.2000 — destaques meus).

Dentro da mesma orientação notamse os seguintes acórdãos:

- REsp 980.875/RJ, Rel. Min. Carlos Alberto Menezes Direito, *DJ* 1.12.1997;
- REsp 86.124/SP, Rel. Min. Waldemar Zveiter, *DJ* 21.10.1996;
- REsp 57.581/SC, Rel. Min. Barros Monteiro, *DJ* 18.10.1999;
- etc.

A questão do lugar aonde o empresário nacional veio a levantar os recursos para a sua atividade — inclusive pelo recurso ao repasse feito pelo tomador original — foi enfrentada pela STJ, que adotou *muito recentemente* a seguinte posição: "II — A cláusula que atrela a correção das prestações à variação cambial não pode ser considerada nula a priori, uma vez que a legislação específica permite que, *nos casos em que a captação dos recursos da operação se dê no exterior, seja avençado o repasse dessa variação a tomador do financiamento*" (REsp 437660/SP, Rel. Min. Sálvio de Figueiredo Teixeira, *DJ* 5.5.2003, destaques meus).

Especificamente no que diz respeito a *contrato de locação*, encontra-se julgado também do STJ, da seguinte ementa: "Locação. Termo aditivo. Fixação de aluguel em cruzeiros, tomando-se a moeda estrangeira como simples referência. *Não ofende os arts. 1º do Decreto-Lei 857/69 e 17, da Lei 8.245/91, a fixação de aluguel em moeda nacional, tomando-se a moeda estrangeira como simples referencial* com o fim da conversão na data do início de vigência do contrato de locação" (REsp 55.933/RJ, Rel. Min. José Arnaldo da Fonseca, *DJ* de 2.12.1996, destaques meus).

Verifica-se, portanto, que a melhor interpretação do art. 1º do Decreto-lei 857/1969 tem sido vista como a exigir tão-somente que o pagamento efetivo seja feito em moeda nacional, permitindo-se o recurso à chamada "moeda de conta", pelo menos até o advento da Lei 10.192/2001, cuja vigência é posterior a todos os contratos celebrados pela Empresa A e seus clientes.

VII. A validade e a eficácia do repasse de moeda estrangeira pela Empresa B para a Empresa A

Dentro do esquema operacional sob estudo, a Empresa B toma recursos emprestados no exterior e os repassa em parte à Empresa A. Essa operação é expressão do exercício da autonomia privada e mostrase perfeitamente lícita, nos termos do inc. V do art. 2º do Decreto-lei 857/1969. Como se sabe, o art. 1º da referida lei declara a nulidade de contratos que estipulem pagamentos em moeda estrangeira, excepcionando diversas situações relacionados nos

18. Ob. cit., pp. 89 e 90.

incisos do art. 2º. Entre esses, o de n. V *afasta a nulidade dos contratos que tenham por objeto a cessão de empréstimos externos, ainda que ambas as partes, cedente e cessionário, sejam pessoas residentes ou domiciliadas no país.*

Ora, é precisamente dentro dessa exceção que se colocam os empréstimos repassados pela Empresa B à Empresa A, cuja validade, portanto, é indiscutível.

Sendo legítima a cessão contratual, seus efeitos devem acompanhar as operações subsequentes, conforme já foi exposto acima, inclusive no tocante à responsabilidade pela variação cambial do valor das operações celebradas por todas as partes nelas envolvidas, desde a primeira até a última, no completo fechamento do círculo, que corresponde ao pagamento do empréstimo ao credor externo, especialmente os locatários das operações celebradas com a Empresa A, em relação às quais a moeda estrangeira foi tomada como "moeda de conta".

VIII. Inexistência de enriquecimento sem causa nas operações da Empresa A

Tem sido alegado em juízo por antigos locatários nas operações da Empresa A que esta experimentou enriquecimento sem causa diante deles, quando foram obrigados a pagar variação cambial sobre o valor das prestações. Isto porque a moeda estrangeira tomada como base sofreu extrema valorização diante do Real.

Em primeiro lugar, repita-se, as operações estão revestidas de plena validade. Além disso, em um país cuja história cambial sempre foi entremeada de crises intensas, não se pode fazer a alegação de imprevisibilidade a respeito de uma provável variação do Dólar frente ao Real. Muito menos quando os locatários eram empresas de grande porte, operando regularmente no mercado a afeitas a essas situações cíclicas.

Daí que, tendo aceitado livremente obrigação de pagar as prestações das locações celebradas com a Empresa A segundo a variação do Dólar, assumiram o risco presente em tais operações, não sendo cabível, posteriormente, fazerem a alegação de prejuízo.

Não há enriquecimento sem causa em tais operações, como se verifica.

De acordo com a tese exposta ao longo de todo este Parecer, as operações sob análise fazem parte de uma cadeia negocial longa e complexa, que somente pode funcionar de forma adequada se a equação financeira fechar ao final. Ou seja, caso o credor estrangeiro receba de volta o pagamento que lhe é devido, quantitativa e qualitativamente, ou seja, na sua própria moeda e na importância correspondente ao montante que lhe é contratualmente devido.

Na medida em que a lei expressamente permite que empréstimos externos sejam levantados e sejam repassados internamente, é inafastável a conclusão de que todas as pessoas que se colocam dentro dessa cadeia fazem parte de um círculo que deve fechar ao final, do ponto de vista das obrigações financeiramente assumidas. Ao legislador jamais poder-se-ia atribuir que uma das partes tivesse que arcar com prejuízo correspondente à assunção de uma obrigação em moeda estrangeira e o direito de somente ser pago em moeda nacional, sem qualquer equivalência.

Dentro dessa equação, cabia aos locatários da Empresa A analisar o grau de risco representado pela mais do que provável desvalorização do Real — agravada pelo fato do longo prazo dos contratos de locação — e jogarem os efeitos correspondentes no seu custo. São sobejamente conhecidos, por outro lado, remédios jurídicos destinados à equalização de tais riscos (operações de *hedge* e de *swap*), às quais poderiam aqueles locatários ter recorrido de forma perfeitamente regular, como forma de precatar-se contra a variação cambial. Se não o fizeram, não foram competentes dentro do mercado e, sendo assim, não podem agora jogar a culpa na Empresa A que agiu em perfeita consonância com a lei.

IX. A prescrição de ações fundadas no enriquecimento sem causa, "ad argumentandum"

Ainda que se possa aceitar a tese do enriquecimento sem causa por parte da Empresa A, deve-se tem em conta que, estando liquidados os contratos de locação celebrados com locatários diversos e outros encontrando-se a caminho do prazo final, em muitas situações deu-se a prescrição das pretensões dos locatários, que nada mais podem reclamar daquela.

Para esse efeito, deve ser considerado que — aceita a tese do enriquecimento sem causa a título de mera argumentação — o fato do enriquecimento deu-se no momento do pagamento de cada parcela da locação, quando foi apropriada a receita correspondente pela Empresa A, no chamado "*regime de caixa*".

Isto porque, no contrato de locação, as prestações mensais são adimplidas em razão do uso de bem pertencente ao locador no período correspondente. De um lado, o pagamento feito pelo locatário caracteriza-se como despesas e de outro, o recebimento pelo locador é receita. Supondo-se que o contrato venha a ser extinto no final de um mês, em algum momento após o transcurso de um determinado período de tempo, em virtude de eventual acordo entre as partes (resilição bilateral), nenhuma delas terá exigências a fazer em relação à outra, pois as prestações devidas foram adequadamente executadas, ou seja, o locador de ceder o uso da coisa e o locatário de fazer o pagamento do aluguel a seu cargo.

Dessa forma, tendo em conta uma pendência judicial que verse sobre enriquecimento sem causa, a eventual aceitação dessa discutível tese no caso concreto encontrará o limite temporal inafastável da prescrição, a ser computada em relação ao tempo decorrido de cada prestação do aluguel que tiver sido paga.

Conclusões

Por todo o exposto, conclui-se que:

a) as operações da Empresa A colocam-se no campo da locação de bens móveis, para todos os fins de direito, celebrada como expressão da autonomia privada;

b) fica afastada qualquer assimilação ao contrato de arrendamento mercantil, seja na modalidade financeiro, seja operacional;

c) a correção cambial das prestações dos contratos de locação é juridicamente válida por uma de duas razões, alternativamente: a primeira, porque se trata de repasse de empréstimo externo, agasalhado no inc. V do art. 2º do Decreto-lei 857/1969; a segunda, porque se trata de "moeda de conta" e não moeda de pagamento, conforme entendem a doutrina mais acatada e a jurisprudência predominante;

d) não houve enriquecimento sem causa por parte da Empresa A diante dos locatários nos contratos que celebrou, tendo em vista a validade daqueles acordos;

e) caso a tese acima venha a ser contestada e vencida, de qualquer maneira, deve-se ter em conta o prazo de prescrição das ações em que o enriquecimento sem causa venha a ser requerido, ou seja, a contar do pagamento de cada prestação mensal da locação e não do término do contrato;

Esta é a minha opinião.

São Paulo, 15 de julho de 2003.

Impressão e acabamento:
GRÁFICA PAYM
Tel. (011) 4392-3344